AF280072

Douglas Valentine / Lars Schall (Hrsg.):

Fische-Mond
Die dunklen Künste des Imperiums

Impressum

Bibliografische Information der Deutschen Nationalbibliothek: Die Deutsche National-bibliothek verzeichnet diese Publikation in der Deutschen Nationalbibliografie; detaillierte bibliografische Daten sind im Internet über dnb.dnb.de abrufbar.

Englischer Originaltitel:

Douglas Valentine: Pisces Moon – The Dark Arts of Empire

2023

Trine Day LLC, PO Box 577, Walterville, OR 97489

© Douglas Valentine 2024. © Lars Schall 2024. Authorized translation of the English edition © 2023 Trine Day. This translation is published and sold by permission of Trine Day.

Cover-Gestaltung: Planet Patsec, Reichartshausen.

Verlag: BoD • Books on Demand GmbH, In de Tarpen 42,

22848 Norderstedt

Druck: Libri Plureos GmbH, Friedensallee 273, 22763 Hamburg

ISBN: 978-3-7597-6797-4

Anmerkung des Autors

„Wer kennt die Macht, die Saturn über uns hat, oder Venus?

Aber es ist eine lebenswichtige Kraft, die uns ständig auf wunderbare Weise durchströmt."

- D. H. Lawrence

Im Frühjahr 1990 schien mein Stern im Aufstieg begriffen zu sein. Mein Lektor bei William Morrow and Company sagte, mein zweites Buch, *The Phoenix Program*, hätte das Zeug zum Pulitzer-Preis. Und mein Agent sagte, er brenne darauf, ein Enthüllungsbuch zu verkaufen, das ich mit und über Generalmajor Richard Secord schreiben würde.

Secord, eine zentrale Figur im Iran-Contra-Skandal, und seine Mitarbeiter in „The Enterprise" (ein Zusammenschluss von etwa zwei Dutzend Militär- und Geheimdienstveteranen, die Unternehmen in den Bereichen Waffen, Luftfahrt- und Sicherheitstechnologie) hatten seit 1985 den Transfer von TOW-Raketen von Israel an den Iran durchgeführt, um die Freilassung der amerikanischen Geiseln im Libanon zu erreichen und zur Finanzierung der Contras in Nicaragua beizutragen. Die Operation wurde im Oktober 1986 aufgedeckt, als nicaraguanische Verteidigungskräfte ein CIA-Versorgungsflugzeug abschossen und der einzige Überlebende anschließend auspackte. Ermittler des Kongresses brachten die CIA alsbald mit Drogenhändlern der Contras in Verbindung und beschuldigten Secord, zu allem Überfluss auch noch acht Millionen Dollar an Gewinnen abgeschöpft zu haben.

Nach der Verabschiedung von Änderungsanträgen, die es der Reagan-Regierung untersagten, militärische Unterstützung „zum Zwecke des Sturzes der Regierung von Nicaragua" zu leisten, wurden Secord vom Kongress öffentlich die Leviten gelesen. Die Reagan-Regierung, die geschworen hatte, niemals mit dem Iran zu verhandeln, ließ den kleinen General die Schuld auf sich nehmen. In dem Bestreben, die Sache richtig zu stellen und seinen ramponierten Ruf zu retten, bat mich Secord, ihm beim Schreiben einer Enthüllungsbiographie zu helfen. Er bat mich vor allem aufgrund der Empfehlung seines Enterprise-Partners, des ehemaligen CIA-Beamten Theodore Shackley, den ich für das Phoenix-Buch interviewt hatte und über den ich im Laufe dieses Buches mehr erzählen werde.

Ich stimmte bereitwillig zu, mit Secord zusammenzuarbeiten, jedoch mit einem Hintergedanken. Ich wollte mein nächstes Buch über die Beteiligung der CIA am internationalen Drogenhandel schreiben, und Secord wusste eine Menge über dieses heikle Thema. Berichten zufolge war er in den 1960er Jahren am CIA-Drogenhandel in Laos beteiligt gewesen, und sein Kontaktmann im Nationalen Sicherheitsrat, Oliver North, hatte Secord in das Contra-Drogenlieferantennetz eingebunden. Unter einem Tagebucheintrag vom 12. Juli 1985 zitierte North Secord, der ihm sagte dass die 14 Millionen Dollar zur Finanzierung der Contra-Waffen „aus Drogen stammten".[1]

Ich konnte der Chance einfach nicht widerstehen, Secord zu treffen, einen guten Eindruck zu machen und ihn und, wenn möglich, einige seiner drogenhandelnden CIA-Kollegen dazu zu bringen, ihre schmutzigen Geheimnisse zu enthüllen. Drum habe ich mich, auf Kosten eines Teils meiner unsterblichen Seele, bei ihm eingeschmeichelt, so wie ich es mit Shackley und den zahlreichen anderen amerikanischen Kriegsverbrechern getan habe, die ich für *The Phoenix Program* interviewt hatte.

Bei unserem ersten Treffen in seinem Büro trug Secord ein Poloshirt. Er war fit und munter. Wir sprachen etwa 45 Minuten, dann sagte er: „Lassen Sie uns zur Sache kommen." Er setzte einen Vertrag mit einem Absatz auf, den wir beide unterzeichneten. Die Vereinbarung sah vor, dass ich drei Monate Zeit hätte, um ein Angebot vorzulegen, und dann hätte mein Agent drei Monate Zeit, um es zu verkaufen.

Es war noch im Frühjahr 1990, und ich hatte gerade ein Gespräch mit Secord in seinem Haus in Reston, Virginia, beendet, als der Journalist John Kelly mich in meinem Motel anrief. John sagte, dass Peter Molloy, ein Produzent der British Broadcasting Corporation (BBC), in der Stadt sei, um einen sechsteiligen Dokumentarfilm über die CIA vorzubereiten, wobei ein Teil sich auf die CIA-Operationen in Vietnam konzentrieren würde. John hatte Molloy gesagt, dass ich mehr als jeder andere über die Aktivitäten der CIA in Vietnam wüsste. Und Molloy wollte mich treffen.

Wir trafen uns am nächsten Tag in Molloys Hotel. Es war eine kurze Verhandlung. Molloy, der (bei näherem Nachdenken) Severus Snape aus den Harry-Potter-Filmen ähnelte, fragte mich, was ich als Gegenleistung für den Zugang zu all meinen CIA-Quellen erhalten wollte. Ich sagte: eine Tasche voller Geld. Er spottete und bot mir eine Reise nach Vietnam mit allem Drum und Dran als Berater für die BBC an. Ich sollte ihm zu Diensten sein, während er und sein Team ihre Dokumentation drehen würden. Die USA unterhielten damals keine diplomatischen Beziehungen zu Vietnam, also würde meine Reise in London beginnen, wo die BBC mich mit einem Visum und Malariatabletten versorgen würde. Ich müsste mir die erforderlichen Impfungen von meinem Arzt besorgen.

Ich nahm Molloys Angebot gerne an. Auf der Liste der Orte, an denen ich noch nie war, die ich jedoch am meisten sehen wollte, stand Vietnam an zweiter Stelle, lediglich hinter der Stadt Tacloban auf der Insel Leyte auf den Philippinen, wo mein Vater Kriegsgefangener im Zweiten Weltkrieg gewesen war. Außerdem war ich noch nie in London gewesen, wo, dank John Kelly, der Dokumentarfilmer David Munro mir eine kostenlose Unterkunft anbot. Zudem konnte ich mit Kellys Hilfe Interviewtermine mit mehreren Kollegen aus der Film- und Schreibbranche in London vereinbaren.

Ein weiterer Vorteil war, dass meine Flüge nach und von Vietnam in Bangkok stoppten, was bedeutete, dass ich zwei Wochen lang durch Thailand reisen konnte, bevor ich nach London zurückkehrte. Der Besuch in Thailand war eine weitere großartige Gelegenheit, da sie mir die Möglichkeit bot, drei pensionierte CIA-Beamte zu interviewen, die dort lebten: Anthony Poshepny in Udon Thani; William Young in Chiang Mai; und John Shirley in Bangkok. Alle drei wussten über die Verwicklung der CIA in die Drogenunterwelt in Südostasien Bescheid, und sie zu befragen war wichtig für das Buch, an dem ich damals über die Verstrickung der CIA in den internationalen Drogenhandel recherchierte.

---

[1] Peter D. Scott, Jonathan Marshall, *Cocaine Politics: Drugs, Armies, and the CIA in Central America* (1998), S. 59.

Von den drei war Jack Shirley derjenige, über den ich am wenigsten wusste – nur, dass er einst im Nordosten Thailands von Nakhon Phanom aus am Mekong-Fluss operierte, wo die USA einen wichtigen Luftwaffenstützpunkt zur Bombardierung der Ho-Chi-Minh-Pfade etabliert hatten. Brigadegeneral Harry Aderholt, der ab 1960 in Laos Luftwaffenkommandostützpunkte für Operationen in Nordvietnam eingerichtet hatte (und der die Luftkommandos in Nakhon Phanom 1967 leitete), gab mir Shirleys Adresse und sagte, er würde mir helfen, falls er mich mögen würde. Es wurden Briefe ausgetauscht, und Shirley stimmte zu, mich in einer Bar in Bangkoks berüchtigtem Rotlichtviertel Patpong Road zu treffen.

Anthony Poshepny war bekannt, oftmals als Tony Poe. Ein paar Jahre zuvor hatte Poshepny der Journalistin Leslie Cockburn ein Interview für die *PBS Frontline*-Dokumentation *Guns, Drugs, and the CIA* gegeben. Zur Überraschung aller sagte er vor der Kamera aus, dass die CIA Heroin befördert habe, und zwar für General Vang Pao, den Anführer der Hmong-Bergstamm-Armee der CIA in Laos. Andere sagten, Poshepny sei das Vorbild für Colonel Kurtz in Francis Ford Coppolas Film *Apocalypse Now* von 1979. Ich war begierig darauf, ihn über derlei Dinge zu befragen, und war begeistert, als auch er sich dazu bereit erklärte, mich treffen zu wollen.

Bill Young hatte sich ebenfalls öffentlich über die Beteiligung der CIA am Drogenhandel in Laos, Thailand und Birma geäußert. Ich wollte ihn über all das befragen, ebenso wie über die missionarische Arbeit seiner Familie bei den Opium anbauenden Bergstämmen in diesen Ländern. Auch Young stimmte zu, mich zu treffen.

Auf Anregung eines Freundes, der jahrelang in Südostasien, Japan und auf den Philippinen gelebt hat, arrangierte ich auch einen Aufenthalt von ein paar Tagen in Phuket, einem Ferienort an der Südspitze Thailands. Alles in allem würde ich einen Monat lang unterwegs sein. Ich war sehr aufgeregt.

* * *

Pisces Moon (Fische-Mond) ist mehr als ein Memoiren- und Reise-Bericht; es ist auch eine kritische Analyse der Art und Weise, wie westliche Imperialisten fremden Nationen ihren Willen aufzwingen. Ich werde mich auf die „dunklen Künste" der religiösen Propaganda, der psychologischen Kriegsführung (*Psywar*) der CIA und des Drogenhandels fokussieren, und wie sie letztendlich Amerika korrumpiert haben – was William Burroughs, indem er in *The Place of Dead Roads* (1983) über England sprach, „den Rückschlag und das schlechte Karma des Imperiums" nannte. Das auffälligste Beispiel für das Phänomen des Rückschlags ist die Tatsache, dass die Hälfte der Kandidaten der Republikanischen Partei im Jahr 2022 auf der Grundlage der Großen Lüge Wahlkampf führten, wonach die Präsidentschaftswahl 2020 Donald Trump gestohlen worden sei.[2]

Jede Phase meiner Reise – London, Vietnam, Thailand – behandelt diese Themen im Kontext der Umwelt sowie durch eine Mischung aus persönlichen Beobachtungen und Verweisen auf Werke über den westlichen Imperialismus in Südostasien.[3] Ich bemühe mich, dem Thema ein menschliches Gesicht zu verleihen, und wenn möglich, stelle ich Personen vor, welche ich persönlich kenne oder welche die Gruppe von Personen repräsentieren, über die ich schreibe.

So wird beispielsweise die Verbindung zwischen religiöser Propaganda, psychologischer Kriegsführung und der Drogenunterwelt in John Caldwells Buch *American Agent* (1947) untersucht. Darin erzählt Caldwell, wie er 1943 vom Office of War Information nach Washington, DC

---

[2] Amy Gardner, "A majority of GOP nominees deny or question the 2022 election results", 12. Oktober 2022, *The Washington Post*.

[3] Südostasien setzt sich aus elf Ländern zusammen: Brunei, Birma (Myanmar), Kambodscha (Kampuchea), Timor-Leste, Indonesien, Laos, Malaysia, die Philippinen, Singapur, Thailand und Vietnam.

vorgeladen wurde und von „ernsten Männern, die einen dunklen Krieg führen", nach Fuzhou, China, beordert wurde, wo er die japanischen Besatzungstruppen dazu bringen sollte, „zu glauben, dass Sie ein Mann der Worte seien und nicht der Tat. Und unter dieser Tarnung führen Sie diese anderen Aufgaben aus, von denen wir Ihnen jetzt erzählen werden und von denen der Feind nichts wissen darf." Womit er Spionage meinte.[4]

Was Caldwell zu einem Kandidaten für diese faszinierende Aufgabe machte, war die Tatsache, dass sein Vater und sein Großvater methodistische Missionare in Fuzhou gewesen waren, wo sie bei der Gründung der Young Men's Christian Association (YMCA) geholfen und sich mit vielen führenden Banditen und Kriegsherren befreundet hatten. Zu Caldwells Aufgaben gehörte es, die Unterweltverbindungen seines Vaters zu nutzen, um eine Allianz zu bilden mit Chinas führendem Drogenschmuggler, dem Boss der Grünen Bande, Du Yuehsheng, und verschiedenen chinesischen Piraten, die mit den Japanern im Drogenschmuggelgeschäft zusammenarbeiten. Du und Chiang Kai-sheks Chef der Geheimpolizei, General Tai Li, waren seit 1927 mit Wissen und Billigung der USA im Drogenhandel verwickelt. Das war nichts Ungewöhnliches, so man bedenkt, dass Präsident Roosevelts Großvater mütterlicherseits, Warren Delano – dessen Vorfahren mit der Mayflower in die Neue Welt gekommen waren – ein Vermögen mit dem Schmuggel von Opium nach China gemacht hatte. Delano hatte nämlich mit einem chinesischen Händler von einem schwimmenden Lagerhaus aus gehandelt, wo seine Schiffe ihre illegale Fracht entluden, ehe sie „flussaufwärts" nach Kanton weiterfuhren.

Es ist schließlich eine kleine Unterwelt – eine Familienangelegenheit – und im Jahr 1943 stellte das Office of Strategic Services (OSS) Caldwells Bruder Oliver ein und schickte ihn nach China, um mit dem Chef der Geheimpolizei, General Tai Li, zu arbeiten. In seinem Buch *A Secret War: Americans in China, 1944-45* (1950), berichtet Oliver über die vollkommene Korruption von Chiangs faschistischer Regierung und ihre Abhängigkeit vom Drogenhandel.

Während sich die Missionare auf wohltätige Taten verließen, wie den Bau von Kliniken und YMCAs, um Asiaten zu ihrem westlichen Glauben zu bekehren, trugen Freibeuter wie Warren Delano zur Befriedung Chinas bei, indem sie Opium auf die Bevölkerung losließen. Beides sind Formen der psychologischen Kriegsführung, und beide hatten unbeabsichtigte Folgen, die den Amerikanern schadeten, wobei das vorrangige Beispiel hierfür der spirituelle Schmerz war, den die Missionare über den Schaden empfanden, den die Opiumabhängigkeit bei den Asiaten verursachte. Infolgedessen waren die Missionare und Ärzte weitgehend für die US-Gesetze zum Verbot von Drogen und Alkohol verantwortlich. Bischof Charles Brent, der den internationalen Opium-Kreuzzug der USA im frühen 20. Jahrhundert anführte, wurde vom Prohibitionsfieber gepackt, als er als Missionar der Episkopalkirche in der ersten asiatischen Kolonie der USA, den Philippinen, diente. Als ein frühes Beispiel für einen imperialen Rückschlag verschaffte die Drogen- und Alkoholprohibition den US-Kriminellen das Kapital, um sich nach dem Unternehmensmodell zu organisieren und, wie Meyer Lansky bekannterweise sagte, „größer als US Steel" zu werden.

Kenneth Landon ist ein Beispiel für die Rolle, die Missionare und Sozialwissenschaftler bei der Schaffung des US-Imperiums und der „Gebietsstudien"-Facette ihrer Geheimdienste spielten.[5] Als ehemalige presbyterianische Missionare missionierten Landon und seine Frau Margaret (Autorin

---

[4] Im Juli 1941 ernannte Präsident Franklin Delano Roosevelt den Wirtschaftsanwalt William Donovan zum Coordinator of Information (COI), um die Nachrichtendienste der Army, der Navy, des FBI und des Außenministeriums zu koordinieren. Im Juni 1942 teilte FDR die Aufgaben des COI auf: das Office of Strategic Services (OSS) hatte die Aufgabe, Sabotage und Subversion zu betreiben und Widerstandseinheiten hinter den feindlichen Linien zu organisieren; das Office of War Information sollte Radiobotschaften senden und auf andere Weise politische und psychologische Kriegsführung im Feindesland betreiben.

[5] Siehe David A. Hollinger, *Protestants Abroad: How Missionaries Tried to Change the World but Changed America* (2017).

des Romans *Anna and the King of Siam* aus dem Jahr 1944) in Thailand von 1927 bis 1937, als sie nach Amerika zurückkehrten. Das Institute of Pacific Relations, welches 1925 hauptsächlich mit Geldern der Rockefeller Foundation gegründet wurde, um die Forschung amerikanischer Gelehrter über den Fernen Osten zu unterstützen, gab Landons Buch über die chinesische Bevölkerung in Thailand in Auftrag. Das Buch erregte bald die Aufmerksamkeit des Coordinator of Information, William Donovan, der Landon 1941 einberief, um hochrangige militärische und zivile US-Entscheidungsträger über die Kultur Südostasiens ins Bild zu setzen.

1943 wechselte Landon als stellvertretender Leiter für Südostasien ins Außenministerium und trug nach dem Zweiten Weltkrieg dazu bei, die USA als westliche Großmacht in Südostasien zu etablieren. 1953 wurde Landon Mitglied von Präsident Eisenhowers Psychological Strategy Board (später Operations Coordinating Board), das dem Nationalen Sicherheitsrat Bericht erstattete. Mit dieser Beförderung wurde Landon (metaphorisch gesprochen) ein Erzengel in der *Psywar*-Einrichtung, welche die unausgesprochene nationale Politik festlegte und seine verdeckten Operationen überwachte – was manche als den Tiefen Staat bezeichnen, ein neuerer Aspekt des imperialen Rückschlags.

Jede Reise ist eine Suche nach Selbsterkenntnis, und ich gestehe, dass ein Teil meines Interesses an Missionaren persönlicher Natur war. Drei meiner Großtanten – Isabel, Barbara und Jean Spence - dienten in den 1930er Jahren in James H. Taylors China Inland Mission. Für strenggläubige Methodisten waren sie kühne Abenteurer. Ich habe mich gefragt, was sie motiviert hat. Jean und die Zwillinge ihres Mannes Herbert Rowe starben als Säuglinge in China; Barbara (nie verheiratet) wurde 1937 bei einem Flugzeugabsturz in China verletzt; und Isabel (ebenfalls ledig) aß berühmterweise und vielleicht apokryph ihre Suppe aus einem dampfenden Topf, aus dem ein Hundebein ragte.

Die Mitglieder der Spence-Seite der Familie waren praktizierende Methodisten, und ich ging von meinem zehnten bis sechzehnten Lebensjahr jeden Sonntag im Anzug in die Kirche. Es gab Dinge daran, die ich mochte. Als ich in einer Heilsarmee-Außenstelle im Armenviertel von Eureka, Kalifornien, an Heiligabend 1972 sang, kannte ich alle Weihnachtslieder auswendig, und sie gaben mir Trost. Aber die Spences waren durchdrungen von dem glühenden christlichen Nationalismus, der zusammen mit der totalitären Unternehmensethik Amerikas selbstgerechte Seele prägt – der puritanische Glaube, dass der Genozid an den amerikanischen Ureinwohnern von Gott gesegnet wurde, um das Gelobte Land zu sichern, gepaart mit der Formulierung einer theologischen Rechtfertigung der Sklaverei durch die Baptisten des Südens, was beides zusammen den Mythos schuf, „dass Amerika als eine christliche Nation gegründet wurde, versehen mit göttlicher Bestimmung, aber auch unter ständiger Bedrohung durch unamerikanische und gottlose Kräfte stehend, oftmals in Form von Einwanderern oder rassischen Minderheiten".[6]

Nachdem sie sich jahrhundertelang mit Wissenschaftlern und rationalen Denkern angelegt hatte, verlor die religiöse Propaganda im 19. Jahrhundert etwas an Durchschlagskraft, nachdem der Biologe Charles Darwin dargelegt hatte, dass nicht Gott die Menschen vor 6.000 Jahren erschaffen hatte, sondern dass sich die Menschen aus Affen entwickelt hatten. Andere, wie der Anthropologe Ludwig Feuerbach, vertraten die Ansicht, dass die Götter der Welt lediglich phantasievolle Projektionen der inneren Natur des Menschen seien. Dann kam der Kommunismus und die Idee, dass Kapitalisten und Kleriker die Religion nutzen, um Arbeiter psychologisch zu destabilisieren und sie dazu zu bringen, für einen Hungerlohn in Kohle-Bergwerken und an Fließbändern zu arbeiten. Karl Marx wagte zu sagen: „Die Forderung, die Illusionen über seinen Zustand

---

[6] Kathryn Joyce, "From the Pilgrims to QAnon", *Salon*, 29. April 2022, zitiert Gorski und Perry, *The Flag and the Cross: White Christian Nationalism and the Threat to American Democracy"*.

aufzugeben, ist die Forderung, einen Zustand aufzugeben, der der Illusionen bedarf." Gemeint ist der abrahamitische Gott. Woraufhin bürgerliche Psychiater begannen, sich den anglo-amerikanischen Geheimdiensten anzuschließen. Mit dem Zweiten Weltkrieg stieg der Rest eifrig an Bord.

So warb beispielsweise der oberste OSS-Beamte in der Schweiz, Allen Dulles (Princeton) Carl Jung, den Begründer der analytischen Psychologie, an, um Adolf Hitler (laut Jung ein „Medizinmann") zu analysieren und seine Schritte vorherzusagen und gleichzeitig Ratschläge darüber abzugeben, wie man das deutsche Volk am besten davon überzeugen könne, die Alliierten zu unterstützen. Jung hatte bereits die Geliebte von Dulles behandelt (Dulles' Frau kam später nach) und auch Paul Mellon (Yale), den Spross der Bankiersfamilie und Leiter der psychologischen Kriegsführung des OSS im Zweiten Weltkrieg. Am Ende gewannen die sowjetische Armee und die Atombomben den Krieg, aber Jungs Methode des Profilings wurde übernommen, und seit 1945 perfektionierten die Geheimdienste die dunkle Kunst der „Psychopolitik", bei der westliche und alliierte Propagandisten alle feindlichen Führer als gestörte Diktatoren darstellen (und sie oft mit Hitler vergleichen) und alle Linken als Menschen mit Vaterkomplexen (Autoritätsproblemen) betrachten.

Ich lernte Jung an der Universität kennen, als ich Weltliteratur studierte, einschließlich der griechischen Dramatiker, der *Bhagavad Gita*, Lao Tsus *Der Weg*, und englische Poesie von Beowulf bis Auden. Literaturkritiker zitierten oft Jungs Ideen über das „kollektive Unbewusste" als einen Weg, um die tiefere Bedeutung dieser Werke zu erschließen. Während er zwar anerkannte, dass Götter und Göttinnen Projektionen der angeborenen psychischen Tendenzen des „kollektiven Unbewussten" waren, sah Jung einen spirituellen Wert in diesen „Archetypen", die seiner Meinung nach allen Menschen gemeinsam sind.

Jung ist ein Beispiel dafür, wie die Geheimdienste sich die Ideen von jedermann aneignen, und doch haben mir seine Ideen geholfen, über das bibeltreue, fahnenschwenkende Psychogeschwätz hinauszukommen, das Amerika in seiner kriegslüsternen, von Berühmtheiten besessenen Kultur auftischt. Nie ein Sklave des Konventionellen, glaubte Jung beispielsweise, dass das Horoskop die Summe des antiken psychologischen Sinns widerspiegelt, und dass die Astrologie sein Konzept der Synchronizität bestätigte — was er, wissenschaftlich ausgedrückt, als ein „akausales Verbindungsprinzip" nannte. Was Jung unter Synchronizität verstand, ist in Wirklichkeit der schicksalhafte Moment, in dem die Welt oder ihr Sternenhimmel einem Dichter oder Dichterin das Zeichen gibt, auf das er oder sie gewartet hat. Und aufgrund persönlicher Erfahrung stimme ich zu.

Beispiele für Synchronizität gibt es viele, und etliche Menschen haben sie erlebt. Sich jedoch bewusst in einen Geisteszustand zu begeben, der die Synchronizität einlädt, ist die Domäne der Mystiker und Dichter; was John Keats „negative Fähigkeit" nannte oder sich in Geheimnissen und Zweifeln zu befinden, „ohne reizbares Streben nach Fakten und Vernunft". Es war diese intuitive Dimension, in welcher der sozialistische Physiker Albert Einstein seine Relativitätstheorie entdeckte.

Ich begab mich im Februar 1991 auf die Reise nach London, als die Sonne gerade in die Fische eintrat, das astrologische Zeichen des zwölften und letzten Hauses des Tierkreises. Das zwölfte Haus ist das Haus der Geheimnisse und Träume. Die Fische werden durch zwei Fische symbolisiert, die in entgegengesetzte Richtungen schwimmen, und sie regieren alles unterhalb der Oberfläche — Täuschung, Spionage, Fremdes, Gefängnisse und Religion. Meiner Astrologenfreundin Helen Poole zufolge war mein Weggehen und meine Rückkehr während eines Fische-Mondes und meine Reise während des Sonnenzeichens Fische reine Synchronizität. Also nahm ich auf meiner Reise ein Tageshoroskop mit, das sie für mich erstellt hatte und auf das ich zusammen mit einigen Gedichten zu sprechen kommen werde, wenn dies für meine Geschichte relevant ist.

Ich war aus zwei Gründen froh, das Horoskop zu haben. Der Nobelpreisträger Joseph Brodsky sagte einmal, wenn ein Gedicht wahr ist, „kann man das Pulsieren der Planeten hören". Ich stimme ihm zu, und für mich vereinen Astrologie und Poesie die allegorische Kraft des antiken Mythos mit dem Geheimnis der Quantenverschränkung. Sie geben mir das Gefühl, dass der Kosmos und ich spirituell verbunden sind. Außerdem sind sie, wie Jung sagte, Wege zur Synchronizität, und ich verließ mich auf die Synchronizität, um in Vietnam drei Dinge zu erreichen, die ich auf keine andere Weise hätte erreichen können.

Das erste war, Thomas Fowlers Weg zum Cao Dai-Tempel in der Provinz Tay Ninh zu folgen. Fowler war der Erzähler in Graham Greenes Klassiker *The Quiet American* (1955), der mich tief beeindruckt hat. Der zweite Grund war die Erfüllung eines Versprechens, das ich einem inhaftierten Vietnam-Veteranen, Jack Madden, gab, nämlich ein Gebet auf dem Gipfel des Nui Ba Den-Bergs zu sprechen. Jack war 1968 auf dem Berg stationiert gewesen. Und der dritte bestand darin, das Ausmaß der Agent-Orange-Vergiftung im Mekong-Delta für Fred Dick herauszufinden, einen Drogenfahnder, den ich für *The Phoenix Program* interviewt hatte. Freds vietnamesische Frau war daran interessiert, wie sich die Sache auf ihre vietnamesischen Verwandten im Mekong-Delta auswirken könnte.

Ich war also froh, das Horoskop als eine Methode zu haben, um in fremden Ländern mit anderen Glaubensvorstellungen offen und präsent zu bleiben. In der Tat verurteilen unsere abrahamitischen Religionen die Astrologie, aber das gilt nicht für den Rest der Welt. Vor allem ist sie ein wesentlicher Bestandteil der vietnamesischen Kultur. Wie Professor Nguyen Ngoc Huy in *Understanding Vietnam* erklärt: „Einige moderne Vietnamesen, die sich der Wissenschaft des Horoskops widmen, betrachten die verschiedenen Sterne als Elemente einer mathematischen Gleichung und die Deutung des Schicksals als die Erforschung des unbekannten Faktors in der Gleichung."[7]

Der legendäre Dichter Robert Graves glaubte, wie Jung und Keats, an überrationales Wissen und uralte Weisheit. Wie Einstein und vietnamesische Astrologen glaubte Graves auch, dass „Mathematik und das Wissen, das man aus dem Okkulten erhält, verbündet sind".[8] Ezra Pound stimmte dem zu und nannte die Poesie „eine Art inspirierte Mathematik, die uns Gleichungen gibt, nicht für abstrakte Figuren, Dreiecke, Quadrate und dergleichen, sondern für die menschlichen Gefühle".

Die Tragödie der US-*Psywar*-Operationen und christlicher Missionare in Südostasien war, dass sie andere nach ihren vermeintlich rationalen westlichen Maßstäben beurteilten. Sie glaubten, sie seien schlau, doch wie die Erfinder des abrahamitischen Gottes und der bürgerlichen Psychoanalyse, täuschten sie nur sich selbst und ihr eigenes Volk, während sie unermessliches Leid über die Südostasiaten brachten.

Das bringt mich zum leuchtenden Beispiel der USA für religiöse Propaganda und Psychokrieg im imperialen Rückschlag – die Hingabe ihrer ekstatischen, weißen christlich-nationalistischen Bewegung für den irreligiösen, käuflichen Donald Trump, dessen fadenscheinige Vertrauensspiele und Appelle an den Nativismus so wirksam waren wie die im China des 18. Jahrhunderts, wo Palast-Säuberungen routinemäßig von Feudalherren durchgeführt wurden, die vorgaben, christliche Konvertiten zu sein, während sie heimlich daoistische Magier engagierten, um politische Rivalen zu verzaubern. In China genügte eine Haarlocke und die Kenntnis des echten Namens einer

---

[7] Nguyen Ngoc Huy und Stephen B Young, *Understanding Vietnam* (1982) S.283, 328-329.
[8] *Playboy* interview, December 1970.

Person, um den Teil des Geistes zu stehlen, der die Seele regiert, und sie einem Dämon zu übergeben, der den Auftrag des Magiers erfüllte. Alles, was Trump tun musste, war, sich als Opfer einer „Hexenjagd" darzustellen, die von Feinden des „Tiefen Staates" als Teil einer Verschwörung ausgeheckt worden sei, die „böse" Linke ausgebrütet hätten, um Einwanderer zu importieren und damit Amerikas weiße, christliche Seele zu stehlen. Eine Massenpsychose, nicht unähnlich dem *„Stop the Steal"*-Angriff auf das US-Kapitol am 6. Januar 2021, erfasste China im Jahr 1768 während der Großen Hexenangst, als Migranten auf der Suche nach einem wohlhabenderen Leben des „Seelendiebstahls" beschuldigt wurden.

Diese Massenpsychose hat Amerika für immer verändert. Wie der berühmte Journalist und Autor Seymour Hersh zu mir sagte: „Trump hat die Luft aus der Rationalität gesaugt. Oben ist unten."

Einen solch monumentalen Betrug durchzuziehen, war jedoch kein Trump'scher Geniestreich. Er musste weder die große Austauschtheorie erfinden, die weiße Christen bereits glaubten, noch musste er sich selbst neu erfinden. Er ist einfach vom Gangsterkapitalismus und der Promi-Kultur in die Politik fortgeschritten, wo Repräsentationen längst alles ersetzt haben, was einst direkt gelebt wurde. Jedoch hat Trump in seinem Größenwahn ein Monster entfesselt – einen perfekten Sturm aus Militärpropaganda und weißer Vorherrschaftsideologie –, denn hinter dem Spektakel der Illusionen, das die Phantasien einer militanten Vorherrschaft der Weißen stützt, steht ein Netzwerk von CIA- und Militär-Basen, durch welche die US-Regierung in die Lage versetzt wird, sofort auf ihre fabrizierten Bedrohungen zu reagieren, überall auf dem Planeten oder am Sternenhimmel. Nationen, die nicht ideologisch assimiliert werden können, werden offen der Sabotage, der Subversion und strangulierenden Wirtschaftssanktionen unterworfen. Und während die USA die Finanz-, Militär-, Sicherheits- und Mediendienste der westlichen Welt gegen eine neue, von China, Iran und Russland angeführte Weltordnung ausrichten, ist der *Psywar* zum dominanten X-Faktor im Kulturkrieg geworden, der die USA verschlingt.

Auch dies ist nichts Neues. Die Mechanismen der Verwandlung des Profanen, wie es Trump ist, in das Heilige begannen mit den ersten Schöpfungsmythen und verankerten sich in den Seelen und Köpfen der Menschen mit den nachfolgenden, historischen Epen und religiösen Texten, die von patriarchalischen herrschenden Klassen in Auftrag gegeben wurden, um ihre dominanten Stellungen zu bewahren. Religiöse Führer, Militär- und Sicherheitsexperten und ihre Administratoren nutzen die archetypische Kraft dieser Mythen, um Imperien aufzubauen. Und nun hat das US-Imperium mit seiner allgegenwärtigen psychologischen Kriegsführung im Ausland eine bewaffnete und hochmütige politische Bewegung der weißen Vorherrschaft geschaffen, die in selbstgerechter Religiosität wurzelt und versucht, die Überreste der liberalen amerikanischen Demokratie zu zerstören.

Dieses Buch gibt eine teilweise Erklärung dafür, wie die USA hierhin gekommen sind.

CHINA
BURMA
LAOS
THAILAND
CAMBODIA
Gulf of Tonkin
Hainan Dao
South China Sea
Gulf of Thailand
South China Sea
Hanoi
Bangkok

V I E T N A M

LAOS
VIETNAM
Tonkin
BURMA
Andaman Sea
CAMBODIA
Gulf
of
Thailand
Strait of Malacca
MALAYSIA
VIET.
Bangkok

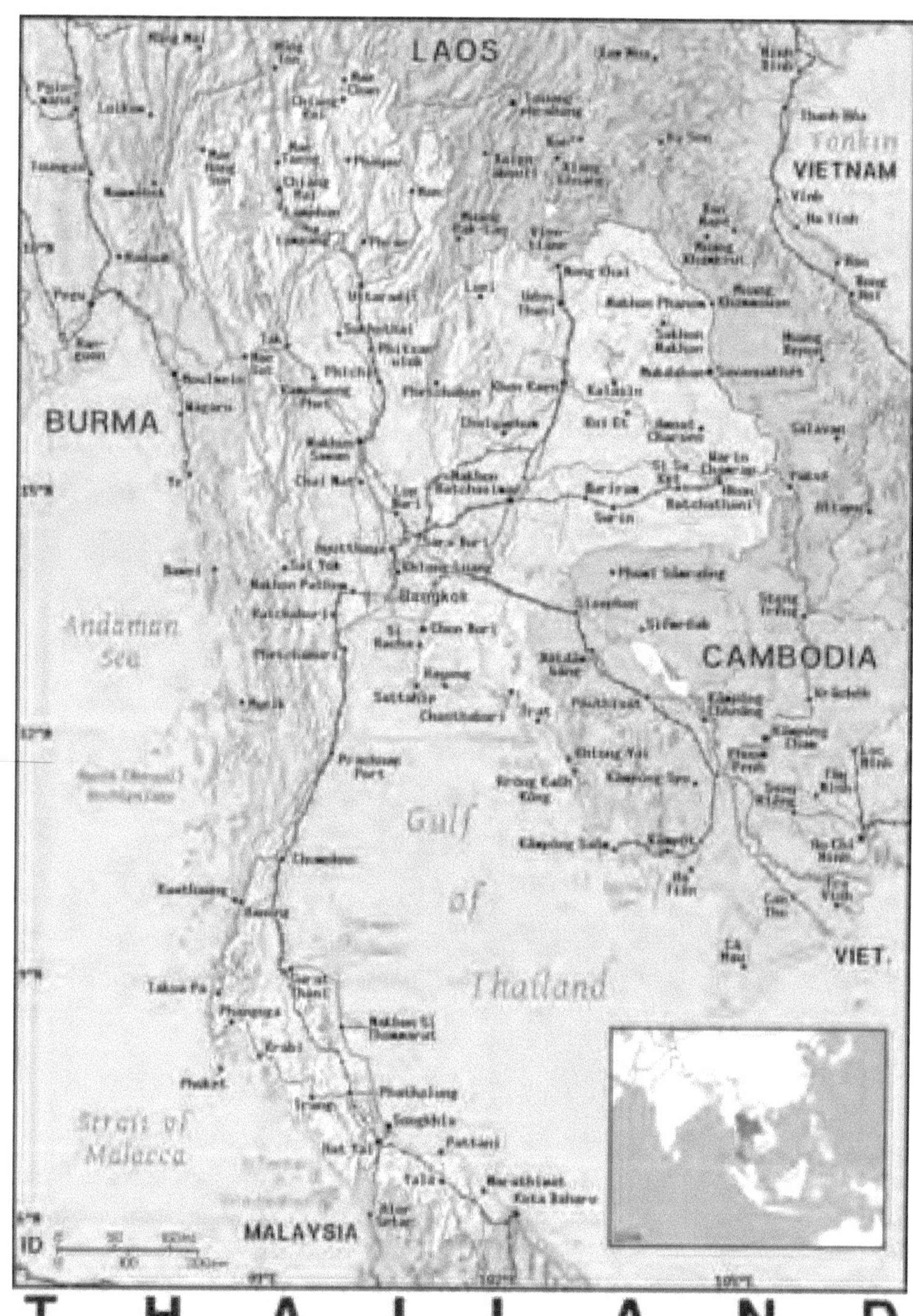

T H A I L A N D

16

Tag 1: Großes Düsenflugzeug

Samstag, 16. Februar 1991

„Greife unter dem Fische-Mond nach den Sternen."

Es war ein kalter Abend, als ich von Logan abflog. Meiner Astrologenfreundin Helen Poole zufolge stand ich an der Schwelle eines Traumes. Mir gefiel das Gefühl, dass es eine spannende Zeit im Weltgeschehen war. In dem Versuch, ihr „Vietnam-Syndrom" zu überwinden, ließen die USA ihre jahrelange Frustration am Irak aus. Wellen von US-Kampfflugzeugen bombardierten die sich zurückziehende irakische Armee auf dem Highway of Death in Schutt und Asche, während der Irak trotzig Scud-Raketen auf Israel abfeuerte, wobei zwei Menschen ums Leben kamen und wenig bewirkt wurde, um öffentliche Sympathie zu gewinnen.

Als ich fortging, war Operation Wüstensturm in vollem Gange, und viele Menschen hatten Angst zu fliegen. In meiner Unschuld glaubte ich, dass sich das in mehr Beinfreiheit niederschlagen würde, aber ich hatte die Fähigkeit eines Unternehmens unterschätzt, von einer internationalen Krise zu profitieren. British Airways hatte meinen Flug über mehrere US-Städte umgeleitet und auf dem Weg dorthin Passagiere mitgenommen. Das Flugzeug hatte Verspätung, und als es ankam, war es überfüllt.

Das war die erste von vielen harten Wahrheiten, die ich unterwegs lernte.

Wie bereits erwähnt, war ich auf dem Weg nach London, um ein Visum zu beantragen. Die USA, die noch immer unter dem emotionalen Schmerz ihrer demütigenden Niederlage gegen die Vietnamesen litten, weigerten sich, diplomatische Beziehungen zu der unterentwickelten Nation aufzunehmen, die sie mit Agent Orange getränkt und mit unzähligen Bombenkratern und nicht explodierten Bomben übersät hatten. Fünfzehn Jahre später bestraften die USA immer noch Millionen unschuldiger Vietnamesen mit barbarischen Wirtschaftssanktionen, einer besonders heimtückischen Form der Kriegsführung.

Manchmal scheint es, als sei Schadenfreude das bestimmende Charakteristikum der Amerikaner.

Meine Reise nach Vietnam und Thailand bestätigte in der Tat, was D. H. Lawrence vor einem Jahrhundert, 1923, auf einer Reise durch den amerikanischen Südwesten kühl beobachtet hatte: „Alles andere, die Liebe, die Demokratie, das Hineintaumeln in die Lust, ist eine Art Nebenbei-Spiel. In ihrer Essenz ist die amerikanische Seele hart, isoliert, stoisch und ein Killer. Sie ist bisher noch nie aufgetaut."

Es ist möglich für Amerika, dass es sein militaristisches Credo des blinden Gehorsams gegenüber männlicher Autorität und das verrückte Streben nach überlegener Macht, das als fetischisierte

Volksreligion dient, zurückweist. Dies erfuhr ich, als ich mein erstes Buch *The Hotel Tacloban* (1984) über die Erfahrungen meines Vaters im Zweiten Weltkrieg schrieb. Er und ich hatten uns seit 1971 entfremdet, als ich das College abbrach. Aber zehn Jahre später, als wir an dem Buch arbeiteten, wurden wir unzertrennlich. Es war magisch. Mein Vater leitete unsere Versöhnung ein – und seine persönliche Wandlung von einem rassistischen, missbrauchenden Hengst zu einem einfühlsamen Pazifisten –, indem er zugab, dass unser Konflikt seine Schuld war. Er gestand sich selbst und mir gegenüber ein, dass er unserer Familie das Trauma aufgebürdet hatte, das er im Krieg erlitten hatte, und dass es in seiner Verantwortung lag, die Dinge zurechtzurücken. Und das tat er, indem er mir erzählte, was passiert war.

Geschwächt durch eine kräftezehrende Herzkrankheit, war sein Kampf beängstigend. Aber er hat es geschafft. Und bis zum heutigen Tag messe ich jeden Mann, den ich treffe, an meinem Vater. Es ist jedoch selten, dass ich amerikanischen Männern begegne, die die Macho-Attitüden und Verhaltensweisen abgelegt haben, die unser kollektives Bild prägen. Es ist selten, weil unsere Institutionen mit Militärpropaganda überschwemmt wurden, die Veteranen gegenüber Zivilisten höherstellt. Und das funktioniert, obwohl die militärische Aggression und Propaganda nur den Interessen der Reichen und Mächtigen dient. Während wir beispielsweise die unermessliche Trauer über den Verlust eines kleinen Kindes durch eine Schießerei in einer Schule anerkennen, wird uns weisgemacht, dass das Trauma, das Veteranen erleben, und die Trauer ihrer Angehörigen schlimmer sind als die aller anderen. Nur Veteranen werden für würdig befunden, eine beitragsfreie Krankenversicherung zu erhalten, obwohl es in Amerika – wie in jedem anderen Industrieland der Welt – genug Reichtum für alle gibt, um sie zu bekommen. Als integraler Bestandteil seines Wandels weigerte sich mein Vater, Hilfe bei der Veteranenverwaltung zu suchen oder Veteranenclubs beizutreten, gerade weil diese die zivile Gesellschaft dem Militär unterordnen.

Ich würde nicht die Philippinen besuchen gehen, wo er in Kriegsgefangenschaft gewesen war, doch würde ich diesen exotischen Teil der Welt sehen, hören und fühlen. Ich wusste, dass mich diese Erfahrung ihm spirituell näherbringen würde. Er war fast genau ein Jahr zuvor, am 26. Februar 1990, gestorben, und ich spürte seine Gegenwart immer noch sehr stark.

Vier Tage vor seinem Tod lud ich meinen Vater zum Abendessen ins La Crémaillère ein, ein schickes französisches Restaurant in Banksville, Connecticut. Eine australische Firma hatte die Filmrechte an *The Hotel Tacloban* erworben, und das wollten wir feiern. Es war ein sentimentaler Abend, an dem mein Vater mir Dinge über seine Kindheit erzählte, die er mir nie zuvor erzählt hatte. Ich war verblüfft, als er sagte, er habe La Crémaillère ausgewählt, weil es einst ein Bauernhaus war, das seinem Großvater mütterlicherseits, Soren Jensen, einem dänischen Einwanderer, Schmied und Imker, gehört hatte. Meine Großmutter war in dem Haus geboren worden, und mein Vater verbrachte einen Großteil seiner frühen Kindheit dort.

Entgegen der Anweisung seines Arztes tranken wir eine Flasche Champagner auf der renovierten Veranda, wo er als Kind Limonade getrunken hatte. Der Alkohol bekam ihm schlecht. Ich beobachtete mit Schrecken, wie sich seine Lippen dunkelblau färbten. Er schwitzte so stark, dass seine Fischgrat-Wollsakko durchnässt war. Als wir nach Hause kamen, konnte er kaum noch sprechen. Zwei Tage später begann er Blut zu husten und wurde ins Phelps Memorial Hospital in Tarrytown gebracht. Am nächsten Morgen besuchte meine Mutter ihn. Er saß am Fußende des Bettes und sah fern. Sie setzte sich neben ihn und hielt seine Hand. „Ich kann nicht atmen", keuchte er. Sein Gesicht wurde blau, seine Wangen blähten sich auf, und er fiel zurück aufs Bett. Zehn Minuten später war er tot, und meine Mutter telefonierte mit mir.

Ich habe gemischte Gefühle bei dieser Episode. In gewisser Weise fühle ich mich für seinen Tod verantwortlich. Und doch war das Leben für ihn zu einer Last geworden. Er wollte ein letztes Mal eine gute Zeit haben. Er predigte persönliche Verantwortung, und er lebte und starb danach.

Ich schließe dieses Kapitel mit einer erfreulicheren Nachricht. Ein paar Wochen nach der Beerdigung rief mich meine Mutter an und bat mich, sie zu besuchen. Sie sagte, sie müsse mir etwas Wichtiges sagen. Wir setzten uns zusammen und sie sagte sehr ernst: „Dein Vater hat sich Sorgen um dich gemacht, Doug."

Ich dachte, er sei besorgt gewesen, weil ich verbotene Orte betrete. Die CIA führt eine Akte über mich, und es hat Repressalien gegeben, weil ich sie kritisiert und ihre bösen Taten aufgedeckt habe, einschließlich mitternächtlicher Todesdrohungen und einer schwarzen Liste in der Verlagsbranche. Doch statt Besorgnis breitete sich ein leichtes Lächeln auf ihrem Gesicht aus und sie sagte: „Er hatte Angst, du könntest ein Angeber werden."

Ich freue mich, berichten zu können, dass meine Freunde, meine Familie und meine Kritiker sich zusammengetan haben, um sicherzustellen, dass das nicht passiert. Und mit Hilfe der Muse werde ich auf den folgenden Seiten versuchen, mich so einfach wie möglich auszudrücken, um meinen Standpunkt darzulegen: dass wir alle in einen spirituellen Kampf verwickelt sind und dass es die Dinge sind, welche wir über uns selbst und andere glauben, die all unsere Probleme verursachen.

Tag 2: Radipole Ragweed
Sonntag, 17. Februar 1991

„Sonne, Merkur und Saturn im Wassermann

bedeutet gute Kommunikation im sozialen Bereich.

Es ist ein guter Tag, um Dinge in die Wege zu leiten und die Arbeit zu erledigen."

Ich kam in Heathrow mit müden Augen und Jetlag an. Fuhr mit der „Tube" zur Hammersmith Station und nahm eines dieser geräumigen schwarzen Taxis zur Wohnung von David Munro im schicken Kensington.

Munro war ein umtriebiger Photojournalist und Filmregisseur, der mit dem australischen Journalisten John Pilger bei einer Reihe von bahnbrechenden Dokumentarfilmen zusammengearbeitet hatte. Am bekanntesten wurden sie, als sie sich nach Kambodscha hinein wagten, nachdem die Vietnamesen 1979 die Roten Khmer gestürzt hatten. Munro führte Regie und Pilger war Sprecher ihres Dokumentarfilms *Year Zero: The Silent Death of Cambodia*, der die schrecklichen Zustände in Phnom Penh zeigte, darunter Szenen, in denen Menschen an Hunger und Krankheiten sterben. Sie filmten auch die vietnamesischen Besatzungstruppen bei der Lieferung von Lebensmitteln und medizinischen Hilfsgütern, und sie erklärten, wie die USA und Großbritannien für die Katastrophe mitverantwortlich waren, die mehr als eine Millionen Menschenleben kostete. Es war ein einflussreicher Film, aber er missfiel den Behörden und wurde in den USA nie gezeigt. Ich hatte ihn nicht gesehen, aber meine Begegnung mit Munro und seinem Film sollte Kambodscha zu einem zentralen Thema meiner Reise und des letzten Kapitels dieses Buches machen.[1]

Munro war schon mehrmals in Vietnam gewesen und erklärte sich auf John Kellys Bitte hin freundlicherweise bereit, mir bei der Vorbereitung meines Besuchs zu helfen. Er war auch in anderer Hinsicht großzügig. Einige Tage zuvor war er in seine Wohnung in Kensington umgezogen, aber der Mietvertrag seines früheren Wohnsitzes in der Radipole Street war noch nicht ausgelaufen, und ich konnte dort wohnen. Das war eine glückliche Entwicklung. Ich schätzte die Privatsphäre, und die sparsame BBC war froh, dass sie mich nicht in einem billigen Hotel unterbringen musste.

---

[1] Ich verwende die Namen Kambodscha und Kampuchea sowie Birma und Myanmar in diesem Buch in austauschbarer Weise.

Munros Frau Lay Hing begrüßte mich herzlich, als ich an diesem Morgen ankam. Lay Hings Mutter war Nicaraguanerin, ihr Vater Chinese. Ihr Gesicht war weich und rund, ihr Auftreten locker und ungezwungen. Sie hatte eine hübsche Tochter, Pilar, aus einer früheren Ehe.

Munro war ein Kettenraucher von Silk-Cut-Zigaretten. Er war schlank, kantig und in ständiger Bewegung. Er trug ein weißes Hemd mit hochgekrempelten Ärmeln, gebügelte schwarze Hosen und polierte schwarze Loafer. Sein langes dunkles Haar war grau gesprenkelt. Als er mir die Hand schüttelte und lächelte, vertieften sich die Furchen um seine Augen. Er hatte ein hübsches, verwittertes Gesicht. Sein Großvater, sein Vater und seine Mutter waren Schauspieler gewesen, ebenso wie seine ersten beiden Ehefrauen. Er lebte das Leben dramatisch und mit Glanz.

Lay Hing bereitete Eier, Würstchen, Speck, Kartoffeln, Toast und Kaffee zu, während David die Geschichte erzählte, wie sie sich kennenlernten, als er durch Mittelamerika reiste und Photos für ein Buch über den Contra-Krieg machte. Obwohl sie aus privilegierten Verhältnissen stammte, hatte sich Lay Hing der sandinistischen Revolution angeschlossen, die 1979 den von den USA unterstützten Diktator Anastasio Somoza stürzte.

Die USA mussten jedoch ihre verwundete Kriegerseele vom Vietnam-Syndrom befreien, und die von der Sowjetunion unterstützten kommunistischen Regierungen in „unserem Hinterhof", wie Präsident Reagan es ausdrückte, lieferten dem US-Militär einen Vorwand, um seine Ehre wiederherzustellen, so gut sie eben ist. Dies erforderte die Unterdrückung einer Volksbefreiungsbewegung in einem verarmten, winzigen Land durch brutale wirtschaftliche und psychologische Kriegsführung. Staatlich geförderter Terrorismus, ganz einfach.

Lay Hing war froh, den Krieg hinter sich zu lassen und nach Merrie Olde zu ziehen, wo sich der Kampf für soziale Gerechtigkeit in die triste Beziehungsarbeit verwandelte, in die Anpassung an ein kälteres Klima und eine kühlere Kultur. Sie und David stritten sich beim Frühstück, das nervtötende Geplänkel eines älteren Ehemanns und einer jüngeren Ehefrau: seine Unterbrechungen, Fragen, Korrekturen; ihre Abwehrparaden. Ich kannte die Quelle für seine Gereiztheit noch nicht. Später teilten wir uns Silk Cuts. Dann fuhr David mich zu seiner immer noch möblierten Wohnung im belebten Fulham-Viertel im Westen Londons. Er zeigte auf die Fensterbank, auf der er sein berühmtes „Radipole Ragweed" anbaute. Er gab mir die Schlüssel, wünschte mir einen angenehmen Mittagsschlaf und lud mich für den Abend zum Essen ein.

Der Kaffee machte mich nervös, also tätigte ich ein paar Anrufe und vereinbarte ein paar Termine. Dann schlenderte ich durch die Nachbarschaft. Später nahm ich ein Taxi zu Munro. Als ich dort ankam, schimpfte er gerade mit Lay Hing, weil sie ein Kleid gekauft hatte. Sie sagte, sie brauche neue Kleidung, außerdem müsse sie eine Ausbildung machen und neue Freunde finden. Ich war mit meinen Nerven am Ende und sagte ihm freundlich, er solle sie in Ruhe lassen.

Bald tauchten Davids guter Freund Gordon und seine schicke Freundin auf, und die Dinnerparty kam in Schwung. David bereitete Krabben „in zwei Varianten" zu – Krabbenbeine nach traditioneller Art und Softshell-Krabben in Schwarzbohnensauce –, dazu gab es köstliches Groulsh-Bier, das ich noch nie getrunken hatte. Gordon hatte einen Beutel Haschisch dabei, welches er nach dem Essen akribisch mit Tabak bestreute und zu Zigaretten drehte, was wir sehr genossen.

Gordon beklagte sich, dass die BBC aufgehört hatte, nach Korruption im System zu suchen. Die prominenten Journalisten waren reich und berühmt geworden – und zynisch. Plötzlich hatten sie zu viel zu verlieren, wenn sie Nachrichten berichteten, die ihre Firmen- und Regierungssponsoren verärgern würden. Alle lachten, als ich Gore Vidal zitierte, der gesagt hatte, dass die Journalisten des Establishments „dazu neigen, so zu sein wie sie schreiben, und deshalb meidet man, ordnungsgemäß gewarnt durch das Läuten so vieler Lepra-Glocken, ihre Gesellschaft".

Um richtige Entscheidungen zu treffen, sagte Munro, muss die Öffentlichkeit informiert werden. Also hatte er mit der Familientradition gebrochen, seine Schauspielkarriere an den Nagel gehängt und sein Leben der Enthüllung dessen gewidmet, was die Mainstream-Presse als untauglich für den öffentlichen Konsum erachtete. Er wählte den weniger begangenen Weg mit all seinen Strapazen und Belastungen. Nicht edle Anonymität, sondern Marginalisierung. Er erwähnte, dass er schreckliche Albträume von „den Dingen" hatte, „die ich gesehen habe". Ich stellte mir vor, wie er ein Gestell mit menschlichen Schädeln filmte und dachte, das könnte genügen.

Um meinen Teil des Gesprächs aufrechtzuerhalten, erzählte ich von den CIA-Beamten, die Phoenix von Südvietnam nach Lateinamerika exportiert hatten und über die ich in *The Phoenix Program* geschrieben hatte. Meine Gastgeber hatten davon noch nichts gehört und wollten unbedingt wissen, wer dafür verantwortlich war und wie sie es getan hatten. Ich begann damit, ihnen von Donald Gregg und Rudy Enders zu erzählen.

Donald Gregg schloss 1951 ein Studium am elitären Williams College im Nordwesten von Massachusetts ab, nicht weit von meinem Wohnort entfernt. Er war der Sohn eines YMCA-Chefs und Produkt eines „muskulösen Christentums", das sich der patriotischen Pflicht, der Männlichkeit zur Verteidigung der Weiblichkeit und der moralischen Schönheit der Leichtathletik als Vorbereitung auf den Krieg verschrieben hatte. Auf der Schattenseite der Gleichung fürchten verhärmte Väter ihre Söhne, seit Kronos den Uranus kastrierte. Um ihr Leben, ihr Gold und ihre Mätressen zu schützen, organisierten die alten Böcke Senate, Priesterschaften und Militärakademien – sowie Sportvereine, um die jungen Böcke zu indoktrinieren und ihre Aggressionen gegen andere Stämme zu kanalisieren, mit allen Vorteilen, die eine Eroberung mit sich bringt. Der Senat machte den Krieg legal, die Priester machten ihn heilig, und das Offizierskorps machte ihn für die ordnungsgemäß indoktrinierten Produkte der Sportvereine im Junker-Stil zu einem Ritus des Übergangs in die erhabene Männlichkeit. Nachdem private Unternehmen gelernt hatten, daraus Profit zu schlagen, wurde die Ausbildung für Kriege und das Führen von Kriegen zum „American Way", so wie es in England der Fall war, wo die YMCA gegründet wurde.

Greggs CIA-Dienste und seine Hingabe an den American Way führten dazu, dass Präsident George H. W. Bush (Yale, Skull and Bones) ihn zum Botschafter in Südkorea ernannte (1989-1993). Greggs Tochter setzte die Familientradition fort, indem sie den revisionistischen Schriftsteller Christopher Buckley (Yale, Skull and Bones) heiratete, den Sohn des ehemaligen CIA-Beamten William F. Buckley Jr. (Yale, Skull and Bones), des prominenten TV-Talkshow-Moderators und weißen Rassisten, der dem afroamerikanischen Autor James Baldwin in ihrer berühmten Debatte 1965 sagte, es sei unmoralisch, die Rassentrennung im Süden aufzuheben.

Chris diente als Redenschreiber für Vizepräsident Bush und machte sich bei den Militärpropagandisten überall beliebt, indem er 1983 einen Artikel für *Esquire* schrieb, in dem er sein Bedauern darüber zum Ausdruck brachte, nicht das volle Maß an Männlichkeit erreicht zu haben, indem er sein Leben für seine Mitstreiter auf dem glühenden Amboss des tödlichen Kampfes in Vietnam riskierte. So wie sein Vater die Begründung für den institutionalisierten Rassismus geliefert hatte, der die rechten Intellektuellen in seinen Bann zog, signalisierte der Artikel von Chris, dass die neokonservativen Propagandisten die Ressentiments der rechten Massen gegenüber der linken Antikriegsbewegung und der liberalen Presse, die „Vietnam verloren" hatten, nutzten und sie mit Reagans berüchtigter „Südstaatenstrategie" kombinierten, um die Neokonservativen zu stärken. Rambo (First Blood) hatte im Jahr zuvor Premiere und repräsentierte

– unter weiterer Ausnutzung der damals in Mode gekommenen MIA-POW-Verschwörungstheorie – die Bemühungen der Rechten, verbitterte Vietnam-Veteranen und ihre Anhänger in Amerikas aufkeimende, bewaffnete, gegen die große Regierung gerichtete und im Grunde rassistische Milizen einzuberufen.

Rudy Enders stammte aus einer niedrigeren Klasse, hatte aber die gleichen sportlichen Werte wie Gregg. Als Absolvent der Maritime Academy war Enders 1961 Navy-Taucher, als die CIA ihn rekrutierte, um maritime Operationen gegen Kuba zu leiten. Enders wurde 1965 nach Vietnam versetzt und blieb dort viele Jahre lang. Enders lernte Gregg 1970 kennen, als dieser als CIA-Beamter für die Provinzen um Saigon von der Küste bis zu einem Teil der kambodschanischen Grenze zuständig war. Enders wurde Greggs Stellvertreter für paramilitärische Operationen.

Ich interviewte Enders am National War College, wo er Militäroffiziere in den schwarzen Künsten der CIA unterrichtete. Zu meiner Überraschung begann er das Gespräch mit der Behauptung, Daniel Sheehan sei ein Agent des kubanischen Geheimdienstes. Sheehan war damals als sozialer Aktivist Anwalt für das Christic Institute, eine Anwaltskanzlei für das öffentliche Interesse, die er 1979 zusammen mit seiner Frau und einem Jesuitenpriester gegründet hatte, nachdem er den Fall Karen Silkwood erfolgreich abgeschlossen hatte, der 1983 verfilmt wurde und Sheehan zu einer Berühmtheit gemacht hatte.

Sheehan und das Christic Institute hatten eine Reihe von öffentlichkeitswirksamen Fällen, darunter die Verteidigung von katholischen Arbeitern, die Flüchtlingen Zuflucht gewährten, die vor einer bösartigen Aufstandsbekämpfung flohen, die von der CIA, größtenteils unter der Leitung von Rudy Enders, seit 1981 geleitet und finanziert wurde. Der Hauptsitz des Instituts befand sich in Washington, DC, und es wurde sowohl von Spendern aus der Bevölkerung als auch von liberalen Organisationen wie der New World Foundation mit ihrem furchterregend klingenden Namen finanziert.[2] Das Christic Institute setzte sich auch für die „Befreiungstheologie“ ein, eine Interpretation des Christentums, die davon ausging, dass Jesus für die Hilfe der Armen eintrat. Die Befreiungstheologie hatte in den 1960er Jahren in Lateinamerika Wurzeln geschlagen, und ihre Vertreter – wie zum Beispiel Sheehan – wurden häufig als Handlanger der Kommunisten hingestellt.

Leider endete die Glückssträhne des Christic Institute, als Sheehan eine ehrgeizige Zivilklage in Höhe von 24 Millionen Dollar einreichte, angeblich im Namen der Journalisten Tony Avirgan und Martha Honey, die bei einem Bombenanschlag in Nicaragua zugegen gewesen waren, bei dem Avirgan verletzt und sieben Menschen getötet wurden. Zu Avirgans Bestürzung nannte Sheehan Richard Secord, Ted Shackley und 28 weitere Mitarbeiter von The Enterprise als Mitangeklagte und beschuldigte sie der Beteiligung an Attentaten sowie des Waffen- und Drogenhandels. All das war wahr. Doch 1988 entschied ein rechtsgerichteter Richter in Florida gegen das Christic Institute und verurteilte es zur Zahlung von Schadenersatz an Secord und seine Freunde; diese Geldstrafen deckte Sheehan durch die Organisation eines Rockkonzerts mit Bruce Springsteen, Bonnie Raitt und Jackson Browne.

Aufgrund meiner Recherchen für *The Phoenix Program* hatte mich Sheehan im Herbst 1986 gebeten, für ihn zu arbeiten – eine Ehre, die ich ablehnte, nachdem ich seine eidesstattliche Erklärung gelesen hatte, die mit Fehlern und anonymen Quellen gespickt war, was (neben der Parteipolitik) dazu beitrug, dass seine Klage abgewiesen wurde. Woher Rudy Enders von meiner Verbindung zu

---

[2] Christic unter https://www.christicinstitute.org/Christic; New World Foundation unter https://newwf.org/

Sheehan wusste, werde ich nie erfahren. Aber da ich Sheehans Angebot abgelehnt hatte, vertraute Enders mir fälschlicherweise.

„Unsere Hauptaufgabe war es, zu verhindern, dass Raketen auf Saigon regneten", erklärte er mir im weiteren Verlauf des Gesprächs. Wie Enders erklärte, identifizierten und jagten er und Gregg die Guerilla der Befreiungsarmee mit Hilfe von Felix Rodriguez, dem grausamen Anti-Castro-Kubaner, der 1967 Che Guevara in Bolivien aufgespürt und bei seiner Ermordung geholfen und Ches Armbanduhr als Trophäe mitgenommen hatte. Anfang 1971 entdeckten die drei CIA-Beamten das Versteck der Guerrilla. Um es ganz offen zu sagen, ihre Taktik war die gleiche wie die der Gestapo und der Waffen-SS, die die Deutschen im Zweiten Weltkrieg gegen die französische Résistance einsetzten. Man fügte nur noch Hubschrauber-Kanonen hinzu. Es war das Standardverfahren des Phoenix-Programms, das sie für den Einsatz in Lateinamerika in ihren Pink (für Kommunisten-Sympathisanten) Plan umtauften.

Gregg hatte von 1961 bis 1964 unter William Colby in der CIA-Abteilung Fernostasien als Leiter des „Vietnam-Desks" in der CIA-Zentrale gearbeitet. Als Colby (Princeton) 1973 zum Director of Central Intelligence (DCI) ernannt wurde, beförderte er Gregg in den Führungsstab der CIA. Gregg war der Inbegriff eines „Company Man", und 1975 bat Colby ihn, sein Verbindungsmann zu den Kongressausschüssen zu sein, die die illegalen inländischen Aktivitäten der CIA (die Family Jewels) und ihre Rolle bei der Ermordung ausländischer Führer untersuchten. Der Kongressabgeordnete Otis Pike (D. NY) wollte die CIA abschaffen, und Gregg stellte Pike in Colbys Auftrag ein Ultimatum: „Halten Sie sich zurück, oder das Militär wird die geheimen Geheimdienstoperationen übernehmen, und Sie werden noch weniger Aufsichtskontrolle haben."

Colbys öffentliche Geständnisse und sein zähes Verhandeln hinter den Kulissen zeitigten Erfolg. Die CIA blieb verschont und Greggs Karriere ging steil bergauf. Als George H. W. Bush 1976 Colby als DCI ablöste, wechselte Gregg in Bushs Stab, und 1981 wurde Gregg vom neu gewählten Vizepräsidenten Bush als nationaler Sicherheitsberater ernannt. Gregg nutzte sofort seinen Einfluss, um Rudy Enders zum Leiter der CIA-Abteilung für Sondereinsätze zu machen, die weltweit für verdeckte paramilitärische, politische und psychologische Kriegsführung zuständig ist. Enders wiederum stellte Felix Rodriguez als seinen Stellvertreter ein. Gemeinsam legten Gregg, Enders und Rodriguez ihren aktualisierten Pink Plan bei Bush vor, der dessen Verwendung in ganz Mittelamerika genehmigte. Im Auftrag von Richard Secord arrangierten Enders und Rodriguez auch Luftabwürfe israelischer Waffen für die Geheimarmee der CIA in Nicaragua, die drogenschmuggelnden Contras, die Munros junge Frau terrorisiert hatten. „Und so", sagte ich, „ist Phoenix nach Mittelamerika gekommen."

„Wie hast du das alles herausgefunden?", wollte mein gespanntes Publikum wissen.

„Das war lustig", sagte ich. Ich hatte Gregg 1987 auf Anregung von Colby geschrieben. Gregg, der damals als nationaler Sicherheitsberater von Bush fungierte, rief mich eines Tages zu Hause an. Er überraschte mich völlig. „Ich habe Ihren Brief mit der Bitte um ein Interview erhalten", sagte er unbeschwert. „Der Vizepräsident ist im Ausland und ich habe heute nichts zu tun. Lassen Sie uns reden!" Gregg verwies mich seinerseits an Enders, den ich einige Wochen später interviewte.

„Warum sollten sie mit *dir* reden?", fragten sie.[3]

---

[3] Helen Poole behauptet, dass ein „Trigon" (ein wohlwollender 120-Grad-Winkel), das von meiner natalen Sonne (ich) mit meinem natalen Pluto (verborgene Kräfte) gebildet wird, das esoterische Zeichen der am weitesten entwickelten Seele ist. Praktisch gesprochen, verleiht es mir die unheimliche Macht, Spione zu manipulieren, ohne dass sie es wissen, denn das höhere Selbst des Spions identifiziert sich unbewusst mit mir, dem archetypischen Doppelgänger, der allein unter den Imitatoren und Gestaltenwandlern auf der windigen Astralebene agiert.

Alles begann, erklärte ich, als Colby sich bereit erklärte, mir beim Schreiben von *The Phoenix Program* zu helfen. „Das und Magie und Glück." Glück bedeutet, dass die CIA sich selbst im Krieg befand, als ich mich 1984 an Colby wandte. Eine WASP-CIA-Fraktion, die loyal zu Richard Helms (Williams College, DCI 1966-1973) stand, hasste Colby, weil er die Familienjuwelen verraten hatte. Aber selbst die rachsüchtige Helms-Clique musste zugeben, dass der römisch-katholische Colby ein CIA-König war, gebadet im Blut des Lammes. Als OSS-Offizier war Colby mit dem Fallschirm über dem besetzten Frankreich abgesprungen, und nach dem Krieg hatte er in der voll ausgebildeten CIA dazu beigetragen, Italien für den Westen zu gewinnen. Und unterdes andere Spione weniger hingebungsvoll, weniger minimalistisch waren, hatte Colby als DCI während der größten Krise, die die CIA je erlebt hatte, das Joch des Kreuzes auf sich genommen.

Als ich Colby 1984 traf, war sein Büro in der M Street 2250, eingebettet zwischen den teuersten Lobbyisten in Washington, so spärlich eingerichtet wie die Zelle eines Jesuiten. Das Gespräch selbst war denkwürdig, weil er einen kurzen Anruf über die Sprechanlage erhielt, auf den er antwortete: „Unsere Leute im philippinischen Kongress kümmern sich darum." Colbys römisch-katholische Fraktion glaubte immer noch an ihn, obwohl er sich von der Mutter seiner Kinder hatte scheiden lassen und die temperamentvolle junge Diplomatin der Demokratischen Partei, Sally Shelton, geheiratet hatte. Aber Colby hatte eine geheime Agenda, und von da an war ich Teil davon, auf eine Weise, die ich nie ganz verstanden habe.

Nach unserem ersten Gespräch in seiner Anwaltskanzlei in Washington, DC, verwies Colby mich an fünf seiner vertrauenswürdigsten Kollegen. Und als sich erst einmal herumgesprochen hatte, dass ich Colbys Imprimatur besaß, öffneten sich selbst die verschwiegensten CIA-Beamten. Alle waren um ihr Vermächtnis besorgt, und mir von ihren weltbewegenden Errungenschaften zu erzählen, war die Chance ihres Lebens.

Munro und seine Gäste waren fasziniert von den allzu menschlichen CIA-Beamten, die ich gekannt hatte, und so setzte ich meinen mit Bier und Hasch angeheizten Vortrag fort, indem ich über Evan J. Parker Jr. sprach, den ersten Direktor des Phoenix-Programms (1967-1969). In den frühen 1970er Jahren übertrug Colby Parker (Cornell) die Leitung der Abteilung für Sondereinsätze (Special Operations Division, SOD), die Parker 1962 mit aufgebaut hatte, als Colby Chef der Abteilung für Fernostasien wurde. Als Leiter der SOD trug Parker zur Theorie der politischen und psychologischen Kriegsführung der CIA bei, indem er die Terrorismusbekämpfung von der Aufstandsbekämpfung trennte. In Zusammenarbeit mit den Spezialeinheiten des Militärs schuf Parker innerhalb der SOD-Eliteeinheit Special Operations Group spezielle Einheiten zur Terrorismusbekämpfung und bildete paramilitärische Offiziere in dem Bereich aus, der in den 1980er Jahren als „Kriegführung niedriger Intensität" bezeichnet wurde.

Enders und Gregg blickten voller Ehrfurcht zu Parker auf. Parker hatte in der OSS-Abteilung 101 gedient und war bei der Konzeption dabei. Wie Colby war er einer von weniger als hundert Amerikanern, die bei den OSS-Jedburghs in Schottland ausgebildet wurden. Er sollte mit dem Fallschirm nach Frankreich abspringen, wurde aber stattdessen nach Birma geschickt, wo er 1945 eine Gruppe von Opium rauchenden, christianisierten Kachin-Guerillas gegen die sich zurückziehenden japanischen Truppen anführte. Er nahm an Kämpfen teil, verhörte Gefangene und diente als Verbindungsoffizier zu britischen Kommandoeinheiten. Nach dem Krieg spielte Birma eine zentrale Rolle bei den Versuchen der CIA, die Volksrepublik China zu unterwandern, und es überrascht nicht, dass Offiziere wie Parker, die dort gedient hatten, in der CIA-Abteilung Fernostasien in hohe Positionen aufstiegen.

Als „Kronkolonie" unter britischer Herrschaft war Birma strategisch wichtig, da es den Landweg vom Hauptquartier der Alliierten in Großbritanniens „Selbstverwaltungskolonie" Indien zu den alliierten Truppen, die in China gegen die Japaner kämpften, darstellte. Angesichts der Vormachtstellung der Briten in der Region standen die alliierten Truppen im China-Birma-Indien-Schauplatz unter dem Kommando von Lord Louis Mountbatten, der den grotesken Titel 1st Earl Mountbatten of Burma trug. Die verbündeten chinesischen Streitkräfte unterstanden dem Kuomintang-Parteichef Chiang Kai-shek. Zum Entsetzen der Amerikaner vereinbarten Lord Louis und Chiang, dass ihre Armeen und Agenten in Thailand und Indochina (damals noch ein Land) frei agieren konnten und dass jedes Land, das den Japanern abgenommen wurde, dem Abnehmer gehörte. Eine solche Landnahme war nicht neu; 1792 berief sich Thomas Jefferson auf die „Doktrin der Entdeckung", die den Amerikanern das Recht gab, den Kontinent zu erobern. Die Doktrin selbst geht auf ein päpstliches Dekret aus dem Jahr 1493 zurück, das den römisch-katholischen Ländern das Eigentum an allen Ländern zusprach, die sie „entdeckten", solange die Bewohner Heiden waren, die reif für eine Bekehrung waren. Das galt für ganz Südostasien.

Als Experte für Dschungelkriegsführung und fließend in Französisch, besuchte Parker 1952 Vietnam, um Roger Trinquier, dem französischen Experten für Aufstandsbekämpfung und Autor von *Modern Warfare: A French View of Counterinsurgency* (1964), die Unterstützung der CIA anzubieten. Unter moderner Kriegsführung verstand Trinquier „ein ineinandergreifendes System von Aktionen – politisch, wirtschaftlich, psychologisch und militärisch –, das auf den Sturz der etablierten Autorität in einem Land und ihre Ersetzung durch ein anderes Regime abzielt." Von 1953-58 war Parker im Hauptquartier tätig und beaufsichtigte die CIA-Operationen in Kambodscha und Vietnam. Im Jahr 1967 ernannte sein Freund und Kollege William Colby als Leiter der Abteilung Fernostasien Parker zum Direktor des Phoenix-Programms.

Parker und ich kamen gut miteinander aus, und er verschaffte mir Zugang zum Dienstplan des ursprünglichen Phoenix-Personals, was meine Nachforschungen erheblich vorantrieb. Zwei Jahre später, auf dem Weg zu einem Mittagessen mit einem seiner Kollegen in einem nahegelegenen Offiziersclub, veränderte er auch mein Denken über CIA-Beamte für immer.

Ich holte Parker zu Hause ab und wir fuhren zu dem Club. Parker war sehr sentimental. Wir parkten oberhalb des Forts und begannen, eine lange Reihe von eis- und schneebedeckten Stufen hinunterzugehen. Es war ein bitterkalter und windiger Februartag. Der Schneeregen stach uns ins Gesicht. Parker, ein großer, stämmiger Mann, erholte sich gerade von einem Schlaganfall. Er war wackelig auf den Beinen, also legte ich meinen Arm um seinen. Als wir an einer Abzweigung auf halber Strecke eine Pause einlegten, wurde Parker von seinen Gefühlen überwältigt. Sein helles Gesicht war von der winterlichen Mischung rötlich. Ihm standen die Tränen in den Augen. „Als ich beim OSS war", sagte er, „erzählten sie uns, dass wir eines Tages in einem Bauernhaus in Frankreich sein würden, um einen Angriff aus dem Hinterhalt mit Partisanen zu besprechen. Und wir würden entdecken, dass ein achtjähriger Junge im Nebenzimmer zugehört haben wird." Schluchzend und den Blick zum Himmel gerichtet, sagte er: „Nun. Ihr wisst, was ihr zu tun habt."

Er hat nicht hypothetisch gesprochen. Parker war ein aktives Mitglied in seiner Kirche. Er war der Typ, der in ein brennendes Haus stürmen würde, um den Hund des Nachbarn zu retten. Aber irgendwo, irgendwann würde er einem Kind die Kehle aufschlitzen. Ich wollte ihn die Treppe hinunterstoßen und behaupten, er sei gestürzt. Aber ich wollte auch die Story, also tat ich so, als hätte ich Mitleid. Ich gestand den Munros und ihren Gästen, dass ich das Spiel mit der Empathie schon so lange spielte, dass ich befürchtete, genauso gut in der Täuschung zu werden wie die Spionageleute, die ich bedrängte.

Glücklicherweise verstanden sie das. Aber ich wollte, dass sie wissen, dass ich nie nachgegeben habe, und so erzählte ich ihnen sofort von der Zeit, als ein CIA-Beamter versuchte, mich anzuwerben.

Der CIA-Beamte Robert Wall war maßgeblich an der Entwicklung des Phoenix-Programms beteiligt. Anfang 1967, als er der Stadt Danang zugeteilt war, schlug Wall den Eckpfeiler des Programms vor, das „District Intelligence and Operations Coordinating Center". Das DIOCC. Die „Fusionszentren" des US-Heimatschutzministeriums orientieren sich an den DIOCCs von Phoenix. Ein ziemliches Erbe.

Als Leiter des SOD in den frühen 1970er Jahren verlieh Parker Wall das erste „Terrorism Account" im CIA-Hauptquartier. Als Befürworter einer weltweiten Ausweitung des Programms sagte Wall zu mir: „Phoenix war die Strategie, mit der der Krieg hätte gewonnen werden können. Es ist der Schlüssel zur Bekämpfung des Terrorismus."

Es war schon spät im Laufe meiner Recherchen, als ich Wall in seinem Terrassenhaus in Rockville, Maryland, interviewte. Wir saßen in einem Büro in seinem Keller, nicht in seinem Wohnzimmer mit seinem Panoramafenster, weil er Angst hatte, ein rachsüchtiger KGB-Agent könnte ihn erschießen.

Gedachte er mich auf den Arm zu nehmen? Ich vermute, er wollte mir ein Gefühl für die Dinge geben, die CIA-Beamte taten – Dinge, die einen Feind Jahre später zu mörderischer Rache treiben könnten. Als Beispiel erzählte er eine Anekdote über seinen Freund Rip Robertson, der einer von zwei CIA-Beamten war, die während der Invasion in der Schweinebucht an Land gingen. Während ihrer gemeinsamen Arbeit in Danang erfuhren Robertson und Wall durch Informanten, dass sich die Anführer einer Guerillabande der Befreiungsarmee auf einem bestimmten Markt trafen. Um die Guerillaführer zu töten und die örtliche Bevölkerung zu terrorisieren, damit sie die Aufständischen nicht mehr unterstützte, versteckte Robertson Sprengstoff in japanischen Laternen rund um den Markt und zündete sie, während sich die Guerillaführer trafen.

Wall hielt dies für ein Zeugnis von Robertsons Einfallsreichtum. Mir war übel. Aber das Gespräch verlief gut; es gab viele nützliche Informationen. Er lud mich sogar zum Mittagessen in ein thailändisches Restaurant ein, wo ich zum ersten Mal köstliches thailändisches Essen probierte. Später in seinem Haus, als ich gerade gehen wollte, überraschte mich Wall, indem er sagte, er leite ein Jugendführungsprogramm und ich sei genau der Typ, den sie suchten. Der sportliche WASP-Typ. Er sagte, er würde mir einen Job im Senatsausschuss für Streitkräfte als wissenschaftlicher Mitarbeiter besorgen. Als er mir das Anfangsgehalt nannte, verschlug es mir fast den Atem. Der Haken war natürlich, dass ich ihm und der CIA erlauben müsste, mein Buch zu redigieren.

Es schien ihn nicht zu stören, als ich höflich ablehnte und sagte, dass ich lieber für mich selbst arbeiten würde. Aber auch er war ein Experte darin, seine wahren Gefühle zu verbergen, und meine Probleme mit der CIA vervielfachten sich bald.

Es war schon nach Mitternacht, als ich meinen Vortrag an diesem Abend in London beendete. Aber ich hatte meine Gastgeber und ihre Gäste gut unterhalten, und alle waren zufrieden. Die Gespräche, das Bier und die mit Haschisch versetzten Zigaretten, die Gordon mit maschineller Präzision drehte, hatten uns mit Energie geladen. Jedoch konnte ich mich nicht länger zurückhalten und erklärte, dass das Verdünnen von Haschisch in Tabak eine Sünde sei. Gordon ging natürlich in die Defensive und sagte, er wolle keine Pfeife durch die Stadt tragen. Nun, lachte ich, es ist genauso einfach, eine Pfeife zu verstecken wie die anderen Utensilien.

Lay Hing stimmte mir zu. Sie mochte mich, weil ich ihr gegen ihren liebevollen, aber reizbaren Ehemann beigestanden hatte. Als ich ging, gab sie mir einen süßen Kuss. David umarmte mich herzlich und mahnte mich, mich vor der BBC in Acht zu nehmen.

Tag 3: Die Werwölfe von London
Montag, 18. Februar 1991

„Mond in Widder. Gib Schwung in Deinen Schritt."

Mit dem Stadtplan in der Hand ging ich nach Parson's Green, indem ich meinen London Fog-Trenchcoat trug und die großen Augen eines Touristen hatte. Es war kalt und feucht, und ich bekam ein Gefühl für die kriegsmüde englische Unruhe in der „Tube", als diese unerwartet für zwanzig Minuten am Marble Arch stehen blieb. Ich fragte eine betont zurückhaltende Frau mittleren Alters, die neben mir saß, ob Verspätungen normal seien. „Nur wenn eine Bombe in der Victoria Station explodiert", antwortete sie.

Es gab einen Toten und achtunddreißig Verletzte, und die Züge fuhren einige Tage lang unregelmäßig, aber die vom Krieg gezeichneten Briten nahmen es gelassen. Sie bekämpften die Iren schon seit sechshundert Jahren.

Vielleicht als Folge der Gegenkulturbewegung der 1960er Jahre flammten die „Unruhen" Ende der 1960er Jahre wieder auf, als die katholische Minderheit in Nordirland begann, gegen die Polizeibrutalität und die Diskriminierung durch die protestantische Mehrheit zu protestieren. Die britische Armee unterstützte die loyalistischen Milizen und begann 1971, IRA-Paramilitärs und ihre Sympathisanten nach denselben Verwaltungshaftgesetzen zu internieren, die auch die Rechtsgrundlage für das Phoenix-Programm bildeten.

Die Unruhen flammten 1979 erneut auf, als irische Republikaner eine Bombe an Bord von Mountbattens Jacht anbrachten und ihn und einen seiner Enkel töteten – ein Terrorakt, den die Briten noch immer beklagten, als ich in London war. Die Unruhen verschlimmerten sich mit dem Hungertod von Robert G. „Bobby" Sands im Jahr 1981. Zum Zeitpunkt seines Todes führte Sands einen Hungerstreik in The Maze an, dem Internierungslager, das die Briten 1971 auf einem Luftwaffenstützpunkt speziell für IRA-Paramilitärs eingerichtet hatten. Der Märtyrertod von Sands lenkte die internationale Aufmerksamkeit auf die Notlage der Katholiken in Nordirland und inspirierte eine ganze Generation irischer Katholiken zum Kampf für die Freiheit – so wie Thich Quang Dúc, der Mönch, der sich im Juni 1963 in Hue verbrannte, womit er Millionen verfolgter Buddhisten in ganz Südvietnam dazu inspirierte, sich mit Kommunisten und Nationalisten gegen den faschistischen katholischen Präsidenten Ngo Dinh Diem zu verbünden.

Die Briten ihrerseits folgten dem Beispiel von Premierministerin Maggie Thatcher, der „Eisernen Lady". Als gefühllose Domina verhöhnte „Attila die Henne" routinemäßig das Leiden, das Sands und seine neun Kameraden während ihres langsamen, qualvollen Hungertodes ertragen mussten.

In diesem Prozess wurde die britische Rasse einmal mehr zum Sinnbild für den Sadismus, der im Zentrum der imperialen Eroberung und Herrschaft liegt.

Ich verspürte seit langem eine Affinität zur katholischen Minderheit in Nordirland, obwohl die patriarchalischen Vorfahren meines Vaters, die Spences, protestantische Schotten waren, die im 18. Jahrhundert in Donegal „gepflanzt" wurden. Meine Sympathie für die unterlegenen Katholiken vertiefte sich, als ich erfuhr, dass Sands' Schwester Bernadette den berüchtigten IRA-Rebellen Michael McKevitt geheiratet hatte. Meine Frau wurde als Alice McKevitt geboren, und ihr älterer Bruder heißt zufälligerweise auch Michael.

Alices Vater Andy wurde 1911 in Liverpool geboren, wuchs aber in Nordirland an der Grenze zwischen Newry und Dundalk auf. Andy war dort während des Bürgerkriegs (1922-1923) und hasste sein ganzes Leben lang die „gottverdammten Black and Tans!" Als ich ihm von dem Phoenix-Programm erzählte, sagte er in seinem authentischen irischen Akzent, dass „die verfluchten Briten" während des Bürgerkriegs das Gleiche getan hätten. „Die Soldaten schlichen sich nachts in Zivilkleidung aus ihren Kasernen. Sie trieben die Familienmitglieder der IRA zusammen, trieben sie in die Scheune und brannten die Scheune nieder."

An die angespannte Lage in London denkend, machte ich mich auf den Weg vom Bahnhof Holborn zur Cleveland Street, wo ich auf Empfehlung von John Kelly Jan Roberts und ihre Partnerin Kate Kelly in ihrer winzigen Wohnung traf. Jan und Kate lebten in einem Gebiet, das die Deutschen fünfzig Jahre zuvor bombardiert hatten. Einige der Gebäude waren auf Ruinen mit verschiedenfarbigen Ziegeln wieder aufgebaut worden; sie sahen aus wie geschichtete Felsformationen im Grand Canyon.

Kate war eine Australierin, die ihren Job gekündigt hatte, um mit Jan an einem Medienprojekt zu arbeiten. Jan war eine große Frau, laut John Kelly eine transsexuelle Person, die früher John Roberts hieß. Sie recherchierte an einer Geschichte über den Diamantenhandel zwischen Israel und Südafrika und erzählte eine lustige Geschichte über ein Interview mit einem mitschuldigen ehemaligen russischen General, der sie in den Hintern gekniffen hatte.

Von Jans Wohnung aus rief ich Jim Hougan, den Autor von *Spooks: The Haunting of America: The Private Use of Secret Agents* (1978), an und verabredete mich mit ihm für den nächsten Tag zum Mittagessen. *Spooks* war eine bahnbrechende Studie darüber, wie amerikanische politische Parteien private Ermittler, oft ehemalige CIA-Militärs oder -Mitarbeiter, einsetzen, um ihre Gegner zu verleumden. Heute spricht man von „Oppo-Recherche". Hougan hatte drei CIA-Offiziere — Lucien Conein, John Muldoon und Walter Mackem — vorgeführt, die ich nach der Lektüre seines Buches für *The Phoenix Program* interviewt hatte. Hougan hatte behauptet, dass in den letzten Jahren des Vietnamkriegs Dutzende von CIA-Beamten, darunter Conein und Mackem, in die Drogenbekämpfungsbehörde (DEA) eingeschleust wurden und dass Conein im Auftrag des Weißen Hauses von Nixon eine geheime Einheit leitete, das „Schmutzige Dutzend" genannt, die aus zwölf CIA-Agenten bestand.[1] Das „Schmutzige Dutzend", das außerhalb des DEA-Hauptquartiers im Büro einer privaten Ermittlungsfirma untergebracht war, die Muldoon in Washington, DC, für die CIA gegründet hatte, nahm lateinamerikanische Drogenschmuggler ins Visier und setzte dabei das Entführungs- und Ermordungskonzept des Phoenix-Programms ein. Der unausgesprochene Plan der CIA bestand darin, das Drogengeschäft in Südamerika zu übernehmen.

---

[1] Siehe Kapitel 21: The Dirty Dozen in meinem Buch *The Strength of the Pack* (2008).

Spooks war einer der Gründe für meine Reise nach Thailand, um Poshepny, Young und Shirley über das Drogengeschäft der CIA im „Goldenen Dreieck" zu interviewen. Ich war begierig darauf, Hougan persönlich zu treffen, in der Hoffnung, dass er ein paar Tipps parat haben würde.

Da ich in großzügiger Laune war, lud ich Jan und Kate zum Mittagessen ein. Jan zog ein hübsches Kleid an und bestellte alles, was auf der Speisekarte stand. Nach dem Essen wiesen mir die Mädchen den Weg zur British Air Ways-Klinik, wo ich Malariatabletten bekam, um ein Visum erhalten zu können. Danach spazierte ich zum St. James Park, um die schwarzen Schwäne und Blässhühner zu sehen. Obwohl ich mich nicht für die Royals interessierte (die Monarchie ist „die Schnur, die das Bündel der Räuber bindet", wie Shelly vor Jahrhunderten sagte), schaute ich mir aus der Ferne die roboterhaften Wachen am Buckingham Palace mit ihren mythischen Berserkerhüten aus Bärenfell an.

In Leder gekleidete Harley-Biker fallen jedes Jahr in Sturgis ein und verwüsten die heiligen Black Hills mit ihren giftigen Abgasen und ohrenbetäubenden Geräuschen. Ältere Elvis-Anhänger pilgern nach Graceland, um ihrem King zu huldigen. Anglistikstudenten wie ich pilgern zur Westminster Abbey – mit ihren winzigen Höfen, gewölbten Gängen und Harry-Potter-Schülern in hübschen Uniformen –, um unsere verstorbenen Lehrer in der Poets' Corner zu ehren. Von Chaucer bis Hughes sind dort die Lyriker begraben oder haben ein Denkmal erhalten. Ich wollte vor allem Robert Graves und seinen Dichterkollegen aus dem Ersten Weltkrieg meinen Respekt erweisen. Meiner Meinung nach waren sie die Vorläufer der modernen Anti-Kriegs-Bewegung, indem sie den Mythos des kriegerischen Helden unterliefen. Wie mein Vater haben sie die schwierigste aller Transformationen vollzogen - vom Mythos zur Realität. Sie verstanden, was Wilfred Owen in seinem Gedicht „Dulce et decorum est Pro patria mori" als „die alte Lüge" bezeichnete.[2]

Graves hatte einen großen Einfluss auf mich, seit ich auf dem College *The White Goddess* (1948) gelesen hatte. Das fantasievolle Buch bestätigte mein instinktives Misstrauen gegenüber patriarchalischen Institutionen. Die Botschaft wurde noch deutlicher, als ich seine Autobiografie *Goodbye to All That* (1929) aus dem Ersten Weltkrieg las. Graves hat nie zugelassen, dass seine Kriegsgedichte in seine gesammelten Werke aufgenommen wurden. Sie seien „Journalismus", sagte er, und widersprächen dem weiblichen poetischen Geist, der das Leben erschaffen, aber nicht zerstören wolle.

Männer wie Owen, Graves und mein Vater sahen im Krieg keinen Ruhm. Sie wussten, dass es keine Feiglinge oder Helden (und selten Frauen) in den Schützengräben gibt. Wie die propagandistische Phrase „Vielen Dank für Ihren Dienst" sind das leere Etiketten, die den Zivilisten bestenfalls das Gefühl geben, irgendwie eine Beziehung dazu herstellen zu können.

Alamo. Gettysburg. Dealey Plaza. Das Lorraine Motel. Sie alle erzählen von Waffen in den Händen wütender Männer. Für mich besteht die Moral der Ilias darin, dass Achilles zu Hause hätte bleiben sollen, um seine Leier zu spielen. Schreine für degenerierte Könige oder Krieger sind mir völlig gleichgültig. Ich bin an Nelson auf seinem Sockel am Trafalgar Square vorbeigegangen, ohne einen zweiten Blick darauf zu werfen, aber ich habe angehalten in Westminster, um Shelley meinen Respekt zu zollen. Als ich 1986 in Irland war, habe ich Yeats an seinem Grab unter Ben Bulben und Joyce an seinem Turm außerhalb von Dublin die Ehre erwiesen. Das sind meine heiligen Stätten.

---

[2] „It is sweet and fitting to die for one's country."

Das chauvinistische London machte mir bereits zu schaffen. Smog. Verkehrsstaus. Alles war teuer, und ich hatte Krämpfe in den Beinen, als ich zum Marquis of Granby Pub stapfte, mit seiner dunklen Holzvertäfelung und den Sitzgelegenheiten im Freien, berühmt als Treffpunkt des pazifistischen, sozialistischen, durstigen walisischen Dichters Dylan Thomas.

„Remember the procession of the old-young men

From dole queue to corner and back again,

From the pinched, packed streets to the peak of slag

In the bite of the winters with shovel and bag...“[3]

Ich bestellte ein Ale und wartete auf Allan Francovich, einen im Ausland lebenden Amerikaner, der wie Munro ein bahnbrechender, aber marginalisierter Dokumentarfilmer war. Er kam kurz nach mir an. Klein und stämmig, dunkelhäutig und paranoid, trug Francovich einen hellbraunen Mantel und einen buschigen Schnurrbart. Er sah aus wie ein heimlicher Schmuggler in einem internationalen Kriminalroman von Eric Ambler. Aber der Schein kann trügen. Geboren in New York City und aufgewachsen in Lima, Peru, hatte er die Universität Notre Dame und die Sorbonne besucht. Ein intelligenter, gut ausgebildeter Mann.

Und erfahren. Während seines Studiums in Berkeley in den 1960er Jahren gehörte Francovich zur Hipster-Szene von North Beach, traf sich mit Beat-Poeten im City Lights Bookstore und tanzte mit den Hippies zu den Warlocks und Grateful Dead. Einer seiner ersten Dokumentarfilme, *San Francisco Good Times* (1977), zeigte die Floating Lotus Opera Company, die Berkeley Astrology Guild und die Good Times Commune. Bill Graham, Timothy Leary und Pete Townshend traten darin auf.

Ich war nicht in Allans Liga. Francovich hatte eine Stripperin vom Big Al's geheiratet und sich von ihr scheiden lassen. Ich wohnte in einem billigen Hotel zwei Blocks den Broadway hinunter und ging jeden Tag an Big Al's vorbei, lebte aber von Sozialhilfe und konnte mir den Eintritt nie leisten und war sowieso nicht interessiert. Francovich bewegte sich in der oberen Unterwelt; die untere Unterwelt war mein Milieu. Außerdem hatte er sich länger als ich mit der CIA befasst; sein Dokumentarfilm *Inside the CIA: On Company Business* (1980) enthielt Interviews mit abtrünnigen CIA-Beamten wie Phil Agee und John Stockwell. Der Dokumentarfilm gewann den Internationalen Kritikerpreis bei den Berliner Filmfestspielen, wurde aber, wie Munros *Year Zero*, in den USA unterdrückt. Nachdem er erklärt hatte, wie Finanziers in New York und London die Demokratie unterwanderten und ein faschistisches Imperium errichteten, war *On Company Business* auch in England nicht sehr beliebt, wiewohl er als uneingestandene, konzeptionelle Vorlage für die Dokumentation diente, an der die BBC über die CIA arbeitete.

Francovich hatte kürzlich einen Dokumentarfilm, *The Houses Are Full of Smoke* (1987), über die Unterwanderung Guatemalas, El Salvadors und Nicaraguas durch die CIA gedreht. Er hatte Interviews mit Personen aus den Kriegsparteien geführt, darunter auch CIA-Beamte, ließ aber auch hier keinen Zweifel daran, dass die CIA ein Instrument des Staatsterrors im Auftrag der faschistischen Führungseliten Amerikas war.

Vom Granby aus gingen er und ich zu einem nahegelegenen indischen Restaurant, wo ich ihm ein Exemplar von *The Phoenix Program* überreichte. Er bezahlte das Mittagessen und fragte mich nach der Rolle der CIA in den Todesschwadronen von El Salvador. Ich erzählte ihm, was ich den Leuten

---

[3] Aus seinem Dokumentarfilm von 1942, *Wales: Green Mountain, Black Mountain*.

bei Munro am Vorabend gesagt hatte. Wir sprachen über Themen von gemeinsamem Interesse, aber ich hatte ihm nicht viel Neues zu sagen.

Als wir mit dem Mittagessen fertig waren, erzählte Francovich, dass er gerade aus Australien zurückgekehrt war, wo er Paul Noyes getroffen hatte. Ich war verblüfft, als er erzählte, dass Noyes auf der Grundlage meines Buches *The Hotel Tacloban* ein Drehbuch für George Miller schrieb, den Produzenten der Filme *Mad Max* und *Road Warrior*, die Mel Gibson zu Ruhm und Reichtum verhalfen. Hätte ich Francovich nicht getroffen, hätte ich das nie erfahren. Ein weiterer seltsamer Zufall.

Francovich war ein kluger Kopf und ein ernsthafter Kritiker der CIA. Ich bewunderte seine Arbeit und wollte in seine Fußstapfen treten. Aber er deprimierte mich. Unsere Verabredung zum Mittagessen erinnerte mich an die Zeit, als ich hungrig in San Francisco umherirrte und als Pool-Hustler um Geld spielte, manchmal auch Blut verkaufte und Tellerreste in den Hipster-Cafés aß. Er erinnerte mich an meinen Kampf, mich zu deprogrammieren und aus dem Nichts heraus wieder aufzubauen. Unser Treffen verdeutlichte mir auch mein Gefühl der Ohnmacht, weil ich die Filmrechte an *The Hotel Tacloban* an eine Firma verkauft hatte, die den Film anscheinend für immer begraben wollte. In der Branche nennt man das „catch and kill".

Francovich produzierte später den Dokumentarfilm *Gladio* (1992), der durch die Aufdeckung der Verbindungen zwischen den faschistischen Sicherheitskräften des italienischen Staates und der CIA – die in Erwartung der Wahl einer kommunistischen Regierung durch das italienische Volk geheime Milizen organisiert und bewaffnet hatte – maßgeblich zum Sturz der italienischen Regierung beitrug. *Gladio* sollte die CIA als die größte Terrorquelle in Europa anprangern.

Allan Francovich starb 1997 unter mysteriösen Umständen auf dem Flughafen von Houston, als er von US-Zollbeamten festgenommen wurde. Ein seltsamer Zufall? Er sollte bei einer Anhörung von Lester Coleman aussagen, einem ehemaligen Mitarbeiter des US-Verteidigungsministeriums und Autor des Buches *On the Trail of the Octopus*. Coleman befand sich zu diesem Zeitpunkt in einem Bundesgefängnis in Atlanta. Zum Zeitpunkt seines Todes arbeitete Allan außerdem mit dem Anwalt William Pepper an einem Dokumentarfilm über James Earl Ray, den geständigen Mörder von Martin Luther King Jr. Pepper war Rays Anwalt und war zu der Überzeugung gelangt, dass Rays Geständnis erzwungen wurde und dass Ray unschuldig war.

Es handelt sich schließlich um eine kleine Gegenkultur, und 1998 stellte mich Pepper aufgrund einer kurzen Passage in *The Phoenix Program* ein. Die Passage zitierte einen Armee-Sergeant, der an Phoenix beteiligt gewesen war und mir erzählt hatte, dass der militärische Geheimdienst Reverend Martin Luther King Jr. unter ständiger Überwachung hielt und dass Agenten beobachteten und Photos machten, als Kings angeheuerter Attentäter in Position ging, zielte, feuerte und davonlief. Pepper beauftragte mich, mehr über den Vorfall zu erfahren.

Ich habe schließlich einen der beiden Männer ausfindig gemacht und befragt, die King vom Dach der Feuerwehrwache aus beobachteten, die sowohl das Motel, in dem King getötet wurde, als auch das Wohnhaus, von dem aus Ray angeblich den tödlichen Schuss abgab, überblickte. Der von mir befragte Mann, der bei einer militärischen Geheimdiensteinheit in Memphis tätig war, konnte den anderen Mann auf dem Dach jedoch nicht identifizieren. Der andere Mann war als Agent der militärischen Geheimdienstgruppe in San Antonio ausgewiesen. Er wurde nie identifiziert, vielleicht war er ein CIA-Beamter, der sich als Militärangehöriger ausgab.[4]

---

[4] Siehe Douglas Valentine „Who Killed Martin Luther King?" *Consortium News*, 21. Februar 2000.

Wie das FBI hasste auch die CIA King, und die US-Regierung war zweifelsohne an dem Attentatsplan beteiligt, wie die Geschworenen, vor denen ich aussagte, bestätigten. Als Anhänger der „Schwarzen Theologie", einer Version der Befreiungstheologie, die von Schwarzen in der segregierten Southern Baptist Church vertreten wurde, wurde King vom US-Establishment gehasst, verfolgt und ermordet, weil er sich für die Bürgerrechtsbewegung und Bundesprogramme zur Unterstützung der Armen einsetzte, die schlicht als kommunistisch inspiriert dargestellt wurden. Kings fataler Fehler war jedoch seine Opposition gegen den Vietnamkrieg und seine Charakterisierung der USA als „der größte Gewalttäter der Welt".

Bewusste Selbstkritik war noch nie die Stärke der USA. Für viele ist sie Verrat.

Tag 4: Sonne in Fische

Dienstag, 19. Februar 1991

„Dharma aktiviert."

Es war ein trüber Februartag in London, kalt und regnerisch. Ich stand auf der Terrasse im zweiten Stock, nippte am Kaffee und starrte über die heruntergekommenen Schieferdächer und Ziegelschornsteine der Reihenhäuser, die sich in alle Richtungen ausbreiteten. Es war deprimierend, wie die kargen Hinterhöfe aneinandergrenzten, nur durch bröckelnde Backsteinmauern getrennt. „The rooms were so much colder then. My Father was a soldier then", sang Eric Burdon 1967, „and I was so much older then, when I was young."

Die Öde beschwor die britischen Filme über zornige junge Männer der 1960er Jahre, und wie der Film *The Loneliness of the Long-Distance Runner* (1962) mein Leben beeinflusst hat; wie ich Tom Courtenay kurz vor der Ziellinie stehend verkörperte, als ich 1971 das College drei Wochen vor dem Abschluss hinschmiss; als ich alle Brücken abbrach – zu meiner Familie, meiner Verlobten und der bevorstehenden Karriere als Englischlehrer an der High School – im Austausch für die Freiheit, mich als Schriftsteller neu zu erfinden.

Zwanzig Jahre später begab ich mich auf meine eigene einsame Fernreise, ein Echo der Anti-Helden der sechziger Jahre in den leeren Korridoren der Reagan-Thatcher-Konterrevolution. Wie Brodsky sagte: „Ein Schriftsteller ist ein einsamer Reisender, und niemand ist sein Helfer."

Ich schniefte und hatte Halsschmerzen, als Judy Andrews, meine BBC-Kontaktperson in Bristol, am Vormittag anrief. Judy musste meine Pläne in Erfahrung bringen, um die Reservierung für meinen Rückflug von Bangkok vorzunehmen. Sie fragte, ob ich meine Impfungen bekommen hätte (die ich in Easthampton von meinem Hausarzt bekommen hatte) und ob ich die Unterlagen hätte, und sagte, sie würde mein Visum am nächsten Tag in Munros Wohnung am Radipole abgeben. Sie fragte auch, ob ich bitte zehntausend Dollar in bar zu BBC-Produzent Peter Molloy nach Saigon bringen könnte. Da ich von Natur aus flexibel und entgegenkommend bin und keine Ahnung hatte, worauf ich mich einließ, willigte ich ein. Judy bat mich dann, mit Lawrence Simanowitz zu sprechen, dem BBC-Produzenten, der für die geschäftlichen Angelegenheiten in England zuständig war. Wie hätte ich ablehnen können?

Wenige Minuten später rief Simanowitz an und fragte im Tonfall eines gestressten Bürokraten, ob ich Tony Poshepny in Thailand einen Brief überbringen würde. Er sagte, Poshepny sei mit einer laotischen Prinzessin verheiratet und habe Angst vor Repressalien der CIA (was verständlich sei), habe sich aber kürzlich mit einem norwegischen Journalisten getroffen, der für die BBC arbeite, und erwarte einen Anruf von mir, wenn ich in Bangkok ankomme. Die BBC hatte einige

Folgefragen, die sie in einem Brief formulierten, in der Annahme, dass meine Übergabe des Briefes Poshepny eher zu einer Antwort veranlassen würde. Natürlich stimmte ich zu. Ich war froh, dass ich mich bei meinem Arbeitgeber einschmeicheln konnte.

Simanowitz sagte, Judy würde mir den Brief und das Geld am Donnerstag bringen. Dann bat er mich um Informationen über ein paar Leute, die ich für mein Phoenix-Buch interviewt hatte. Es war interessant, die Leute zu kennen, an denen die BBC am meisten interessiert war.

Obwohl ich mir eine Erkältung zuzog, hatte ich ein gutes Gefühl, den Tag anzugehen. Ich fuhr mit der „Tube" in die Stadt, um mit Jim und Carolyn Hougan im Spaghetti House in der Sicilian Street zu Mittag zu essen. Jim und Carolyn waren in Irland bei Tony Summers untergebracht, einem ehemaligen BBC-Produzenten, der in seinen Anfangstagen über Konflikte in den Krisengebieten der Welt berichtet hatte. Seitdem hatte Summers bahnbrechende Bücher über die Verflechtung von Prominenten mit Geheimdiensten und Sicherheitsbehörden geschrieben: das JFK-Attentat (das er einem Anti-Castro-Kubaner im Dienste des Mafiabosses Santo Trafficante anlastete), Marilyn Monroe und den Profumo-Sex/Spionage-Skandal, der 1963 die konservative britische Regierung zu Fall brachte. Anfang 1991 waren Summers und seine talentierte, bald vierte Frau Robbyn Swan damit beschäftigt, *Official and Confidential, The Secret Life of J. Edgar Hoover* (1993) zu schreiben. Das Buch stellte Hoover als Crossdresser dar, der von der Mafia erpresst wurde, und schadete dem Ruf des FBI-Direktors, während es die Organisation für ihre (bestenfalls) unethische Verfolgung von Bürgerrechts-, Antikriegs- und Linken-Führern und -Organisationen an den Pranger stellte.

Robbyn war wie Carolyn eine begabte Schriftstellerin. Bevor sie sich mit Summers zusammentat, war sie als Rechercheassistentin für den ehemaligen britischen Spion David Cornwell durch die Welt gereist. Unter dem Pseudonym John Le Carré schrieb Cornwell einige der beliebtesten Spionageromane des 20. Jahrhunderts. Viele davon wurden verfilmt. Zehn Jahre später besuchte Robbyn mich und meine Frau zu Hause, während sie und Tony an ihrem Buch über Frank Sinatra arbeiteten.

Der in Brooklyn geborene Jim Hougan begann seine Karriere in den 1960er Jahren als Stipendiat der Rockefeller Foundation und als Stringer für die *New York Times*. Damals konzentrierte er sich auf radikale Jugendbewegungen, von denen viele (anders als die YMCA, College-Footballmannschaften und Bruderschaften) kriegsgegnerisch, gemischtgeschlechtlich und eine Bedrohung für das Establishment waren. Radikale Jugendbewegungen waren zu einem heißen Thema geworden, nachdem die Zeitschrift *Ramparts* im Februar 1967 die Unterwanderung der National Student Association durch die CIA aufgedeckt hatte. Der daraufhin folgende Skandal brachte die CIA zunehmend ins Visier der Öffentlichkeit. Es folgten Enthüllungen über die Manipulationen von Radio Free Europe, Radio Liberty und der Asia Foundation durch die CIA, die sich über Jahre hinziehen sollten.

Wie sein Freund Tony Summers (und Munro und Francovich) hatte auch Hougan in der ganzen Welt gearbeitet. Im Oktober 1968 hatte er über das Massaker der mexikanischen Armee an Hunderten von studentischen Dissidenten auf der Plaza de las Tres Culturas in Mexiko-Stadt berichtet. Das „Massaker von Tlatelolco" trug zur Radikalisierung der Antikriegsstudenten in den USA bei und veranlasste den CIA-Beamten Phil Agee, der damals in Mexiko Dienst tat und die Operationen gegen die Studentenproteste leitete, aus Enttäuschung die Behörde zu verlassen. Agee schrieb 1975 seine bahnbrechende Kritik an der CIA, *Inside the Company*.

Hougans erstes Buch *Decadence* (1975) war eine Analyse der amerikanischen Kultur unter dem allgegenwärtigen Einfluss von Werbern und geheimen Sicherheitskräften. Für Hougan war die Zersplitterung der Gegenkultur in unzusammenhängende, leicht manipulierbare Kulte, die sich als

Konsumenten der spektakulären und unwiderstehlichen technologischen Ablenkungen des Kapitalismus verdinglichten, sinnbildlich für den spirituellen Niedergang des Westens. Er hat das totale Chaos der modernen amerikanischen Gesellschaft ziemlich genau vorhergesagt.

Hougans bahnbrechendes Buch *Spooks* hatte einen großen Einfluss auf mich und war mitverantwortlich für meine Nachforschungen zum Drogenhandel der CIA. Sein nächstes Buch *Secret Agenda* (1984) bot eine alternative Darstellung des Watergate-Skandals. Hougan zufolge kontrollierte die CIA die Plumbers und sabotierte den Einbruch, um den unglücklichen Richard Nixon zu stürzen. Hougan, ein Mann mit vielen Talenten, schrieb das Buch, während er als Herausgeber von *Harper's Magazine* arbeitete. Als ich ihn in London traf, hatte er gerade mit der Autorin Sally Denton eine private Ermittlungsfirma gegründet. Hougan schien zu allem fähig zu sein. Im Jahr 1993 gelang es ihm sogar, drei führende Hisbollah-Führer im Libanon zu treffen und zu interviewen.

Jims Frau Carolyn war ebenso begabt. Als ich sie 1991 kennenlernte, hatte sie bereits drei Kriminalromane verfasst. Gemeinsam schrieben sie unter dem Pseudonym John Case eine Reihe von Kriminalromanen, beginnend mit *The Genesis Code* (1997), einem *New York Times*-Bestseller, der ihnen einen enormen Vorschuss einbrachte und es ihnen ermöglichte, ein weitläufiges Farmhaus außerhalb von Charlottesville, Virginia, zu kaufen. Leider wurde ihr Buch von Dan Browns *Angels and Demons* (2000) und *The Da Vinci Code* zum gleichen Thema in den Schatten gestellt. So ist das eben in der Verlagswelt.

Ich fühlte mich geehrt, von den Schriftstellern und Filmemachern, die ich in London traf, akzeptiert zu werden. Sie gehörten zu der Handvoll Menschen, die die Bedeutung von *The Phoenix Program* erkannten. Die *New York Times* hatte es in der Wiege erstickt, und die BBC nutzte es als Mittel, um mich als Kurier zu benutzen. Es war also ermutigend, die Unterstützung älterer, weiserer Kollegen zu erhalten. Ich wollte so sein wie sie und Kunstwerke erschaffen, die die Menschen inspirieren.

Ich begann auch, mich als Teil von etwas Größerem zu fühlen. Nichts so Ausgefallenes wie der literarische Zirkel, den Hougan mit Norman Mailer bildete. Als sogenannter Dynamite Club traf man sich im Haus des Autors Edward Jay Epstein (Biograph von James Jesus Angleton, dem notorisch paranoiden Chef der CIA-Spionageabwehr) und schloss den Romanautor Don DeLillo ein (der die Schriftsteller ermutigte, sich „allem zu widersetzen, was die Macht uns aufzwingen will") und andere Superstars des „Recherche-Netzwerks". In den Pferde-und-Kutschen-Zeiten, als es noch kein Internet gab, nannten sich diejenigen von uns, die Regierungsgeheimnisse aufdeckten, „das Recherche-Netzwerk".

Kann man Eitelkeit und Ehrgeiz haben, nach Ruhm und Reichtum streben und trotzdem ein Linker sein? Der streitbare Norman Mailer hätte es fast geschafft. Als selbst bezeichneter „antistalinistischer Marxist und existenzieller Anarchist" trug der berüchtigte Frauenfeind Mailer 1973 dazu bei, „das Recherche-Netzwerk" zu mobilisieren, als er sich auf die Mission begab, die Nation vor dem Abgleiten in den techno-totalitären Staat zu bewahren, in dem sie sich heute befindet, und dem er schließlich nachgab. Seine Vision war eine radikalisierte Version von *The Village Voice*, die er 1955 mitbegründet hatte. Die Zeiten hatten sich jedoch seit den geordneten 1950er Jahren geändert, und eine stärkere Medizin war vonnöten.

Das große Problem der Amerikaner damals wie heute ist, dass die Medien mit der CIA konspirieren. Um Zugang zu CIA-Beamten zu haben, unterdrücken oder verzerren Redakteure und Reporter Geschichten. Im Gegenzug geben die CIA-Beamten Geschichten an kompatible Reporter. Diese inzestuöse Beziehung schafft eine Kaste von Medienadligen, die mehr wissen und mehr Macht haben als der Durchschnittsbürger. Durch Verbreitung von Desinformation, die von der CIA und dem Militär stammt, hat diese Medienelite zur Schaffung des Reichs der „alternativen Fakten" beigetragen, das heute existiert und das Trump zu seinem Vorteil genutzt hat – bis zu dem Punkt, an dem seine Anhänger glauben, dass die ewig weit rechts stehenden Behörden FBI und CIA sich gegen ihn verschwören.

Mailer wollte dieses Krebsgeschwür heilen, bevor es Metastasen bildete. Sein erster Schritt bestand darin, anlässlich seines fünfzigsten Geburtstags eine glamouröse Spendengala im Restaurant Four Seasons in New York City abzuhalten. Er erhob von den Feiernden ein Eintrittsgeld und nutzte das Geld, um The Fifth Estate zu gründen, eine Gruppe von Wissenschaftlern, besorgten Bürgern und Ermittlern, die sich um eine Eindämmung des Einflusses der CIA in den USA bemühten. Als Reaktion auf die Enthüllungen über die Rolle der CIA in der Watergate-Affäre taten sich Mailer und seine Mitverschwörer bei The Fifth Estate mit drei Vietnamveteranen und Kriegsgegnern (Perry Fellwock, Tim Butz und Bart Osborn) zusammen, die das Committee for Action-Research on the Intelligence Community (CARIC) gegründet hatten. Das Resultat war die Zeitschrift *CounterSpy*, die 1974 herauskam.

Es waren schwierige Zeiten für die CIA. Im Jahr 1970 hatte der *Dispatch News Service* die Beteiligung der CIA am Drogenhandel in Südostasien aufgedeckt. 1972 lieferte Al McCoy in seinem Buch *The Politics of Heroin in Southeast Asia* harte Beweise für die Patenrolle der CIA in diesem schmutzigen Geschäft. Bis 1975 kamen überall Enthüllungen ans Tageslicht, als die Church- und Pike-Ausschüsse eine Reihe von CIA-Untaten aufdeckten, darunter die Ermordung ausländischer Staatsoberhäupter und die CIA-Forschung auf dem Gebiet der Verhaltensmodifikation, zu der auch die Verabreichung von LSD an ahnungslose Zivilisten gehörte, und zwar in von der CIA finanzierten und überwachten sicheren Häusern, die vom Federal Bureau of Narcotics betrieben wurden.

Mailer plante eine Bewegung und eine Zeitschrift, die die CIA daran hindern sollte, demokratisch gewählte Regierungen und Bewegungen für soziale Gerechtigkeit in der ganzen Welt und auch in den USA zu unterwandern. Zu diesem Zweck stellten die *CounterSpy*-Mitarbeiter in der Winterausgabe 1975 die Namen von CIA-Beamten im aktiven Dienst zusammen und veröffentlichten sie. Die Hölle brach los, als einer von ihnen, Richard Welch, kurz darauf in Griechenland ermordet wurde. Der Nachhall ist noch heute zu spüren. Erst im April 2017 nahm Außenminister Mike Pompeo Bezug auf den Vorfall, den er Phil Agee zur Last legte, weil er auf die „Neutralisierung" von im Ausland tätigen CIA-Beamten gedrängt hatte, indem er ihre Namen veröffentlichte, damit sie nicht mehr im Verborgenen arbeiten konnten. Agee hatte allerdings nicht direkt zur Veröffentlichung des Verbrecheralbums in *CounterSpy* beigetragen.

Die Auswirkungen des Welch-Skandals führten dazu, dass einige der ursprünglichen *CounterSpy*-Mitarbeiter abwanderten, und 1976 begann John Kelly – der mir den Job bei der BBC verschafft und mich mit Munro, Francovich und Hougan bekannt gemacht hatte –, einige der redaktionellen Aufgaben zu übernehmen. 1978 verließen weitere Mitarbeiter von *CounterSpy* das Unternehmen und gründeten zusammen mit Phil Agee das *Covert Action Information Bulletin*.

Beide Zeitschriften setzten ihre Entwicklung fort, und im Februar 1979 enthüllte *CounterSpy* die Namen von neun CIA-Beamten, die angeblich den Sturz der iranischen Regierung planten – was teilweise die Besetzung der US-Botschaft in Teheran zur Folge hatte. Die CIA, die immer gerne eine Krise ausnutzt, nutzte die Besetzung der Botschaft und die Nennung der Namen von CIA-Beamten und ihrer verdeckten Operationen durch *CAIB* und *CounterSpy* als Vorwand für die Verabschiedung des Agents Identity Act, der es zu einem Verbrechen macht, rechtmäßig aus öffentlichen Quellen erhaltene Informationen über CIA-Beamte zu veröffentlichen, selbst wenn diese an kriminellen Aktivitäten beteiligt sind. Das 1982 verabschiedete Gesetz, das sich gegen Whistleblower richtete, trug dazu bei, den Mainstream-Journalismus in ein Organ der Sicherheitsdienste zu verwandeln.

* * *

Seinerzeit 1991 in London hatten Jim, Carolyn und ich ein leckeres Mittagessen und ein freundliches Gespräch über aktuelle Themen. Jim war mit Recherchen für ein Schreib-Projekt beschäftigt, während er mit Carolyn durch London reiste. Sie hatten an diesem Morgen gerade Jan Roberts getroffen und waren schockiert, als sie hörten, dass John Kelly gesagt hatte, sie sei transsexuell. Wir waren uns alle einig, dass der Iran-Contra-Skandal die öffentliche Aufmerksamkeit auf die CIA gelenkt hatte, die geheimnisvoller und rachsüchtiger denn je geworden war. Ihre neue Feindesliste hatte sich erweitert, um sowohl fundamentalistische Islamisten als auch Kommunisten zu umfassen. Die Welt stand wieder in Flammen, und Jim warnte mich ebenso wie Munro, in Thailand vorsichtig zu sein.

Nach dem Mittagessen traf ich einen weiteren BBC-Kontakt, Andy Weir, an der Holborn Station. Der schwarzbärtige Andy kam auf einem blau-weißen Motorrad an, gekleidet in breite schwarze Cordhosen, eine schwere schwarze Cordjacke, einen schwarzen Helm, schwarze Bikerstiefel und einen schwarzen gerippten Rollkragenpullover – der Look der britischen Special Air Service (SAS), vom hübschen Motorrad abgesehen. Er lebte in Brixton, hatte zwei Kinder und rauchte gefiltertes Benson & Hedges. Andy war gekommen, um mir zu sagen, was mich in Saigon erwarten würde, also gingen wir in einen Pub an der Drury. Während wir Bier tranken, sagte er, die BBC habe vier ehemalige CIA-Beamte als Berater engagiert: Orrin DeForest, Autor von *Slow Burn: The Rise and Bitter Fall of American Intelligence in Vietnam* (1990); Tom Polgar, der letzte CIA-Stationschef in Südvietnam; Frank Snepp, Autor von *Decent Interval: An Insider's Account of Saigon's Indecent End* (1977); und Robert Komer, der CIA-Beamte, der 1967 von Präsident Johnson zum Leiter der Mutterorganisation des Phoenix-Programms, dem Office of Civil Operations and Revolutionary Development, ernannt wurde.

Den vier Reitern war klar, dass ich in meinem Buch Dutzende ihrer Kollegen genannt und mit den Worten der von mir interviewten Personen beschrieben hatte, wie die CIA in Südvietnam organisiert war und arbeitete. Es war kein schmeichelhaftes Porträt, und das Buch wurde im Oktober 1990 von William Colbys Vertrautem, dem Vietnamkriegskorrespondenten Morley Safer, in einer vernichtenden halbseitigen Rezension in der *New York Times* kurzerhand in der Wiege getötet.

Mir sank das Herz, als Weir ganz beiläufig sagte, die vier ehemaligen CIA-Beamten hätten sich geweigert, mit mir zusammenzuarbeiten, und ich solle meine Reise als „einen Spaß" betrachten. Wenn ich erst einmal in Saigon sei, könne ich tun und lassen, was ich wolle, aber es würde keine Arbeit für mich geben. Wir verabredeten uns dann für den nächsten Tag in der Radipole-Wohnung zu einem ausführlichen Gespräch.

Auf dem Heimweg begann ich zu begreifen, was Munro meinte, als er sagte, ich solle mich „vor der BBC in Acht nehmen", und was Hougan damit meinte, dass ich in Thailand vorsichtig sein müsse. Es überraschte mich nicht, dass ich von CIA-Beamten gehasst wurde, aber ich war wütend auf die BBC. Ich hatte das Gefühl, dass sie gegen unsere Vereinbarung verstoßen hatten. Meine Ängste wuchsen, und als ich mit Schnupfen und Husten im Bett lag, fragte ich mich, wie Tony Poshepny in Udorn, Bill Young in Chiang Mai und Jack Shirley in Bangkok auf mich reagieren würden? Würde ich sie überhaupt finden?

Tag 5: Wie oben, so unten
Mittwoch, 20. Februar 1991

„Hüte dich vor Trägheit, Sturheit und Widerstand.

Und vor Streitereien am Nachmittag. "

Meinem Orakel Helen Poole zufolge sollte es am Freitag Ärger geben, wenn Pluto, der seit drei Tagen stationär war, rückläufig werden würde. Im Astro-Jargon ist ein Planet stationär, wenn er aufhört zu kreisen. Jeder Planet hat eine dominante Eigenschaft, die umso deutlicher hervortritt, je näher er am Stillstand ist. Aufgrund seiner relativen Position zur Erde scheint sich ein Planet, nachdem er stationär ist, auch rückwärtszubewegen, was als „retrograd" bezeichnet wird. Wenn der Planet beginnt, „retrograd" zu werden, verstärkt sich seine dominante Wirkung, so wie eine Stichwunde stärker schmerzt, wenn das Messer langsam gedreht wird.

Dies betraf mich, so Helen, weil meine Geburtssonne in Schütze und der transitierende Pluto im Januar 1991 einen perfekten Winkel von neunzig Grad gebildet hatten; und da das Ganze nur ein halbes Grad von der Exaktheit entfernt sei, sei es noch immer in Kraft. Ein solches Sonne-Pluto-„Quadrat" signalisiert einen verhängnisvollen Konflikt zwischen mir (Sonne) und verborgenen, störenden Kräften in der Gesellschaft oder meinem Unterbewusstsein (Pluto).

Zugegeben, die Zustände eines stationären oder rückläufigen Planeten sind optische Täuschungen. Aber anders als im wirklichen Leben, wo, wie ein Witzbold einmal sagte, die Wahrheit im Mythos gedeiht und im Detail und in den Tatsachen untergeht – wo die Menschen glauben, dass die Royals zu Recht über die unteren Klassen herrschen, weil das ihre Stellung im Leben ist –, wird die astrologische Wahrheit durch Synchronizität bewiesen.

Und es wurde eine Reihe von gereizten Tagen, obwohl das Aufwachen in einem warmen Bett an einem kalten, feuchten Morgen meinem bürgerlichen Empfinden durchaus zusagte. Das verschlafene Londoner Städtchen weckte den konventionellen Mann in mir, den wohlerzogenen Mann, der in den Geschäften der Fulham Road ein und aus ging und fleißig, aber diskret Nüsse für den Winter sammelte. Die Annehmlichkeiten waren besonders schön, als meine Abwehrkräfte so schwach waren. Ich hatte Jetlag, Beinkrämpfe, weil ich zu pleite war, um mir Taxifahrten leisten zu können, und eine Halsentzündung von zu vielen Silk Cuts und zu viel Haschisch. Außerdem hatte ich einen flauen Magen von den Malariatabletten.

Ich war vollkommen zufrieden damit, bei Kaffee und Kuchenteigbrötchen zu verweilen, bis Andy Weir gegen Mittag eintraf. Wir waren in der Nähe zum Mittagessen verabredet. Danach sollte ich zu Munros Wohnung gehen, um ein letztes Abendessen mit ihm einzunehmen. Dann würde er mir erklären, was er untersuchte und was ich in Bangkok für ihn tun sollte. Und ich würde wieder Robin Hood spielen.

Der Tag war gut durchdacht, keine Hektik, aber Dinge sollten erledigt werden. Und doch war Pluto (manifestiert als Andy Weir) im Begriff, wie mein Qi Gong-Lehrer es ausdrücken würde, eine Fracht schlechter Energie abzuladen. Kurz vor Mittag klingelte es an der Tür, und als ich die Treppe hinunterging, wartete Weir mit seinem auf dem Bürgersteig geparkten Motorrad. Er war über zwei Meter groß und trug eine SAS-Proud-Boy-Ausrüstung. Er hüpfte die Treppe hinauf. Ich kochte Kaffee und erwähnte, dass ich in Westminster gewesen war. Er sagte, er sei auf die Westminster School und dann auf das Balliol College in Oxford gegangen. „Das war ein Privileg", erklärte er, weil sein Vater im Zweiten Weltkrieg als britischer Flieger in Burma war und danach in den Auswärtigen Dienst ging. Ich stellte mir Andy in einem dieser bezaubernden Harry-Potter-Kostüme vor, wie er das Schwert aus dem Stein zieht und die heiligen Klassentraditionen hochhält.[1]

Mein die IRA unterstützender Schwiegervater, Andy McKevitt, verachtete die „verfluchten Engländer" und machte sie für alle Probleme der Welt verantwortlich. „Bösartiges Volk", sagte er und erzählte dann, wie er als Jugendlicher das Privileg hatte, zu Häfen auf der ganzen Welt zu reisen, indem er an Bord von Handelsschiffen verschiedene niedere Arbeiten verrichtete, da sein Vater im britischen Seedienst tätig war. In Bombay beobachtete Andy einmal, wie indische Arbeiter mit Fässern, die mit einer gefährlichen chemischen Flüssigkeit gefüllt waren, einen Landungssteg hinauf und hinunter stapften. Einer der Arbeiter stolperte und verschüttete den Inhalt auf sein Bein. Während sich der Mann vor Schmerzen krümmte, rannte Andy den Hügel hinauf zu den Verwaltungsbüros, wo er den britischen Kolonialarzt fand, der sich eine Zigarette anzündete. Er flehte den Arzt an, sich zu beeilen, aber der Mann ignorierte seine Bitten und rauchte lässig zu Ende.

Andy McKevitt war ein belesener Anhänger (wie Ho Chi Minh) des Helden des Osteraufstands von 1916, James Connolly, Mitglied der Industrial Workers of the World, Gründer der Irish Socialist Republican Party und Mitbegründer der Irish Citizen Army. Als Andy 1930 in New York City ankam, trat er der Kommunistischen Partei bei. Er lernte seine zukünftige Frau Marjorie Apter auf einer Parteiversammlung kennen, zu einer Zeit, als die Kommunisten die Nation aus der Depression führten. Seine klassenbasierte Weltanschauung war selbstredend das genaue Gegenteil von Andy Weirs.

Auch in ihren Charakteren gab es tiefgreifende Unterschiede. Solange die BBC mich wegen meiner Quellen umwarb, lobte Andy Weir mein Buch in den höchsten Tönen. Im Oktober 1990 schrieb er mir in einem Brief, dass *The Phoenix Program* „beispiellos" sei. Aber als wir nach dem Mittagessen in die Wohnung in der Fulham Road zurückkehrten, hatte sich seine Haltung geändert. Er begann damit, dass die BBC John Ranelagh beauftragt hatte, das Drehbuch für den Dokumentarfilm zu schreiben, was so war, als würde man Sean Hannity beauftragen, Donald Trump zu kritisieren. In seinem Buch *The Agency: The Rise and Decline of the CIA* (1986) hat Ranelagh die von der CIA autorisierte Version der Ereignisse wiedergekäut. Er machte die Kennedy-Brüder für jeden CIA-Skandal verantwortlich, sprach die CIA von der Zerstörung der demokratisch gewählten Regierung in Chile frei und behauptete, die CIA habe versucht, die Antikriegsbewegung zu „schützen".

In einer Rezension von Ranelaghs Buch in der *Los Angeles Times* vom 17. August 1986 stellte Donald Freed fest, dass „Mythen trotz Ranelaghs eigener eindrucksvoller Gegenbeweise die Oberhand behalten." Freed fügte hinzu, dass „(Ranelagh) Planer der Behörde zitiert, wonach in Zukunft

---

[1] Es gibt lediglich 22 Länder in der Welt, in die Großbritannien nicht per Invasion eindrang.

immer mehr CIA-Projekte mit ‚öffentlicher Bildung' zu tun haben werden. Das heißt, mit Propaganda. Wenn dies der Fall ist, dann hat mit Ranelaghs Buch die Zukunft bereits begonnen."

Schlimmer noch war die Tatsache, dass die BBC und Andy Weir Ranelaghs revisionistischen Ansichten zustimmten. Meiner Meinung nach hatten sie ihn eigens engagiert, um den Segen der CIA zu erhalten und ihre heimtückischen Ziele zu fördern.

Weir lachte laut, als ich bei der Nachricht von Ranelaghs tragender Rolle in dem Dokumentarfilm zurückschreckte. Dann, das Messer drehend, erzählte er mir, dass der abtrünnige CIA-Beamte John Stockwell, Autor von *In Search of Enemies* (1974), das Projekt angewidert aufgegeben hatte, als er erfuhr, dass Ranelagh das Drehbuch schrieb. Weir schien nahezulegen, dass ich das Gleiche tun sollte. Aber ich hatte nicht die Absicht, das zu tun. Ich wollte Vietnam und Thailand besuchen und war bereit, dafür Demütigungen in Kauf zu nehmen. Da ich das Privileg genoss, ein autodidaktischer Außenseiter zu sein, war ich darauf vorbereitet.

Er bezeichnete daraufhin den ehemaligen CIA-Beamten Frank Snepp als „Unkrautvernichter", weil er „alles, was Bush schadet", verurteile, und dies gälte auch für die Verschwörungstheorie von der „Oktober-Überraschung", die besagte, dass die Reagan-Regierung die Iran-Geiselkrise nutzte, um Jimmy Carter die Wahl 1980 zu stehlen. Snepp war ebenfalls retrograd geworden. In seinem Buch *Decent Interval* (1977) berichtete er über den schändlichen Rückzug der CIA aus Vietnam. Als Vergeltungsmaßnahme hatte die CIA ihn verklagt, und seither hatte sich der zwiespältige Frank Snepp (schließlich ist alles nur eine Illusion) seinen Weg zurück in ihre Gunst gebahnt.

Gestern hatte Weir gesagt, dass Snepp und die drei anderen CIA-Beamte, die die BBC als Berater eingestellt hatte – DeForest, Polgar und Komer – sich weigerten, mit mir zusammenzuarbeiten, und dass ich meine Reise daher als einen Spaß betrachten sollte. Heute lächelte er boshaft und verkündete, dass die BBC auch noch Nelson Brickham, den CIA-Beamten, der das Phoenix-Programm organisiert hatte, eingestellt habe. Brickham, sagte er süffisant, „hasste" mein Buch und drohte, mich zu verklagen.

„Nun", antwortete ich und lächelte zurück. „Er hätte mir nicht alle seine Geheimnisse verraten sollen."

Ich hatte nicht vor, mich besorgt zu zeigen oder zu erklären, dass Brickham das Buch nicht nur deshalb hasste, weil es bewies, dass die CIA eine verlogene terroristische Organisation ist. Oh, nein. Brickham und seine Mitstreiter hassten das Buch, weil es unwiderlegbar war. Ich hatte meine Interviews mit Brickham (und vielen anderen CIA- und Militärbeamten) auf Tonband aufgenommen und dann akribisch jedes Wort wortwörtlich abgeschrieben, damit sie nicht behaupten konnten, sie seien falsch zitiert worden. Wie wir in der Unterwelt von San Francisco zu sagen pflegten, hatte ich die Gauner übers Ohr gehauen.

Jeder CIA-Beamte, den ich interviewte (alle waren männlich), trug, während er seine Rolle im Kult des Todes erläuterte, unwissentlich zu der unausweichlichen Schlussfolgerung bei, dass die CIA die Abteilung für organisiertes Verbrechen der US-Regierung ist. Von ihren Hängematten im Schatten aus organisierten sie eine Tragödie epischen Ausmaßes für Millionen von Südostasiaten: Leichen, fehlende Gliedmaßen, verstümmelte Seelen. Sie sprechen nie öffentlich über diesen Aspekt ihrer Arbeit. Aber mit mir hatten sie es getan, und sie konnten die belastenden Fakten, die sie aufgedeckt hatten, nie auslöschen. Alles, was sie tun konnten, war, schlechte Buchrezensionen zu verfassen und mich mit Hilfe der BBC aus ihrem Altherrenclub auszuschließen.

Das stellte kein Problem dar.

Weir hatte jedoch einen Höhenflug und vertrat die Meinung, dass Saddam Hussein den Tod verdient hatte. Zu seinen Hauptvergehen gehörten: das Abzapfen von Blut iranischer Kriegsgefangener, die Vergiftung von Feinden mit Thallium, die kaltblütige Erschießung von Kabinettsministern und der Befehl an seine Truppen, in einem kuwaitischen Krankenhaus Neugeborene aus den Brutkästen zu reißen, sich dann mit den Brutkästen zu entfernen und die Babys dem Tod zu überlassen. Weirs einzige Sorge war, dass die Ermordung Saddams das Problem womöglich nicht lösen könnte. Er befürchtete, dass es einen „Klon" geben könnte, der darauf warte, den Platz des Diktators einzunehmen.

„Und was machen wir dann?" erkundigte ich mich. „Alle Klone töten?"

„Jawohl", sagte er. Er nannte drei Gründe für die Ermordung aller Mitglieder von Saddams Regierung: 1) es würde den Krieg abrupt beenden; 2) unschuldige Iraker verschonen; und 3) die Existenz Israels sichern.

„Sie wissen, dass Phoenix genau das versucht hat", antwortete ich. „Alle zu töten, die bei der Aufstandsbekämpfung in Vietnam geholfen haben." Ich erinnerte ihn daran, dass die CIA Zehntausende von unschuldigen Zuschauern getötet hatte, um dieses schwer fassbare und illusorische Ziel zu erreichen. Und dass jedes Mal, wenn die CIA ein Mitglied der Schattenregierung tötete, jemand seinen Platz einnahm. Bis am Ende des Krieges nur noch der Schatten übrig war. „Und der regiert jetzt das Land", sagte ich.

„Nun", sagte Andy defensiv, „Saddam verdient immer noch den Tod, dafür dass er Israel bombardiert hat."

Andy zufolge war der Beschuss Israels mit Raketen ein Verbrechen biblischen Ausmaßes, das die Bombardierung nichtmilitärischer Ziele wie Kraftwerke, Wasseraufbereitungsanlagen und Kläranlagen rechtfertigte. Ich führte das auf die Widersprüche des Glaubens an die weiße Vorherrschaft zurück. Aber nach objektiven Maßstäben hätte Bush der Erste das gleiche Schicksal verdient; dafür, dass er bei der Invasion Panamas 4.000 Zivilisten tötete, und dafür, dass er Saddams Heimatstadt bombardierte, nur um seine Familie auszulöschen.

Dreißig Jahre später frage ich mich, ob Weir zufrieden ist. Sein Wunsch ist in Erfüllung gegangen. Die von der Clinton-Administration verhängten Sanktionen führten zum Tod von einer halben Million irakischer Kinder, ein Preis, von dem Außenministerin Madeleine Albright in einem Interview mit Lesley Stahl sagte, dass er „es wert war".

Auch Amerika war im Höhenflug, und nach dem 11. September 2001 wurden Kollateralschäden zu einem lukrativen Geschäft für die Rüstungsindustrie, die die US-Wirtschaft antreibt. Ab 2003 wurden durch Bombenabwürfe auf den Irak Zehntausende von Zivilisten getötet, während eine aktualisierte Version des „zweistufigen" Phoenix-Programms landesweit eingeführt wurde. Anhand von „Abschusslisten", die vom israelischen Geheimdienst erstellt worden waren, töteten CIA-Todesschwadronen so viele Mitglieder von Saddams Baath-Partei wie möglich sowie sunnitische geistliche Führer und Intellektuelle, die als Bedrohung für das US-Marionettenregime angesehen wurden. Das war die obere Stufe.

Die untere Stufe des Phoenix-Programms bestand darin, dass CIA-Beamte und ihre irakischen Mitarbeiter „Absperrungs- und Durchsuchungs"-Operationen durchführten, um jeden zu terrorisieren, der sich der US-Invasion widersetzte. Dieser „Befriedungs"-Aspekt von Phoenix füllte Saddams Gefängnisse mit Unschuldigen. Millionen von Irakern leiden weiterhin. Die Säuglingssterblichkeit hat sich verdreifacht, wobei die häufigste Todesursache Durchfallerkrankungen sind, die durch Bombenschäden an den Abwasser- und Wassersystemen verursacht wurden. Eine Million irakischer Kinder unter fünf Jahren waren unterernährt. Psychologische Schäden waren endemisch, zwei Drittel der irakischen Schulkinder glaubten, sie würden das Erwachsenenalter nicht erreichen.[2] Die traumatisierten Überlebenden bildeten anschließend Amerikas neues Frankenstein-Monster, ISIS - ein weiterer Fall von imperialem „Rückschlag".

Dann war es an der Zeit, zum nächsten Punkt auf Andys Tagesordnung überzugehen. Er fing an zu lächeln und sagte, dass die BBC daran interessiert sei, was die CIA im Iran tat und tut. Er fragte mich, ob ich wüsste, wer der CIA-Stationschef zur Zeit der Botschaftsbesetzung 1979 war.

„Tom Ahern", sagte ich, „der sich als Drogenkontrollbeauftragter der Botschaft ausgab." Aherns Aufgabe im Iran, so erklärte ich, bestand darin, die technische Unterstützung für SAVAK, die Gestapo des Schahs, zu überwachen, damit sie die politischen Gegner des Schahs unterdrücken konnte, und ferner darin, „schwarze" Agenten in die Sowjetunion zu schleusen. Ich erzählte ihm von Aherns Hintergrund in Laos und Vietnam und fügte hinzu, dass er Ahern getrost zu den CIA-Beamten zählen könne, die mich hassten.

Weir beendete die Besprechung mit einer Frage über Richard Secord und The Enterprise. Aus irgendeinem Grund hatte ich einen Gedächtnisschwund und er verschwand aus Munros Wohnung und aus meinem Leben. Während ich dieses Buch schrieb, googelte ich nach ihm und fand ihn auf LinkedIn. Nach seinem Weggang von der BBC wurde Weir stellvertretender Herausgeber von *Africa Confidential*. Das 1960 von einem Herzog gegründete Magazin, das in den ersten dreiunddreißig Jahren von einem pensionierten Beamten des Auswärtigen Dienstes geleitet wurde, veröffentlicht niemals die Namen seiner Mitarbeiter, die wie Spione die politischen, militärischen und sozialen Gruppen Afrikas infiltrieren und finanzielle und wirtschaftliche Entwicklungen beobachten. Als eine Bastion ultrakonservativer Analysen schien AC perfekt zu Andy Weir zu passen: Liebe inmitten kolonialer Ruinen.

Ich brauchte frische Luft und folgte ihm zur Tür hinaus, ging zügig um den Block und dachte daran, wie dankbar ich für David Munro war.

David kam um sieben Uhr an und fuhr mich zum Abendessen zu seiner Wohnung hinüber. Er fuhr einen Land Rover, der besser zum Outback gepasst hätte als in eine enge Stadtstraße, in der Stoßstange an Stoßstange die Autos auf beiden Seiten geparkt waren, wie ein in der Zeit eingefrorener Unfall. Er war verärgert, weil wir ein paar Straßen weiter parken mussten. Zu meinem Entsetzen ließ er seine Frustration an Lay Hing aus. Sobald er zur Tür hereinkam, fragte er sie, wo sie den Tag über gewesen sei und wie viel sie für die Zutaten für das heutige Brathähnchen mit Soße, Erbsen, Karotten, Kartoffeln und Spinat bezahlt habe. Es war ein sehr angenehmes Essen, sobald ich das Geplänkel abgestellt hatte.

Nach dem Essen gingen er und ich Bier und Zigaretten kaufen. Ich kaufte Parliament Lights. Munro wirkte aufgewühlt. Die *Times* hatte seinen Partner Pilger für irgendetwas gerügt. Zurück in der Wohnung rauchten wir etwas Gras und er beruhigte sich. Ich erzählte ihm von Weir und Hougan. Er bat mich, das Exemplar von *The Phoenix Program*, das ich ihm gegeben hatte, zu signieren. In seinen Augen lag ein entrückter Blick.

Ein Freund von ihm, Simon O'Dwyer Russell, war zwei Monate zuvor im Alter von neunundzwanzig Jahren gestorben. Als Journalist für den *Sunday Telegraph*, der sich auf die nationale Verteidigung spezialisiert hatte, hatte Russell die geheime Rolle Großbritanniens in

---

[2] Aus „One Year Later", ein Interview mit dem Leiter des International Study Team oft he Gulf Crisis, in Sojourners, Jan. 1992.

kambodschanischen Angelegenheiten untersucht. Er hatte herausgefunden, dass britische SAS-Veteranen seit Oktober 1985 Guerilla-Einheiten der Roten Khmer ausbildeten, als eine thailändische Geheimdiensteinheit, die als Tarnung für die CIA und den SAS diente, den Führer der Roten Khmer, Pol Pot, in eine Villa an der Südwestküste Kambodschas brachte. Munro sagte, die CIA habe die Roten Khmer seit 1979 unterstützt, als die Vietnamesen in Kambodscha einmarschierten und die Regierung der Roten Khmer stürzten. Dadurch wurde Pol Pot de facto zu einem CIA-Agenten.

Die USA hassten die Vietnamesen zutiefst, und die Unterstützung der USA ermöglichte es den Roten Khmer, den Vietnamesen bis Anfang der 1980er Jahre zu widerstehen. 1985 jedoch brachte der Iran-Contra-Skandal die drogenschmuggelnde CIA unters Mikroskop. Um ihrem Seelenverwandten Ronald Reagan weitere Schande zu ersparen, schloss sich Margaret Thatcher der Operation der CIA an. Der britische Außenminister leugnete pflichtbewusst die Beteiligung der SAS, aber Russell hatte zwei SAS-Ausbilder interviewt, die detailliert beschrieben, wie sie als Antikommunisten getarnte Truppen der Roten Khmer darin ausgebildet hatten, Landminen zu legen, die automatisch durch das Geräusch von Menschen, die sich auf Dschungelpfaden bewegten, zur Explosion gebracht wurden.

Obwohl Russell ein rechtsgerichteter Tory war, waren er und Munro gute Freunde, die gemeinsam „Topfkuchen" aßen und „zum Golf gingen". Bis Russell aus heiterem Himmel ein vergrößertes Herz bekam, notoperiert werden musste und starb. Munro dachte, sein Freund sei umgebracht worden. Außerdem hatten die beiden SAS-Ausbilder widerrufen und drohten, Munro und Pilger wegen Verleumdung zu verklagen. Das erklärte, warum er so gereizt und pingelig zu seiner Frau war.

Munro hatte Mitte 1990 von Bobby Muller, dem an den Rollstuhl gefesselten Friedensaktivisten und Gründer der Vietnam Veterans of America, stichhaltige Beweise gesammelt. Muller hatte Munro mit zwei Rechnungsprüfern der US-Armee bekannt gemacht, die herausgefunden hatten, dass tonnenweise Munition und Sprengstoff, die in Thailand gelagert worden waren, von einem Green Beret-Team für die CIA auf dem Schwarzmarkt verkauft worden waren und dass die Waffen auf mysteriöse Weise in die Hände der Roten Khmer gefallen waren.[3] Die Prüfer versorgten Munro ebenso mit Informationen über die Rolle der SAS bei der Waffenschmuggeloperation in Kambodscha.

Munro verfolgte das Programm bis 1979 zurück, als rachsüchtige CIA-Beamte beschlossen, die verhassten Vietnamesen zu bestrafen, indem sie antikommunistische Mitglieder des kambodschanischen Widerstands in einer Koalitions-„Rumpf"-Regierung organisierten – auf dieselbe Weise, wie die USA später ISIS in Syrien recyceln und aufrechterhalten würden. Der Kongress bewilligte pflichtbewusst Dutzende von Millionen Dollar für das Programm.

Munro zufolge hatte sich der ehemalige stellvertretende CIA-Direktor Ray Cline 1980 auf eine geheime Mission zum Hauptquartier der Roten Khmer begeben. Bald darauf gründeten die CIA und das US-Militär in der US-Botschaft in Bangkok die gemeinsame Kampuchea Emergency Group (KEG). Die als humanitäre Nichtregierungsorganisation beworbene KEG war mit fünfzig CIA-SOD-Beamten und Green Berets besetzt. Indem humanitäre Hilfe für kambodschanische Flüchtlinge bereitgestellt wurde, konnte die CIA nicht nur die Exilregierung ausspionieren und beeinflussen, sondern auch ihre verdeckten Guerillakräfte, einschließlich der Roten Khmer, bewaffnen und ausbilden.

---

[3] UPI, 12. August 1990, „Ex-Green Beret alleges black market ammo deals, coverup" von John Leighty.

Die Rechnungsprüfer berichteten Munro von einem Lagerhaus in Phnom Penh, das mit Waffen aus Schweden, Deutschland und Belgien gefüllt war. Alles wurde über Singapur abgewickelt. Ein anderer von Munros Kontakten kannte den Namen eines CIA-Beamten in Singapur, der regelmäßig mit einer „Einkaufsliste" zu einem Lagerhaus ging.

1987 wurde die KEG in Kampuchea Working Group umbenannt. Munro beschrieb sie als „eine gemeinsame amerikanisch-britische CIA-Militär-Operation", die kambodschanische Widerstandseinheiten in Malaysia ausbildete. Die Gruppe arbeitete mit der thailändischen Task Force 838 von der weitläufigen CIA-Basis in Aranyaprathet aus, die nur vier Meilen von der Westgrenze Kambodschas entfernt lag. Dort wurden die drei antivietnamesischen Widerstandsgruppen in den dunklen Künsten der psychologischen Kriegsführung, Sabotage, Subversion, Verhör, Ermordung und Spionage ausgebildet. Die Mitglieder der zusammengewürfelten Guerilla-Einheiten wurden aus Flüchtlingslagern rekrutiert und erhielten eine aktualisierte Version des „Motivations-Indoktrinations"-Kurses, den der US-Informationsdienst-Beamte Frank Scott in Südvietnam entwickelt hatte.

Der große, dunkelhäutige, charismatische Frank Scotton war einer von fünf Personen, an die mich William Colby persönlich nach unserem zweiten Gespräch in seinem Haus im schicken Georgetown am von Gingko-Bäumen gesäumten Dent Place verwies. (An dieses Gespräch erinnerte ich mich wegen Colbys farbbefleckter Khakihose und wegen des Augenblicks, als seine Frau Sally in den Kellerraum kam, um ihm mitzuteilen, dass „die Mexikaner" am Telefon seien). Scotton hatte gerade einen Einsatz in der Türkei beendet und war dabei, in ein Haus in McLean zu ziehen, wo wir uns trafen. Scotton hatte an der American University studiert und war einer von Colbys engsten Mitarbeitern gewesen, als dieser das Civil Operations and Revolutionary Development-Programm in Südvietnam (1968-1971) leitete. Als ich Scotton 1988 zum zweiten Mal interviewte, war er in Fort Bragg stationiert und half im Auftrag seiner Mutterorganisation, dem US Information Service, bei der Organisation des neuen, glänzenden Special Operations Command des Militärs. Während des Gesprächs prahlte er damit, dass er kürzlich mit seinem Sohn vom Stützpunkt Aranyaprathet aus auf Patrouille in Kambodscha gewesen sei. Er sagte, sie seien beschossen worden!

Munro interessierte sich unterdessen für die Rekrutierung von Flüchtlingen für den kambodschanischen Widerstand. Ihm lag ein Memo eines Forschers vor, in dem stand, dass der Beamte des Außenministeriums Lionel Rosenblatt daran beteiligt war. Kannte ich ihn?

Rosenblatt hatte in der Tat zu meinem Buch beigetragen. Als Beamter im diplomatischen Dienst des US-Außenministeriums hatte er von Dezember 1967 bis Juni 1969 in verschiedenen Positionen am Phoenix-Programm teilgenommen. Sein letzter Posten war der des Verbindungsbeamten des Außenministeriums in Saigon zu allen hochrangigen Sicherheits- und Militäroffizieren, die den südvietnamesischen Teil des Programms beaufsichtigten. Im Grunde tat er das, was Gregg und Enders taten – Menschen jagen und töten –, aber auf nationaler Ebene. Außerdem rekrutierte er Doppelagenten, und es gibt keine bessere Quelle für Doppelagenten als hungernde, obdachlose Flüchtlinge. Obwohl er als Menschenfreund dargestellt wurde, war Rosenblatt an den unmenschlichsten Arbeiten beteiligt, die man sich vorstellen kann.

Im April 1975 gehörten Rosenblatt und Frank Scotton zu einer Spezialeinheit, die hochrangige südvietnamesische Geheimpolizisten aus Saigon herausschmuggelte. Sechzehn Jahre später war Rosenblatt Präsident von Refugees International, einer CIA-Tarnorganisation. Die Vietnamesen hatten ihre Streitkräfte aus Kambodscha abgezogen, aber die Amerikaner und Briten rekrutierten weiterhin Agenten, um verdeckte Aktionen gegen sie durchzuführen – mit Leuten wie Rosenblatt, die von der *New York Times* und den Medien des Establishments unterstützt wurden und hinter den

Kulissen die Führung übernahmen. „In der Zwischenzeit", so Munro, „sind sieben Millionen Kambodschaner entbehrlich."

Es wurde schon spät, und ich fragte Munro, was ich in Bangkok tun sollte. Überraschenderweise wollte er, dass ich in das Juweliergeschäft Venus in Bangkok gehe. Es lag an einer Hauptstraße mit ein paar anderen Geschäften zwischen der US-Botschaft und dem Gelände der Military Advisory Group und diente als Treffpunkt für westliche Spione und Söldner, die am Trainingsprogramm für den kambodschanischen Widerstand beteiligt waren. Es war eine riskante Angelegenheit, so Munro, denn die Leute benutzten Decknamen, und die meisten Ausbilder waren nur für ein paar Wochen dort und kehrten dann zu ihren festen Stationen in Ländern wie Simbabwe zurück. Diejenigen, die teilnahmen, fuhren jedoch nach Bangkok und besuchten das Juweliergeschäft Venus, um mit anderen Spionen zu plaudern. Die Ausbilder trafen sich dort jeden ersten Dienstag im Monat und legten ihre Visitenkarten unter einer Glasvitrine ab, die speziell für Networking gedacht war. Ein primitives LinkedIn. Und möglicherweise auch eine Möglichkeit, Leute zu identifizieren.

Munro fragte mich, ob ich dorthin gehen und den Namen von jemandem herausfinden könnte, der an der Operation in Kambodscha beteiligt war. Er hatte zwei Namen, brauchte aber noch einen. Ich sagte, ich würde versuchen, meinen Terminplan so zu gestalten, dass ich an einem Dienstag dort sein könnte. Dann gab er mir die Namen mehrerer einflussreicher Personen, die ich in Saigon kontaktieren sollte. Als sparsamer Mensch warnte er mich, dass die Radtaxifahrer versuchen würden, mir zu viel zu berechnen. Er sagte, es sei üblich, um den Preis zu feilschen. Und nicht zuletzt warnte er mich bezüglich des Bargeldes, das ich für Molloy nach Saigon mitnahm. Er sagte, es gäbe ein Bargeldlimit von zehntausend Dollar für Reisende, und wenn ich es angeben würde, könnte es konfisziert werden. Die BBC hatte dieses kleine Detail nicht erwähnt.

David und Lay Hing wünschten mir viel Glück und sagten, sie würden sich freuen, mich nach meiner Rückkehr wiederzusehen. Ich war überrascht, wie freundlich sie gewesen waren. Ihre Freundlichkeit erfüllte mich mit gutem Glauben. Ich nahm ein Taxi nach Hause und dachte dabei ebenso sehr an Kambodscha wie an Vietnam und Thailand.

Tag 6: Black Bag Blues
Donnerstag, 21. Februar 1991

„Vermeide rücksichtsloses Verhalten."

Auf dem Flug von Logan nach Heathrow hatte ich in der Mitte des Flugzeugs neben einem sportlichen jungen Paar Platz genommen: Dan, ein Scherzbold, und Tessa, die sich auf seine Scherze einließ. Tessa sagte, sie seien Ärzte bei einer Wohltätigkeitsorganisation, die in einem Reservat der First Nation in der winterlichen Wildnis von Quebec arbeitete. Sie waren auf dem Weg in den Urlaub ins sonnige Südafrika und hatten, wie alle praktizierenden Ärzte, für ihre Marathonreise ein Glas mit Beruhigungsmitteln dabei. Tessa lächelte ein hübsches Lächeln und schenkte mir eines, bevor wir abhoben.

Am Donnerstagmorgen in London wachte ich schweißgebadet und hyperventilierend aus einem Albtraum auf. Ich hatte geträumt, dass Tessa eine Mossad-Agentin war und mir dieselbe Giftpille gegeben hatte, die Simon Russell getötet hatte. Ich schüttelte die Panik ab und dachte, dass die Malariatabletten Falltüren zu meinen unterbewussten Ängsten öffneten. Vielleicht war das Gespräch mit Andy Weir aber auch nur zu viel Militarismus und Werbung für Israel, was 1991 ein heißes Thema war, und das nicht nur wegen des Irakkriegs und der Iran-Contra-Affäre.

Die Verbindungen Israels zu Südafrika durch den Handel mit Blutdiamanten, den Jan Roberts untersuchte, war 1991 ebenfalls ein heißes Thema. Damit niemand verwirrt ist, alle südafrikanischen Diamanten sind blutig, sei es durch Krieg oder die Sklavenarbeit, die in den 1800er Jahren vom britischen Bergbaumagnaten und Pfarrerssohn Cecil Rhodes institutionalisiert wurde, der glaubte, die Eingeborenen seien gnadenlose Wilde, die Gott aufgegeben hatte – eine Ansicht, die Thomas Jefferson über die amerikanischen Ureinwohner teilte und die in der Unabhängigkeitserklärung zum Ausdruck kam. Dies ist keine Kleinigkeit, wenn man bedenkt, dass Blutdiamanten Israels wichtigstes Exportprodukt waren und die israelische Diamantenbörse die größte der Welt war. Israel setzt jährlich etwa 28 Milliarden Dollar mit Diamanten um, die es zum Kauf von Waffen verwendet, um das Westjordanland zu besetzen und den unbestrittenen Status von Gaza als größtes Konzentrationslager der Welt aufrechtzuerhalten.

Das Apartheid-Israel hatte auch dadurch Berühmtheit erlangt, dass es dem südafrikanischen Apartheid-Regime bei der Entwicklung seines Programms für ballistische Raketen und bei der Herstellung von Atomwaffen half, von denen Israel Hunderte besitzt. Als sich der Afrikanische Nationalkongress 1989 auf die Machtübernahme vorbereitete, half Israel den Rassisten, von denen sich viele auf die Flucht aus dem Land vorbereiteten, ihr Atomwaffenprogramm aufzulösen, damit es nicht in die Hände von Leuten fiel, die die Reagan-Regierung als „kommunistische Terroristen" bezeichnete. Nelson Mandela stand bis 2008 auf der Beobachtungsliste für Terroristen der USA.

Apropos Vormachtstellung: Königin Elizabeth starb 2022, ein Jahr zuvor war ihr Prinz Philip vorausgegangen. Beide waren mein ganzes Leben lang da. Der Name ihrer Familie lautete Sachsen-Coburg und Gotha, ehe sie sich in Windsor umbenannte, und er war der Enkel von Ludwig von Battenberg aus Hessen, Deutschland. Lord Louis änderte diesen Namen in Mountbatten, aber die Verbindung der Royals zur Herrenrasse war fest. Zwei von Phils Schwestern heirateten Nazis, aber alle vier heirateten Prinzen und waren praktizierende Christen. Von den sechzig Millionen deutschen Christen im Jahr 1933 war ein Drittel römisch-katholisch und die anderen zwei Drittel waren Protestanten. Der Vatikan, der sich während des Holocausts in die Arme der Faschisten schmiegte, unterhielt während des gesamten Krieges einen geheimen Kanal zu Hitler und danach eine Rattenlinie nach Südamerika, über die die Nazis entkommen konnten.[1]

Dieselbe Überlegenheits-Pathologie, die nie aus der Mode kommt, ist die Grundlage und der Antrieb für Trumps mystische teutonische Vision von Amerika, in der sich gut bewaffnete Militante in geschlossenen Wohnanlagen im Orania-Stil von Linken und Minderheiten isolieren, die in baufälligen Bantustans Kriegstrommeln schlagen. Trump erwog nach seiner Wahlniederlage 2020 die Verhängung des Kriegsrechts und war mit der Unterstützung eines Großteils der Strafverfolgungsbehörden und des Militärs kurz davor, das Wahlergebnis zu kippen.[2] Man kann kaum noch sagen, was in Amerika noch akzeptabel ist, außer Waffen, Reichtum und Weißsein.

Zurück zu Israel: Nachdem der Buchvertrag mit Secord im Sommer 1990 gescheitert war, beschloss ich, über die Notlage der Palästinenser zu schreiben. Ich konzentrierte mich auf die Nakba, wie die Palästinenser die gewaltsame Vertreibung von 750.000 einheimischen Palästinensern durch fremde Juden im Jahr 1948 bezeichnen. Die erste Intifada war in vollem Gange, und ich wollte mir selbst ein Bild von der Notlage der Palästinenser machen. Deshalb traf ich mich über einen Kontakt im Recherche-Netzwerk mit einem Vertreter der Palästinensischen Befreiungsorganisation in Washington, DC. Als Gegenleistung dafür, dass ich einen Artikel schrieb, der die Sache der PLO unterstützte, erklärte er sich bereit, eine Führung durch die Flüchtlingslager im Westjordanland und im Gazastreifen sowie einen Besuch in Jerusalem zu organisieren. Danach würde ich nach Algier reisen, um mich mit dem inneren Kreis von Jassir Arafat zu treffen, gefolgt von einem kurzen Interview mit dem Vorsitzenden selbst. Ich würde zehn Fragen stellen dürfen, sieben vorbereitete und drei spontane. Befreundeten Journalisten, die diese Reise gemacht hatten, nannten sie den Algier-Express.

Ich wollte gehen, aber am 8. Oktober 1990, einige Wochen vor meiner Abreise, tötete die israelische Polizei bei den Unruhen auf dem Tempelberg 22 Palästinenser. Mein Schwiegervater fürchtete um mein Leben und weigerte sich, mich gehen zu lassen. Als alter Kommunist, der zu Hause und bei der Arbeit vom FBI verfolgt worden war, befürchtete Andy auch, dass meine Karriere Schaden nehmen würde, wenn ich Israel kritisierte – eine Ironie des Schicksals, wenn man bedenkt, dass Alices Mutter Jüdin war und ihre Familie nach einem der weißrussischen Pogrome aus Warschau ausgewandert war. Wie Alice zu bemerken pflegt, macht dich deine Mutter zur Jüdin – selbst wenn sie eine atheistische Kommunistin ist, wie Marjorie es war. Und wenn die Nazis anklopfen, kann man nicht sagen, man sei gestern zum Katholizismus konvertiert.

Nachdem jahrelang Menschen als „antisemitisch" bezeichnet wurden, die es nicht waren, ist es auch wahr, dass der Begriff seine Bedeutung verloren hat. Als ein weiteres Beispiel für „den

---

[1] David I. Kertzer, „The Pope's Secret Backchannel to Hitler", *The Atlantic*, 31. Mai 2022.
[2] Chauncey Devega, "Trump considered a military coup: Would he have gotten away with it?" *Salon*, 23. Mai 2022.

Rückschlag und das schlechte Karma" des Imperiums haben Israels Unterstützer diese selbst zugefügte Wunde noch verschlimmert, indem sie den Netflix-Film Farah aus dem Jahr 2022, der zeigt, wie das Leben eines jungen palästinensischen Mädchens durch die Nakba erschüttert wurde, als falsch anprangerten. Es ist eine Tatsache, dass die Katastrophe und ihre zahlreichen Gräueltaten stattgefunden haben, aber Israel hat dies systematisch verheimlicht.[3] Platon nannte es „die Lüge in der Seele". In diesem Fall ist es die Lüge in der Seele einer Nation. Auch die Unterstützung der USA für Neonazis in der Ukraine trägt nicht dazu bei, den Antisemitismus zu verringern.

Zwei Wochen nachdem das palästinensische Projekt gescheitert war, erschien jedenfalls Morley Safers vernichtende Kritik in der New York Times, und ein paar Tage später erhielt ich mitten in der Nacht Anrufe, in denen gedroht wurde, mich und meine Frau zu töten und unser Haus niederzubrennen. Alice hatte sich angewöhnt, den anonymen Anrufern zu sagen: „Zieh eine Nummer und stell dich hinten an." Wir haben die Drohungen nie ernst genommen. Sie sind Teil des Jobs. Ich war in die Festung der CIA eingedrungen und hatte sie geplündert, und nun wollte die CIA sich rächen. So ist das Leben.

Nur dass alles, was ich tat, legal war, im Gegensatz zum Tun der CIA. 1993 erfuhr ich durch einen Antrag im Rahmen des Privacy Act, den ich 1989 bei der Behörde gestellt hatte, von einem Vermerk des Rechtsberaters des CIA-Publikationsprüfungsausschusses vom 8. April 1988 an die Führungsebene der Direktion für Operationen, in dem er die Beamten des Geheimdienstes darauf hinwies, dass mein „demnächst erscheinendes Buch so viele detaillierte Informationen über Operationen und Beamte der Behörde enthalten wird, dass ... es Schaden anrichten könnte", und in dem er darum bat, dass die Führungsebene der Direktion für Operationen auf die gesamte Angelegenheit aufmerksam gemacht wird. „Spione, darunter auch einige im Büro des angeblich unparteiischen Generalinspekteurs, liefen durch die Flure und erzählten sich gegenseitig, dass der Autor eine schlechte Nachricht sei, und hofften, dass sie seiner Aufmerksamkeit entgehen könnten."[4] Andere rieten den Beamten, nicht mit mir zu sprechen, was illegal war. Ich war kein Angestellter der CIA, und der Prüfungsausschuss war weder für mich noch für die Äußerungen eines Agenten zuständig.

Auf jeden Fall bin ich nicht in Flüchtlingslager gegangen, aber nicht, weil ich befürchtete, des Antisemitismus bezichtigt zu werden. Auch so ist das Leben. Und in meinem Fall scheint ein schlechter Ruf vorprogrammiert zu sein. Eine alte astrologische Maxime besagt, dass die Konjunktion der bösartigen Planeten Mars und Saturn in meinem zwölften Haus (das von den Fischen regiert wird) bedeutet, dass ich für ein Verbrechen gehängt werde, das ich nicht begangen habe. Laut dem britischen Volkskundler und Okkultisten Richard Cavendish in The Black Arts (1967) ist eine solche Konjunktion „der beiden bösen Planeten seit Hunderten von Jahren als schreckliches Omen gefürchtet."

Ironischerweise ist die Angst, dass ich für ein Verbrechen gehängt werde, das ich nicht begangen habe, seltsam befreiend. Schon bevor ich von der bösen Konjunktion erfuhr, wusste ich, dass ich den Konflikt mit der Obrigkeit nicht würde vermeiden können – was mir den Mut gab, das Studium abzubrechen, in der Hoffnung, Schriftsteller zu werden. Es half mir auch, mich meinen Ängsten zu stellen. Während ich also auf die Magie wartete, die mich zum Schriftsteller machen würde, arbeitete ich – trotz meiner Höhenangst – für Baumpflegebetriebe in New York und Neuengland und kletterte mit einem halben Zoll langen Hanfseil und in einem Ledersattel sitzend in die Wipfel stattlicher Ulmen, um mich dann von tonnenschweren Leitern abzuseilen. Das machte meinen

---

[3] Hagar Shezaf, "Burying the Nakba: How Israel Systematically Hides Evidence of 1948 Expulsion of Arabs", Haaretz, 5. Juli 2019.
[4] John Prados, The Family Jewels (2013).

Körper kaputt, und die Kettensägen ruinierten mein Gehör, aber ich lernte (wie alle orphischen Adepten), die Bäume, Sträucher, Blumen, Schmetterlinge und Vögel in meiner Umgebung zu bestimmen. Außerdem gewann ich Selbstvertrauen und Selbstdisziplin, verdiente mir eine lebenslange Mitgliedschaft in der Arbeiterklasse und bewies mir selbst, dass ich über körperlichen Mut verfügte, den ich ohne Pose zur Schau stellte und der mir in meinen Beziehungen zu CIA-Beamten und Militärs gute Dienste leistete.

Das Bewusstsein, über körperlichen Mut zu verfügen, war ein Grund, warum ich nie das Bedürfnis hatte, eine Waffe zu besitzen. Das und die Familientradition: Mein Vater erlaubte sie nicht im Haus. Nur Berufssoldaten bräuchten Waffen, sagte er, und Berufssoldaten könne man nicht trauen. Ansonsten seien Waffenbesitzer „Männer, die beweisen wollen, dass sie Männer sind". Als Kriegsgefangener wusste er, dass man zum Überleben mehr braucht als eine Waffe. Es ist nicht das Beherrschen anderer, das einen Menschen mutig macht. Mut zeigt sich, wenn ein Mensch wehrlos und von Gefahren umgeben ist, wie z. B. wenn er der Rassentrennung unterworfen ist oder in Kohle- oder Diamantenminen für ein paar Cent arbeiten muss.

Ian Fleming, der Autor der machohaften James-Bond-Bücher, teilte meine Meinung über Schusswaffen. In Der Mann mit dem goldenen Colt sagte Fleming (und zitierte einen fiktiven Psychiater): „Die Pistole ... hat für den Besitzer eine Bedeutung als Symbol der Potenz – eine Verlängerung des männlichen Organs – und ein übermäßiges Interesse an Waffen (z. B. Waffensammlungen und Schützenvereine) ist eine Form des Fetischismus."

In Anbetracht der mörderischen Gesellschaft, in der ich mich zu der Zeit befand, als ich *The Phoenix Program* schrieb – trinkfeste, reizbare Jungs, die geladene Waffen griffbereit hielten –, habe ich jedoch einen NRA-Kurs besucht, um zu lernen, wie man Handfeuerwaffen sicher macht. Aber ich misstraue jedem, der es lustig findet, mit Maschinen zu spielen, deren einziger Zweck es ist, zu töten. Kratzen Sie an der Oberfläche, und Sie werden feststellen, dass sie sich selbst als Held in einer mörderischen Fantasie sehen, die sie unbedingt ausleben wollen. Oder sie versuchen, jemandem zu imponieren. Der 17-jährige Cosplay-Bürgerwehrler Kyle Rittenhouse wurde in seiner Jugend von seiner Mutter in ein hübsches blaues Smokey-the-Bear-Kostüm gekleidet. Gut zurechtgemacht stürmte Rittenhouse mit einer AR-15 bewaffnet in einen Aufstand und tötete mit Unterstützung der örtlichen Polizei zwei Randalierer und verwundete einen weiteren. Anschließend brachte ihn seine jubelnde Mutter zu Trump, der dem Jungen gratulierend auf die Schulter klopfte.

Die AR-15 ist der Fetisch des MAGA-Kults. Was könnte amerikanischer sein? Während ich dies schreibe, hat der Oberste Gerichtshof der USA maskierten Trumpisten das Recht zugestanden, in der Nähe von Wahlurnen Waffen zu schwingen, um die Liberalen zu bedrohen, was sie mit Freude tun, während Kanada, wie viele andere Länder auch, ein landesweites Verbot für den Verkauf, den Kauf und die Weitergabe von Handfeuerwaffen erlassen hat. Man stelle sich das vor.

All dies gesagt habend, bestand die Herausforderung für mich darin, die Beleidigungen der BBC zu ignorieren und die zehntausend Dollar zu Molloy nach Vietnam zu bringen. Und während ich in Thailand war, musste ich ehemalige CIA-Offiziere über den Drogenhandel befragen und den Juwelierladen Venus für Munro aufsuchen.

In der Zwischenzeit war ich am Donnerstag in London so unbeweglich wie Pluto. Abgesehen von dem beunruhigenden Albtraum machten mir die Malariatabletten zu schaffen und spielten meiner Sehkraft einen Streich. Am Vormittag aß ich einen Joghurt und legte mich wieder ins Bett in der Hoffnung, dass meine grippeähnlichen Symptome abklingen würden.

Um zwei Uhr kam Judy von der BBC-Zentrale in Bristol. Sie hatte kastanienbraunes Haar und war so in Eile, dass sie ihren bauschigen blauen Mantel nicht auszog. Als sie neben der Tür stand, zog sie einen „Foreign Currency"-Umschlag vom American Express Travel Service aus einer Innentasche ihres Mantels. Sie öffnete den Umschlag und reichte ihn mir. Darin befanden sich 100 in BBC-Schreibpapier eingewickelte Hundert-Dollar-Scheine. So viel Bargeld hatte ich noch nie gesehen.

Als Nächstes legte sie ein Dokument vor, das Platz für zwei Unterschriften bot. Ich sagte höflich, dass ich das Bargeld mitnehmen würde, aber keine Dokumente unterschreiben würde, die mich rechtlich dafür haftbar machten. Während ich wartete, setzte sie sich neben Munros Telefon und rief Lawrence Simanowitz an, der ihr blitzschnell sagte, sie solle mir das Geld geben.

Wie Ilhan Omar bekanntlich sagte: „Es dreht sich alles um die Benjamins."[5]

Dann überreichte sie mir einen versiegelten Brief des norwegischen Journalisten Bjørn Nilsen für Tony Poshepny. In der rechten oberen Ecke stand „per Hand". Sie sagte, dass Nilsen die Serie gemeinsam mit Molloy und der BBC produziere. Nilsen hatte Poshepny in Thailand besucht und ihm einige Fragen gestellt, aber es hatte sich ein neues Problem ergeben. Es war alles sehr still und heimlich, persönlich und vertraulich.

Kurz nachdem Judy aus Munros Wohnung geflohen war, wurde mir klar, dass sie und BBC mir nicht angeboten hatten, mich sicher zum Flughafen zu bringen, obwohl ich das ganze Bargeld für sie dabei hatte. Ich wischte es beiseite. Ich hatte nur zwei Dinge im Kopf: Munros Wohnung in Ordnung zu bringen und dafür zu sorgen, dass ich rechtzeitig zum Flughafen kam. Munro hatte gesagt, ich könne die Wohnung am 13. März benutzen, dem Tag meiner geplanten Rückkehr. Ich wollte keine Unordnung hinterlassen, nur ein Dankesschreiben und meine Falttasche mit meinem Winteranzug.

Um sechs Uhr ging ich zum Crocodile Tears, um Bier und Würstchen zu mir zu nehmen. Als ich zurückkam, teilte ich meine Sommerkleidung gleichmäßig auf und packte sie in zwei kleine Sporttaschen. Die eine mit dem Bargeld wollte ich immer in der Nähe haben. Ansonsten war ab morgen alles in der Schwebe.

---

[5] Benjamins: auf den 100-Dollar-Scheinen der USA prangt das Bild von Benjamin Franklin. Ilhan Omar meinte also umgangssprachlich: „Es geht nur ums Geld." (Anm. d. Übersetzers.)

Tag 7: Pluto wird rückläufig

Freitag, 22. Februar 1991

„Saturn durchquert deine Geburtskonjunktion von Venus und Jupiter (rückläufig)

durch deine ganze Reise hindurch, den Fortschritt auf

unvorhersehbare Weisen verhindernd."

Ich war zu besorgt, um einzuschlafen, und gegen Mitternacht platzte ein spastischer Muskel durch meine Bauchdecke. Ich hatte mir das Problem zugezogen, als ich als junger Teenager an einem Sprinklerschlauch im Briar Hall Country Club zerrte, wo ich als Caddie arbeitete. Er tritt regelmäßig etwa einen Zentimeter über und links von meinem Nabel hervor. Es tut weh wie ein Krampf, aber ich habe gelernt, mich zu entspannen und ihn zurückzuschieben. Das Schlimmste ist, dass er zu unpassenden Zeiten herausspringt: wenn ich Auto fahre oder lache oder Sex habe. Einmal habe ich versucht, Alice dazu zu bringen, ihn zurückzudrücken, aber sie weigerte sich. Viel zu gruselig.

Ich war schon eine Stunde wach, bevor mein kleiner Wecker anfing zu piepen. Mit müden Augen machte ich mich an die Vorbereitungen für den Tag. Wenn alles wie geplant liefe, würde ich in zwölf Stunden in Bangkok ankommen.

Stets ein perfekter Gast, klappte ich das Bett in eine Couch zurück, faltete die Laken zusammen und legte die Kissen an ihren Platz. Ich wusch und trocknete das Geschirr ab und stellte sicher, dass das Bad makellos war. Hinterließ einen Dankesbrief auf dem Küchentisch. Auf dem Weg nach draußen steckte ich die Schlüssel in eine Plastiktüte im Briefschlitz, schloss die Tür ab und trat in die eisige Kälte in einem weißen, gestreiften Sommeranzug, mit Strickmütze und gummibesohlten Bootsschuhen. Ich trug zwei prall gefüllte Taschen, eine über jede Schulter gehängt, wie ein Caddy, der Golftaschen trägt. Oder ein IRA-Bomber. Das war kein guter Anblick für London.

Als ich die Fulham Road zur Parson's Green Station hinunterging, hielt hinter mir ein Polizeiwagen mit zwei ernst dreinblickenden Bobbies. Ich war die einzige Person auf der Straße. Ein Bobby blieb im Wagen, während der andere ausstieg und mich aufforderte, anzuhalten.

Ich ließ meine Taschen auf den Boden fallen. Der Bobby näherte sich vorsichtig und fragte, wer ich sei. Ich sagte, ich sei Amerikaner und auf dem Weg nach Heathrow, um ein Flugzeug nach Bangkok zu nehmen. Er wollte meinen Pass und meine Flugtickets sehen und beobachtete jede meiner Bewegungen, während ich sie herausholte und ihm aushändigte. Aus irgendeinem Grund war er mit meinen Ausweispapieren und meiner Erklärung nicht zufrieden. Er befahl er mir, meine Koffer auszupacken.

„Ich muss ein Flugzeug erwischen", sagte ich entrüstet. „Ich bin kein IRA-Terrorist mit Bomben in meinen Taschen. Wenn ich einer wäre, glauben Sie wirklich, dass ich dann in diesem idiotischen Outfit allein die Straße entlanglaufen würde?"

Meine Bemerkung irritierte die Bobbys, und wie alle anderen Polizisten auch, nahmen sie die Herausforderung an. Der andere Bobby stieg aus dem Wagen aus und stellte sich bedrohlich neben die Tür, bereit, eine Maschinenpistole zu nehmen oder das SWAT-Team zu rufen. Der Bobby auf der Straße knurrte und forderte mich auf, mit dem Auspacken zu beginnen.

Die Zeit vergeht schneller, wenn man in Eile ist. Ich dachte, ich würde meinen Zug verpassen, wenn ich auspackte und wieder einpackte. Ich habe mich aufgeregt. Dumm. „Nein", sagte ich, „machen Sie das selbst."

„Was haben Sie gesagt?", fragte der Bobby ungläubig.

Ich wiederholte mich und fügte dann hinzu: „Ich hoffe, Sie genießen die Durchsuchung." Die Betonung lag auf „Durchsuchung".

Die Bobbies waren über meine Unverschämtheit verblüfft. Sie stöberten in meiner Unterwäsche herum und fanden keine Bomben, nicht einmal den Geldbeutel mit den zehn Riesen. Sie sagten, ich könne gehen. Ich schlang mir meine Taschen über die Schultern, wobei die Riemen in Muskeln und Knochen schnitten, und kam ohne weitere Zwischenfälle nach Parson's Green. Kaufte ein Ticket nach Heathrow. Musste in Earl's Court umsteigen. Ich befand mich in einem Tunnellabyrinth und verlor Zeit, als ich versuchte, herauszufinden, wo mein Zug ankam. Ich war außer Atem, als ich endlich eintraf. Es war noch früh am Morgen und ein junger Mann spielte eine schöne Melodie auf einer Flöte. Ich habe keinen Hut gesehen, sonst hätte ich Geld hineingesteckt. Hat er geübt? Ein Vogel, der einfach singen muss?

Über die Lautsprecheranlage ertönte eine Frauenstimme, die verkündete, dass das Musizieren in der U-Bahn verboten sei. Der Flötist hielt für ein paar Sekunden inne, schaute sich unschuldig um, dann setzte er wieder ein. Die drei anderen Leute, die neben mir auf den Zug warteten, lächelten alle.

Die Menschen, die eng beieinanderstehen, nehmen gleiche Abstände zueinander ein, wie Vögel auf einem Leitungsdraht. Ein Mädchen mit einem Rucksack; ein junger Mann mit leeren Händen, der eine Zigarette raucht; und ein gutaussehender junger Mann in einem maßgeschneiderten dunklen Mantel, der Blickkontakt aufnahm und mich ansprach. Er sagte, er heiße James und sei ein Anwalt aus dem Norden, der seine Freundin begrüßen wolle, die aus Schottland zu Besuch käme. „Sie müssen ein Sagi sein", sagte er fröhlich. Das bedeutet Sagittarian – also Schütze.

„Woher wissen Sie das?" Ich lächelte.

„Wir sind doch die Reisenden der Welt."

James wurde am 16. Dezember 1968 geboren. So ein freundlicher junger Mann. Eine frühere (oder spätere, je nachdem, wie man es betrachtet) Ausgabe von mir selbst. Wir standen zusammen auf dem Bahnsteig und warteten auf den Zug, den ich bei seiner Ankunft bestieg. In Heathrow verirrte ich mich wieder, und als ich endlich am Schalter von Thai Airways ankam, war der Computer ausgefallen. Um 8.15 Uhr ging er wieder hoch, und fünfzehn Minuten später hatte ich meine Bordkarte. Tee und Kuchenteigbrötchen, dann zu Gate 27 und zur Gepäckaufgabe. Ich döste gerade in der Lounge, als mich ein Gespräch im Fernsehen weckte: Die *Wall Street Journal*-Reporterin Mary Williams Walsh diskutierte mit Kurt Lohbeck über den Irakkrieg. Ich machte mir eine Notiz dazu.

An Bord setzte ich mich auf den Platz am Gang, den ich wegen meiner langen Beine wählte. Die Tasche mit den zehn Riesen legte ich in das Gepäckfach. Ich saß neben Ben Edwards, ebenfalls Schütze, geboren am 11. Dezember 1950. Ein Jahr nach und einen Tag vor mir. Aller guten Dinge sind drei, wie jeder weiß, und so dachte ich mir, dass ich noch einen weiteren Schützen treffen müsste.

Ben stellte sich als britischer Photojournalist vor, der für *Impact* arbeitete. Er fragte, wohin ich unterwegs sei.

„Vietnam", sagte ich.

„Warum?", fragte er.

„Tourist", sagte ich und dachte an das viele Bargeld im Gepäckfach. Außerdem fühlte ich mich verunsichert. Nach zehn Jahren des Schreibens verdiente ich immer noch nicht genug Geld, um als Selbständiger zu gelten. Ich war finanziell immer noch von Alice abhängig. Was für sie in Ordnung war. Wir hatten uns mit Mitte zwanzig kennen gelernt und uns auf einige wichtige Dinge geeinigt, bevor wir mit dreißig heirateten. Erstens waren wir uns einig, keine Kinder zu haben. Zweitens, dass wir die andere Person nicht formen würden. Und drittens, dass ich arbeiten würde, während sie ihren MBA machte, und dass Alice mich danach unterstützen würde, während ich Bücher zum Wohle der Menschheit schrieb. Es war ein glückliches Arrangement, aber ich war eifersüchtig darauf, dass Ben dafür bezahlt wurde, als Photojournalist um die Welt zu reisen.

„Oh", sagte er und durchschaute mich. „Sie sind auch Journalist."

Das Flugzeug parkte unerwartet für ein paar Stunden in Amsterdam. Die attraktiven, traditionell gekleideten thailändischen Flugbegleiterinnen waren fröhlich, während wir in unseren Sitzen gefangen saßen, die Tabletts auf dem Schoß. Schließlich verkündete der Kapitän, dass unser Flug wegen des Golfkriegs über Moskau, Afghanistan und den Himalaya umgeleitet wurde. Ich war besorgt, dass der Boden des Flugzeugs den Mount Everest streifen würde. Ich hatte das Bedürfnis nach Scotch, einer Dusche, einem Beruhigungsmittel, Schlaf.

Ben und ich vertrieben uns die Zeit mit einer Diskussion über die Ermächtigung des Kongresses vom 14. Januar 1991 zum Einsatz von US-Militärkräften im Golfkrieg. Wir sprachen darüber, dass Reagan über Drittländer illegal Waffen an Saddam schickte, um den Iran zu bekämpfen. Ich erzählte ihm von meinen Gesprächen mit Secord und davon, wie Secord das Geschäft mit den Geiseln im Iran gegen Waffen über das inoffizielle Old-Boy-Netzwerk der CIA arrangiert hatte, das gebildet worden war, nachdem Jimmy Carters Direktor der CIA, Stansfield Turner, Hunderte von paramilitärische CIA-Mitarbeiter im Rahmen des berüchtigten Halloween-Massakers im Jahr 1979 gefeuert hatte. 1991 waren die Old Boys immer noch auf der Suche nach Rache an den Antikriegsliberalen für den großen Vietnam-Verrat. Es war, als würde man nach dem Ersten Weltkrieg in Deutschland leben, sagte ich zu Ben, und beobachtete, wie die Nazis langsam ihre Kräfte organisierten. All das würde unter Trump seinen Höhepunkt erreichen – dem nebenbei gesagt der bereits erwähnte Briar Hall Country Club gehört, gegen den der Staatsanwalt von Westchester County natürlich wegen Steuerbetrugs ermittelt.[1]

---

[1] David McKay Wilson, „Westchester DA reportedly investigates Trump National Golf Club amid tax battle", *Rockland/Westchester Journal News*, 20. Oktober 2021.

Ben sagte, die gleiche Rechtswende sei in Merrie Olde England unter Maggie Thatcher geschehen. Er sagte, er sei in Thailand und Vietnam gewesen und dass Vietnam wie Indien sei: herzzerreißend arm.

Wir versuchten beide, den Rest des Fluges zu schlafen, aber ich machte mir zu viele Gedanken über das Geld im Gepäckfach. Als wir in Bangkok ankamen, war ich völlig desorientiert.

Tag 8: Das Honorar des Läufers

Samstag, 23. Februar 1991

„Die Ruhe vor dem Sturm:

Entwickle übersinnliche Kräfte und studiere Metaphysik. "

Ich kam um 7:20 Uhr auf dem Flughafen Don Muang, dreißig Meilen nördlich von Bangkok, an. Es war eine holprige Landung. Der Tag war bewölkt und glühend heiß. Die Luftfeuchtigkeit verdampfte auf der Rollbahn. Als ich das Terminal betrat, sah ich am Ende der Rampe einen großen, dünnen, dunklen Mann in einem weißen Anzug, der ein Schild mit der Aufschrift „Valentine" vor der Brust hielt. Ich ging zu ihm hin, und er überreichte mir einen Zettel von Julie, meiner BBC-Kontaktperson in Vietnam, dann verschwand er. Julie hoffte, dass ich mit dem Geld gut angekommen sei und mit dem Linienflug in Vietnam ankommen würde.

Ich deklarierte die zehn Riesen und wurde ohne einen Blick durch den Zoll gewunken. Doch es drohten andere Probleme. Die Durchsagen über die Lautsprecheranlage waren beispielsweise auf Thai, so dass ich die Anzeigetafel studieren musste, um meinen Anschlussflug zu finden. Ich sah Seoul und Singapur, Taipeh und Kathmandu, aber nichts für Ho-Chi-Minh-Stadt. Wieder verloren.

Don Muang war der geschäftigste Flughafen, auf dem ich je gestrandet war. Es wimmelte von großen dunklen Indern in weißen Hosen, japanischen Geschäftsleuten mit Kameras, westlichen Rucksacktouristen und gaffenden Reisegruppen. Ich geriet in Panik, als ich das Gebäude des Inlandsterminals nicht finden konnte. Ich hatte zwei Stunden Zeit, um meinen Anschluss zu erreichen, und die Zeit drängte. Schließlich stolperte ich zufällig über das Büro von Vietnam Airlines, das am äußersten Ende des Flughafens verbannt war. Thailand war während des Krieges mit den USA verbündet gewesen, und Vietnam zahlte noch immer den Preis dafür. Und als ich das Büro erreichte, das eine Meile von allem anderen entfernt schien, war niemand da. Ich saß draußen mit meinen Beinen auf meinem Gepäck, erschöpft und krank. Schließlich kam der Büroleiter, ein guter Kerl, ein ehemaliger Soldat aus Nordvietnam. Er ließ mich auf seiner Couch liegen und gab mir ein paar Zigaretten. Als ich mich etwas ausgeruht fühlte, benutzte ich das Badezimmer, um mich zu rasieren und die Zähne zu putzen.

Es war noch eine Stunde Zeit, also beobachtete ich meine Mitreisenden nach Vietnam. Keine sichtbaren Westler. Aus einer Stunde wurden zweieinhalb — im Fernen Osten zieht sich die Zeit in die Länge, es gibt nie wirklich eine Verspätung — und dann stiegen wir Passagiere, wir wenigen, wir Mutigen, in einen Bus. Die Flugbegleiter des Flugzeugs, das wir besteigen sollten, winkten uns zu einem anderen Flugzeug. Der Name auf der Seite lautete Hang Khong Viet Nam (mit diakritischen Zeichen). Wir stellten uns auf der schwülen Rollbahn auf. Das Bodenpersonal rollte eine Treppe heran und wir stiegen ein. Die hübschen Flugbegleiterinnen in hellblauen „*Ao dàis*" servierten warme Pepsi und Essen, das ich nicht kannte. Mein Magen machte einen Rückwärtssalto.

Es dauerte nur eine Sekunde, bis ich merkte, dass ich neben einer Frau Mitte sechzig saß, mit leuchtend lilafarbenen Augen, kurzen praktischen Haaren und einem hübschen Sommerkleid. Matronenhaft, wie Angela Lansbury. Ich beobachtete ehrfürchtig, wie sie gierig ihr Essen verschlang. Sie war offensichtlich akklimatisiert. Aber warum flog diese ältere Amerikanerin nach Saigon, ohne Begleitung, ohne Angst. Wer war sie?

Sie stellte sich als Lillian Morton vor und sagte, dass sie einige Tage damit verbringen würde, den Menschen in Saigon Brillen zu bringen, um anschließend Hue und Hanoi zu besuchen. Ich sagte, ich sei Autor und Berater der BBC, die in Vietnam eine Dokumentation über die CIA drehte. Ich erwähnte, dass es einen berühmten CIA-Beamten gäbe, George Morton mit Namen, gab, der viele Jahre in Vietnam und Laos gewesen war.

Lillian lächelte gefühlvoll und sagte, George sei ihr Ehemann. Sie hatten sich kennen gelernt, als sie für den US-Informationsdienst in Südvietnam tätig war. Sie keuchte leicht, als sie sagte, dass er kürzlich an Lungenkrebs gestorben sei. Ich legte ihr kurz die Hand auf den Unterarm und sprach ihr mein Beileid aus. Ich erzählte, dass mein Vater Kriegsgefangener auf den Philippinen gewesen war, dass ich ein Buch über ihn geschrieben hatte und dass er vor einem Jahr gestorben war.

Wir spürten beide noch die Auswirkungen des Verlustes, der uns auf einer tiefen emotionalen Ebene zu verbinden schien. Ich bin erstaunt, wie leicht Fremde, die weit weg von zu Hause sind, Vertraulichkeiten teilen. Später fragte ich mich, ob es Zufall war, dass wir nebeneinandersaßen – wir waren die einzigen Weißen im Flugzeug –, aber damals war ich froh, einfach ihre gute Energie zu genießen und ein wenig über sie zu erfahren. Ich sagte, dass ich ein wenig über ihren legendären Ehemann wüsste und dass die Leute, die ich interviewt hatte, mit Respekt über ihn gesprochen hätten. Sie war nicht überrascht. Sie war stolz auf ihn. Shelby Stanton, sagte sie, habe ihm sein Buch *The Green Berets at War* (1985) gewidmet.

Ich hatte das Buch gelesen. George Morton war im Zweiten Weltkrieg Infanterieoffizier in Europa gewesen und hatte später auf der Insel Luzon auf den Philippinen gekämpft. Die meisten amerikanischen Soldaten hassten den Dschungelkrieg und die damit einhergehenden schwächenden Krankheiten. Sie waren froh, nach Hause zu gehen. Morton aber genoss es und blieb dabei. Im Jahr 1946 wurde er zum Major befördert und einem Infanterieregiment der Philippine Scouts zugeteilt. Die Scouts waren eine Einrichtung der US-Kolonialarmee und bestanden aus philippinischen Soldaten, die von Offizieren der US-Armee befehligt wurden. Ursprünglich waren die Scouts gegen die Rebellen gerichtet, die von 1899 bis 1902 gegen die US-Besatzung kämpften, und wurden nach dem Zweiten Weltkrieg zur Bekämpfung des kommunistischen Hukbalahap-Aufstandes eingesetzt. Wie ihre rebellischen Vorfahren auf dem Land wollten auch die Huks eine Landreform und die Amerikaner loswerden. Was ihnen nicht gelang.

Piloten der Luftwaffe werfen Bomben auf Menschen ab. Kommandotrupps springen aus Flugzeugen, schleichen herum, legen Sprengfallen, entführen, foltern, greifen aus dem Hinterhalt an. Daher entscheiden sich nicht viele Berufssoldaten für die dunkle Kunst der Guerilla-Kriegsführung als Karriereweg. Halsdurchschneiden ist eine berufliche Fähigkeit, die nur wenige besitzen. Aber Morton war ein Pionier der Guerilla-Kriegsführung, die 1947 in der noch jungen Psychological Warfare Branch der Armee angesiedelt war. Morton wurde 1953 als leitender Berater der Royal Hellenic Raiding Forces nach Athen entsandt. In dieser Funktion war er an Gladio beteiligt, der CIA-NATO-Operation, über die Allan Francovich recherchierte, als wir uns einige Tage zuvor trafen.

In Erwartung einer sowjetischen Invasion in Osteuropa bildete der Gladio-Operator Morton geheime Milizen und versteckte Waffenlager in Griechenland entlang der bulgarischen, jugoslawischen und albanischen Grenzen. Als er Griechenland 1956 verließ, war Colonel Morton ein Guru der unkonventionellen Kriegsführung. 1962 wurde er zum Chef der Sonderkriegsführung des Militärischen Unterstützungskommandos in Vietnam (MACV) ernannt. Mitte 1963 war er für alle Spezialeinheiten in Südvietnam verantwortlich. Die Aufgabe bestand darin, Bergstämme im zentralen Hochland, Khmer-Söldner und die verschiedenen Sekten und Kulte, die vom paranoiden Diem-Regime verfolgt worden waren, zu indoktrinieren und auszubilden und sie dann gegen die örtlichen Kräfte der Befreiungsarmee sowie gegen nordvietnamesische Soldaten einzusetzen, die über Laos und Kambodscha nach Südvietnam eindrangen.

Morton sah aus wie Pat Ryan in *Terry and the Pirates*. Doch hinter dem guten Aussehen des Bodybuilders verbarg sich ein Meister der schwarzen Propaganda, der Kriegsverbrechen unter dem Deckmantel guter Taten verbarg. Und wie in den legendären Comics von Milton Caniff richteten sich alle Desinformationen rund um seine Special Forces-Mission an die amerikanische Öffentlichkeit – genauso wie Colby Phoenix der amerikanischen Öffentlichkeit als Programm zum „Schutz der Bevölkerung vor Terrorismus" verkaufen wollte.

1966 schied Morton aus der Armee aus und ging als paramilitärischer Mitarbeiter zur CIA nach Vietnam. 1968 wurde er Einsatzleiter auf dem riesigen US-Militärstützpunkt in Udorn, Thailand, wo ich, wie ich Lillian gegenüber erwähnte, für ein Interview mit Tony Poshepny hingehen wollte. Sie war nicht überrascht. Tatsächlich sagte sie, sie sei am 1. März in Bangkok mit Pat Landry zum Abendessen verabredet. Sie gab mir die Adresse von Landrys Lone Star Bar und sagte: „Sagen Sie ihm, dass ich Sie geschickt habe." Ich notierte mir die Adresse. Ich schrieb natürlich jeden Tag meine Gedanken und Beobachtungen auf.

Zwischen mir und Lillian blieb vieles ungesagt. Irgendwie wusste sie, dass ich wusste, dass Lloyd C. „Pat" Landry ein CIA-Chef in der Udorn-Basis gewesen war und dass George als Landrys Einsatzleiter von 1968 bis 1973 die 50.000 „Meo"-Guerillas der CIA in Laos beaufsichtigt hatte. Nachdem ich John Muldoon, Richard Secord, Tom Clines und Ted Shackley interviewt hatte, wusste ich eine Menge über Udorn. Lassen Sie mich kurz auf meine Begegnungen mit diesen vier Persönlichkeiten eingehen, beginnend mit Muldoon, den ich durch seinen guten Freund Lou Conein kennen gelernt habe.

Wie an Tag 3 erwähnt, hatte Conein 1974 Muldoons private Ermittlungsfirma benutzt, um das „Dreckige Dutzend" der DEA – dreizehn CIA-Beamte, die ich ausfindig machen und befragen wollte – zu decken, die mit den Methoden des Phoenix-Programms geheime Operationen gegen Drogenhändler durchführten. Als ich ihn im Frühjahr 1987 in seinem stattlichen Haus in McClean interviewte, saß Conein auf einem Stuhl mit gerader Lehne vor einem bleiverglasten Fenster in einer gut ausgestatteten Bibliothek. Seine elegante Frau stand in der breiten Tür und schaute ihn teilnahmslos an, dann verschwand sie. Ich trug ein Fischgrat-Sakko, eine schwarze Wollhose, schwarze Loafer und eine konservative Krawatte.

Lässig gekleidet, bot Conein mir eine Camel an, die ich dankend annahm. Er zündete ein Streichholz an, wir lehnten uns beide vor, er zündete meine an, dann seine. Er lächelte und seine Augen funkelten. Ed Lansdale war im Februar gestorben, und, wie Conein schelmisch sagte, war ich das Gesprächsthema auf der Beerdigung gewesen. Deshalb hatte er zugestimmt, mit mir zu sprechen.

Ich fragte ihn, ob er 1965 in Saigon einen Waffenstillstand mit korsischen Drogenhändlern ausgehandelt habe, wie Al McCoy in *The Politics of Heroin* sagte, und er sagte nein, er habe sich mit den Korsen getroffen, weil einer von ihnen drohte, Dan Ellsberg wegen einer Frau zu ermorden, die sie beide liebten. Es war eine gute Geschichte, über die ich ein paar Jahre später schrieb.[1]

Dann erzählte er einen Witz. „Wenn ein Korse einen Sohn bekommt, wirft er eine Münze. Wenn sie Kopf zeigt, wird der Sohn ein Schmuggler. Wenn sie Zahl zeigt, wird er Zollbeamter. Und wenn sie auf dem Rand steht, wird er ein ehrlicher Mann." Es war Coneins Art, Witze zu erzählen. Er war ein Hochstapler, wie Lansdale und all die anderen. Es ist unmöglich zu sagen, ob das, was sie sagen, eine Lüge oder eine Halbwahrheit ist. Aber es ist nie die Wahrheit.

Conein hatte einen Schlaganfall erlitten, und ich wollte ihn nicht überanstrengen. Aber er war hilfsbereit, und als ich ihn fragte, ob es Leute gäbe, die ich wegen des Dreckigen Dutzends kontaktieren sollte, ging er mühsam nach oben und kam kurz darauf mit drei Namen und Adressen zurück, die er auf Karteikarten notiert hatte. Als wir uns verabschiedeten, fragte ich ihn, ob er wisse, wo ich Muldoon finden könne. Er lachte und sagte: „Er trinkt in der Tenley Square Bar, wie immer. Gehen Sie um Mitternacht dorthin, und wenn Sie ihn sehen, sagen Sie ihm, dass ich gesagt habe, er sei der schlechteste Privatdetektiv der Welt. Sagen Sie ihm, dass er einen Kerl, den er beschattet, verlieren wird, wenn er halb auf der anderen Straßenseite ist."

Ich kam um Mitternacht in der Bar an. Es war dunkel wie in einer Höhle. Ein schwach beleuchteter Gang führte in den Bar-Raum. Ein großer Barkeeper in einer weißen Schürze reinigte ein Bierglas. „Ist Muldoon hier?" erkundigte ich mich. Er warf mir einen Blick zu und nickte in Richtung des anderen Endes der massiven Holztheke. Hunderte winzige Lichter reflektierten von den bunten Schnapsflaschen vor einem Spiegel, der so lang war wie die Theke. Ungefähr zwölf leere Hocker standen zwischen mir und einem riesigen Mann, der über ein Bier gebeugt saß. Wir waren die einzigen Menschen in diesem Lokal.

Ich ging auf ihn zu und fragte: „Sind Sie Muldoon?"

Er drehte sich mit einem tödlichen Blick um und sagte mit einer tiefen, kiesigen Robert-Mitchum-Stimme: „Was wollen Sie?"

„Conein sagt, Sie seien der schlechteste Privatdetektiv der Welt. Dass Sie einen Typen, der halb auf der anderen Straßenseite ist, verlieren würden."

Das 1,90m große, 250 Pfund schwere Biest war verblüfft. Dann, wie aufs Stichwort, sagte er: „Conein ist der größte Lügner der Welt. Ich würde den Kerl erst verlieren, wenn er ganz auf der anderen Straßenseite ist."

Und damit war ich drin. Muldoon und ich tranken Scotch und redeten bis in die frühen Morgenstunden. Am nächsten Tag trafen wir uns im Poloclub seines Bruders in Poolesville, Maryland, mit seinen unendlich vielen weißen Zäunen, grünen Feldern und tänzelnden Ponys. Unser Interview kann in den National Security Archives und an verschiedenen Stellen im Internet nachgelesen werden.[2] Ein Kapitel in *The Phoenix Program* ist Muldoons Bericht darüber gewidmet, wie er von 1964 bis 1966 in den meisten der 44 Provinzen Südvietnams ein CIA-Vernehmungszentrum aufbaute. Im Jahr 1966 wurde Muldoon nach Udorn versetzt, wo er den Bau eines riesigen Verhörzentrums überwachte. Im Jahr 2002 beherbergte das Verhörzentrum in

---

[1] "Will the Real Daniel Ellsberg Please Stand Up!", *Counterpunch*, März 2003.
[2] Siehe Hidden History unter https://hiddenhistorycenter.org/author/dave-ratcliffe/page/4; und The Internet Archive unter https://archive.org/details/Phoenix_Assassination_Program_Interviews. Besuche ferner The Douglas Valentine Collection in Texas Tech University's Vietnam Center & Sam Johnson Vietnam Archive.

Udorn die berüchtigte „Black Site", in der die damalige CIA-Direktorin Gina Haspel, damals eine aufstrebende Einsatzleiterin, zwei Vertragspsychologen bei der Folterung des Al-Qaida-Verdächtigen Abd al-Rahim al-Nashiri auf Video aufnahm.[3]

Durch Colby traf ich Ted Shackley in seinem Büro am Wilson Boulevard in Alexandria, Virginia. Shackley war von 1966 bis 1968 Leiter der CIA-Station in Vientiane, Laos, und arbeitete Hand in Hand mit den Mitarbeitern der Agentur in Udorn. Im Dezember 1968 wurde er Stationschef in Saigon. Sie können mein Interview mit Shackley in *The Phoenix Program* lesen. Ich war der erste Autor, der ihn interviewte, und der Beginn unseres Gesprächs war ebenso bizarr wie meine Einführung in Muldoon. Er war extrem paranoid. Ich war früh da und musste in der Lobby warten, bis er mit seiner Sekretärin eintraf. Shackley war groß, trug eine Brille und blickte mich wortlos an, als er sein Büro betrat. Einige Minuten später bat er mich herein. Ich legte mein 25-Dollar-Radio-Shack-Tonbandgerät auf das Sofa neben mir. Sehr ernst sagte er: „Das können Sie hier nicht haben."

Ich sagte: „Das ist ein Radio Shack-Tonbandgerät für fünfundzwanzig Dollar. Da sind keine geheimen Geräte drin."

Ich weigerte mich aus Prinzip, es zu bewegen, und so ging Shackley quer durch den Raum, nahm es vom Sofa und trug es zu seiner Sekretärin. Meine Hoffnungen sanken, aber danach verlief alles gut. Es war ein großartiges Interview. An einer Wand hing ein riesiges Luftbild der geheimen Long Tieng-Basis in Laos.

Richard Secord hatte mich, wie ich bereits erwähnte, auf Empfehlung von Shackley gebeten, mit ihm zusammenzuarbeiten. Secord war von 1966 bis Ende 1968 Chef der CIA-Luftoperationen auf dem Stützpunkt Udorn, zeitgleich mit Shackleys Aufenthalt in Vientiane. Die Piloten, die Secord in Laos managte, wurden von den CIA-eigenen Unternehmen Air America und Continental Airlines gestellt. Die CIA hatte Laos in fünf Regionen aufgeteilt, und wenn ein regionaler Befehlshaber Luftunterstützung anforderte, stellte Secord sie zur Verfügung. Der Befehlshaber der Royal Lao Air Force (RLAF) von 1959-1966, Brigadegeneral Thao Ma, versuchte im Oktober 1966 erfolglos, seinen Chef, Generalmajor Kouprasith Abhay, zu ermorden, woraufhin Thao und seine loyalen Piloten ihre T-28 ins thailändische Exil flogen. Der Verlust eines Drittels der T-28-Piloten war ein schwerer Rückschlag für die RLAF, und Secords Büro übernahm die Aufgabe, zusammen mit den Luftkommandos von Oberst Harry Aderholt in Nakhon Phanom, flussaufwärts vom RLAF-Stützpunkt Seno bei Savannakhet.

Secord war ein kleiner Mann. Ich erinnere mich, wie er auf einer Couch in seinem Wohnzimmer lag – Kopf und Schultern auf Kissen gestützt und seine Hobbit-Beine nur halb über die Couch gestreckt – und damit prahlte, wie er während seiner Arbeit im Pentagon den Bombenangriff auf Hanoi zu Weihnachten 1972 geplant und beaufsichtigt hatte. Nach zwei Wochen unerbittlicher Bombardierung hatten die USA Tausende von Häusern und öffentlichen Gebäuden, einschließlich Krankenhäusern, zerstört und Tausende von Zivilisten getötet. Ich habe geschwiegen.

Secord wiederum verwies mich an seinen Freund und Mitarbeiter bei The Enterprise, den CIA-Beamten Tom Clines. Im Jahr 1966 leitete Clines von Udorn aus die Bodenoperationen der CIA. Ein Jahr später wurde er zum Einsatzleiter in Long Tieng, dem Hauptstützpunkt der CIA in Laos, ernannt. Er berichtete direkt an Shackley, mit dem er in den frühen 1960er Jahren in Miami zusammengearbeitet hatte. Während seiner Zeit in Long Tieng war Clines auch Berater von General Vang Pao, dem Befehlshaber der „Geheimarmee" der CIA, die aus Opium anbauenden

---

[3] „Gina Haspel observed waterboarding at CIA black site, psychologist testifies", *The Seattle Times*, 3. Juni 2022.

Hmong-Stammesangehörigen bestand, die den größten Teil der entbehrlichen geheimen Meo-Armee der CIA in Laos ausmachten und über die noch mehr zu sagen sein wird.

Mein Gespräch mit Clines war unglaublich beunruhigend, und das will viel heißen, wenn man bedenkt, welche Horrorgeschichten ich bei meinen Phoenix-Recherchen gehört hatte. Er war ein großer, schwabbeliger, abstoßender Mann, der eine dicke Zigarre rauchte und an einem Cocktail nippte, während er sich in einen Sessel fallen ließ und über die CIA-Operationen in Kuba prahlte, die er geleitet hatte. Er sagte, die CIA habe ein Programm im Stil von Phoenix durchgeführt, bei dem kubanische Anti-Castro-Kommandos die Gesichter von kommunistischen Bürgermeistern und Kadern in ländlichen kubanischen Dörfern mit Schneidbrennern verbrannten.

Auf der Heimfahrt nach meinem Besuch bei Clines war mir übel. Ich musste buchstäblich anhalten, aussteigen und mich erbrechen. Ich litt unter PTBS und hatte jahrelang ein schlechtes Gewissen, weil ich in der Gesellschaft solcher Monster war. Alle vier – Muldoon, Shackley, Clines und Secord – waren stolz auf die Schrecken, die sie in Vietnam und Laos angerichtet hatten. Sich an Monster zu gewöhnen, ist auch eine Art Krankheit.

Ich sah Lillian an, die neben mir saß. Sie hätte jedermanns Großmutter sein können. Und doch wussten sie und ihr Mann alles über den schmutzigen Krieg und die patenhafte Aufsicht der CIA über den Drogenhandel aus Laos. Sie wussten, dass die Drogen „unsere Jungs" in Südvietnam erreichten und dass Schmuggler das Heroin nach Amerika brachten. Sie wussten alles über die bösartige Natur des Guerillakriegs und wie er Männer in Monster verwandelt.

Der Aufbau des amerikanischen Imperiums ist jedoch eine egalitäre Familienangelegenheit, und Lillian lächelte süß, als sie voller Begeisterung von ihrer Tochter sprach, die in der Abteilung Human Factors der US Air Force dient. Für einen Graham-Greene-Fan wie mich war diese Bemerkung nicht zu überhören.[4] Human Factors ist der verhaltenswissenschaftliche Zweig der Luftwaffe, der darüber entscheidet, wie man seine Mitarbeiter am besten indoktriniert, damit sie in Städten wie Hanoi und Bagdad oder auf dem Land in Laos und Kambodscha Zivilisten ohne Reue auslöschen und sich danach nahtlos in die zivile Gesellschaft wieder eingliedern können.

Lillian schien ein wenig über mich zu wissen. Sie sagte, sie habe Frank Scotton in China kennengelernt, als sie als Reiseleiterin für die US/China Peoples Friendship Association arbeitete. Ich hatte den USIS-Beamten Scotton für mein Buch *The Phoenix Program* ausführlich interviewt. Wie in Tag 5 erwähnt, nahm Scotton seinen Sohn mit auf Patrouille nach Kambodscha. Lillian sagte, sie sei Englischlehrerin in Kambodscha gewesen, und ich vermute, dass sie ihn dort auch gekannt haben könnte.

Im nächsten Atemzug sagte sie, sie wolle Jean Andre Sauvageot in Vietnam treffen. Ich hatte auch Sauvageot für *The Phoenix Program* interviewt. 1967 wurden er und Scotton ausgewählt, eine Delegation zu leiten, die in der Provinz Tay Ninh an der kambodschanischen Grenze mit Vertretern der Nationalen Befreiungsfront (NFL) Südvietnams zusammentraf, um einen Gefangenenaustausch zu arrangieren, der auch drei amerikanische Kriegsgefangene in Kambodscha umfasste. Von 1987 bis 1991 war Sauvageot offizieller Übersetzer für US-Delegationen in Vietnam, die über vermisste Soldaten und Kriegsgefangene sprechen sollten.

Ein Jahr nach meiner Rückkehr, als ich die Fernsehnachrichten verfolgte, sprang ich buchstäblich auf, als ich ihn hinter Senator John Kerry auf einer Pressekonferenz in Vietnam stehen sah, auf

---

[4] The Human Factor ist der Titel eines Greene-Buches.

der die Normalisierung der Beziehungen zwischen den beiden Nationen angekündigt wurde. Sauvageot war Kerrys Dolmetscher gewesen.

Als ich Sauvageot interviewte, war er Vizepräsident bei Northrop. Er war ein energiegeladener, sportlicher Mann, der mit dem Fahrrad zur Arbeit fuhr, und er war stolz darauf, während seiner langjährigen Dienstzeit in Südvietnam nie jemanden getötet zu haben. Seine Selbsttäuschung war atemberaubend. Ein Beispiel: 1976 begann George Morton für das internationale private Militärunternehmen Vinnell zu arbeiten, das sich „auf militärische Ausbildung, Logistik und Unterstützung in Form von Wartung von Waffensystemen und Managementberatung" spezialisiert hat. Vinnell ist eine Tochtergesellschaft von Northrop. Als Angestellter von Vinnell beriet Morton die saudische Nationalgarde, während er im Verborgenen am Aufbau der Untergrundsöldnerarmee der CIA und des US-Militärs beteiligt war. Dieses geheime Netzwerk, das in den letzten Tagen des Zweiten Weltkriegs gegründet wurde, ist der Blutkreislauf des tiefen Staates.

Lillian sagte, sie habe in Thailand in der Nähe von Udorn für die radikale Umweltschutzorganisation Earth First gearbeitet. War sie geschickt worden, um die Gruppe zu infiltrieren und über sie zu berichten? Hat sie mir nachspioniert? Als wir uns auf den Ausstieg vorbereiteten, sagte sie, sie wohne im alten Caravelle Hotel, das in Doc Lap umbenannt worden war und in dem die BBC untergebracht war. Sie lud mich ein, sie dort zu besuchen.

* * *

Auf dem 90-minütigen Flug von Bangkok nach Saigon war viel passiert. Ich schaute aus dem Fenster, als wir im Tiefflug die grüne kambodschanische Küste entlangflogen, und stellte meine Kamera auf Makro ein, in dem vergeblichen Versuch, die tropische Schönheit einzufangen. Lillian wies mich noch immer auf die Dinge hin, als wir in Tan Son Nhut landeten, ein Erlebnis, das der Landung auf der Mondoberfläche glich. Der Flugbegleiter sagte, wir dürften keine Photos machen. Das Flugfeld war übersät mit ausgebrannten Flugzeugwracks, entsteinten Betonbunkern und Bombenkratern. Als wir anhielten, applaudierten alle. Drei Angestellte schleppten eine Treppe zum Flugzeug, und wir liefen über das Rollfeld zu dem verfallenen Terminal. Lillian eilte vor mir her. Als alter Hase hatte sie bereits die Zollformulare ausgefüllt. Sie verschwand in der Menge, während ich meine ausfüllte. Ich musste meine Kamera deklarieren. Die Zollbeamten lachten vergnügt über die zehntausend Dollar. Die Wirtschaft brauchte den Aufschwung.

Ich war die einzige Person in einem Anzug. Ich zog das Sakko aus und schaute mich um. Der Ort war überfüllt, aber ich spürte, dass mich jemand ansah. Es war eine Frau aus dem Westen, und sie kam mir bekannt vor, wie jemand, den ich aus der Schule kannte. „Melanie", sagte ich. Sie sah verlegen drein und wandte den Blick ab.

Könnte es sein? Ich war zu erschöpft, um mich darum zu kümmern, und ging durch die Glastüren in die draußen wartende Menge.

Julie wartete in einem Taxi und ihr Fahrer entdeckte mich. Er streckte seine Hand aus und ich schüttelte sie, aber er wollte bloß mein Gepäck. Julie steckte ihren Kopf aus dem Taxi und bat mich herein. „Sie sollten ihnen nicht die Hand schütteln", sagte sie. „Sie haben schmutzige Hände."

Die Ironie, dass eine Britin jemanden beschuldigt, schmutzige Hände zu haben, entging mir nicht.

Sie sah blutarm und verängstigt aus. Sie fragte, ob ich das Geld hätte. Ich sagte, ich habe es. Als das Taxi in den Stau einbog, sagte Julie, dass sie Vietnam hasse. Sie konnte es nicht erwarten, nach Hause zu kommen. Während der Fahrt wiederholte sie, dass die BBC nichts für mich zu tun habe und dass das Doc Lap, in dem die BBC-Crew untergebracht war, bereits belegt sei. Also würde ich allein im Majestic übernachten. Ich hatte keine Ahnung, wo sich die beiden Häuser befanden. Sie fragte nach dem Geld, und ich sagte: „Warten wir, bis wir im Hotel sind.".

Die Fahrt durch Saigon war ein einziges Durcheinander von Menschen, die auf den Bürgersteigen kampierten, schliefen, aßen und im Freien kochten. Das Leben war überbelichtet, die Armut so herzzerreißend, wie Ben gesagt hatte. Ich roch den Geruch von Holzkohlefeuern.

Es gab keine Emissionsgesetze und es war dunstig und versmogt. Er drang in meine Lunge ein. Julie hielt sich ab und zu ein Tuch vor den Mund. Es war faszinierend. Die Leute amüsierten sich, hübsche Mädchen in *Áo dàis* saßen im Damensattel auf Motorrädern.

Das nicht ganz so großartige Majestic Hotel (Cuu Long) befindet sich in der Dong Khoi Street 1, früher Rue Catinat, direkt am Saigon-Fluss. Ein Mann und seine Frau verkauften draußen Postkarten. „Erinnern Sie sich an mich!", rief er. Auf der anderen Straßenseite waren Radfahrer postiert, die alles beobachteten, wie Informanten oder Caddies, die auf eine Runde warteten. Ein Mann verkaufte seine Übersetzungsdienste. „Sehr gut!", erklärte er. Er sah aus wie ein verlorenes Hündchen.

Julie fragte wieder nach dem Geld. Ich sagte, ich würde lieber warten, bis wir drinnen sind. Ich war misstrauisch gegenüber der BBC und wollte sichergehen, dass es tatsächlich eine Reservierung gab. Und die gab es nicht. Sie erwarteten mich nicht. Julie und ihr Taxifahrer/Übersetzer buchten mich für 49,50 Dollar pro Tag ein. Sie wartete ungeduldig, während ich die erforderlichen Formulare ausfüllte. Ich erhielt eine kleine Karte mit den Regeln. Die oberen Stockwerke wurden wegen eines Brandes vor kurzem renoviert und waren nicht zugänglich. Über Julies Taxifahrer erfuhr ich von der Empfangsdame, dass an diesem Abend Leute kommen würden, um mit mir zu sprechen. Ich bat Julie, den Besuch zu verschieben, bis ich mich besser fühlte. Sie spottete. Ich hielt es für einen kleinen Gefallen, um den ich sie bat, in Anbetracht dessen, dass ich die zehn Riesen mitgebracht hatte, aber sie wollte es nicht einmal versuchen. Sie verlangte das Geld. „Gehen wir auf mein Zimmer", antwortete ich.

Zimmer 229 war bis auf eine grüne Eidechse an der Wand unauffällig. Ich stellte meine Taschen auf das Bett, holte den Geldbeutel heraus und fragte Julie: „Haben Sie schon mal etwas vom Honorar des Läufers gehört?"

„Nein", antwortete sie. „Was ist das?"

„Normalerweise sind es zehn Prozent", sagte ich, „aber ich nehme nur drei." Ich zog drei Hundertdollarscheine ab und gab ihr den Beutel. Dann fügte ich hinzu: „Bitte sagen Sie Molloy, ‚Danke für nichts.'"

Mein Krieg mit der BBC hatte begonnen.

Ich richtete meine Aufmerksamkeit auf meine gegenwärtigen Umstände. Mein Zimmer hatte zwei Einzelbetten, einen Schrank und zwei Stühle in einem Raum; im anderen gab es zwei schwarze Ledersessel und ein Sofa, einen winzigen Kühlschrank mit Heineken-, Cola- und Wasserflaschen. Ich verschlang den kostenlosen Schokoriegel. Ich brauchte dringend Zucker. Der Fernseher hatte zwei Sender. Das Bad besaß eine Handbrause. Jedes Zimmer verfügte über ein Telefon.

Ich legte mich auf ein Einzelbett, zog aber bald die andere Matratze in die Badezimmertür, um näher an der Toilette zu sein und dem Presslufthammerlärm draußen zu entgehen. Was um alles in der Welt war da draußen los? Eine Baustelle? Gab es dort ein Sägewerk, und wenn ja, warum war es nachts in Betrieb? Ich war zu müde, um nachzusehen. Ich drückte mich an die Toilette und fragte mich, ob mein altes, perforiertes Geschwür wieder ausgebrochen war und die stinkende schwarze

Blutgalle produzierte, die ich erbrach? Dysenterie? Malariatabletten? Ich beschloss, es von nun an mit den Moskitos aufzunehmen. Das Telefon klingelte, doch ich konnte nicht aufstehen, um es zu suchen. Später hörte ich ein Klopfen an der Tür, konnte mich aber nicht vom Boden erheben. Ich wurde ohnmächtig.

Tag 9: Ein nicht gemeldeter Unfall

Sonntag, 24. Februar 1991

„Mond tritt in den Krebs ein, Merkur in die Fische.

Sei vernünftig. Gehe auf Nummer sicher. "

Diese erste Nacht im Majestic war die schlimmste Nacht meines Lebens, abgesehen von der Nacht, in der 14 Jahre zuvor ein blutendes Geschwür ausgebrochen war. Das Geschwür brachte mich ins Krankenhaus und erforderte tagelang Vollbluttransfusionen. Ich arbeitete für einen Baumpflegeservice in New Hampshire, litt unter einem gebrochenen Herzen und dem Stress der unbezahlten College-Kredite. Ich trank zu viel und nahm zu viele Drogen. Ich wäre fast gestorben.

Aber anders als bei dem Geschwür verlor ich in dieser Nacht im Majestic nicht viel Blut, und bei Sonnenaufgang zog ich die Matratze zurück auf das Bettgestell und sackte benommen zusammen. Jeder Muskel in meinem Körper war angespannt mit dem unkontrollierbaren Drang, jede Minute des Tages zu erleben. Zu versuchen, wie jemand Berühmtes einmal sagte, den Lauf des Lebens mit einem blitzartigen Willensanstieg zum Besseren zu wenden. Einen einzigen Augenblick zu vergeuden, wäre wie das Verschleudern eines fabelhaften Erbes.

Es war noch früh, als ich die Treppe hinunter in die Lobby zum Frühstück stolperte. Vom Buffet nahm ich ein durchweichtes süßes Brötchen, lauwarmes Rührei und eine Tasse sirupartigen Kaffee. Das Essen schmeckte mir nicht, also warf ich ein paar Peptos ein. Ich nahm jetzt Septra, das Antibiotikum, das mir mein Arzt vor meiner Abreise wegen der unvermeidlichen Darminfektion verschrieben hatte. Ich wechselte Geld an der Rezeption. Für einhundert amerikanische Dollar bekam ich 730.000 Dong, meist 5.000er-Scheine. Drei Bündel Altpapier in dünnen roten Gummibändern. Es hätte eine Stunde gedauert, das Geld zu zählen, nun stopfte ich es in meine Taschen und ging zur Tür hinaus. Mein Plan war, meiner Karte durch die Stadt zu folgen, Orte zu besuchen, über die ich gelesen hatte, und dann zur Post zu gehen, um Postkarten abzuschicken.

„Gehe auf Nummer sicher", riet mein Horoskop, und das wäre auch das Klügste gewesen. Es ruhig angehen lassen, meinem Körper eine Chance zur Erholung geben. Aber Erkundung und Beobachtung sind nie genug. Ich muss mich einmischen. Der heutige Tag war ohnehin schicksalhaft; Mond im Krebs sagte eher emotionale als intellektuelle Reaktionen voraus – ein Tag, der vom Herzen und nicht vom Kopf regiert wird. Außerdem trat Merkur in die Fische ein, was bedeutete, dass meine Gedanken an den Rändern verschwommen sein würden und meine Kommunikation mit anderen mehr als nur den üblichen Missverständnissen unterliegen würde. Keine überraschende Vorhersage, wenn man bedenkt, dass ich die Sprache nicht beherrschte und allein in einem geschwächten Zustand war, die Taschen voller Geld. Was konnte da schon schief gehen?

Der Tag war dunstig und heiß. Es hatte seit Wochen nicht mehr geregnet, und man hatte das unheilvolle Gefühl, dass sich der Himmel jeden Moment öffnen könnte. Die Luft war dick mit Feuchtigkeit und Abgasen. Mein Kopf schwoll an, meine Brust schmerzte, die Ventile in meinem Magen öffneten und schlossen sich automatisch. Ich trat vorsichtig hinaus, die Landkarte in der Hand, „Tourist" auf die Stirn tätowiert, und war sofort von einem Schwarm von Verkäufern umgeben.

Von der Straßenecke aus winkte der „Erinnern Sie sich an mich!"-Radtaxifahrer und lächelte breit. Auf der gegenüberliegenden Straßenseite warf eine andere Gruppe aufgepumpter Radtaxifahrer erwartungsvolle Blicke. Die alteingesessenen Zigaretten- und Postkartenverkäufer standen entspannt an der Hoteltür und waren bereit, sich auf mich zu stürzen. Ich fühlte mich wie das sprichwörtliche Lamm auf dem Weg zur Schlachtbank.

Ich wandte mich an einen Mann, den ich noch von gestern kannte, und kaufte ein Dutzend verwelkte, mit Eselsohren versehene Postkarten mit verblassten Bildern von hübschen vietnamesischen Mädchen in weißen *Áo dàis* (Seidenhosen mit langen engen Jacken, die bis zu den Oberschenkeln geschlitzt sind) in verschiedenen städtischen und ländlichen Gegenden. Ich schüttelte die Bettlerkinder ab, bog in eine Seitenstraße und dann in einen Park gegenüber einem Hotel ein, das buchstäblich auf dem Saigon-Fluss schwimmt. Das schwimmende Hotel. Es wurde vom Great Barrier Reef hochgezogen und war ein australisch-japanisches Gemeinschaftsunternehmen, das von den Wirtschaftsreformen profitieren wollte – angeblich das modernste und bestausgestattete Hotel in Saigon. Es war sicherlich das größte und auffälligste in einer Stadt, in der die meisten Gebäude zwei- und dreistöckig sind, wie ein Traktoranhänger auf einem Parkplatz voller Kleinwagen. Ich staunte nicht schlecht.

Eine Frau mittleren Alters in schwarzem Schlafanzug erschien mit einem Stapel Postkarten und einem Rucksack auf dem Rücken. Sie stellte sich als Li Li vor und fragte in gebrochenem Englisch, ob ich Amerikaner sei. Als ich „Ja" sagte, öffnete sie ihren Rucksack und fischte eine Mappe heraus. Darin befand sich ein Bündel von Briefen, die mit einem Stück Schnur zusammengebunden waren. Mit der Vertrautheit eines alten Freundes fragte sie mich, ob ich sie bitte einem Soldaten in Amerika überbringen würde. Sie waren während des Krieges zusammen gewesen. Sie war sich sicher, dass er sie abholen und mit nach Amerika nehmen würde, wenn ich ihm die Briefe nur bringen würde.

Li Li vergewisserte sich, dass ich mir seinen Namen und sein Photo ansah und fragte, ob ich ihn kenne. Ich sagte ihr nein.

„Aber Sie sind Amerikaner!"

Sie starrte mich erwartungsvoll an. Ihre Geschichte war wie ein schwarzes Loch, das mich in sich aufsaugte. Verzweifelt fragte sie erneut, ob ich bitte versuchen würde, ihn in Amerika zu finden. So sanft ich konnte, sagte ich, dass das unmöglich sei. Um mein Gewissen zu beruhigen, kaufte ich ein Dutzend Postkarten. Sie war froh darüber und stellte sich für ein Photo zur Verfügung.

„Die Welt erlaubt es nicht, von ihnen zu berichten", sagte Virgil zu Dante über die verlorenen Seelen, die an den Toren der Hölle versammelt sind. „Lasst uns nicht von ihnen sprechen. Seht hin und geht vorbei."

Mit einer ungeheuren Anstrengung riss ich mich los. Ich ging in den Park zwischen der Bach-Dang-Straße und dem beißend riechenden Saigon-Fluss. Passagiere mit kegelförmigen Hüten, die Hühner und frische Produkte mit sich führten, strömten von einer Fähre, die am Kai anlegte. Eine lebhafte Menge. Im Park ließen die Menschen bunte Drachen steigen, spielten Badminton und übten sich in Tai-Chi. Ich beobachtete sie unter einem Torbogen, der mit duftenden, blühenden Bougainvilleen behangen war. An einem Spalier neben mir war eine lebensgroße Puppe eines fröhlichen alten Mannes in einem roten Anzug mit weißen Pelzmanschetten befestigt, dessen dünner weißer Bart wie ein gefrorener Wasserfall im Februar an seinem Kinn herunterrieselte. Der Weihnachtsmann? Zu Ehren von Tet, dem chinesischen Neujahrsfest, gab es immer wieder Feierlichkeiten, vielleicht war er also das buddhistische oder konfuzianische Äquivalent von Father Time? Nicht der saturnische Sensenmann mit einer Kutte und einer Sense über der Schulter. Ein fröhlicher Kerl, der das Glück bringt.

Meine Laune stieg. Meine Erkundungstour hatte mich, wie Eliot vorausgesagt hatte, an den Ort zurückgeführt, an dem ich begonnen hatte – das Majestic –, und ich kannte den Ort zum ersten Mal. Ich nickte dem Portier zu, als ich in die Dong Khoi einbog, eine belebte Einbahnstraße, die vom Fluss ins Stadtzentrum führt. Die von Bäumen gesäumte Dong Khoi, die von den Franzosen Rue Catinat genannt und von den Amerikanern in Tu Do (Freiheit) umbenannt wurde, ist ein Paradies für Touristen. Ich kam an Schmuck-, Keramik- und Bekleidungsgeschäften vorbei und kaufte T-Shirts für mich und Alice. Lebensmittel- und Zigarettenstände, Schreinereien und Motorradwerkstätten, Menschen, die auf geparkten Motorrädern aßen, auf dem Bürgersteig schliefen, auf Stühlen unter Sonnenschirmen saßen und mich beobachteten. Ich war der Sonderling.

Was auffiel, waren die zahlreichen Bücherstände – und die Vermutung der Ladenbesitzer, dass ich Amerikaner sei. „Sie Amerikaner!“, sagten sie. Man hatte mir erzählt, dass Bücherstände während des Krieges als Fassade für Schwarzmarkt-Geldwechsler gedient hatten. Vielleicht taten sie das immer noch. Es gab viele Bücher auf Russisch, Ungarisch und Französisch, aber auch auf Englisch.

Fünf Häuserblocks vom Majestic entfernt betrat ich den sonnenüberfluteten Platz, wo der Le Loi-Boulevard den Dong Khoi kreuzt – den Platz, auf dem General The von der Cao Dai-Sekte in *The Quiet American* eine Bombe zündet, die von dem CIA-Beamten Alden Pyle geliefert wurde. Der Platz wird von den Hotels Continental und Caravelle eingerahmt. Das Nationaltheater liegt wie einer Insel zwischen den Hotels, ein großes, blassgelbes Gebäude mit bunten Bannern, die auf bevorstehende Veranstaltungen hinweisen. Abends finden hier Konzerte statt. Auf den Stufen vor dem Theater versammeln sich die Jugendlichen der Stadt und tratschen.

Hunderte von Landstreichern, die der prallen Sonne ausgesetzt waren, kampierten auf dem breiten Meridian, der den Le Loi-Boulevard teilt. Wie in jeder Stadt siedeln sich die Obdachlosen dort an, wo es ihnen erlaubt ist. Hier sind sie in aller Öffentlichkeit zu sehen. Ein Mann, schmutzig und nur mit Shorts bekleidet, beugte sich vor und küsste ein Baby, das auf einem Lappen auf einer Bank lag. Unter der Bank brannte ein winziges Holzkohlefeuer an diesem glühend heißen Tag.

Wenn Sie in Saigon lange genug stehen bleiben, wird Sie jemand ansprechen, vor allem, wenn Sie ein verwirrter Tourist sind. Die Person, die sich mich näher, war ein Geist aus Phnom Penh. Eine winzige Frau, nicht einmal einen Meter groß, mit einer roten Seidenweste und schwarzen Seidenhosen. Sie kam auf mich zu, stemmte die Hände in die Hüften und wollte auf Englisch wissen, ob ich Amerikaner sei.

Ich dachte, sie sei eine Prostituierte. Das war sie aber nicht. Sie fragte, was ich beruflich mache, und als ich „Schriftsteller“ antwortete, sagte sie, sie habe drei Bücher über „den Holocaust“ in Kambodscha geschrieben. Eines trug den Titel *We Are Not the World*. Es war eine Autobiografie, in der sie erzählte, wie ihr Vater, ein vietnamesischer Militärangehöriger, der dem amerikanischen antikommunistischen Kreuzzug treu war, ihre Familie nach Phnom Penh brachte, als der Krieg 1975 endete. Die Flucht nach Kambodscha war wie ein Sprung vom Regen in die Traufe.

Eine halbe Stunde lang hielt sie mir und den versammelten Zuhörern einen Vortrag über die unsagbaren Schrecken, die sie ertragen musste – die Folter, die Zwangsprostitution, die Ermordung aller Mitglieder ihrer Familie – und wie sie als Einzige überlebt hat. Die Hände immer noch in die Hüften gestemmt, verlangte sie, dass ich ihr sage, warum die Amerikaner die Vietnamesen im Stich gelassen haben. Was sollte ich sagen? Wütend stapfte sie davon. Als ich in der brütenden Hitze beinah ohnmächtig wurde, bemerkte ich, dass ein Bettlerjunge seine Hand auf meine Gesäßtasche gelegt hatte. Ich schlug seine Hand weg und ging die Straße hinauf. Er starrte mich an.

In Saigon ist es wie in North Beach in San Francisco: Sobald man auf die Straße tritt, sollte man darauf vorbereitet sein, sich zu rechtfertigen. Nach zwei Stunden in der Stadt fragte ich mich schon, wann das nächste Drama kommen würde. Es passierte bald auf der Dong Khoi auf dem Weg zum Postamt in der Nähe der Kathedrale Notre Dame. Von einer baufälligen Mauer ging eine bedrohliche Stimmung aus, als ob sie ein Gefängnis umschloss – und das hatte sie auch; das alte Gefängnis, das Graham Greene als „nach Urin und Ungerechtigkeit riechend" beschrieb. Mir sträubten sich die Nackenhaare mit einem Gefühl bevorstehender körperlicher Gefahr, als ob ich eine karmische Schuld begleichen müsste.

Ich bemerkte einen großen asiatischen Mann, der mich von der anderen Straßenseite her anstarrte. Er kam herüber und sagte auf Englisch, er würde mir 7.500 Dong für 50 amerikanische Dollar geben. Ich lehnte dankend ab und ging weg. Er folgte mir und erhöhte den Einsatz auf 8.000 Dong. Wieder sagte ich nein und ging schneller. Der Mann tat so, als ob ich schwindeln würde.

Jedes Mal, wenn ich den Kopf schüttelte, erhöhte er sein Angebot. Als ich schließlich das Postamt betrat, bot er mir 9.000 Dong. Es war egal, was ich sagte. Er konnte das Geld in meiner Brieftasche riechen und schien es sich gleich schnappen zu wollen. Er stand mit ausgebreiteten Armen vor mir, während ich auf einer Marmorbank saß und Postkarten an Alice, meine Mutter und Freunde kritzelte. Auf meine Karte an Helen, meine Astrologin, schrieb ich: „Keine Rubinpantoffeln in dieser Smaragdstadt."

Der Geldwechsler verlangte, dass ich ihn in seine Wohnung begleite, wo er mich natürlich ausrauben wollte. Er hatte mir eine Hand auf die Schulter gelegt, als plötzlich ein vietnamesischer Mann durch die Lobby rannte und laut auf Vietnamesisch schrie. Er stieß den Gauner weg. Das Postamt ist breit und lang, mit einer hohen Decke und einer Akustik wie in einem Hörsaal. Die Stimme meines Retters erfüllte den Raum. Alle drehten sich um und schauten.

Mehr verwirrt als verängstigt schlich sich der Geldwechsler davon und warf wütende Blicke über die Schulter, als er durch die Tür verschwand. Der vietnamesische Mann, der vor mir stand, entspannte sich und stellte sich als Allan vor. Er fragte, ob ich Amerikaner sei, und als ich dies bejahte, schüttelte er ungläubig den Kopf und fragte, was ich denn ganz allein in Saigon zu suchen hätte. „Sie müssen hier vorsichtig sein!", rief er aus. „Es gibt hier Leute, die Sie in eine Gasse locken, Ihnen auf den Kopf schlagen und Ihr Geld nehmen!"

„Danke für Ihre Hilfe", sagte ich. „Ich bin Doug und ich weiß das wirklich zu schätzen. Es war ein wilder Morgen. Die Leute kommen ständig auf mich zu. Jeder ist direkt in meinem Gesicht."

Leicht beleidigt, aber verständnisvoll trat Allan einen Schritt zurück, faltete die Hände wie zum Gebet vor der Brust, verbeugte sich und sagte: „Glauben Sie mir, Doug, ich will Ihnen nur helfen."

Ich beruhigte mich. Ich sah dem Glück in die Augen. Das Schicksal hatte mir zugewinkt, und ich war ihm blindlings an diesen Ort zur richtigen Zeit gefolgt, um Allan zu treffen. Ich glaubte ihm. Ich stand auf, wir lächelten und gaben uns die Hand. Synchronizität.

Das Erste, was ich erfuhr, war, dass Allan nicht sein Name war. Er hieß Vinh. Das Zweite, was ich erfuhr, war, dass Vinh genau an meinem Geburtsdatum, dem 12. Dezember 1949, geboren worden war. Synchronizität, in der Tat. Vinh war ein abenteuerlustiger, intelligenter Mann, schlank, etwas über 1,50 Meter groß, mit bräunlicher Haut und einer Brille, die auf seiner breiten Nase herunterrutschte. Er war in der Post, um über den internationalen Telefondienst seine Familie in Los Angeles anzurufen, wo er für eine Computerfirma arbeitete. Er war in Saigon, um für seine Giau die Übersiedlung in die Vereinigten Staaten zu arrangieren.

Dann stellte er mir Giau vor, die ganz brav neben mir auf der anderen Seite der Bank saß. Sie war zierlich und hübsch, errötete und reichte mir eine Hand, die so leicht war wie der Flügel eines Vogels. Mit einer süßen Vogelstimme sagte sie „Hello“, eines der wenigen englischen Wörter, die sie kannte, und das kam mir zugute. Vinh wollte, dass sie Englisch lernte, und er sagte, dass das Verbringen von Zeit mit einem Amerikaner die ideale Möglichkeit dafür sei. Er fragte mich, was ich für Pläne hätte. Als ich sagte, ich hätte keine, bot er mir freundlicherweise an, mich durch die Stadt zu führen. Ein Angebot, das ich nicht ablehnen konnte.

Vor dem Postamt hielt Vinh einen Radtaxifahrer an und wies ihn an, mich zur US-Botschaft zu fahren, die ich sehen wollte. Vinh und Giau kletterten auf ihr Motorrad und folgten. Der Radtaxifahrer sprach kein Englisch, und wenn es nach mir gegangen wäre, hätte ich nie einen angeheuert: Aber da saß ich nun und war völlig abhängig von einem Fremden, den ich gerade erst kennen gelernt hatte. Vinh und Giau fuhren auf ihrer Honda vorbei und winkten und lächelten wie lange verlorene Freunde, Giau in einem weißen T-Shirt und blauen Jeans, Vinh in einem hellblauen T-Shirt, Levi's und weißen Sneakers. Ich spürte eine Welle der Erleichterung.

Die Fahrt war kurz, aber sensationell. Saigons Radtaxis haben Glocken, die tring-a-ling machen, mit dem Beifahrersitz vorne, während der Fahrer hinten und oben sitzt; es ist, als würde man in einer musikalischen Schubkarre herumgeschoben. Die von blühenden Bäumen und ummauerten Villen gesäumten Straßen wimmelten von Motorrädern, Fahrrädern und Radtaxis, aber nur wenigen Autos oder Lastwagen.

In einigen Vierteln wimmelte es von Marktständen und Leuten, die auf den Bürgersteigen kampierten, Töpfe und Pfannen wuschen und Mahlzeiten kochten. In der Stadt stank es nach Müll und Abwasser, und es herrschte ein heilloses Durcheinander ohne Verkehrspolizei und Ampeln. Fußgänger, Autos und Fahrräder schlängelten sich ohne Unterlass durch die Kreuzungen.

Ein Motorrad lag seitwärts in der Mitte einer belebten Kreuzung, Räder drehten durch, der Verkehr kam aus allen Richtungen, es wurde gehupt und man wich aus. Vom Fahrer gab es keine Spur. Saigon im Februar 1991 war ein nicht gemeldeter Unfall – ein verarmtes, surrealistisches, glorreiches Durcheinander, das einen lehrt, wie Buddha auf einer Wolke zu schweben.

An der baufälligen US-Botschaft bezahlte ich den Radtaxifahrer und kletterte auf Vinhs Vorschlag hin hinter ihm auf die Honda. Mit Giau am Steuer fuhren wir zum Ving Nghiem-Tempel, dem ersten von etwa einem Dutzend buddhistischen Tempeln, die ich in den nächsten Wochen besuchen würde. Die Türen zum Ving Nghiem-Tempels standen offen und im Inneren nisteten Vögel. Windspiele gaben einen hellen Ton von sich, und bunte Wimpel flatterten in der Brise, die im Inneren wehte. Auf einem glitzernden Altar standen drei Bronzestatuen des Buddha, umgeben von lackierten Vasen mit frischen Blumen. Es wimmelte von Kerzen und Weihrauch, exotischen Totems und Statuetten, verzierten Fenstern, goldenen Säulen, blauen Schriftzeichen und umgekehrten Hakenkreuzen an der Decke und an den Simsen. Überall waren Erinnerungsstücke an verstorbene Seelen zu sehen. Und was ist Religion anderes als unsere phantastische Art, mit dem Tod umzugehen?

Außerhalb des Tempels wurden im Schatten der Bäume Lebensmittel- und Souvenirstände aufgebaut. Bettler, von denen viele Amputationen hatten, kampierten vor dem Tor. Drei ausgemergelte Männer mit rasierten Köpfen und eingefallenen Wangen, die gestreifte Hosen und Hemden trugen, sahen aus, als wären sie gerade von der Teufelsinsel entlassen worden. Sie lächelten mich an, als wäre ich „ein dummer Aussätziger, der seine Glocke verloren hat und in der Welt umherwandert, ohne etwas Böses zu wollen", wie der verhutzelte Fowler den unschuldigen Pyle bezeichnet.

Giau hatte Hunger, also stiegen wir auf ihre Honda und fuhren zu einem vietnamesischen Restaurant im französischen Stil, das Nudeln, rosa Reis, gewürztes Rindfleisch und Cola servierte. Nach dem Essen rauchten wir Zigaretten und redeten über uns. Ich erzählte, dass ich ein Buch über den Krieg geschrieben hatte und als Berater für die BBC in Vietnam war. Wir waren uns einig, dass die Art und Weise, wie wir uns kennengelernt hatten, etwas Magisches an sich hatte. Kichernd kamen wir überein, dass wir keine andere Wahl hatten, als die nächsten Tage zusammen zu verbringen, bis es Zeit für mich war, abzureisen. Als ich den Wunsch äußerte, den Cao Dai-Tempel und den Berg Nui Ba Den in Tay Ninh zu besuchen, verbeugte sich Vinh und bestand darauf, dass wir gemeinsam fahren sollten und ich auf dem Weg dorthin in Giaus Haus in Thanh Ta übernachten würde. Das Hotel bot eine Autovermietung an, sagte er, und so fuhren wir zurück zum Majestic, um die Preise zu prüfen. Der Concierge nannte Vinh den Preis, aber Vinh sagte, er sei zu hoch.

Ich schlug vor, dass wir in meinem klimatisierten Zimmer bei Heineken und Schokoriegeln aus meinem winzigen Kühlschrank darüber nachdenken sollten. Vinh wollte, dass Giau ihr Englisch testet, und so erkundigten wir uns auf freundliche Art und Weise nacheinander. Es war lustig. Sie saß mit gefalteten Händen in ihrem Schoß. Auf ihrem Schal befanden sich lila und rosa Blumen.

Vinh sagte, er habe Morley Safers Buch *Flashbacks: On Returning to Vietnam* (1990) gelesen und es habe ihm sehr gut gefallen. Safer hatte beruhigende Dinge gesagt wie „sie starben für die Demokratie", was Vinh sehr gefiel. Sein Vater war ein Provinzchef (das Äquivalent eines Gouverneurs in den USA) in der Provinz gewesen, in der die CIA eine weitläufige Ausbildungsstätte für ihre politischen Kader errichtet hatte, und Vinh war ein amerikanischer Verbündeter durch und durch. Vinh gefiel besonders die Erklärung von Safer, dass der Krieg aufgrund der Sprache verloren ging; ein Krieg, der sozusagen in der Übersetzung verloren ging.

Lügen, Geheimnisse und böse Absichten waren die besseren Gründe, warum Amerika den Krieg verlor, den es begonnen hatte. Die Nord- und Südvietnamesen haben sich sehr wohl verstanden. Und (wie ich an anderer Stelle geschrieben habe[1]) wusste ich damals nicht, dass Safer Colby noch einen Gefallen aus ihrer gemeinsamen Zeit in Südvietnam schuldete und dass er im Gegenzug mein Buch in der *New York Times* verrissen hatte – die mir nicht die Gelegenheit gegeben hatte, Safers Buch zu rezensieren, das einige Monate vor meinem erschienen war. Das Rennen ist entschieden, egal in welchem Land man lebt, aber ich hatte nicht vor, den Bann zu brechen, in dem wir uns befanden, indem ich mit meinen neu gewonnenen Freunden über Politik diskutierte.

Wir waren müde, und für Vinh und Giau war es an der Zeit, nach Hause zu fahren, also verabredeten wir uns für den nächsten Morgen im Hotel. Giau wollte sich impfen lassen, und Vinh

---

[1] Siehe *The CIA as Organized Crime* (2017) S. 337.

hielt es für klug, zu Saigon Tourist zu gehen und die Preise für Mietwagen und Fahrer zu erfragen. Wir trennten uns mit Umarmungen und Küssen und der Hoffnung auf eine spannende gemeinsame Zeit.

Ich nahm meine Malariatabletten, Septra gegen meine Brustinfektion und Lomotil gegen Durchfall, schrieb ein paar Notizen und ging auf die Veranda, um die Lage zu beobachten. Fowler hatte eine Wohnung in der Rue Catinat. Seine vietnamesische Geliebte Phuong bereitete jeden Abend seine Opiumpfeife vor. Vor dem Schlafengehen rauchte er vier Pfeifen. Er sagte, das Opium mache ihn wacher. Es half ihm auch, seine gescheiterte Ehe zu vergessen. Als Greene das Buch 1952 schrieb, brauchte man zwei Tage, um von Saigon nach London zu fliegen.

Vierzig Jahre später hatte das Majestic immer noch Eisengitter, um Granaten abzuwehren. Statt Opium zu nehmen, bin ich zum Abendessen ins Continental gegangen. Das war eines der persönlichen Dinge, die ich tun wollte, um den alten Schmerz zu lindern. Auf dem Weg fiel mir auf, wie die vietnamesischen Mädchen eng beieinanderstanden und ihre schlanken Handgelenke umschlungen hielten. Die Radtaxifahrer machten ein Nickerchen auf ihren Beifahrersitzen, die dünnen Körper in seltsamen Positionen. Ein Junge wollte mir etwas verkaufen; er legte seine Hand auf meinen Arm und rieb sich den Bauch. Ich sagte ihm, er solle sich verziehen. Er tippte auf meine Gesäßtasche. Ich schob seine Hand weg und er machte eine Faust und ein wütendes Gesicht. Ein Radtaxi fuhr vorbei, dessen Glocke läutete.

Der Abend neigte sich dem Ende zu, als ich den Platz überquerte, auf dem der CIA-Beamte Alden Pyle mit Blut an den Schuhen gestanden hatte, während vor dem Nationaltheater geparkte Autos brannten. Der große Speisesaal hatte Kronleuchter und vier vergoldete Säulen, und ich war die erste Person, die Platz nahm.

Ich bestellte Zwiebelsuppe, Huhn und Kartoffeln, und ein Heineken. Während ich auf mein Essen wartete, stellte ich mir schneidige CIA-Beamte vor, die auf der Veranda vietnamesische Mädchen bezirzten. Als ich mittlerweile an einem warmen Bier aus der Dose nippte, riss ein schwarz gekleideter Kellner Toast in Stücke und warf sie in eine Tasse, streute zerdrückte Zwiebeln darüber und gab Brühe dazu. Beim Anblick des Essens wurde mir übel. Ich steckte meine Gabel hinein und schob sie hin und her. Die Kellner starrten, ein wenig besorgt.

Zwei mollige westliche Männer in weißen Leinenanzügen saßen neben mir. Die Suppe verursachte ein Kribbeln in meiner Kehle. Das Huhn war nicht entbeint und kam in einer braunen Soße. Zum Nachtisch gab es Tee mit Limette. Ich erinnerte mich daran, was im Reiseführer gestanden hatte: Vor und nach dem Essen die Hände waschen. Ich trocknete mich mit einem Wash & Dry ab und bemerkte eine rote Blase auf meiner Hand. Sie sah aus wie ein infizierter Insektenstich. Zusammen mit meinem Appetit verlor ich schnell an Gewicht und Vorurteilen.

Meine Rechnung kam: 47.637 Dong inklusive Trinkgeld. Die Männer neben mir hatten eine Flasche Rotwein getrunken, und ihr Essen war noch nicht da.

Es war schon dunkel, als ich zum Majestic zurückging. Ich lief eine Weile hinter einer Frau, die eine Stange über ihre rechte Schulter hielt, an deren Enden jeweils ein Korb baumelte. In dem vorderen Korb brutzelte ihr Essen langsam über einem Holzfeuer, in dem hinteren Korb befanden sich Teller. Die Leute kochten auf dem Bürgersteig. Die Luft war dick mit Holzkohlenrauch. „Du, du", flüsterte mir jemand aus einem flackernden Schatten ins Ohr. Ich schnupperte Opiumrauch.

Zwei Männer, die auf Motorrädern saßen, beobachteten mich neugierig. Feuerwerkskörper knallten zum Tet-Fest. Es war das Jahr des Affen. Die Fahrt mit einem Nippon-Aufzug zu meinem Zimmer erinnerte mich an das Handelsembargo, das Vietnam erdrückte. Ein Bein fiel von einem

Stuhl, als ich ihn vor den Zweikanal-Farbfernseher schob. Ein Offizieller im Anzug, umgeben von einem begeisterten Publikum, wurde von einem Reporter interviewt, während ihm fünf Mädchen in *Áo dàis* und ein Junge mit einer Flöte ein Ständchen brachten. Nicht der Junge aus der U-Bahn in London.

Ich schaltete den Fernseher aus und ging hinaus auf den Balkon in die Nacht. Eine Mutter mit zwei Kindern, eines ein Säugling, das andere ein Krüppel, kampierte auf der anderen Straßenseite. Ein Strom von Lichtern zog vorbei, eine Parade von Motorrädern, Hupen, stotternde Motoren, alle bogen rechts ab und fuhren den Bach Dang hinauf, dann rechts auf die Nguyen Hue, dann rechts auf die Le Loi. Die ganze Nacht über kreuz und quer durch Saigons Mobiusband. Das verkrüppelte Kind erhob sich auf Krücken und humpelte die Straße hinunter, wobei es seine Beine hinter sich herzog. Seine Mutter drehte den Säugling auf dem Bürgersteig auf den Rücken, kniete sich über das Kind, küsste es mehrmals, hob es auf und ging hinter ihrem anderen Kind her. War es möglich, dass die Launen ihres Kindes bestimmten, wohin sie ging?

Vier Leute fuhren auf einem Roller vorbei. War das eine Art Rekord? Alle bewegten sich im gleichen Tempo, kreuzten den Strip und machten dabei dieses Presslufthammergeräusch, das es unmöglich machte, zu schlafen.

Es gab Weihnachtslichter und gelbe Blüten auf den Mimosen. Ein paar Autos parkten vor dem Maxim's, dem Nachtclub unten. Aus dem Dong Khoi stieg eine Wolke aus Kohlenmonoxid auf. Keuchend und erschöpft ging ich nach unten, um ein paar Flaschen Apex-Trinkwasser für meine Reise ins Grüne zu kaufen. Ich hatte das seltsame Gefühl, dass ich zu einem körperlosen Geist geworden war.

Tag 10: Der Fluch des Puer Aeternus

Montag, 25. Februar 1991

„Morgen steht Saturn in Konjunktion mit dem rückläufigen Jupiter in deinem Geburtshaus.

Die Auswirkungen spürst du schon heute.

Disziplin ist erforderlich, um deine Ziele zu erreichen. "

Zwischen dem Presslufthammer-Motorradlärm auf der Dong Khoi, einem undichten Magen und meiner Aufregung über die Reise nach Thanh Ta, konnte ich letzte Nacht nicht schlafen. Ich wünschte, ich hätte eine Opiumpfeife oder ein Beruhigungsmittel gehabt, um mich für sechs oder sieben Stunden zu betäuben. Ich bin nicht gut darin, zu warten oder in der Box zu bleiben. Das ist schon seit der Grundschule so: ich starrte aus dem Fenster, zappelte, bis die Glocke läutete, und schon machte ich mich auf den Weg, um der Unterdrückung durch Lehrer und Klassenzimmer zu entkommen. Deshalb zog es mich zur Arbeit im Freien, zum Herumklettern in den Bäumen.

Helen Poole zufolge ist all ist diese rastlose psychische Energie das Ergebnis des Uranus, der an der Spitze meines Horoskops steht. Uranus, der sich nicht wie ein Kreisel dreht, sondern kopfüber stürzt, steht für Rebellion gegen Autoritäten. Merkur, der Planet, der mit kreativem Ausdruck und dem Jung'schen „Puer"-Archetyp (Peter Pan) assoziiert wird, steht Uranus in meinem Horoskop unten gegenüber. Dieser kraftvolle Aspekt bedeutet, dass ich ein witzelnder trickreicher Unruhestifter bin, der ein hohes Maß an Selbstdisziplin benötigt, um seine Ziele zu erreichen.

Was sonst gibt es Neues? Helen nennt es: „Der Fluch des Puer Aeternus."

Ich trat auf den Balkon im zweiten Stock und füllte meine Lungen mit den städtischen Abgasen und den Geruchsemissionen des Saigon-Flusses. Dong Khoi rüttelte sich im gesprenkelten Licht der Morgendämmerung wach. Eine alte Frau fegte den Bürgersteig mit einem Strohbesen. Zwei Männer joggten die Straße hinunter in Richtung eines Parks, in dem eine Gruppe Tai Chi praktizierte. Ihre fließenden Bewegungen veranlassten mich, meine eigenen Dehnübungen zu machen, die Finger ineinander verschränkt, die Handflächen über dem Kopf nach oben drückend, die Hände hinter dem Rücken nach oben ziehend, um das Band der Anspannung über meinen Schultern zu lösen. Ich beugte und drehte mich und brachte die Qi-Energie in meinem Körper in den Fluss.

Zwanzig Minuten später fühlte ich mich lebendig. Als Vorbereitung auf das Frühstück nahm ich Septra, Lomotil und Pepto. Ich trug eine schwarze Hose, ein kariertes Hemd, Turnschuhe und eine Baseballmütze. Ich packte Unterwäsche und Socken zum Wechseln in meine Tagestasche, ein sauberes Hemd und eine Hose, die obligatorische Flasche Wasser, eine Kamera und ein Notizbuch.

Ich stellte sicher, dass ich genügend Dong und die drei Benjamins dabei hatte, je einen im Geldgürtel, im Schuh und im Portemonnaie. Reisepass, Visum, Medikamente. Genug für drei Tage.

Bereit, loszulegen, trat ich erneut auf den Balkon über einem Schild mit der Aufschrift Maxim's Dancing and Restaurant; ein Mann mit Aussicht, der hoffte, ein Teil der Welt zu werden. Ein dünner Weißer im weißen Hemd mit einer Aktentasche raste auf einem Motorrad vorbei. Ein gefleckter Hund eilte die Straße hinunter, auf einer dringenden hündischen Mission. In Saigon laufen die Hunde frei herum. Die Obdachlosen schlugen ihr Lager auf, und die Radfahrer drängten sich an der Ecke gegenüber dem Hotel. Einer von ihnen, der eine Baseballmütze der New York Yankees trug, sah mich und winkte mir zu. Wahrscheinlich sind sie wunderbare Informanten für die Polizei, obwohl es nie ein Zeichen von Autorität gibt; keine Hundefänger, Verkehrspolizisten, Streifenwagen sind zu sehen. Das ist auch nicht nötig. Alle warten, beobachten, hoffen, dass du in einem Geysir von Geld ausbrichst.

Das Buffet war mit frischem Obst, Säften, Fleisch, Brot, Brötchen und Toast bestückt. Ein Koch stand bereit, um auf Bestellung Eier zu kochen. Ich entschied mich für Rührei, Kaffee, Toast und ein paar Reste von gebratenem Rindfleisch. Die anderen Gäste entschieden sich klugerweise für die Papaya. Es war seltsam, hungrig zu sein, aber keinen Appetit zu haben. Ich stach mit der Gabel in das Essen und rührte es auf dem Teller um. Der Kaffee war stark und dickflüssig.

Nach dem Frühstück saß ich auf der Veranda, trank Kaffee und beobachtete das Treiben auf der Bach Dang, der Straße, die parallel zum Fluss verläuft. Was für ein Spektakel, ein Zirkus auf Rädern. Es war mehr los, als eine Person verfolgen konnte. Ein Mann auf einem speziell angefertigten Motorrad fuhr vorbei und schaute durch die gefiederten Blätter von vier riesigen Bambuspflanzen auf seinem Lenker. Es folgte ein Junge mit einer E-Gitarre, die er wie ein Gewehr auf dem Rücken trug, bereit zum Rock 'n' Roll. Als Nächstes kam ein Typ mit einem aufgeweckten schwarzen Hund, der brav (mit gespitzten Ohren) in einem Weidenkorb auf dem Lenker saß. Ein Mann sauste auf einem Fahrrad vorbei, das mit riesigen Eisblöcken beladen war, gefolgt von einem Mann, auf dessen Fahrrad ein Regal mit Ananas stand, und einer hübschen Frau in einem weißen *Áo dài*, die mit gekreuzten Beinen im Damensattel auf der Frucht saß. Eine Reihe geschmeidiger Mädchen mit kegelförmigen Hüten und langen blauen, roten und schwarzen Handschuhen, die bis zu den Ellenbogen reichten, fuhren vorbei. Jede ein individuelles Modestatement.

Die Tai-Chi- und Badminton-Leute füllten den Park. Die Badmintonspieler waren mit Feuereifer bei der Sache. Ein Auto mit dröhnendem Radio fuhr vor dem Hotel vor und erregte die Aufmerksamkeit aller. Der Speisesaal war voll mit Gästen, hauptsächlich Männergruppen, die sich das Essen auf den Teller schoben. Ich hörte Deutsch und Französisch, etwas Englisch und Sprachen, die ich nicht erkannte, Russisch oder vielleicht Ungarisch? Alle tauschten Blicke aus und fragten sich das Gleiche.

Die Majestic-Hotelkette hat eine bewegte Geschichte. Die Amerikaner, die den Council on Foreign Relations gründeten, trafen sich 1919 in der Pariser Filiale. Dieses Hotel, das 1925 erbaut und nach dem Zweiten Weltkrieg von einem korsischen Unternehmer gekauft wurde, war ein beliebter Treffpunkt für amerikanische Bürokraten, Spione und Korrespondenten, die den Vietnamkrieg inszenierten. Nach einem leckeren Essen im Maxim's entspannten sie sich an der Bar auf dem Dach und warfen ihren berauschten Blick auf die Laternenlichter, die auf dem Fluss plätscherten, und beobachteten die Polarlichter der Raketen- und Mörserangriffe in den Vororten. Eine aufregende Show, der 4. Juli jeden Tag, die Investition vollauf wert.

Die beiden obersten Stockwerke waren einige Monate zuvor bei einem Brand verdächtiger Herkunft ausgebrannt und für Gäste geschlossen worden. Und obwohl die wachsamen Pagen erkennen konnten, ob jemand den Aufzug betrat, plante ich für die Nacht des Fische-Vollmonds einen Ausflug auf die Dachterrasse. Ich wollte ein paar Bier mitnehmen und die Kriegstreiber verfluchen, die sich für die Zerstörung Vietnams noch immer rühmen.

Nach dem Essen schickte ich ein Telegramm an Alice, in dem ich ihr mitteilte, dass ich auf dem Lande sei und mich vielleicht ein paar Tage lang nicht melden würde. In der Nähe der Rezeption gab es eine Reihe von Telefonen für Auslandsgespräche und einen Angestellten, der Briefmarken verkaufte, wenn man einen Brief abschicken wollte. Die Sprachbarriere machte jedoch einfache Aufgaben zu einer Tortur. Es dauerte zehn Minuten, bis ich den Tarif verstanden hatte: 87 Cents pro Wort. Ich versuchte mich in der sparsamen Sprache der Telegrammprosa und sagte: Grüße. BBC in einem anderen Hotel. Werde ignoriert. Habe einen vietnamesischen Freund gefunden. Hoffe, heute aufs Land zu fahren. Alles ist gut. Doug.

Wenn du tuten willst, dann tüte süß.

Fünf Minuten später kamen Vinh und Giau an. Wir freuten uns, einander zu sehen, und unsere Begeisterung erregte die Aufmerksamkeit aller Anwesenden. Vinh und Giau waren neben dem Personal die einzigen Vietnamesen. Ich lud sie ein, einen Happen zu essen, was mir sehr gefiel. Wir setzten uns an einen Tisch, und sie nahmen sich eine Suppe und Nudeln. Es war interessant, wie sie die Schüssel in der einen Hand hielten und mit der anderen die Nudeln oder den Reis von Stäbchen lutschten. Nach dem Essen putzte Vinh seine Zähne mit einem Zahnstocher, den er hinter einer Hand verbarg.

Vinh sagte, meine Verdauungsprobleme lägen daran, dass die Vietnamesen mit tierischem Fett und nicht mit Pflanzenöl kochen. Er sagte, er brauche immer ein paar Tage, um sich daran zu gewöhnen, aber er sei schon seit über einem Monat in Vietnam und alles sei gut. Dann sagte er, er wolle, dass Giau ihr Englisch übe. Sie errötete, als sie sprach, schaute zu Boden und biss sich auf die Unterlippe. Vinh ermutigte sie, und ich tat mein Bestes, um mich auf formale Höflichkeiten einzulassen:

„Wie geht es dir heute Morgen? Wie viele Brüder und Schwestern hast du?"

Ihre Stimme war ein weicher Sopran wie ein silbernes Windspiel. Ihre Augen funkelten. Die Begegnung mit einem amerikanischen Autor und das Essen im Majestic waren neue Erfahrungen für sie.

Giau und mir war die erzwungene Unterhaltung unangenehm, aber Vinh bestand darauf. Seit zwei Jahren hatte er ihre Überfahrt nach Amerika organisiert, und es war für ihn wichtig, dass sie sich mühelos in die Szene einfügte. Ich beobachtete ihre Interaktion: Vinhs Drang zur Kontrolle, ihr Widerstand und ihre Verärgerung über sein ständiges Zureden. Sie schaute ihn von der Seite an, machte subtile Gesten und Seufzer, um ihn zum Aufhören zu bewegen. Aber er blieb hartnäckig. Überall, wo man hingeht, ist es das Gleiche. Es ging so weit, dass Giau ihre Fäuste ballte und sich weigerte, noch etwas zu sagen.

Nach einigen unangenehmen Minuten, in denen Vinh die Wogen glättete, wurde das Gespräch wieder normal. Wir bekräftigten unseren gestrigen Entschluss, ein Auto und einen Fahrer zu besorgen, uns einige Sehenswürdigkeiten anzusehen und dann zu Giaus Haus zu fahren. Die Planung des Abenteuers ließ unsere Stimmung steigen, und nachdem wir Giaus Honda von einem Parkplatz am Straßenrand geholt hatten, machten wir uns auf den Weg zum Fremdenverkehrsbüro von Saigon ein paar Straßen weiter. Giau fuhr, Vinh quetschte sich hinter sie, ich quetschte mich gegen Vinh, meine Hände auf seinen Hüften, um das Gleichgewicht zu halten, während wir uns durch den wahnsinnigen Verkehr schlängelten.

Das Glück war uns hold, und die Preise im Fremdenverkehrsbüro waren viel günstiger als im Hotel. Bei Saigon Tourist deckten 200.000 Dong (vierzig Dollar) alles bis zu 100 Kilometern ab, einschließlich Fahrer und Benzin. Vinh hielt den Prozess in Gang, aber es ging nur langsam voran. Bevor Saigon Tourist uns das Auto und den Fahrer aushändigte, mussten wir uns bei der örtlichen Polizeistation einen Reisepass besorgen. Wir mussten der Polizei mitteilen, dass wir nach Thanh Ta und Tay Ninh reisten, und nach unserer Rückkehr zu Saigon Tourist einige Formulare ausfüllen. Es war schon nach zehn, als wir fertig waren.

Als Nächstes brachten wir Giau in die Klinik, wo sie ihre Impfungen erhalten sollte. Es gab eine Menge bürokratischer Hürden, also beschloss Vinh, dass es einfacher wäre, wenn sie diesen Prozess allein abwickeln würden. Ich stimmte zu. Er rief ein Taxi und wies den Fahrer an, mich zurück zum Hotel zu bringen. Auf dem Weg dorthin bot der Taxifahrer an, mich zu einem Ort zu bringen, an dem ich eine Massage bekommen konnte. In jeder Stadt der Welt sind es immer die Taxifahrer, die wissen, wo man eine Massage bekommen kann.

Zurück im Majestic teilte ich dem Angestellten mit, dass ich die Autovermietung des Hotels nicht in Anspruch nehmen würde. Ich erntete einen bösen Blick. Als ich meinen Zimmerschlüssel an der Rezeption abholte, übergab mir der enttäuschte Angestellte eine Nachricht von Molloy, in der er mich bat, ihn im Caravelle anzurufen. Das tat ich. Er fragte, wie es mir ginge, und ich sagte, dass es mir gut ginge, und dann fragte er nach Namen von Vietnamesen, die er meiner Meinung nach treffen sollte. Ich las die Liste der Revolutionäre vor, die Don Luce mir empfohlen hatte. Luce war übrigens der zivile Entwicklungshelfer, der 1970 die Existenz der „Tigerkäfige" aufgedeckt hatte, in denen die widerspenstigsten politischen Gefangenen zur Umerziehung auf einer Insel vor der Südküste Südvietnams festgehalten wurden.[1] Ich wollte mich nicht in BBC-Angelegenheiten verzetteln. Ich wollte mich mit Vinh und Giau auf den Weg machen. Meine Gleichgültigkeit weckte jedoch seine Neugierde, und er fragte mich nach meinen Plänen. Ich erzählte ihm, dass ich einige Vietnamesen kennengelernt hatte und dass wir gemeinsam einen Ausflug machen wollten. Er schlug vor, dass wir uns am Mittwochabend, dem Tag nach meiner Rückkehr, um 19.30 Uhr zum Abendessen treffen sollten. Ich stimmte zu und wir verabschiedeten uns.

Um 12:30 Uhr gab es immer noch kein Zeichen von Vinh und Giau. Ich war überrascht, wie abhängig ich von Vinh geworden war. Seine Freundschaft ermöglichte es mir zu kommunizieren, zu reisen, mich zu engagieren. Ohne ihn war ich verloren, ein Kind im Wald.

In dem vergeblichen Versuch, nichts Dummes zu tun, schrieb ich einige Gedanken und Eindrücke auf, was mir das Gefühl gab, etwas zu erreichen. Danach schaute ich etwas fern. Doch schon bald stand ich auf dem Balkon und dachte darüber nach, in einem Hotelzimmer zu verrotten, während draußen Saigon tobte. Um 14:00 Uhr ging ich in die Bar, um ein Sandwich zu essen und ein Bier zu trinken. Während ich den Verkehr beobachtete, hatte ich das Gefühl, dass das Leben an mir vorbeiging.

Um 15.00 Uhr hinterließ ich eine Nachricht für Vinh an der Rezeption, dass ich in einer Stunde zurück sein würde, und machte mich auf den Weg zum Caravelle, um zu sehen, ob Lillian Morton dort war. Es war riskant, ja. Die Chancen, dass der Brief zugestellt wird, waren gering, aber so ist das in Saigon: Ein Brief bleibt in einer Schublade liegen, bis jemand danach fragt. Hätte ich nicht

---

[1] Die Tigerkäfige waren winzige Steinkäfige, die von den Franzosen während der Kolonialzeit gebaut wurden. Externale Lamellentüren ermöglichten den Zugang zu jeder Zelle auf Bodenhöhe. Oben auf den Zellen befanden sich Eisenroste und zwischen den Zellen in der Mitte des Zellenblocks gab es einen Laufsteg, so dass die Wachen die Gefangenen unten sehen und, wenn nötig, Eimer mit Kalk auf sie werfen konnten, als eine Form der „sanitären Folter". In jeder Zelle gab es eine Matte und einen Eimer als Sanitärvorrichtung in jeder Zelle.

an der Rezeption gefragt, ob es Nachrichten für mich gibt, hätte niemand Molloys Brief erwähnt. Aber wenigstens war ich wieder im Fluss der Dinge.

Ich ging fröhlich die Straße hinauf, als ich durch den Verkehrslärm hindurch meinen Namen hörte. Es war Vinh, der nach mir rief! Der Ort, an dem Giau geimpft wurde, war nur ein paar Straßen vom Hotel entfernt. Sie hatten gerade ihre Angelegenheit abgeschlossen und wollten zur Tür hinausgehen, als sie mich vorbeikommen sahen. Fünf Sekunden später und alles wäre verloren gewesen. Ein weiterer unglaublicher Zufall.

Erstaunt fragte mich Vinh, was zum Teufel ich da mache! „Du musst mehr Geduld haben", sagte er. „Der Umgang mit der Bürokratie hier dauert ewig." Wie Vinh mir erklärte, hatten die Auswanderungsbeamten Giaus Papiere so lange zurückgehalten, bis Vinh ihnen die Sache versüßt hatte. Sie merkten, dass er Geld hatte und wussten, dass sie die Oberhand besaßen, und die Natur nahm ihren Lauf. Giau war an das System gewöhnt und hatte es mit Fassung aufgenommen. Aber Vinh war stinksauer.

Wir waren jedoch wieder beisammen, auf dem richtigen Weg, und die Aussicht auf ein Abenteuer im Angesicht der erdrückenden Bürokratie und der planetarischen Konstellationen ließ unsere Stimmung steigen. Wir gingen hinüber zu Saigon Tourist, und während wir auf das Auto und den Fahrer warteten, kauften wir Kokosnüsse von einem Verkäufer und schlürften die Milch durch Strohhalme. Ich erwähnte Vinh gegenüber, dass ich versprochen hatte, einen schwarzen Seidenpyjama für Alice zu kaufen, und er meinte, wir sollten auf dem Markt anhalten und etwas Stoff kaufen, bevor wir nach Thanh Ta fuhren.

In der Zwischenzeit hielt der Mietwagen an. Es war ein Kleinwagen, der von einer älteren Frau gefahren wurde. Eine Menschenmenge schaute zu, während Vinh den Wagen untersuchte, ihn für zu klein befand und zurückschickte. Fünfzehn Minuten später kam die Frau mit einem größeren Modell zurück, das Vinh akzeptierte. Vinh und Giau stiegen hinten ein, ich setzte mich vorne neben der Fahrerin, und wir fuhren die Le Loi hinunter in Richtung Markt.

Als wir auf dem Markt ankamen, überprüfte Vinh den Kilometerzähler und stellte fest, dass die Fahrerin fünfzehn Extrameilen draufgeschlagen hatte! Vinh war wütend und bestand darauf, dass sie uns zu Saigon Tourist zurückbrachte, wo er ihre Indiskretion meldete. Wir bekamen einen neuen Fahrer, einen zuverlässigen Kollegen namens Tuan, der mir später den Hintern retten sollte.

Es war schon spät am Nachmittag, als wir endlich wieder auf dem Markt ankamen. Und was für ein spektakulärer Ort das ist. Wir betraten ihn durch einen blassgelben Torbogen, auf dem ein Fisch neben einer Kuh abgebildet war, welche Elsie verblüffend ähnlich sah. Der Platz war voll von Menschen, darunter eine dunkle Armee von Taschendieben. Vinh warnte mich, meine Reisetasche gut festzuhalten.

Das Innere der Arkade war ein Labyrinth aus engen, überfüllten Gängen, die sich durch Hunderte von Ständen mit einer schillernden Auswahl an Waren schlängelten. Giau, die mit der Anlage vertraut war und sich freute, mir helfen zu können, führte mich an der Hand zu einem Stand, an dem es von Rollen mit bunten Stoffen wimmelte, einfarbig, gestreift und gepunktet. Während alle stehen blieben und mich wie üblich anstarrten, ließ Giau sich von der Verkäuferin eine Auswahl an schwarzer Seide zeigen. Auf ihren Vorschlag hin stimmte ich zu, das Beste aus der Menge zu kaufen. Dann fragte sie nach Alices Maßen: In Saigon kauft man keine vorgefertigten Hosen; man kauft den Stoff und lässt die Hosen auf Bestellung anfertigen. Als persönlichen Gefallen bot Giau die Dienste ihrer jüngeren Schwester an, die zum großen Glück Schneiderin in Thanh Ta war. Ich kaufte genug Stoff für zwei Paar Hosen.

Ich sagte Vinh, ich wolle ein Geschenk für Giaus Mutter kaufen, vielleicht ein paar Blumen. Aber als Vinh Giau sagte, was ich vorhatte, runzelte sie missbilligend die Stirn und sagte auf Vietnamesisch: „Nein, nein! Etwas Praktisches!" Obst, schlug sie vor. Also machten wir uns auf den Weg in die Lebensmittelabteilung des Marktes.

Die Lebensmittelstände befanden sich im hinteren Teil des Marktes bei den Eisenbahnschienen. Der Ort ist für amerikanische Verhältnisse unhygienisch. Es gibt keine Kühlung, und man sieht Dinge, die man bei Stop and Shop nie sehen würde: einen Mann, der Fisch zerschneidet, während er in der Nase bohrt; einen Mann, der barfuß neben einer Reihe von silbernen Tellern hockt, auf denen sich zappelnde Aale türmen; Frauen, die auf dem Boden hocken und Fisch, Fleisch oder Gemüse zerschneiden, während ihre nackten Kinder zwischen den weggeworfenen Essensresten spielen.

Unterdessen Giau Bananen, Papayas und Orangen für ihre Mutter kaufte, dachte ich über die Ironie nach: Der Anblick all der Lebensmittel machte mich hungrig, aber egal wie sehr ich es versuchte, ich konnte mich nicht zum Essen zwingen. Ich bin an sich schon dünn, aber als ich auf dem Markt stand und Photos von zwei winzigen Waisen machte, merkte ich, dass mir die Hose von den Hüften rutschte. Ich hatte das Gefühl, dass alle Nährstoffe, die ich in meinem Körper gespeichert hatte, verschwunden waren. Ich funktionierte allein mit psychischer Energie. Es war beängstigend und berauschend.

Tuan, unser Fahrer, rauchte gerade eine Zigarette und wartete auf uns, als wir aus dem Markt herauskamen. Es war schon spät, und Vinh beschloss, dass es schneller ginge, wenn er den Honda fahren würde, während Giau mit mir und Tuan unterwegs war. Ich saß vorne, Giau lehnte sich hinten nach vorne und gab Tuan auf Vietnamesisch Anweisungen. Ich begnügte mich damit, zu beobachten und Notizen zu machen.

Die Fahrt durch die nördlichen Außenbezirke von Saigon war wie eine chaotische Tauschbörse. Die schwarze Straße schlängelte sich durch die Stadt, vorbei an einer endlosen Abfolge von Hütten, knochigen Tieren, traurigen Palmen und verstopften Straßen, die Abgase ausstießen und Staubwolken aufwirbelten. Es war Trockenzeit, und alles schien mit einer Schicht aus Schmutz überzogen zu sein. Es gab keinen üppigen grünen Rasen mit eingelegten Sprinklern. Das Wasser, das es gab, stank in flachen, abgestandenen Pfützen. Die Leute standen nicht in den Einfahrten und hielten Gartenschläuche, um Blumen zu gießen oder Autos zu reinigen. Sie saßen mit einem Gesichtsausdruck herum, den ich nicht deuten konnte – vielleicht warteten sie stoisch darauf, dass der Mai den Regen brachte und alles sauber wusch.

Zwanzig Minuten nach Beginn der Fahrt bogen wir von der asphaltierten Straße ab und fuhren zwei Kilometer auf einem unbefestigten Weg, der am Haus eines Nachbarn endete. Vinh wartete schon. Er zeigte Tuan, wo er parken konnte, dann setzte er mich hinten auf die Honda und wir fuhren einen schmalen Pfad hinunter. Wir befanden uns jetzt in der unberührten Natur, schlängelten uns zwischen Palmen hindurch, stießen an Wurzeln und losen Steinen vorbei, und Vinh hatte Mühe, nicht zu stürzen. Bald führte der Weg an einem Reisfeld vorbei. Zwei junge Frauen in schwarzen Pyjamas und kegelförmigen Hüten bückten sich und zogen Reisbüschel aus dem Schlamm. Ich war überwältigt.

Minuten später kamen wir bei Giaus Haus an. Man hatte das Gefühl, auf einem Campingplatz in einem Nationalpark zu sein. Die Familie erwartete uns, aber auch sie war überwältigt. Ihre Mutter war sprachlos, als ich ihr die Tüte mit dem Obst überreichte. Wie alle kleinen Jungen umringten mich auch Giaus Brüder und strahlten vor Neugierde. In einer Geste des guten Willens kletterte einer von ihnen auf eine Palme im Vorgarten und kam mit einer Kokosnuss herunter. Dann erntete er weitere essbare Früchte von einer anderen Baumart. Ein anderer Bruder seifte sich in dem drei Meter breiten Kanal ein, der den Vorgarten von einem kleinen Platz mit festem Boden trennte, auf dem ein buddhistischer Schrein aus Stein stand, der von Obstbäumen umgeben war. Hinter dem Schrein befand sich ein Stück Reisfeld, das in einer Baumreihe endete. Hinter und auf beiden Seiten des Hauses befand sich Wald.

Drei Meter Vorgarten trennten den Kanal von der rechteckigen, gekachelten Veranda der Familie. Die Vorderseite des Hauses war offen wie ein Anlehnungsbau, das Ziegeldach wurde von Holzpfosten gestützt. Das Haus war in Holzständerbauweise errichtet worden. Im Inneren war das Wohnzimmer mit blauen Brettern vertäfelt, an denen Bilder vom letzten Abendmahl und der Jungfrau Maria mit dem Jesuskind hingen. Nachts war die Honda im Wohnzimmer geparkt.

Schon fünf Minuten nach meiner Ankunft fühlte ich mich wie in einer anderen Welt. Vinh hatte seine Latzhose und sein Hemd ausgezogen und war nur noch in Shorts bekleidet. Tuan saß, ebenfalls in Shorts, mit nacktem Oberkörper auf dem Boden, lachte und spielte Karten mit Giaus Brüdern, als würden sie sich schon ewig kennen.

Giaus Mutter war damit beschäftigt, das Abendessen auf einem Eisengrill über einem Holzkohlefeuer zuzubereiten. Die Küche hatte ein belüftetes Strohdach und eine Wand aus Schindeln, um den beißenden Rauch abzuleiten. Das Lieblingsschwein der Familie lebte in einem kleinen Stall neben der Küche, und in der Küche gackerten die Hühner in zwei riesigen roten Tontöpfen. Hinter der Küche, direkt neben Mutters Schlafzimmer, befanden sich eine Zementplatte und ein Eimer mit Wasser. Die Brüder schliefen auf den Holzbetten im Wohnzimmer. Giau hatte ihr eigenes kleines Schlafzimmer.

Die Zutaten für das Abendessen kamen aus ihrer Umgebung. Giaus Familie praktizierte Tiefenökologie, indem sie Mutter Erde nur das entnahm, was sie brauchte, und alles, was übrig blieb, zurückgab. Ballaststoffe kamen von den breitblättrigen Sträuchern neben dem Haus, Früchte von den Bäumen, Reis aus dem Reisfeld, Fleisch von Haustieren. Schweinedärme kamen von den Schweinen der Familie und wurden mit Nuoc Mam gewürzt. Das pièce de résistance, gebratene fette Frösche, wurden von einem der Brüder im Garten gefangen.

Wir aßen auf der Veranda, und als Ehrengast tat ich mein Bestes, um Respekt zu zeigen, indem ich von allem ein wenig probierte. Aber mehr als probieren konnte ich nicht, sehr zur Enttäuschung der Mutter. Sie sagte kaum ein Wort, außer dass sie sich über meinen zimperlichen Mangel an Appetit erkundigte. Giaus Brüder hatten jedoch ein paar Fragen an mich, die Vinh weitergab, und ich tat mein Bestes, um sie zu beantworten. War ich verheiratet? Hatte ich Kinder?

Nach dem Essen rauchten wir gemeinsam Zigaretten, und Vinh erklärte mir, dass Giaus Familie für vietnamesische Verhältnisse zur Mittelschicht gehörte. Ihr verstorbener Vater war ein Beamter gewesen und die Familie hatte einen gewissen Status. Aber ohne die Unterstützung des Vaters hatte sich das Familienglück verschlechtert – bis Vinh Giau heiratete. Nachdem er die Verantwortung für sie übernommen hatte, hatte er auch ihre gesamte Familie übernommen. Wie er erklärte, war ihre Mutter nun seine Mutter und ihre Brüder (er hatte jedem eine Nummer zugewiesen) waren seine Brüder.

Vinh schickte regelmäßig Geld aus Amerika, und während er in Thanh Ta war, tat er, was er konnte, um das Leben von Giau und ihrer Familie zu erleichtern. Dank Vinh hatte der Haushalt Strom. Es handelte sich um eine altmodische Doppelleitung (die Isolierung hing an Litzen und fiel auseinander), die Vinh selbst installiert hatte, aber sie ermöglichte es der Familie, fernzusehen und andere Annehmlichkeiten zu genießen. Der Haushalt verfügte auch über Bargeld, das von Giau und ihrer Schwester zur Verfügung gestellt wurde, die gemeinsam ein Kosmetik- und Schneidergeschäft in Thanh Ta betrieben.

Als wir uns nach dem Abendessen entspannten, erzählte mir Vinh mehr über sich selbst, wobei ich das meiste für mich behalten werde. Wichtig ist, dass die verschiedenen Mitglieder seiner Familie nach dem Krieg unterschiedliche Wege eingeschlagen haben. Während Vinh in einer Reihe von Flüchtlingslagern darauf wartete, in die USA einreisen zu dürfen, wurde eine seiner Schwestern Parteimitglied und war derzeit eine hochrangige Beamtin bei der Saigon Bank. Solche Spaltungen und Verdächtigungen gab es überall, aber sie waren zu subtil, um von Außenstehenden wahrgenommen zu werden. Die Situation erinnerte mich an die Grenzstädte in Nordirland, in denen ich fünf Jahre zuvor gewesen war und wo man als Tourist den Atem des Konflikts im Nacken spürt, aber nur selten sein Gesicht sieht. Als US-Bürger wurde Vinh von dem Polizisten, der nebenan wohnte, überwacht.

Nachdem sie mir die Photoalben der Familie gezeigt hatten, räumten Giau und ihre Mutter auf und ich trat auf die Terrasse. Die Rationalität war meinem linksgerichteten westlichen Verstand abgerungen worden und mein Nervensystem war offen für jede Empfindung. Eine Welle von Kundalini-Energie schoss meine Wirbelsäule hinauf; für einen unglaublichen Moment war ich mir der multidimensionalen, mystischen Natur des Kosmos bewusst.

Vinh tauchte auf und schlug vor, den Abend mit einem Spaziergang rund um Thanh Ta zu beenden. Wir fuhren einen schmalen Pfad hinunter, Vinh und ich auf der Honda, Giau und ein Bruder auf Fahrrädern, ein anderer Bruder lief fröhlich hinterher. Am Ende des Weges parkten wir und liefen gemeinsam eine schwarzgekrönte Straße durch den Wald hinauf. Es war angenehm warm, die Nacht rückte näher, als ich unter dem hohen vergoldeten Holzbogen in das Dorf ging. Ich war am anderen Ende der Welt, und doch kam mir dieses ländliche vietnamesische Dorf seltsam vertraut vor. Es fühlte sich an wie eine eng verbundene Gemeinschaft; intim, in sich geschlossen.

Das Stadtzentrum war voller Menschen, von denen viele an den Marktständen unter freiem Himmel in letzter Minute noch ein paar Einkäufe tätigten. Alles war in der Zeit angehalten, beleuchtet vom flachen Licht der untergehenden Sonne. Die Schatten hüllten das Dorf allmählich in kühle, stille Dunkelheit. Keine Straßenlaternen, keine Kaskade lauter Autos mit grellen Scheinwerfern. Nur Gelassenheit. Ich spazierte im gedämpften Schein der Laternen, hörte und sah mir alles an. Fische mit Schnurrhaaren in einem flachen Eimer, Aale, Stapel von Obst auf Tischen, ein kleines Kind, das Fleisch schlachtet, Menschen, die in der Nähe der Lebensmittel hocken. Der unheimliche Schein von Fernsehern aus weit geöffneten Häusern auf Stelzen.

Die neugierigen Dorfbewohner beobachteten mich aufmerksam. Sie sprachen über mich. Ein Mann rief Vinh zu und fragte, ob der hellhäutige Ausländer ein Russe sei.

„Nein", antwortete Vinh triumphierend. „Amerikaner!"

Vinh flüsterte, ich sei der erste Amerikaner, der seit sechzehn Jahren ihr Dorf betreten habe. Die Nachricht verbreitete sich schnell und bald verfolgte uns eine Menschenmenge. Noch nie zuvor war ich das Objekt einer solchen Beobachtung gewesen. Drei junge Mädchen, die Arm in Arm miteinander verbunden waren und unkontrolliert kicherten, näherten sich schüchtern und berührten vorsichtig meinen Arm, nur um zu sehen, ob ich echt war. Und das war ich. Nie zuvor war ich mir meiner Menschlichkeit so bewusst gewesen. Wie seltsam, dachte ich, dass ich um die halbe Welt reisen muss, um mir dieser grundlegenden Tatsache bewusst zu werden.

Zugleich fühlte ich mich losgelöst, wie ein Schauspieler in einem Theaterstück. Ich war erstaunt über die wunderbare Neuartigkeit meines Daseins. Und jeder Schritt steigerte diese körperlose Faszination, bis ich in ein Café trat und beim Anblick eines Madonna-Posters an der Wand aus meinem Traum in die Gegenwart geschüttelt wurde.

Wir saßen eine halbe Stunde lang im Café, schlürften Tee und ließen den Tag ausklingen. Draußen spielten junge Burschen 9-Ball auf Billardtischen. Dann kehrten wir zu Giaus Haus zurück und sahen uns ein Video von Vinhs und Giaus Hochzeit an. Giau saß so nah bei mir, dass sich unsere Arme berührten. Ihr Lächeln strahlte Zuneigung aus.

Liebe öffnet das Herz und reinigt die Seele. Aber sie löst keine Probleme. Giaus Bindung an Vinh war wackelig. Er war doppelt so alt wie sie, eifersüchtig, besitzergreifend und voller Angst wegen ihrer langen Trennungen. Giau war attraktiv und ungeduldig mit Vinh, der sie nicht schnell genug durch die Bürokratie bringen konnte. Es gab viele Spannungen zwischen ihnen. Für sie war ich vielleicht die Befreiung. Oder ein romantisches Abenteuer, wer weiß?

Die Jungen und Tuan teilten sich die Kinderbetten im Wohnzimmer. Vinh und Giau zogen in Mutters Zimmer. Wo Mutter schlief, weiß ich nicht. Ich bekam Giaus Zimmer zugewiesen, das etwa so groß war wie ein begehbarer Kleiderschrank. Ich stellte meinen Tagesrucksack auf den Boden, nahm meine Medikamente und meine Wasserflasche heraus und stellte sie auf ihren winzigen Waschtisch, neben ihren Teddybär, ihre Kosmetika und ihre Kassetten. Am Bettpfosten hing ein Foto von Marilyn Monroe. Ich zog mich aus, wechselte die Unterwäsche und schlüpfte unter das Moskitonetz. Das Bett war kaum groß genug, um meinen Körper zu tragen.

Tag 11: Nui Ba Den

Dienstag, 26. Februar 1991

„Saturn (Karma) steht genau in Konjunktion mit dem rückläufigen Jupiter (Dharma).

Es ist ein herausfordernder Tag. "

Gestern Nacht, nachdem alle anderen zu Bett gegangen waren, dachte ich an meinen Vater. Was hätte er wohl davon gehalten, dass ich in Vietnam war? Bekomme ich endlich ein Gefühl dafür, wie es für ihn in den Tropen war, abgesehen von den Kämpfen und der Gefangenschaft?

Mein Vater wurde auf einer Patrouille in Neuguinea gefangen genommen und verbrachte zwei Jahre in einem japanischen Kriegsgefangenenlager in der Stadt Tacloban auf der Insel Leyte auf den Philippinen. Die Gefangenen nannten den Ort natürlich „Hotel Tacloban". Doch als mein Buch *The Hotel Tacloban* 1984 veröffentlicht wurde, bezeichnete das australische Militär-Establishment meinen Vater sofort als Betrüger.

Es ist erschütternd, mit anzusehen, wie jemand, den man liebt, öffentlich verleumdet wird. Aber Sadismus ist das Wesen des Militärs, und nach der Befreiung des Lagers in Tacloban stellte die Armee meinen Vater vor die Wahl: eine Geheimhaltungsvereinbarung zu unterzeichnen oder wegen Meuterei und Mordes vor Gericht gestellt zu werden.[1] Neben den nächtlichen Kriegsgräueln, die er durchlebte, führte der Zwang, sein Kriegsgefangenentrauma zu verinnerlichen, 1972 im Alter von siebenundvierzig Jahren zu einer Koronarthrombose.

Als ein Mitglied des medizinischen Teams, das meinen Vater evakuierte, Elmer Voss, mir einen Brief schickte, der die Geschichte meines Vaters bestätigte, zwang das Militär ihn, seine Aussage zu widerrufen.[2] Aber auch das ist das Militär: Es zwingt den Soldaten blinden Gehorsam auf, damit es sie als Kanonenfutter benutzen kann. Es zwingt auch die Zivilbevölkerung, indem es Milliarden ausgibt, um sie in dem Glauben zu lassen, dass Menschen, die Bomben auf Städte werfen, Helden sind. Und die Menschen glauben an diesen Mythos, weil das Gegenteil die Opfer ihrer Familienangehörigen schmälern würde. Das ist der Grund, warum so viele Südstaatler weiterhin die Flagge der Konföderierten schwenken und ihre sklavenbesitzenden Vorfahren verehren.

Was mir viel bedeutete, war, dass mein Vater von ganzem Herzen und mit ganzer Seele versuchte, das hirnlose Draufgängertum abzulegen, das so vielen amerikanischen Männern von Geburt an in

---

[1] Die Unterzeichnung von Stillschweigevereinbarungen durch Kriegsgefangene ist ein Standardverfahren. Siehe Wayne Drash, Thelma Gutierrez und Sara Weisfeldt, „WW II vet held in Nazi slave camp breaks silence: 'Let it be known'." *CNN*, 11. November 2008.

[2] Siehe den Brief von Elmer Voss auf der Website des Autors unter The Hotel Tacloban.

die Wiege gelegt wird; die missbräuchliche Zuchthengstroutine, die sich mit der Zeit zu einer undurchdringlichen Schale um ein falsches Selbst verfestigt. Mein Vater hat sich vor meinen Augen in ein menschliches Wesen verwandelt, damit wir heilen konnten. Das war es, was zählte. Deshalb ist die Kriegsgefangenschaft meines Vaters eine Allegorie, die in meinen Büchern immer wieder auftaucht: Alle Amerikaner sind Gefangene der unerbittlichen Militärpropaganda, die Krieger und Krieg verherrlicht.

Manchmal sehe ich meinen Vater nachts so deutlich wie zu seinen Lebzeiten: die faltigen Linien um seine grauen Augen und seinen gestutzten weißen Schnurrbart – aber niemals sein übermütiges, beruhigendes Lächeln. Wie ein hagerer, besorgter Geist steht er traurig am Fußende meines Bettes. Es ist beängstigend. Manchmal vergesse ich unsere Versöhnung und hasse ihn wieder dafür, dass er seinen ganzen Schmerz auf mich, meine Mutter und meine Schwestern projiziert.

Als ich ihn in jener Nacht in Giaus Schlafzimmer beschwor, war es genau ein Jahr her, dass er gestorben war. Meine Mutter würde am selben Tag – dem 26. Februar – dreizehn Jahre später sterben. Meine Schwestern und ich scherzten, dass wir an diesem ungünstigen Tag auf der Couch bleiben sollten. Aber ich war ja in Vietnam.

Im Morgengrauen begann der Familienhund zu bellen, und ein Hubschrauber schwebte über mir. Ich hörte nicht, wie er sich näherte – er war einfach da und wirbelte laut herum. Und warum? Während ich darauf wartete, dass er wegschwirrte, fragte ich mich, wie er auf die Einheimischen wirkte. Mir kam der Gedanke, dass eine unglückliche Gruppe amerikanischer Soldaten in den Reisfeldern auf der anderen Seite des Kanals in einen Hinterhalt geraten sein könnte. Ich stellte mir vor, wie ihre Geister über die nebligen Felder schwebten und sich mit den Geistern von Giaus Nachbarn vermischten, die von Amerikanern in Hubschraubern getötet worden waren. Die Härchen auf meinen Unterarmen kribbelten.

Wenige Minuten später zündete ein Nachbar zu Ehren der Tet-Feierlichkeiten eine Reihe von Feuerwerkskörpern. Die Hähne begannen zu krähen. Der spastische Muskel in meinem Magen zuckte aufreizend. Erschöpft lag ich in Giaus winzigem Bett unter ihrem hauchdünnen Moskitonetz und beobachtete, wie die ersten Sonnenstrahlen durch die Ritzen der pastellblauen Bretter im Dach über meinem Kopf fielen. Meine einzige Sorge war, dass ich eine neue Erfahrung oder ein neues Gefühl verpassen könnte.

Ich rollte das Netz auf und kramte in meiner Tasche nach meinem Horoskop. Bis zum Vollmond waren es noch 36 Stunden, und ich spürte ihn kommen. Der transitierende Saturn, der Disziplinierer, stand genau in Konjunktion mit dem rückläufigen Geburtsjupiter (mein wohlwollender Herrscherplanet) im Wassermann. „Chancen und übermäßiges Selbstvertrauen“, sagte Helen und fügte dann bedrohlich hinzu, „führen zu einer Konfrontation mit der Autorität und einer Krise der Werte.“

Ich zog meinen Gürtel bis zum letzten Loch fest, damit meine Hose nicht herunterfiel. Ich hatte mich nicht mehr so ausgelaugt gefühlt, seit ich 1973 in San Francisco hungerte, Blut verkaufte und von Uppers und Downers lebte. Ich nahm meine morgendlichen Medikamente mit einem Schluck Wasser aus der Flasche, kämmte mein Haar im Spiegel auf Giaus winziger Frisierkommode, sagte Marilyn Monroe „Guten Morgen“, packte meine Sachen und ging nach draußen.

Als die Familie auftauchte, stellte ich sie auf der Terrasse für Photos auf. Alle waren begeistert von der Reise nach Tay Ninh, besonders Giaus Mutter. In einem weiteren erstaunlichen Beispiel von Synchronizität hatte sie schon lange den Wunsch, Nui Ba Den zu besuchen, den heiligen Berg der Schwarzen Jungfrau außerhalb von Tay Ninh City, fünf Meilen östlich von Kambodscha – der Ort, von dem ich Jack Madden versprochen hatte, ihn zu besuchen und ein Gebet für ihn zu sprechen.

Sie brauchte Zeit, um sich in ihr schönstes weißes Gewand zu kleiden. Unterdessen sie sich vorbereitete, wurden Vinh, Tuan, einer von Giaus Brüdern und ich nach Thanh Ta gefahren, um in Vinhs Lieblingscafé zu frühstücken, wo wir zu seiner großen Zufriedenheit im Mittelpunkt der Aufmerksamkeit standen. Während wir Kuchen aßen und Kaffee tranken, erzählte Giaus Bruder Vinh, dass der Nachbar, ein Polizist, auf dem Weg am Kanal entlang am Haus vorbeigelaufen sei, weshalb der Hund gebellt habe.

Ich war froh, mir das Dorf näher ansehen zu können. Auf der anderen Seite einer niedrigen sesamfarbenen Mauer, die das Café von einem Privathaus trennt, bereitete eine Familie über einem Holzofen ihr Frühstück zu. Sie beäugten mich aufmerksam. Ein junges Mädchen versuchte, lässig zu wirken, während sie in die Hocke ging und ihre Nudeln lutschte, aber ihr Kopf drehte sich immer wieder in meine Richtung, und als wir schließlich Augenkontakt hatten, lächelte sie. Leute auf Fahrrädern fuhren auf ihrem Weg zur Arbeit vorbei; sie alle drehten sich um und schauten. Eine Parade von Mädchen in schicken Schuluniformen marschierte im Gänsemarsch vorbei, wie Entenküken hinter einer Entenmutter. Auf der anderen Straßenseite schnüffelte ein trauriger Hund in einem Sägewerk herum. Ein Ladenbesitzer reihte Dutzende von winzigen blauen, orangefarbenen und roten Holzpuppen auf einer Arbeitsplatte auf. Ich stocherte in meinem Essen herum.

Eine halbe Stunde später trafen wir uns wieder im Haus. Bevor wir aufbrachen, reichte mir Giau zwei schwarze Seidenpyjamas. Ihre Schwester hatte bis spät in die Nacht an ihnen gearbeitet und sie mir vorbeigebracht, während Vinh und ich frühstückten. Mit einem unglaublichen Gefühl der Dankbarkeit und des Glücks packte ich sie in meine Tasche. Ich versprach mir, dass, was immer ich auch zurücklassen musste, meine Notizbücher und diese beiden schwarzen Seidenpyjamas es zurück nach Massachusetts schaffen würden.

Tuan setzte sich in handwerklicher Manier hinter das Steuer. Ich saß auf dem Beifahrersitz, Stift und Papier in der Hand, zur Belustigung der anderen. Vinh saß hinter mir mit Giau auf dem Schoß. Die Mutter und zwei Brüder saßen ebenfalls auf dem Rücksitz und unterhielten sich angeregt. Ich musste mich ständig umdrehen und Vinh fragen, was sie sagten. Er wählte sorgfältig aus, welche ihrer Beobachtungen er an mich weitergeben wollte.

Wir überquerten einen Fluss auf einer mit Holzplanken gepflasterten Brücke, und als wir nach Westen fuhren, freute ich mich, auf den Spuren des Journalisten Thomas Fowler zum Cao Dai-Tempel zu fahren. Damit hatte ich nicht gerechnet. Ich hielt Ausschau nach den Lehmwachtürmen, die Graham Greene in *The Quiet American* (1955) beschrieben hatte und die jeden Kilometer die Straße säumten. Er sagte, sie „ragten wie ein Ausrufezeichen über die flachen Felder hinaus". Sie waren nirgends zu sehen, ebenso wenig wie die größeren, in Abständen von zehn Kilometern stehenden und von marokkanischen und senegalesischen Legionären bemannten Festungen.

Während wir fuhren, hörten wir Radio und Giau sang mir den Text eines beliebten vietnamesischen Liedes ins Ohr. „Mister, Mister, du bist mein Ein und Alles."

Ich bat Vinh, die rot und lila blühenden Bäume, Sträucher und Reben zu bestimmen, die ich sah, und er verwies auf Giaus Mutter. Sie kannte sie alle: Papierblume, Mango, Bougainvillea.

Auf der zweispurigen, schwarz gepflasterten Straße wimmelte es von Motorrädern, Autos, Fahrrädern und baufälligen Lastwagen, die in beide Richtungen fuhren. Tuan überholte sie alle, hupte und murmelte Flüche. Die Hupe ist das wichtigste Merkmal eines Autos in Vietnam, und Tuan benutzte sie ausgiebig. Auch das Ausweichen ist von entscheidender Bedeutung; die Straße ist breit genug, dass drei Fahrzeuge gleichzeitig passieren können, und Tuan hielt sich oft an den Seitenstreifen, während er zum Beispiel einen mit Tagelöhnern beladenen Lastwagen überholte, der seinerseits einen mit Gemüse beladenen Ochsenkarren überholte, währenddessen der Verkehr frontal auf uns zukam.

Tuan war gewissenhaft und hielt ein gleichmäßiges Tempo, wobei er gelegentlich einem Büffel, Ochsen oder Pferd geschickt auswich. In Vietnam spielt sich das Leben direkt an der Straße ab. Menschen, die auf eine Mitfahrgelegenheit warten, stehen mit einem Fuß auf der Straße und plaudern beiläufig. Faule Hunde strecken sich im Schlaf, ihre Schwänze flattern dicht an den Rädern der vorbeifahrenden Fahrzeuge. Rücksichtslose Hühner scharren am Straßenrand nach Körnern. Häuser und Geschäfte drängen sich dicht an dicht; als wir vorbeifuhren, konnte ich einen Mann sehen, der mit dem Kopf im Schoß eines Friseurs auf einer Pritsche lag; ein junges Mädchen, das mit dem Kopf im Schoß seiner Mutter lag, die ihm Läuse von der Kopfhaut zupfte; zwei junge Mädchen, die sich an den Händen hielten, während sie nebeneinander Fahrrad fuhren.

Das Auto hatte keine Klimaanlage, also hielten wir nach einer Weile in Cu Chi an, um etwas zu trinken. Cu Chi war eine Falle für Touristen, die einen Blick auf die berühmten Tunnel werfen wollten, in denen die Befreiungsarmee ein unterirdisches Hauptquartier unterhielt. Ich war nicht daran interessiert. Ich wollte zum Cao Dai-Tempel und nach Nui Ba Den.

An einer Abzweigung bei Go Dau fuhren wir auf die Route 22 B, während die Route 22 in Richtung Westen nach Phnom Penh in Kambodscha führte. Je weiter wir nach Norden fuhren, desto weniger Menschen sahen wir. Wir bekamen ein Gefühl der Trostlosigkeit. Auf beiden Seiten erstreckte sich eine riesige dampfende Ebene. Das Geplapper auf dem Rücksitz verstummte. Nur Giaus Mutter sprach, und alle hörten ihr aufmerksam zu. Ich bat Vinh, zu übersetzen.

Giaus Mutter wusste alles, was in einem Umkreis von fünfzig Meilen um ihr Dorf herum geschah. In einem Land mit zwei Fernsehsendern war Klatsch und Tratsch die wichtigste Unterhaltungsquelle, und Mutter war eine Meisterin darin. Sie und ihre Clique machten es sich zur Lebensaufgabe, jeden pikanten Leckerbissen zu verarbeiten, der es in die Gerüchteküche von Thanh Ta schaffte. Wie Fans einer Seifenoper verpassten sie keine Folge.

Wie Vinh erklärte, war bekannt, dass zwei Amerikaner in der Nähe wohnten: „Ehemalige Soldaten, die während des Krieges zu den Vietnamesen übergelaufen sind und jetzt nur noch in Frieden mit ihren Familien leben wollen." Die Einheimischen wussten, dass mächtige US-Interessen den Tod der beiden als Voraussetzung für normalisierte Beziehungen forderten. Laut Giaus Mutter tauchten die Amerikaner regelmäßig auf und boten den Einheimischen saftige „Belohnungen" an, wenn sie Beweise dafür lieferten, dass die Deserteure tatsächlich existierten – und noch wichtiger, wo sie lebten.

„Finde die Kriegsverschollenen und die USA bringt deine Familie nach Amerika!" sagte Vinh mit einem schiefen Lächeln.

Um die Gerüchte am Leben zu erhalten, gaben US-Spione jedem, der bereit war, sie den Behörden zu übergeben, GI-Hundemarken und zehn Dollar. Die Idee war, der offiziellen US-Delegation von Kriegsverschollenen- und Kriegsgefangenen-Ermittlern einen plausiblen und politisch korrekten Vorwand für ihre Anwesenheit in Vietnam zu liefern. Bis 1991 war dies zu einer kleinen Industrie geworden. Die Leute nahmen das Geld an und verschenkten die Erkennungsmarken. Jeder wusste, dass die US-Spione – die, wie Giaus Mutter lachte, alle wie ich aussahen und sich wie ich als Touristen oder Journalisten ausgaben – ein doppeltes Spiel spielten: Während sie Hundemarken verteilten, versuchten sie gleichzeitig, vietnamesische Gangster anzuheuern, um die Deserteure ausfindig zu machen und sie zu ermorden – wie in dem Roman *The Parallax View* von Loren Singer. Es war abschreckend und lächerlich zugleich.

Als wir uns Tay Ninh City näherten, kamen wir an einer Reihe von Gummiplantagen in französischem Besitz vorbei, die während des Krieges von US-Soldaten bewacht worden waren. Als Nächstes kam der Friedhof von Tay Ninh und dann die Außenbezirke von Tay Ninh City. Wir hatten zwei Stunden für die 60 Meilen gebraucht.

Wir umrundeten die Stadt und fuhren direkt zum Cao Dai-Tempel. Der Himmel war blau mit bauschigen Wolken. Eine sonnenverbrannte Promenade, die zum Tempel führte, war mit Hunderten von Menschen bevölkert; ich sah keine Weißen. Das Gelände war sehr weitläufig. Auf der einen Seite befand sich ein Park mit Picknicktischen unter schattigen Bäumen und Tribünen für Liegestühle. Hinter dem Tempel befanden sich Gärten, die nach wochenlanger Trockenheit verdorrt waren. Der Tempel war wunderschön anzusehen, mit zwei hohen, pastellgelben Türmchen an der Vorderseite und drei Ebenen mit kunstvoll verzierten, schrägen Dächern. Zwischen den Türmen befand sich ein geschwungener Säulengang mit vergoldeten himmelblauen Säulen, die von geschnitzten Statuen bewaffneter, finster dreinblickender, braunhäutiger Krieger flankiert wurden. Über dem Portikus hing ein riesiges gelb, blau und rot gestreiftes Banner mit dem Auge Gottes, das seinen allmächtigen Blick auf alle richtete, die eintraten.

Wie bei allen Tempeln muss man die Schuhe ausziehen, bevor man eintritt. Im Inneren befinden sich zweiundzwanzig rosafarbene Säulen, um die sich jeweils ein bunter Drache windet. Prachtvolle Buntglasfenster mit roten und grünen Blumenmustern verstärken das Licht, das sich auf dem polierten Boden spiegelt. Offene Türen lassen Luft herein. Die Besucher zirkulieren leise, während die Gläubigen auf ihren Knien vor einer riesigen, mit Sternen besprenkelten, beryllblauen Kugel – dem allsehenden Auge Gottes – beten. Der Altar ist mit roten und goldenen Stühlen, einem Thron für den Papst und einem überladenen Schrein mit Blumen, Vasen und anderen Kunstgegenständen ausgestattet.

Priester und Priesterinnen in weißen Gewändern führen Touristen und erklären die eklektischen Praktiken und Grundsätze der Cao Dai-Religion. Es handelt sich um eine synkretistische Kombination aus dem Spiritualismus des Fin de Siècle und dem politischen Bestreben, Ost und West zu vereinen. Zum Pantheon der Cao Dai gehören Jesus, Buddha, Jeanne d'Arc, Konfuzius, Victor Hugo und Sun Yat Sen. Für jeden etwas. Gott-light für die Massen. Fowler fand es betrügerisch und spottete, als ein Sprecher ihm sagte, dass in der Cao Dai-Religion „alle Wahrheiten versöhnt sind und Wahrheit Liebe ist". Und nicht einmal der hingebungsvollste Theosoph, der sich nackt an den Hängen des Berg Shasta tummelt, hätte eine Religion heraufbeschwören können, deren Geheimnisse auf einer Planchette erahnt werden.

Für mich gab es keine Unstimmigkeiten, sondern nur eine Synthese aus Symbol und Inhalt mit einer unterschwelligen Erotik, die den Schatten des Mannes hervorrief. Ich fand das provokant. Oder vielleicht waren es die anmutigen Mädchen in schwarzen Pyjamas und weißen kegelförmigen Hüten, die aufrecht auf Fahrrädern saßen und wie elegante Feenköniginnen vorbeiglitten. Andererseits spüre ich den großen Geist überall, von den Wäldern Neuenglands bis zu den Dolmen in Donegal. Ich habe nie den Glauben gesucht, nicht einmal an meinen Vater. Und schon gar nicht an Religion oder Nationalismus. Ich will nur eine mystische Erfahrung.

Schließlich zog unsere Gruppe ihre Schuhe an und wagte sich nach draußen, um Photos zu machen. Dann setzten wir uns auf die Tribüne und aßen einen Happen. Eine bezaubernde Frau mit einer riesigen schwarzen Strickmütze servierte Reiskuchen, während Tuan sich nach dem Weg zu Nui Ba Den erkundigte, wo Giaus Mutter hinwollte. Für sie war der Cao-Dai-Tempel nur Glitzer und Glanz; sie wollte den animistischen Rausch des Berges erleben. Tuan kehrte zurück und wir machten uns auf den Weg zu unserem endgültigen Ziel.

Auf unserem Weg nach Norden zum Berg kamen wir durch die nordöstliche Stadt Tay Ninh und hielten an, damit Giaus Mutter Souvenirs für ihre Freunde kaufen konnte. Während wir über den Markt schlenderten, sahen Vinh, Giau und ich, wie eine Gruppe von Soldaten einen Taschendieb festnahm. Es waren die ersten uniformierten Soldaten, die ich seit dem Flughafen in Vietnam gesehen hatte. Sie standen in Gruppen zusammen und trugen zerlumpte grüne Uniformen. Man hatte das Gefühl, auf einem Außenposten zu sein. Dodge City.

Wir nippten an Cola, schossen Photos und stiegen ins Auto. Es war mitten am Nachmittag. Als wir nach Norden fuhren, sahen wir Nui Ba Den über den Palmen aufragen, einsam in dieser weiten, dampfenden Ebene, dunkel und geheimnisvoll. Die Spannung begann sich aufzubauen. Giaus Mutter war hingerissen. Vinh sprach ehrfürchtig von der Schwarzen Frau (Ba Den), die auf dem Berg (Nui) starb, nachdem sie von ihrem Geliebten, einem treulosen Soldaten, betrogen worden war. Vinh sagte, der Berg werde von Geistern heimgesucht.

Geister, fürwahr. Ich dachte an Jack Madden, der in einer Zelle der Green Haven Correctional Facility saß und eine lebenslange Haftstrafe für die Folterung und Ermordung eines rivalisierenden Motorradgang-Drogendealers verbüßte. Jack war ein introvertiertes Kind mit einem misshandelnden Vater, der unerreichbar hohe Ansprüche stellte. Um die Anerkennung seines Vaters zu gewinnen, meldete sich Jack freiwillig für Vietnam und schloss sich der gepriesenen 82nd Airborne Division an.

Jack kam im Mai 1968 an und wurde einer Long-Range Recon Patrol (Lurps) zugeteilt, die von einer Spezialeinheit in Angriffe aus dem Hinterhalt und Aufklärung ausgebildet wurde. Auf Patrouille saß Jack so nah an feindlichen Soldaten, dass er sie riechen konnte.

Nach einem Hinterhalt hackten die Lurps die Gliedmaßen und Köpfe der Getöteten ab und hängten die Trophäen an den Stacheldrahtzaun um ihr Lager. Jacks Psychiater fasste es für den Bewährungsausschuss folgendermaßen zusammen: „Sein Kontakt mit Kriegsstressoren umfasst zahlreiche traumatische Erfahrungen, die in seiner posttraumatischen Belastungsstörung zusammenlaufen."

Irgendwann wurden Jack und mehrere Kameraden zu einer Spezialeinheit abkommandiert, die eine Richtfunkstation auf dem Gipfel des Nui Ba Den bewachte, einem 990 Meter hohen Gipfel, der mit Tunneln der Befreiungsarmee übersät war, von denen einige bis nach Kambodscha reichten, wo der Ho Chi Minh-Pfad endete. Verstärkt durch kambodschanische Söldner besetzten die Amerikaner einen Stützpunkt in der Größe eines Fußballfeldes auf dem Berg. Die Truppen wurden in Bunkern untergebracht, und Nachschub wurde mit Hubschraubern angeliefert. Nur per Hubschrauber konnte man hinauf- oder hinuntersteigen. Die Amerikaner kontrollierten den Gipfel und den Boden, die Befreiungsarmee kontrollierte alles dazwischen.

Die Guerillas sondierten das Lager jeden Morgen, was für die herrischen US-Offiziere ein Schlag ins Gesicht war. Es wurden Befehle erteilt. Ein Team von zwanzig Soldaten, darunter Jack, sollte von oben nach unten laufen, um zu beweisen, dass es möglich war. Die Reise würde zwei Tage dauern.

Doch in der ersten Nacht wurde die Einheit umzingelt und angegriffen, und als die Guerillas begannen, ihre Stellung zu überrennen, forderte der Gruppenführer Mörserfeuer von oben an. Leider gab er die falsche Entfernung an, und die Mörser landeten auf den Amerikanern. Jack erzählte von einem Jungen, der von einem Schrapnell getroffen wurde, das in sein Gesäß eindrang und in seinem Magen wieder austrat. Von dem Versuch, die Wunde zu flicken, mit den Händen voller Eingeweide. Von einem Jungen, der auf grausame Weise starb, damit ein Offizier einen Orden und eine Beförderung bekam.

Sie überstanden die Nacht, und am Morgen kamen Hubschrauber, um die Toten und Verletzten zu holen. Die Überlebenden gingen zu Fuß nach unten. Es war einer dieser Pyrrhussiege, die den Vietnamkrieg symbolisieren und Jacks Wut auf die Autoritäten anheizten.

1991 war Nui Ba Den aufgrund seiner Nähe zu Kambodscha mit seinen von den USA und Großbritannien ausgebildeten antivietnamesischen Guerillas immer noch ein gefährlicher Ort. Entlang der staubigen Straße zum Fuße des Berges gab es zwei Kontrollpunkte. Der erste bestand aus einem schwenkbaren Tor, das mit einem halben Dutzend Militärpolizisten besetzt war. Ein Polizist mit Pokerface verlangte meine Papiere zu sehen. Der Himmel war anfangs klar, aber jetzt war er bewölkt. Ich erinnere mich an die verstohlenen Blicke der religiösen Pilger, die darauf warteten, durch das Tor zu kommen. Wie Giaus Mutter wollten auch sie den Gipfel erklimmen und der Schwarzen Jungfrau huldigen.

Die Polizisten drängten sich zusammen, um meinen Reisepass und mein Visum zu überprüfen. Ich spürte, wie die Angst auf dem Rücksitz wuchs. Die Polizisten waren unsicher, was sie tun sollten, weil ich keine Reiseerlaubnis hatte. Vinh spürte, dass etwas nicht stimmte, und ging hinüber, um mit ihnen zu sprechen. Als er zurückkam, übergab er mir meine Papiere und sprach mit Tuan. Tuan wendete das Auto und fuhr los.

„Was ist los?" fragte ich. Ich hatte Jack versprochen, auf den Gipfel zu gehen und ein Gebet für ihn und alle anderen Opfer des Krieges zu sprechen. Es war ein feierliches Gelübde.

„Das ist nicht gut", sagte Vinh nervös. Giaus Familie und Tuan stimmten zu: Nicht gut.

Ich fragte erneut nach dem Grund und erwartete eine ausführlichere, westliche Erklärung. Stattdessen erhielt ich eine Antwort, die mich aufrüttelte.

„Das spielt keine Rolle", antwortete Vinh feierlich, faltete die Hände wie zum Gebet vor der Brust und verbeugte sich leicht. „Wenn du zurückgehen willst, werden wir zurückgehen."

Ich war schockiert, als ich realisierte, wie respektvoll er sich mir gegenüber verhielt. Tuan warf mir einen flehenden Blick zu: „Bitte schick uns nicht dorthin zurück, du Verrückter!" Giaus Familie saß passiv und resigniert da, während Vinh Tuan aufforderte, umzudrehen. Mit einem Blick, der sagte: „Das werde ich dir nie verzeihen", tat Tuan, was ihm gesagt wurde. Die Polizisten winkten uns durch.

Wir fuhren etwa eine Viertelmeile bis zum zweiten Kontrollpunkt. Diesmal gab es kein Tor, nur einen Mann, der mit der Hand vor der Windschutzscheibe winkte. Wir befanden uns am Ende der Straße in einem Gebiet mit Essensständen, Souvenirläden und Pilgern, die in feierlichen Gruppen vor ihrem Aufstieg hockten. In der Ferne sah ich geführte Touren, die sich zwischen Gestrüpp, Felsbrocken und Felsvorsprüngen den Berg hinaufschlängelten. Der Ausgangspunkt für meine Vergangenheit.

Zu unserer Linken saßen unter einem Regenschirm an einem Kartentisch ein grimmig dreinblickender Armeeoffizier in Uniform und drei Polizisten in Zivil. Jeder von ihnen überprüfte der Reihe nach meine Papiere. Der Armeeoffizier schaute sie wütend an. Tuan sackte hinter dem Lenkrad zusammen. Der Offizier stand auf und schickte eine Schockwelle durch die Menge. Er bellte Befehle an die Polizisten und an Vinh. Er ging schnell zu einem geparkten Auto.

Vinh sagte: „Wir müssen mit Hauptmann Nam gehen." Als ich aus dem Auto kletterte, stieg Vinh ebenfalls aus. Er sagte: „Du wirst zum Verhör ins Polizeipräsidium gebracht."

Ich war beschämt, weil ich Giaus Familie in Gefahr gebracht hatte. Und ich war besorgt. Vietnam war aufregend, aber ich wollte nicht einen Monat in einem Hinterhofgefängnis verbringen. Ich setzte mich auf den Rücksitz des Polizeiautos. Vinh saß zu meiner Rechten. Ein junger Polizist saß zu meiner Linken. Ein anderer setzte sich hinter das Steuer, während Hauptmann Nam stoisch auf dem Beifahrersitz saß. Wir fuhren schnell los, die Reifen wirbelten Staubwolken auf und hinterließen am Fuße des Nui Ba Den einen Aufruhr. Vinh schien über seinem Sitz zu schweben. Ich hatte sein Gesicht zwei Tage lang studiert und dachte, ich könnte ihn ziemlich gut einschätzen. Er war erschüttert. Unter seinem Atem murmelte er: „Dschungelgesetz.".

„Dschungelgesetz", wiederholte er. „Von jetzt an gibt es nur noch das Dschungelgesetz."

Als ich ihn sprechen hörte, dachte ich, dass es in Ordnung sei, zu reden. Ein Schimmer von Hoffnung. Ich fragte, ob jemand im Auto Englisch spreche.

„Nein", sagte er. „Wir können reden."

Ich fragte, wohin wir gehen würden. Er sagte, dass wir zur Polizeistation in Tay Ninh gebracht würden, dass Tuans und Giaus Familie uns dort treffen würde und dass wir vorsichtig sein müssten, wie wir uns verhielten.

„Vinh", sagte ich leise. „Ich habe einen Hundert-Dollar-Schein in meiner Brieftasche."

„Oh!", sagte er mit einem großen Seufzer der Erleichterung. „Das ist sehr gut. Das wird zu gegebener Zeit sehr nützlich sein. Aber sag jetzt nichts."

Vinh sagte, ich sei nur deshalb verhaftet worden, damit Hauptmann Nam die Einheimischen mit seiner Macht beeindrucken konnte. Alle Polizisten lieben es, wenn die Leute sie mit Ehrfurcht betrachten. Vinh war sich sicher, dass meine Verhaftung eine große Show war, um die Langeweile zu vertreiben. Er zwinkerte mir verschwörerisch zu.

Es war aufregend, und ich wollte mein Notizbuch herausnehmen und meine Eindrücke aufschreiben. Das Gefühl verstärkte sich noch, als wir kurz darauf auf dem Polizeirevier ankamen. Ich wollte Hauptmann Nam und die anderen Polizisten fragen, welchen Eindruck sie von dem Phoenix-Programm hatten. Aber es war nicht der richtige Zeitpunkt, um Fragen über die CIA zu stellen, also saß ich unterwürfig da und wartete darauf, dass man mich hereinbat.

Ein Polizist öffnete die Autotür. Ich trat auf die staubige Straße. Giau stand tapfer an der Eingangstür zum Polizeirevier, und als ich vorbeiging, lächelte sie und flüsterte mir ins Ohr: „Sei vorsichtig. Bitte." Sie berührte meinen Arm elektrisch.

Im Polizeirevier war es brütend heiß. Keine Klimaanlage oder ein Kühlschrank mit eiskaltem Bier. Keine blauuniformierten Polizisten mit jeder Menge Gadgets und dem neuesten Schick der öffentlichen Sicherheit. Nur rissige Betonwände mit abblätternder Farbe, ein zerfledderter Mädchenkalender und vergitterte Fenster mit zerbrochenem Glas. Man wies uns an, in alten Sesseln Platz zu nehmen, die einem schlaffen Sofa gegenüberstanden, auf dem die Herren Luan und Cong saßen. Zwischen uns stand ein Kaffeetisch. Herr Luan schenkte Tee ein. „Tee von gestern", murmelte Vinh verächtlich vor sich hin.

Hauptmann Nam kam herein, gefolgt von einem hübschen kleinen Mädchen, vielleicht fünf oder sechs Jahre alt, in einem hübschen geblümten Kleid. Er zog lässig seine khakifarbene Armeejacke aus, wie ein Geschäftsmann, der von der Arbeit kommt. Darunter trug er ein weißes T-Shirt. Er nahm seine Tochter in den Arm, umarmte und küsste sie und trug sie in den hinteren Raum, ohne mich zu beachten, aber mit einer Botschaft: „Wir sind hier keine Monster."

Ich wusste die Geste zu schätzen. Sein lässiges Verhalten trug viel dazu bei, die Spannung zu verringern. Meine größte Sorge war, mich an jedes Detail zu erinnern und dabei reumütig zu wirken. Die ganze Erfahrung, die ich beim Nachsitzen im Büro des Schuldirektors gesammelt hatte, zahlte sich endlich aus.

Herr Luan bot mir eine Zigarette an, die ich dankend annahm. Herr Cong griff mit seinem Feuerzeug über den Tisch und gab mir Feuer. Alle lächelten und nickten. Wir nippten an unserem lauwarmen Tee, pafften an vietnamesischen Zigaretten und die Befragung begann. Herr Cong sprach mit Vinh, während Herr Luan mich mit räuberischer Neugierde anstarrte, als hätte er ein seltenes Exemplar gefangen und überlegte, ob er es zurückwerfen, essen oder für später aufheben sollte.

Als Cong eine Frage beendete, wiederholte Vinh sie auf Englisch. Die Polizisten hatten keine Möglichkeit zu erfahren, was Vinh sagte. Sie beurteilten, ob ihre Botschaft ankam, indem sie meine

Körpersprache beobachteten. Ich war aufrichtig. Ich saß gerade und sah abwechselnd Vinh, Cong und Luan an. Ich runzelte höflich die Stirn, wenn ich auf Fragen antwortete, die vermuten ließen, dass ich nichts Gutes im Schilde führte, und entspannte mich, wenn ich von meinen unschuldigen Absichten sprach. Ihren Reaktionen nach zu urteilen, schien die Vorstellung zu funktionieren.

Sie sagten, dass Hauptmann Nam, ein ehemaliger Vietkong-Militärkommandant der Region, wissen wollte, warum ich keine ordnungsgemäßen Papiere hatte, die meine Reisen außerhalb von Saigon erlaubten. Natürlich würde er das Polizeipräsidium in Saigon anrufen, um herauszufinden, ob ich ein Flüchtling sei. Aber zuerst wollte er von mir wissen, warum ich in Vietnam war.

„Ich bin ein Tourist", sagte ich, und Vinh übersetzte mit authentischer Emotion, „und ein Berater der BBC. Aber die BBC hat keine Arbeit für mich, also habe ich die Gelegenheit genutzt, den Cao Dai-Tempel und Nui Ba Den zu besuchen."

Die Polizisten seien gegangen, um ihren Chefs Bericht zu erstatten, erklärte Vinh, und um meine Geschichte zu überprüfen. Der Teil über die BBC interessierte sie. Vinh und ich rauchten Zigaretten und unterhielten uns leise über nichts, während wir auf das Urteil warteten. Der Deckenventilator quietschte über uns.

Fünfundvierzig bange Minuten später kam ein höherer Polizist mit den Herren Luan und Cong zurück. Sie waren verärgert und setzten sich oberflächlich hin, ohne die Freundlichkeit zu zeigen, die sie vorher hatten. Der neue Polizist sah Vinh scharf an und sprach harte Worte. Plötzlich in die Defensive geraten, sagte Vinh, die Polizisten hätten das Hauptquartier in Saigon angerufen. Das Hauptquartier hat die BBC ausfindig gemacht und jemanden geschickt, der direkt mit Molloy sprach. Auf die Frage, ob ich Berater sei, sagte der verdammte Brite, ich hätte nichts mit der BBC zu tun. Überhaupt nichts.

Die wütenden Blicke der Anwesenden richteten sich auf mich. Es fielen weitere unfreundliche Worte, und Vinh, sichtlich erschüttert, sagte: „Du bist offiziell verhaftet worden." Er drückte eine Zigarette im Aschenbecher aus. „Du wirst so viele Tage in Tay Ninh bleiben müssen, bis die Situation geklärt ist. Du wirst in einem örtlichen Hotel untergebracht. Du hast keine andere Wahl, als das zu tun, was man dir sagt."

Dramatische Pause.

Ich saß da und fragte mich, wie ich mich in Tay Ninh beschäftigen sollte, während ich in einem Hotelzimmer eingesperrt war, ohne Wechselkleidung, ohne Wasser in Flaschen und mit einem schwindenden Pepto-Vorrat. Der Gedanke, dass ich meine Interviewgespräche in Thailand verpassen würde, machte mich wütend. Und je mehr ich darüber nachdachte, desto wütender wurde ich auf Molloy.

Dann kam der nächste Schlag. Während ich dort saß und schmorte, schaute der oberste Polizist Vinh bedrohlich an und verlangte seine Papiere. Bis dahin hatte Vinh geglaubt, dass er und seine Schwiegereltern unbehelligt nach Hause gehen könnten. Seine einzige Sorge galt meinem Wohlergehen. Doch seine Prioritäten änderten sich schnell. Sein Gesicht verlor an Farbe, als er seinen Pass und sein Visum aushändigte. Als der oberste Polizist sah, dass Vinh Amerikaner war, sprang er auf und schimpfte barsch.

„Er beschuldigt uns, Verschwörer zu sein", stotterte Vinh. „CIA-Verschwörer."

Der Polizist verließ verärgert den Raum. Vinh war benommen und sprachlos. Seine Hände zitterten, als er sich eine Zigarette anzündete. Mir bot er keine an.

Durch das eisenbeschlagene Fenster über und hinter ihm spähte Giau herein. Ich machte ein Zeichen mit dem Daumen nach oben. Sie lächelte und winkte zurück. Vinh drehte sich um und sah seine Frau an, hoffnungslos geschlagen. Er konnte mich nicht ansehen.

Ich wusste, was er dachte: dass die Behörden Giau als Strafe für seine Zusammenarbeit mit einem mutmaßlichen CIA-Agenten nicht erlauben würden, Vietnam zu verlassen.

Diesmal war unsere Wartezeit kürzer, aber härter. Zehn Minuten später kamen die Herren Luan und Cong mit Tuan, unserem Fahrer, zurück. Es war etwas Unvorhergesehenes geschehen. Etwas Magisches. Ich wusste nicht, was, aber ich spürte, dass sich die Situation zu unseren Gunsten gewendet hatte.

Herr Cong sprach mit Vinh und bat ihn, zu übersetzen. Vinh hörte unterwürfig zu und drehte sich dann zu mir um. Mit einer kaum wahrnehmbaren, sehr vorsichtigen Spur von Optimismus sagte er: „Du bist verhaftet worden, ja. Aber...", und hier machte er eine dramatische Pause, „du wirst nicht mehr beschuldigt, ein Spion zu sein."

Ich sah Tuan an, der neben mir Platz genommen hatte. Tuan warf mir einen bösen Blick zu, schaute weg und beschäftigte sich mit einer Zigarette. Offensichtlich schob er die ganze unangenehme und durchaus vermeidbare Situation auf mein ungestümes Verhalten. Wer konnte ihm das verdenken?

Vinh hörte Herrn Cong zu und übersetzte seine nächsten Worte mit vorsichtiger Erleichterung. Während die Polizei damit beschäftigt war, meine Geschichte zu überprüfen, hatten sie Tuan in einem anderen Raum verhört. Tuan war in der Armee gewesen und hatte in Kambodscha ehrenvoll gedient. Die Polizisten schätzten ihn sehr und glaubten ihm, als er über mich sagte: „Er ist zu dumm, um ein Spion zu sein."

Das Ergebnis war, dass wir freigelassen wurden. Zögerlich. Wir waren auch ein Unterhaltungsprogramm, und so ließ Vinh die gute Nachricht in der Luft hängen, um das Publikum zu erfreuen. Seine Abenteuerlust war sichtlich wiedergeboren. Er war aus dem Schneider und zurück in seiner Rolle. „Allerdings", fügte er vorwurfsvoll hinzu, „ist da immer noch die Sache mit dem Herumreisen ohne Erlaubnis. Dieses Problem muss gelöst werden."

Vinh nickte Herrn Cong zu und zeigte damit an, dass die Nachricht überbracht worden war. Herr Cong sprach. Vinh drehte sich zu mir um und sagte, ganz der ehrliche Makler: „Die Polizei hat dir eine Frage gestellt. Ich muss seine Antwort direkt übersetzen, also wähle deine Worte sorgfältig." Ich sah Herrn Cong an, dann Herrn Luan, und beide sahen mich an. Ich nickte, dass ich meinen Text kannte.

Sie lächelten.

Vinh sah mich aufmerksam an und fragte: „Weißt du, warum du verhaftet wurdest?"

„Ja", antwortete ich voller Reue. „Dieses ganze Missverständnis ist meine Schuld und ich übernehme die volle Verantwortung. Ich hätte nicht ohne die entsprechende Genehmigung reisen dürfen. Vinh und seine Schwiegereltern sind nur mitgefahren. Ich trage die volle Schuld."

Die Polizisten lächelten breit und sprachen noch mehr Worte.

„Okay", sagte Vinh. „Du stimmst zu, dass du gegen die Vorschrift verstoßen hast?"

„Ja", antwortete ich ernsthaft. „Ich habe gegen die Vorschrift verstoßen."

Dann die vierundsechzigtausend-Dollar-Frage. „Ist dir klar, dass du das Strafgeld bezahlen musst?"

„Ja, ich muss die Strafe bezahlen." Noch zweimal wurde mir die Frage gestellt, und noch zweimal bestätigte ich, dass ich das Bußgeld zu bezahlen hätte. Danach wurden uns unsere Papiere ausgehändigt und wir wurden aufgefordert, zu gehen. Von unseren neu gewonnenen Freunden bei der Polizei in Tay Ninh geleitet, gingen Vinh und ich durch eine große Menge gaffender Zuschauer zu dem Auto, in dem Giaus Familie seit über zwei Stunden saß und wartete. In ein paar Minuten würden wir gehen dürfen. Es gab nur noch eine Sache zu tun.

Ich warf einen letzten Blick auf das staubige Tay Ninh und wusste, dass ich diesen Ort nie wieder sehen würde. Ich würde nie den Gipfel des Nui Ba Den erreichen, um wie versprochen Jack Madden die letzte Ehre zu erweisen – und symbolisch allen amerikanischen und vietnamesischen Opfern des völlig vermeidbaren Krieges. Ich verspürte einen Anflug von Bedauern.

Vinh brach ein Gespräch mit Hauptmann Nam ab, der in einer Gruppe von Polizisten am Eingang des Polizeireviers stand. Vinh schritt würdevoll durch die Menge der Zuschauer zum Auto. Ich kurbelte das Fenster herunter. Alle schauten gespannt zu. Vinh sagte: „Jetzt. Gib mir das Geld, jetzt."

Ich reichte Vinh einen knackigen Hundert-Dollar-Schein. Am Ende geht es nur um die Benjamins. Mit einer bedächtigen Bewegung hielt Vinh den Schein zwischen Daumen und Zeigefinger vor sich, hoch und auf Armeslänge, so dass ihn jeder sehen konnte. An der Tür des Reviers übergab er Mr. Franklin an Hauptmann Nam. Der alte Revolutionär lächelte breit und aufrichtig. Ich hatte keine Ahnung, wie das Geld aufgeteilt werden würde. Aber es war mehr Geld, als jeder von ihnen in einem Monat verdiente.

Begeistert rannte Vinh unter dem wilden Beifall der jubelnden Menge zurück zum Auto. Tuan ließ den Motor laufen wie ein Fluchtwagenfahrer, und als Vinh auf den Rücksitz kletterte, waren wir schon halb aus der Stadt heraus.

Wir waren frei!

* * *

Jeder liebt ein Drama mit einem Happy End, und niemand in Tay Ninh war an diesem schicksalhaften Tag enttäuscht worden. Auf der Rückfahrt waren sich alle einig, dass das, was geschehen war, das größte Ereignis seit dem Krieg war. Alle sangen und lachten, sogar Tuan. Das Muttermal auf seiner Nase leuchtete.

Ich fing an, alles aufzuschreiben, was zu schallendem Gelächter aus dem Hintergrund führte. Ich hatte dem Mythos des amerikanischen Cowboys alle Ehre gemacht. Sehr wahrscheinlich hatte ich die Erwartungen übertroffen.

Während ich kritzelte, beschrieb Vinh jedes Detail des Geschehens und übersetzte zu meinen Gunsten. Seine Schilderung war stark ausgeschmückt, denn unser Mut und unsere Gerissenheit – und unsere unerschütterliche Kameradschaft – erreichten legendäre Ausmaße, als es Nacht wurde und wir irgendwo in der Nähe unseres Zuhauses ankamen. Da der Strom ausgefallen war, aßen wir an diesem Abend (auf meine Rechnung) bei Laternenlicht in einem schicken Restaurant, inmitten von Gelächter und einer warmen Bris. Unser Tisch stand auf einer Holzbrücke, unter der ein sanftes Bächlein plätscherte. Es war ein denkwürdiges Essen, die Speisen stapelten sich auf Platten: Fisch, Schweinedarm, kräftiges Nuoc Mam, Nudeln, ein gegrilltes Büffelsteak (das ich verschlang) und vier kalte Biere für mich.

Die Stimmung bei allen war ausgelassen, besonders bei Vinh. Er wollte den Moment verlängern, das Beste aus der Stimmung herausholen. Er schaute mich liebevoll an und sagte, er habe das Gefühl, wir seien geistige Brüder. „Schützen, am selben Tag geboren!" Das Schicksal hatte uns zusammengeführt, hatte uns aus einem bestimmten Grund für das Leben zusammengeschweißt. Und aus diesem Grund wollte er mir mit meiner Erlaubnis sein Herz öffnen.

Demütig sagte ich: „Auf jeden Fall."

Vinh gestand, dass er zwar die Freiheit und die Annehmlichkeiten in Amerika genoss, sich aber nur in Vietnam zu Hause fühlte. Hier bekam er Respekt. In Amerika fühlte er sich nie willkommen oder akzeptiert. Er fühlte sich furchtbar allein, weil die Amerikaner so verdammt voreingenommen sind. Die meisten Vietnamesen in Amerika, sagte er, fühlten sich so.

„Aber nicht du, Douglas", sagte er. Kein anderer Amerikaner, den er kannte, wäre in Giaus Dorf gegangen, hätte in dem Haus geschlafen, das Essen gegessen und jeden mit Respekt behandelt. Jeder andere Amerikaner wäre durch den Mangel an Annehmlichkeiten und Bräuchen beleidigt gewesen. „Aber nicht du, Douglas", sagte er. „Du bist anders."

Ich war froh, wieder in seiner Gunst zu stehen. Für die wenigen Augenblicke, die es dauerte.

„Ich schätze seine Meinung, Douglas, mehr als die von jedem anderen, den ich kenne", fuhr er fort. „Deshalb muss ich dich um deinen Rat bitten. Ich möchte, dass du mir sagst, ob ich das Richtige für Giau tue?"

Vinh war wie benommen. Und bevor er sie aufhalten konnte, schaute Giau mir in die Augen und sagte sachlich Worte, die ich nicht wiederholen darf. Ihre Bemerkungen, die sie in perfektem Englisch vortrug, brachten das Gespräch zum Stillstand. Sie warf Vinh einen trotzigen Blick zu und fragte mich dann nach meiner Meinung zu diesem Thema.

Nun war ich wie benommen. Das nenne ich mal eine Krise der Werte. Ich wollte Vinh nicht in Verlegenheit bringen, aber ich fühlte mich verpflichtet, Giaus Position zu unterstützen. Und das tat ich. Daraufhin löste sich ihr Stirnrunzeln und sie lächelte mich liebevoll an.

Die Erschöpfung und vier Biere hatten mich schwindlig gemacht. Aber ich konnte sehen, dass Vinh am Boden zerstört war. Ein Blick in die Runde machte deutlich, dass Giaus Familie sehr wohl verstand, was geschehen war. Eine traurige Stille senkte sich über unsere Gruppe.

Vinh saß mürrisch da auf der Rückfahrt. An der Straße nach Thanh Ta gab er Tuan die Anweisung, mich in mein Hotel zu bringen. Er ging ohne ein Wort davon. Als Giau ihrem Mann und ihrer Familie über den Feldweg zu ihrem Haus folgte, blieb sie stehen, drehte sich um und warf mir einen Kuss zu. Sie verschwanden in der Nacht und wurden nie wieder gesehen. Manche Dinge können nicht veredelt werden.

Eine halbe Stunde später stand ich an der Rezeption des Majestic Hotels und las zwei Briefe von Julie. Im ersten, der vor meiner Verhaftung geschrieben worden war, drückte sie ihre Hoffnung aus, dass es mir besser ginge, und bat mich, das Formular auszufüllen, das ich brauchte, um außerhalb der Stadt reisen zu dürfen. Sie bat mich, es zusammen mit drei Photos (die ich nicht besaß und von denen ich nicht wusste, wie ich sie beschaffen sollte) und meinem Reisepass an sie zurückzuschicken. Sie fügte hinzu, dass ich sie gleich am nächsten Morgen anrufen solle, um die Begleichung der Hotelrechnung zu vereinbaren. In der zweiten Nachricht, die nach meiner Verhaftung zugestellt wurde, hieß es, ich solle das Hotel nicht verlassen und mich nach meiner Rückkehr sofort bei ihr melden.

Die Bühne für das nächste Drama war bereit.

Tag 12: Robby in der Lobby
Mittwoch, 27. Februar 1991

„Bringe deine Angelegenheiten in Ordnung. Verlangsame dein Tempo.

Höre auf, dich um Dinge zu sorgen, die du nicht zu ändern vermagst.

Bereite dich auf den Vollmond vor.“

Im Sommer 1992 reiste ein Team britischer Zoologen in das Vu-Quang-Naturreservat in Zentralvietnam, um nach der schwer fassbaren „Waldziege“, auch bekannt als „asiatisches Einhorn“, zu suchen. Sie waren sich nicht einmal sicher, ob es eine Ziege war. Es hätte auch ein Zwergochse, ein kleiner Wasserbüffel oder eine Antilope sein können. Bis 1992 hatte kein westlicher Zoologe jemals eines gesehen, so dass sie offiziell nicht existierten. Dass es in der Region überhaupt noch Lebewesen gab, war an sich schon bemerkenswert, wenn man bedenkt, dass das US-Militär während des Krieges Millionen von Bomben auf die Region und die benachbarten Länder Kambodscha und Laos abgeworfen hatte.

Als Beweis für die Existenz hatten die Zoologen zwei lange, schlanke Geweihe, mit denen sich die Einhörner gegen Tiger und andere Raubtiere wehrten. Die Geweihe wurden von vietnamesischen Wissenschaftlern beschafft, die in Kontakt mit Angehörigen des im Naturschutzgebiet lebenden Bru-Volkes standen. Die Bru kannten die Waldziege und mahlten ihr Horn seit Generationen zu Pulver, um es als Aphrodisiakum zu verwenden. Wie viele indigene Stämme in ganz Südostasien jagten die Bru mit Armbrüsten und Blasrohren, kannibalisierten ihre Feinde und praktizierten Zauberei.

Ich bin mir sicher, die Bru würden zustimmen, dass die Auswirkungen eines Vollmondes unausweichlich sind. Und dieser spezielle Vollmond erreichte seinen Höhepunkt bei neun Grad im Zeichen Jungfrau – genau dort, wo der Mond stand, als ich geboren wurde – und aktivierte die Achse Fische-Jungfrau, die zum Zeitpunkt meiner Geburt existierte. Helen beschrieb sie als „die empfindlichste Achse des Tierkreises; Jungfrau steht für die Bewusstwerdung und Klärung der karmischen Angelegenheiten, Fische für deren unvermeidliche Auflösung in das Ganze. Aber der vorherrschende Instinkt ist nunmehr, die individuelle Integrität um jeden Preis zu bewahren.“

Meine Angelegenheiten zu regeln bedeutete, die Dinge mit den vietnamesischen Behörden zu klären und für meine Interviews nach Thailand zu reisen. Die Behörden hatten nichts getan, was mich glauben ließ, dass ich in Schwierigkeiten steckte. Ich hatte das Auto vor meiner Abreise angemeldet und die Polizisten in Tay Ninh hatten mich gut behandelt. Ich glaubte, sie seien flexibel und nachsichtig. Anders als die BBC. Ich traute der BBC nicht zu, über irgendetwas die Wahrheit zu sagen. Um die CIA zu besänftigen, hatten sie mich isoliert, ohne Übersetzungsdienste oder Unterstützung jeglicher Art. Das war eine gemeine Masche, und ich hatte nicht vor, ihrem Edikt, im Hotel zu bleiben, zu folgen.

Ich schlief ein paar Stunden und fühlte mich einigermaßen erfrischt, und nach dem Frühstück ging ich zum Büro von Vietnam Air, um meinen Flug zu bestätigen. Und dort stellte ich fest, dass nicht alles in Ordnung war. Der englischsprachige Angestellte teilte mir auf oberflächliche und unangenehme Weise mit, dass mein Name nicht auf der Passagierliste stand. Mein Flug aus Vietnam war nicht bestätigt worden. Ich konnte nicht abreisen.

Das Caravelle Hotel war nur ein paar Blocks entfernt, also ging ich hinüber zu Julie. Ich klingelte bei ihr an der Rezeption und sie sagte, sie käme gleich runter. Während ich wartete, fragte ich, ob Lillian Morton da sei. Sie war nicht da. Lillian war auf der zweiten Etappe ihrer Reise in den Norden nach Hanoi gefahren.

Wenige Augenblicke später erschien Julie und wir setzten uns in der Lobby inmitten einer Gruppe sich entspannender Vietnamesen. Deren Blicke ließen sie in ihrem Sitz erschaudern. Sie fragte, ob es mir besser ginge. Ich sagte, ich passe mich an, und fragte, wie es ihr gehe. „Ich kann es nicht erwarten, nach Hause zu gehen", antwortete sie. Bei dem Gedanken an zu Hause glitzerte eine Träne in einem Augenwinkel. Sie war abgehärmt, zappelte herum und war ein nervöses Wrack. Ich hatte Mitleid mit ihr. „Ich bin schon fast einen Monat hier", fügte sie emotional hinzu.

Julie straffte ihre Oberlippe und kam zur Sache. Sie sagte, die Vietnamesen seien verärgert und ich müsse in meinem Hotelzimmer bleiben, bis sich Frau Huong vom Ministerium für Kultur, Information, Sport und Tourismus bei mir meldet. Sie sagte, ich stünde unter Hausarrest und meine Ausreise aus Vietnam sei auf unbestimmte Zeit verschoben worden, bis sich mein Status geklärt habe. Sie fragte missbilligend, ob ich ihre Nachricht erhalten hätte, dass ich in meinem Zimmer bleiben solle.

Ich sagte, dass ich sie erhalten hätte, dass aber nichts davon erwähnt wurde, dass ich unter Hausarrest stehe, geschweige denn in meinem Zimmer eingesperrt bin. „Wie Sie wissen", sagte ich, „muss ich meinen Flug bestätigen lassen, und erst bei Vietnam Air erfuhr ich, dass es sich verzögert hat."

Während unseres Gesprächs war Julie durch das unverhohlene Starren und Zuhören der Vietnamesen um uns herum so verunsichert, dass sie aufstand und ziemlich schroff sagte, sie habe einige dringende Aufgaben für Molloy zu erledigen. Sie fragte, ob wir unser Gespräch beim Mittagessen im Majestic fortsetzen könnten. Ich stimmte zu und kehrte in mein Hotel zurück. Ich war gerade zwei Minuten in meinem Zimmer, als das Telefon klingelte. Es war Frau Huong vom Ministerium für Kultur. „Herr Valentine", sagte sie verzweifelt, „ich versuche seit Tagen, Sie zu erreichen!"

„Hallo, Frau Huong", antwortete ich. „Wie geht es Ihnen?"

„Mir geht es gut, Herr Valentine", sagte sie unbeeindruckt. „Wie geht es Ihnen?"

„Es geht mir gut, danke. Aber ich bin besorgt. Ich war gerade im Büro von Vietnam Air und man sagte mir, dass mein Flug nach Bangkok morgen auf unbestimmte Zeit verschoben wurde. Ich habe wichtige Geschäfte in Thailand zu erledigen. Ich hoffe, wir können die Sache schnell klären."

„Herr Valentine!", rief sie, verärgert über meine Unbekümmertheit. Sie ließ meinen Namen in der Luft hängen, während sie sich sammelte. „Herr Valentine", wiederholte sie wütend. „Sie müssen erklären, was Sie getan haben, bevor Sie Vietnam verlassen können. Wir können keine Touristen gebrauchen, die ohne Erlaubnis auf dem Land herumreisen. Jeder muss sich an die Regeln halten." Ich antwortete nicht, also fuhr sie fort. „Wir schicken jemanden in Ihr Hotel, um mit Ihnen zu sprechen. Er wird heute Abend um halb sieben da sein. Sie müssen in Ihrem Hotel bleiben, bis er eintrifft und die Angelegenheit geklärt ist. Haben Sie das verstanden?"

Ich verstand.

„Gut. Sie sind in ernsten Schwierigkeiten, Herr Valentine. Ich hoffe, Sie werden unseren Wünschen nachkommen."

„Natürlich, Frau Huong", sagte ich. „Aber Sie werden feststellen, dass das Problem nicht von mir verursacht wurde."

„Wir werden sehen, Herr Valentine. Auf Wiederhören."

Ich ging auf den Balkon und dachte darüber nach, was es bedeutet, in einem Land unter Hausarrest zu stehen, welches keine diplomatischen Beziehungen zu meinem Heimatland unterhält. Nicht, dass mir ein US-Beamter jemals helfen würde, aber ich konnte nirgendwo Hilfe holen. Auch in meinem Adressbuch fand ich niemanden, den ich um Hilfe bitten konnte. Noch beunruhigender war die Aussicht auf die verpasste Chance meines Lebens. Saigon lag vor mir und dahinter lag Thailand, das darauf wartete, erkundet zu werden. Aber ich saß in der Falle, und das Gefühl führte zu einem Moment der Panik, als ob ich in einem Auto säße, das auf Glatteis außer Kontrolle geriet und kopfüber in den entgegenkommenden Verkehr raste. Die nächsten Momente waren erfüllt von erdrückender Einsamkeit und so tiefgreifender Beklemmung, dass ich buchstäblich eine außerkörperliche Erfahrung machte. Ich spürte, wie mein Bewusstsein meinen Körper verließ, als würde es versuchen, auf der Astralebene nach Hause zu reisen.

Ich riss mich zusammen, konzentrierte mich auf das Straßenbild und entdeckte den Radfahrer mit der Baseballmütze. Er lächelte und schaute von der Ecke zu mir hoch. Er winkte fröhlich. In *The Quiet American* signalisiert ein Radtaxifahrer, der für Fowler arbeitet, Pyles Untergang. Synchronizität?

Ich kicherte und merkte, dass ich melodramatisch war. Mir drohte keine Zeit hinter Gittern. Sie würden mich vielleicht ausschimpfen, aber niemand würde mir den Arm brechen. „Hör auf, dir über Dinge Sorgen zu machen, die du nicht ändern kannst", hatte Helen mir geraten. Das ist es, was ein Schriftsteller tut, wenn er sich nicht einmischen kann. Er schreibt auf. Also schrieb ich über alles, was passiert war, und machte dann etwas Tai Chi.

* * *

Um 12:45 Uhr rief der Empfangschef an und sagte, Julie sei unten. Ich hatte kein Lomotil und Septra mehr und hatte meine Malariatabletten im Klo runtergespült. Die Gesundheitskrise war vorbei, aber ich brauchte einen Joint.

Ich traf Julie in der Lobby und fragte sie, wo sie sitzen wolle. Sie wählte einen Tisch, der so weit wie möglich von der Veranda entfernt war. Sie war in sich gekehrt und wollte die Straße nicht sehen. Sie konnte sich nur schwer beherrschen, sich nicht über die Hitze und die Heiden zu beschweren. Ich fragte sie, was sie zu Mittag essen wollte. Bei der Erwähnung von Essen erbleichte sie und bestellte ein Hühnersandwich. Als es ankam, stellte sie entsetzt fest, dass es nicht das Sandwich mit weißem Fleisch und Mayonnaise war, welches sie sich vorgestellt hatte. Das Fleisch war dunkel und strähnig und kam am Knochen. „Manche Leute sagen, es sei Taube", bemerkte ich barsch. Sie würgte.

Während wir uns unterhielten, zog Julie mit der Gabel kurze Streifen des zähen Fleisches vom Knochen ab. Manisch sortierte sie das Fleisch in einer Ecke ihres Tellers und knabberte an den trockenen Teilen des Brotes, die es nicht berührt hatten. Ein Teil von mir hatte Mitleid, aber ich konnte ihre Verachtung für die Vietnamesen nicht ertragen. Und für mich. Sie sah mich mit ihrer langen, dünnen Nase an wie ein Scharfschütze, der das Patridge-Visier eines Gewehrs ausrichtet.

Wir machten Smalltalk. Ich fragte, ob die BBC das erreicht habe, was sie sich vorgenommen hatte. Ob sie in das Nationale Verhörzentrum in Saigon oder in die Verhörzentren der Provinzen eingedrungen seien?

Julie sagte, die Dinge seien „so gut gelaufen, wie man es in Vietnam erwarten kann". Die BBC hat viel in der Provinz Long An gefilmt. Sie hatten Szenen aus dem Dorfleben gedreht, und ja, sie waren in das Verhörzentrum der Provinz gekommen, das „schäbig war, wie alles andere in Vietnam". Das Filmteam hatte darum gebeten, das Nationale Verhörzentrum betreten zu dürfen, aber es wurde gerade benutzt und war nicht zugänglich.

Ich erwähnte, dass ich im Cao Dai-Tempel gewesen war, und sie sagte, dass die BBC dort einen Gottesdienst gefilmt hatte. Sie waren auch in Vung Tau gewesen, südöstlich von Saigon an der Küste. In Vung Tau hatte die CIA ihre Kader für die Terrorismusbekämpfung und politische Aktionen ausgebildet.

Im Cao Dai-Tempel, in Vung Tau und in einem Verhörzentrum zu drehen, waren Dinge gewesen, die ich vorgeschlagen hatte. Mir Anerkennung zu zollen, stand jedoch nicht im Drehbuch der BBC. Als sie merkte, dass sie mir zu viel erzählt hatte, lenkte sie das Gespräch wieder auf meine Situation. „Doug", sagte sie mit einem Schniefen, „Sie wissen doch, dass Sie festgehalten werden und heute im Hotel bleiben müssen? Ich glaube, Frau Huong schickt heute Abend jemanden, um mit Ihnen zu sprechen. Ist das nicht so?"

„Das stimmt", bestätige ich.

„Wenn alles gut geht, werden Sie nur einen Tag rumsitzen müssen. Sie werden am Freitag statt am Donnerstag abreisen. Übrigens ist Freitag der Tag der geordneten Ausreise [Orderly Departure Program Day], der Tag, an dem die Flüchtlinge Vietnam verlassen dürfen. Am ODP-Tag geht es zu wie in einem Tollhaus, aber wenn Sie die Anweisungen befolgen, sollte alles gut gehen. Sobald die Leute vom Ministerium uns grünes Licht geben, werden wir Ihre Hotelrechnung begleichen und dann können Sie gehen. Okay?"

„Großartig", sagte ich zustimmend. Das waren ermutigende Neuigkeiten, obwohl sie zwischen den Zeilen andeutete, dass BBC meine Hotelrechnung nicht bezahlen würde, wenn ich mich nicht an die Regeln hielt. Was in Ordnung war. Ich hatte nicht vor, einen Aufstand zu machen. Ich fragte, ob sie sich mit dem Mandarin in Bangkok in Verbindung setzen und meine Hotelbuchung ändern würde. Sie sagte, ich solle selbst anrufen, BBC würde auch meine Telefonrechnung bezahlen.

„Danke", sagte ich skeptisch.

„Wissen Sie, Doug", sagte Julie entrüstet, „Leute in Ihrer Lage wurden bis zu einem Monat lang festgehalten! Die Leute vom Ministerium haben eines unserer Filmteams eine Woche lang in einem erbärmlichen Dorf festgehalten, nur weil einer unserer Leute nicht die erforderlichen Genehmigungen hatte."

Da Julie meine Verhaftung angesprochen hatte, fragte ich sie, was an jenem verhängnisvollen Tag „bei ihnen" passiert sei. Peter, sagte sie, sei über meine „Eskapade" wütend geworden. Die Leute vom Ministerium hatten sich am Dienstagmorgen wegen meiner Papiere an die BBC gewandt, woraufhin Julie die erste Nachricht schickte. Später an diesem Tag, als die BBC in Long An drehte, erschien die Polizei am Set und unterbrach die Dreharbeiten, während sie meinen Status klärte. In dieser Zeit gingen mehrere Telefonate zwischen Tay Ninh und Saigon hin und her, und das Filmteam musste zusehen, wie das kostbare Tageslicht schwand.

Die Geschichte hatte natürlich noch mehr zu bieten. Julie erwähnte weder die zehn Riesen, die ich bei mir trug, noch dass Molloy bestritten hatte, dass ich für die BBC arbeitete. Aber ich hatte bereits beschlossen, das Thema nicht weiter zu verfolgen. Stattdessen fragte ich sie höflich, ob sie mein erstes Buch gelesen habe?

„Nein", antwortete sie. Sie schien interessiert zu sein. „Wovon handelt es?"

Ich erzählte ihr, dass mein Vater Kriegsgefangener auf den Philippinen gewesen war, der einzige Amerikaner in einem Lager mit 120 Australiern und 44 Briten. Der Lagerkommandant war ein englischer Major, der an Heiligabend 1943 über vier Australier informierte, die in der Nacht geflohen waren. Die Japaner nahmen die Australier wieder gefangen und enthaupteten sie am Weihnachtsmorgen. In derselben Nacht hielten die Aussies einen Kriegsrat ab, zogen Strohhalme und schickten drei Männer, darunter meinen Vater, um den Major zu ermorden.

Ich glaube, dass Julie ein guter Mensch war, der die Befehle seines Chefs befolgte. Es hat mir keinen Spaß gemacht, sie zu erschrecken. Aber ich wollte Molloy wissen lassen, dass auch ich Hörner habe.

Julie verstand. Da sie wusste, dass ich reuelos und wütend war, ging sie abrupt weg, indem sie sich mit ihrer Serviette die Lippen abtupfte und mich warnte, nachts nicht allein durch den Park zu gehen.

Nachdem Julie gegangen war, schlenderte ich zu der kleinen Bar auf der Veranda und bestellte einen Grand Marnier. Ich schaute über die Baumkronen auf der Veranda auf den Bach Dang und beobachtete die Parade von Motorrädern und Fahrrädern, konischen Hüten und schwarzen Pyjamas. Auf der anderen Seite des sonnenüberfluteten Parks fuhren verschiedene Kähne und Boote den Saigon-Fluss hinauf und hinunter, auf denen die rote vietnamesische Flagge mit dem einzelnen weißen Stern wehte. Zu meinem zweiten beruhigenden Brandy bat ich den schwarz gekleideten Barkeeper um eine Tasse Kaffee. Er schenkte die lauwarme, sirupartige Flüssigkeit aus einer Thermoskanne ein.

Ich war allein und fühlte mich todunglücklich, als wie aus dem Nichts eine Packung Parliament Lights auf der Theke neben mir landete. Ich wurde von Nostalgie übermannt. Parliament Lights waren meine Marke. Ich schaute auf die Packung, die einladend dalag, und fragte mich – konnte es sein, dass ein Amerikaner neben mir stand?

Ich hörte, wie der Mann ein Bier auf Englisch bestellte. Ich konnte es nicht glauben. Nichts in meinem Horoskop hatte dies vorhergesagt. Die Einsamkeit und das Verlangen nach einer amerikanischen Zigarette zwangen mich, mich umzudrehen und zu fragen: „Kann ich eine von Ihren Zigaretten rauchen?"

„Sicher", antwortete er und schüttelte ruhig eine aus der Packung. Mit ruhiger Hand gab er mir Feuer.

Ich fühlte mich unbeholfen und wollte mich revanchieren, indem ich ihn fragte, ob ich sein Bier bezahlen könne.

„Oh, nein", sagte er, „das ist nicht nötig."

„Bitte. Dann würde ich mich besser fühlen. Das ist wirklich nur fair.“

„Wenn das so ist, klar“, lächelte er. „Nehmen Sie so viele, wie Sie wollen. Ich habe eine Stange in meinem Zimmer.“

Sie sind gut vorbereitet“, bemerkte ich. „Wo wohnen Sie denn?“

„Zwei Blocks weiter im Bong Seng. Es ist diesmal in Vietnam viel mehr los als das letzte Mal, als ich hier war. Diesmal ist so viel mehr los, dass ich kein Zimmer in Cuu Long oder Saigon Mini bekommen konnte. Ein guter Freund von mir wohnt im Mini. Was ist mit Ihnen? Wo wohnen Sie?“

„Genau hier“, sagte ich und stellte mich vor. Wir schüttelten uns die Hände, und er stellte sich als Robby aus Upstate New York vor. Er war mittelgroß, hatte kurzes braunes Haar, einen zotteligen Schnurrbart, sanfte braune Augen, trug lässig blaue Jeans und ein hellblaues, kurzärmeliges Hemd. Alles an ihm wirkte beruhigend auf mich. Ich fragte ihn, was er beruflich mache.

Robby war Ingenieur bei einem Unternehmen in Chicago. Das Unternehmen hatte einen Vertrag mit der US-Regierung über die Inspektion von Hydrauliksystemen in Militärflugzeugen. Robby hatte sein Handwerk als Techniker auf schnellen Angriffs-U-Booten bei der Marine gelernt. Gleich nach seinem Ausscheiden aus der Marine im Jahr 1979 hatte er für dieses Unternehmen gearbeitet. Seitdem hatte er überall auf der Welt in der Instrumentierung und Kalibrierung gearbeitet. „Avionik“, wie er es nannte.

Seine Geschichte wurde interessant. Er hatte in Kuwait gearbeitet, als der Irak einmarschierte. Ich wollte wissen, wie diese Erfahrung war, und bot ihm an, noch eine Runde zu spendieren. Robby hatte an diesem Nachmittag nichts zu tun, also nahmen wir unsere Getränke mit an einen schattigen Tisch auf der Veranda, wo er erzählte, wie er und ein Kollege einen Firmenjeep nur wenige Stunden vor den anrückenden irakischen Panzern aus Kuwait herausgefahren hatten.

Der Tag war hell und heiß, und wir beobachteten die Boote auf dem Fluss. Es war traumhaft, auf der Veranda zu sitzen, Getränke zu schlürfen und dem Klingeln der Fahrräder und den süßen Stimmen der Kinder zu lauschen, die über die Hecken spähten und versuchten, uns Kaugummi zu verkaufen. Robby beschrieb, wie er und sein Kollege auf einer staubigen Straße durch die Wüste fuhren, die mit Verkehr und Flüchtlingen verstopft war, von denen die meisten „Pakistaner waren, die mit Schnüren gebundene Bündel trugen“. Am Ende der Straße befand sich ein überfüllter Außenposten der saudischen Armee, wo er und sein Kollege abgefertigt wurden und ein Dreitagesvisum erhielten.

Ich fragte ihn, ob er wisse, wie der Krieg verlaufe. Er sagte, Saddam versuche, seine Truppen zurückzuziehen, aber die US-Kampfflugzeuge bombardierten die sich zurückziehenden Kolonnen gnadenlos. Die Amerikaner, sagte er, hätten bereits etwa 30.000 Gefangene gemacht.

Ich fragte ihn, warum er glaube, dass Bush so heftig reagiere.

„Geld“, sagte er ohne zu zögern. „Niemand ist in Kambodscha eingeschritten, um die Roten Khmer zu stoppen, weil niemand dort finanzielle Interessen zu schützen hatte. Aber Bushs Familie und Freunde haben große finanzielle Interessen in Kuwait. Öl-Interessen. Der Schutz dieser Interessen ist die oberste Priorität des Militärs. Seit zehn Jahren bereiten sie sich auf einen Kampf vor, bauen unterirdische Komplexe, versorgen sie mit Vorräten und warten auf den Tag, an dem sie eine ständige Militärpräsenz im Irak aufbauen können. Deshalb haben sie Saddam so viele Waffen verkauft. Und deshalb sagten sie ihm, dass es in Ordnung sei, in Kuwait einzumarschieren, als er herausfand, dass dort Schrägbohrungen in den Irak vorgenommen wurden. Das war eine Provokation, etwas, das Saddam zu einer Überreaktion veranlassen sollte.“

„Wie die ‚provozierte Reaktion‘ im Golf von Tonkin 1964“, sagte ich. „Das Gleiche, nur raffinierter.“

„Was ist mit Ihnen?“ fragte ich. „Warum sind Sie in Vietnam?“

Er lachte. „Ich kann erst nach Kuwait zurück, wenn sie das Chaos aufgeräumt haben. In der Zwischenzeit kann ich umsonst fliegen, wohin ich will. Ich war schon sechzehn Mal in Thailand. Das ist der Ort, den ich wirklich mag. Ich fahre für ein paar Wochen dorthin, um das Floß- und Elefanten-Ding zu machen und etwas Zeit in Bangkok zu verbringen. Dann auf die Philippinen. Ich dachte, ich mache auf dem Weg dorthin ein paar Tage Halt. Es ist mein zweites Mal. Beim ersten Mal, letztes Jahr, bin ich nicht aus Saigon herausgekommen. Diesmal möchte ich mir den Strand von Vung Tau, die Tunnel von Chu Chi und Hue ansehen. Ich werde auch versuchen, nach Laos hineinzukommen.“

Ich fragte ihn, ob er immer allein reise, und er antwortete: „Ja.“ Als ich ihn fragte, warum, sagte er ohne zu zögern: „Totale Unabhängigkeit.“

„Und wenn man einsam ist?“

„Einsamkeit ist der Preis, den man für die Unabhängigkeit zahlt. Wenn du dich einsam fühlst, unternimm etwas.“

Das war ein guter Rat. Robby war wortgewandt und offen, also fragte ich ihn: „Was hält Ihre Familie davon, dass Sie allein um die Welt reisen?“

„Ich bin achtunddreißig“, sagte er. „Seit kurz nach der Highschool bin ich verheiratet. Habe ein paar Kinder. Verdiene mehr Geld, als ich je gedacht hätte, und das macht meine Frau glücklich. Sie mag es, sich um das Haus zu kümmern, in der Stadt in der Nähe ihrer Familie zu leben und Sicherheit zu haben. Ich wollte schon immer reisen; Sie wissen schon, ‚die Welt sehen‘. Ich bin verdammt ruhelos, ich kann nicht anders“, sagt er mit einem selbstironischen Lachen. „Ich werde launisch, wenn ich zu Hause sitze. Meine Frau hat also nichts dagegen. Wir sind seit zwanzig Jahren verheiratet. Es funktioniert.“

„Was ist mit Ihnen?“, fragte er. „Was führt Sie nach Saigon?“

Ich erzählte ihm, dass ich ein Buch über das Phoenix-Programm geschrieben hatte und für die BBC als Berater für eine Serie über die CIA in Vietnam arbeitete. Ich erzählte ihm auch von *The Hotel Tacloban*.

„Oh, ja“, sagte er. „Ich hatte einen Onkel, der Kriegsgefangener in Korea war. Er würde das Buch bestimmt gerne lesen.“

Wir vereinbarten, dass ich ihm ein Exemplar schicken würde, wenn ich nach Hause komme. Wir saßen noch eine Weile schweigend da, nippten an unseren Getränken und beobachteten die Boote auf dem Fluss. Ich erwähnte, dass ich nach Thailand reisen würde, und er empfahl mir Sehenswürdigkeiten in Bangkok - den Goldenen Buddha, den Schwimmenden Markt, den Liegenden Buddha – sowie Bars für Amerikaner in Bangkoks Rotlichtviertel in der Patpong Road und der Soi Cowboy. Er empfahl mir auch Hotels, die sich auf Sextouristen spezialisiert hatten, und nannte mir den Namen einer zuverlässigen Eskort-Dame. Offensichtlich war Sex ein weiterer Grund, warum Robby ins Ausland reiste.

Robby sagte, er treffe sich mit einem australischen Freund namens Chapman zum Abendessen und lud mich freundlicherweise dazu ein. Ich erklärte ihm, dass ich unter Hausarrest stehe und um 18.30 Uhr eine Person aus dem Ministerium treffen sollte.

„So etwas passiert in Vietnam ständig", seufzte er. Da er sich um mein Wohlergehen sorgte, musste ich ihm versprechen, ihn später am Abend anzurufen. Wir vereinbarten, dass wir, wenn alles klappte, am Donnerstag Zeit miteinander verbringen würden. Dann ging er los, um Chapman zu treffen, und ich ging auf mein Zimmer, um mich auf das Treffen mit dem Minister vorzubereiten. Ich wusch mich, legte eine Krawatte an und kämpfte mit meinen Befürchtungen. Um 8:00 Uhr klingelte die Empfangsmitarbeiterin und sagte, dass ein Mann in der Lobby auf mich warte.

Der Mann vom Ministerium war ein hart aussehender Kerl, dunkel und groß. Er sprach kein Englisch, und unsere gestelzte Konversation wurde durch die Empfangsdame, eine nervöse Frau mittleren Alters, geführt. Sie brauchte nicht eingeschüchtert sein. Trotz seiner imposanten Erscheinung war der Mann vom Ministerium entspannt und zurückhaltend. Er sagte, das Ministerium schicke einen Lieferwagen, der mich morgen um 9.00 Uhr zu einem Treffen in seinem Büro am anderen Ende der Stadt abholen würde. Er fragte freundlich, ob ich irgendwelche Anliegen hätte. Als ich um Erlaubnis bat, im Jackie's, einem nahe gelegenen chinesischen Restaurant, das Robby empfohlen hatte, essen zu dürfen, sagte er mit einem breiten Grinsen, dass ich tun könne, was ich wolle, solange ich Saigon nicht verlasse.

So viel zum Thema Hausarrest. Nichtsdestoweniger hatte meine Begegnung mit dem Mann vom Ministerium eine sichtbare Auswirkung auf das Hotelpersonal, wobei die Mutlosen ein paar Schritte zurücktraten, wenn ich vorbeiging, während die Abenteuerlustigen versuchten, mich allein zu erwischen und ihre Kriegsgeschichten zu erzählen.

Ich hatte einen Bärenhunger und ging allein durch den Park zu Jackie's, gegenüber dem schwimmenden Hotel unweit des Saigon Mini, in dem Chapman wohnte. Es war eine anständige Mahlzeit – fluffiger Reis, weißes Hühnerfleisch, ein kaltes Bier, das meinen Magen beruhigte und mich optimistisch stimmte. Für einen müden Amerikaner gab es 1991 in Saigon jedoch keine Ruhe, und auf dem Weg nach draußen wurde ich von einem Kellner mittleren Alters in ein Gespräch verwickelt. Er war ein ehemaliger Offizier der südvietnamesischen Luftwaffe, der von der CIA rekrutiert worden war und sich fragte, warum er von denen, denen er so loyal gedient hatte, zurückgelassen worden war. Er sagte, er habe einmal Verantwortung, Respekt und Macht gehabt, aber jetzt habe er nichts mehr. Er suchte verzweifelt nach Antworten und einem Ausweg und fragte mich, warum ihm keiner seiner früheren Förderer bei der Einreise in die USA helfen würde. Ich fragte ihn nach den Namen der Leute, für die er gearbeitet hatte, aber er wollte sie nicht nennen. Ich sagte ihm, dass ich ihm nicht helfen könne, wenn ich nicht wüsste, wer seine Chefs seien. Niedergeschlagen ging er wieder hinein.

Ich ging allein durch den Park zum Majestic und dachte darüber nach, wie ironisch es war, dass dieselben CIA-Beamten, die zwanzig Jahre zuvor Saigon vergewaltigt hatten, sich jetzt mit ihren BBC-Kollegen versteckten und die Geschichte neu schrieben – und wie Morley Safer erzählten, dass irgendein mythischer vietnamesischer Verbündeter „für die Demokratie gestorben" sei, während die wirklichen Menschen, wie der Air-Force-Major, der ihren Versprechungen geglaubt und ihre schmutzigen Taten begangen hatte, an Tischen kellnerten oder Postkarten verkauften und sich fragten, wo ihre Retter waren.

Ich kaufte ein paar Flaschen Bier an der Hotelbar und ging zu Ehren des Vollmonds in die verbotene oberste Etage. Ich stand inmitten der verkohlten Überreste einer ehemaligen Disco-Lounge, zog einen gepolsterten Stuhl auf den Balkon und betrachtete das silberne Spiegelbild des Mondes im Saigon-Fluss, das schwimmende Hotel, ein Konica-Schild im Park, die schattenhafte Vergangenheit, mich.

Helen zufolge macht mich mein Jungfrau-Mond wählerisch beim Ausdruck meiner Gefühle. „Diese selbstzensierende Eigenschaft bewahrt dich davor, ein emotionales Wrack zu werden, und hilft dir, dein Bedürfnis, nützlich zu sein, zu erfüllen. Du weißt, wo du anfängst und andere aufhören.“

Vielleicht war dem so. Ich würde es früh genug herausfinden.

Tag 13: Madre Cadre

Donnerstag, 28. Februar 1991

„Vollmond. Strebe nach Einfachheit."

Ich saß in einem Rindenkanu auf dem Nauro Creek in Neuguinea. Achteraus stand wie ein Gondoliere ein Papua mit einem langen Holzpaddel und einem Elfenbeinknochen, der waagerecht durch seine weit aufgerissenen Nasenlöcher steckte. Sein lockiges Haar war ein schwarzer Heiligenschein. Von seinem Lendenschurz baumelte eine Machete. Hinter mir saß Bill Shakespeare, gekleidet wie der Joker in einem Kartenspiel, mit roten spitzen Schuhen, einem blauen Hut mit Glöckchen und einem gerüschten Kragen. Bill schrieb Liebessonette. Jemand saß vor mir und hielt sich an den Seiten des Kanus fest, um das Gleichgewicht zu halten. Sein Rücken war ein Labyrinth aus Runen-Tätowierungen. Vögel krächzten und riesige schillernde Schmetterlinge stürzten sich vom Ufer auf uns, während das Kanu an vorspringenden Felsen und unter moosbewachsenen Ästen vorbeifuhr, die von tödlichen grünen und roten Schlangen übersät waren. Wir glitten durch die aufgewühlten weißen Stromschnellen auf einen Wasserfall zu, und gerade als wir hinüberschießen wollten, drehte sich der tätowierte Mann um, und ich wachte schweißgebadet und verstört auf, verhedderte mich in den Laken und versuchte zu vergessen, was ich gesehen hatte.

Morgens in Saigon. Sitzen und Drehen auf den Saturnringen. Sich niederlassen und versuchen sich zu erinnern, wann und wo, was und warum. In ein paar Stunden würden die Leute vom Ministerium kommen, um mich abzuholen. Ein Moment der erstickenden Angst. Gib uns heute unser tägliches Grauen.

Ich beschloss, in den Park zu gehen, um mich zu dehnen. Es hat keinen Sinn, mich in meinem Zimmer zu verstecken und Däumchen zu drehen. Da kann ich genauso gut mein Blut zwischen den Tai-Chi- und Badmintonspielern in Wallung bringen. In den wenigen Minuten, die ich dort verbrachte, kam ich mir allerdings wie ein seltsamer Eindringling vor. Alle starrten mich mit Augen wie Eiszapfen an.

Zurück im Hotel erkundigte ich mich, ob während meiner Abwesenheit irgendwelche Nachrichten eingegangen waren. Der Rezeptionistin, Cuc, sagte: „Keine Nachrichten", und schaute mich fragend an. Das Hotelpersonal wusste, dass ich unter Hausarrest stand. Niemand wollte meinetwegen in Schwierigkeiten geraten, aber die Neugierde übermannte Cuc. Sie fragte mich, was ich in Vietnam mache. Ich sagte es ihr.

„Sie sind Schriftsteller, kein Journalist", sagte sie. „Warum arbeiten Sie dann für die BBC?"

Ich zuckte mit den Schultern. Cuc sagte, sie sei vor der „Befreiung" sieben Jahre lang Journalistin bei einer japanischen Zeitung gewesen. Sie seufzte. Die Zeiten waren hart, und wie viele Menschen sehnte sie sich nach der Besatzung. Mir kam der Gedanke, dass die Mitarbeiter es wissen müssten, wenn die BBC tatsächlich meine Rechnung bezahlen würde. Ich fragte Cuc, ob die BBC die Bezahlung meiner Rechnung veranlasst habe. Das hatten sie nicht. Es bahnte sich Ärger an.

Zurück in meinem Zimmer rief ich Robby an und wir vereinbarten ein Treffen nach meiner Rückkehr aus dem Ministerium. Vier Mitarbeiter des Kulturministeriums kamen um 9:00 Uhr in einem Lieferwagen an. Wir fuhren zum International Service Centre in der Quan Su Street 58. Es erinnerte mich an eine Fahrt in einem Planwagen, die ich im Januar 1973 in San Francisco gemacht hatte. Die vier Personen waren die Herren Dung, Trien und Dang sowie meine Kontaktperson, Frau Huong. Madre Cadre. Wir saßen auf Stühlen und Sofas in der Ecke eines großen, leeren Raumes in einem oberen Stockwerk mit vielen Fenstern und einem Panoramablick auf Saigon. Tee wurde serviert. Alle waren leger gekleidet, aber nervös. Frau Huong leitete die Diskussion. Sie hatten Saigon Tourist angerufen, um meine Geschichte zu überprüfen, und waren zufrieden. Das Problem war meine Beziehung zur BBC. Sie bat mich um eine Erklärung.

Ich erzählte, wie ich Molloy in DC getroffen hatte. Dass ich ein Buch über das Phoenix-Programm geschrieben hatte und er Zugang zu meinen Quellen für die BBC-Dokumentation haben wollte. Ich reichte Frau Huong den Schutzumschlag von *The Phoenix Program*, den ich für alle Fälle mitgebracht hatte. Sie reichte ihn herum. Ich besaß die ungeteilte Aufmerksamkeit aller.

Molloy kam zu mir nach Hause, sagte ich, und während er dort war, erzählte ich ihm, wie die CIA in Südvietnam organisiert war und arbeitete. Nachdem er gegangen war, setzte er sich mit all meinen Quellen in Verbindung, von denen einige Hauptdarsteller in dem Dokumentarfilm waren. Im Gegenzug sollte ich eine Anerkennung und eine Rundreise nach Vietnam erhalten, bei der alle Kosten getragen werden würden. Ich legte eine Kopie des Vertrags vor, den ich für alle Fälle mitgebracht hatte. Sie machten eine Kopie.

Als ich hinzufügte, dass ich zehntausend Dollar in bar bei der Einreise bei mir hatte, wofür ich von Molloy nicht einmal ein Dankeschön erhielt, fielen ihnen die Kinnladen herunter. Trotz all meiner gutgläubigen Bemühungen, sagte ich, isolierte mich die BBC auf Drängen ihres Kontingents von CIA-Beamten. Sie behandelten mich wie einen Aussätzigen und verweigerten mir trotz unserer Vereinbarung die seltene Gelegenheit, an den Dreharbeiten für die Dokumentation teilzunehmen. Ich hatte um einen Fahrer und einen Dolmetscher gebeten, aber auch das wurde mir verweigert. Als ich ihnen sagte, dass ich nach Thanh Ta und Tay Ninh fahren würde, machten sie keine Anstalten, mich davon abzubringen. Sie fragten lediglich, ob ich irgendwelche Namen von Personen hätte, die sie kontaktieren könnten. Als ich die Liste der Revolutionäre und Progressiven vorlas, war Molloy entsetzt zurückgeschreckt, sagte ich. Er war nur daran interessiert, die rechtsrevisionistische Geschichte zu verbreiten.

Als weiteren Beweis für ihre Bösgläubigkeit erinnerte ich mich daran, wie die BBC der Polizei in Tay Ninh gesagt hatte, dass ich nichts mit ihnen zu tun hätte. Dann zeigte ich ihnen den Brief, den Julie mir geschickt hatte und in dem stand, dass die BBC für meine Unterbringung aufkommen würde. Ich erwähnte, dass ich mein Flugticket immer noch nicht bekommen hatte und befürchtete, dass sie auch die Hotelrechnung nicht bezahlen würden. Danach brachte ich meine Überzeugung zum Ausdruck, dass die ehemaligen CIA-Beamten Tom Polgar, Frank Snepp und Orrin DeForest Kriegsverbrecher waren, die unter der Leitung des reaktionären Drehbuchautors John Ranelagh die Geschichte revidieren wollten, um sich und ihre CIA-Sponsoren zu schützen. Die CIA hasste mich, weil ich das Phoenix-Buch geschrieben hatte, sagte ich, und meiner Meinung nach hatte die BBC der CIA gedient, indem sie mich in ein separates Hotel steckte und mir den Geldhahn zudrehte. Sie hätten mich reingelegt, sagte ich, und meiner bescheidenen Meinung nach hätten sie auch die Vietnamesen reingelegt. Ich ließ es dabei beruhen.

„Wir wussten nichts von alledem", sagte Frau Huong ungläubig. Dann hielt sie den *Phoenix*-Schutzumschlag in der Hand und fragte: „Wie konnten Sie ein Buch über den Krieg schreiben, ohne hier gewesen zu sein?"

Das war eine gute Frage. „Ich habe eine Menge Interviews geführt", antwortete ich.

Frau Huong sagte, ich könne mich entspannen. Es war, als ob wir beste Freunde wären. Sie gab mir ihre Visitenkarte und sagte, dass Operation Desert Storm beendet sei und die USA nun Kuwait-Stadt besetzten.[1] Dann fuhr mich die fröhliche Bande zurück zum Majestic. Alles war gut. Julie schrieb mir, dass mein Flugticket schon besorgt sei und ich das Mandarin anrufen solle, um ihnen mitzuteilen, dass ich kommen würde. Dann bat sie mich, sie um 16:30 Uhr im Caravelle zu treffen. Ich stimmte zu, in der Hoffnung, dass sie dann meine Hotelrechnung begleichen würde.

Ich rief Robby an und wir verabredeten uns zum Mittagessen. Es war lustig. Wir gingen spazieren, sahen einige Sehenswürdigkeiten, tranken etwas und unterhielten uns in aller Ruhe im Rex Hotel. Dann fragte er mich, ob ich einen Mann besuchen wolle, den er im Untergrund von Cholon kenne. Es wäre mir nie in den Sinn gekommen, dass jemand, der nur einmal in Saigon gewesen war, einen Kontakt im Untergrund von Cholon haben könnte, aber ich sagte zu. Es war allerdings schon 4:00 Uhr, und ich musste zuerst Julie sehen.

Als ich die Dong Khoi hinaufging, fühlte ich mich ein wenig wie Fowler, der hoffte, dass die Polizei seinen „Umlaufbefehl" nicht widerrufen würde. Ich war müde, als ich Julie in der protzigen Lounge des Caravelle traf. Natürlich hörte ein Mann zu, und Julie war kalt. Molloy, sagte sie, sei furchtbar aufgeregt. Nachdem er mit mir gesprochen hatte, hatten ihm die Leute vom Ministerium die Leviten gelesen. Er wollte sich um 19:00 Uhr zum Abendessen treffen, um die Situation zu besprechen.

Julie hatte ihr verstopftes Grinsen aufgesetzt und fiel fast in Ohnmacht, als ich ihr höflich sagte, sie solle Molloy sagen: „Nein, danke." Dass ich mit Freunden zum Abendessen gehen würde.

Fünfzehn Minuten später traf ich Robby am Saigon Mini, um mit ihm nach Cholon zu fahren und seinen Freund Lac Long zu treffen. Es war das einzige Mal, dass ich mich in Vietnam wirklich in Gefahr fühlte. Ich fühlte mich auch schuldig, weil ich wie ein Pascha mit einem Kuli fuhr, der sich den Hintern abarbeitete, um mich zu transportieren. Die Straßen waren eben, und das half, aber gesäumt von mürrischen Menschen. Wir kamen an einem kleinen Mädchen vorbei, das unter einem Leichentuch auf dem Bürgersteig lag. Ich dachte, sie könnte tot sein.

Je tiefer wir nach Cholon kamen, desto enger und verstopfter wurden die Straßen. Der Radtaxifahrer schlängelte sich zwischen den Menschen hindurch, die mich angestrengt anstarrten.

Robby zeigte keinerlei Bedenken. Es war ihm nicht peinlich, ein Amerikaner zu sein. „Kein Augenkontakt", sagte er. Die Radfahrer parkten und verschwanden, während wir einen Blick in das Fenster von Lac Longs Kuriositätenladen warfen. Seine Söhne waren da, aber er war zu Hause. Ein Sohn ging ihn holen. Robby war anscheinend wichtig. Während wir warteten, erschienen und verschwanden die Leute im Laden wie aus dem Nichts.

---

[1] George H. W. Bush verkündete am 1. März: „Bei Gott, wir haben ein für alle Mal das Vietnam-Syndrom besiegt." „Kicking the ‚Vietnam Syndrome'", *The Washington Post*, 4. März 1991.

Robby stand lässig da, den Ellbogen auf eine Vitrine mit Kuriositäten gestützt: Steine und Mineralien, Buddhas und Puppen, geschnitzte Tiere, Glücksbringer. Jeder will Glück haben. Diejenigen, die es haben, werden von den Göttern begünstigt.

Lac Long sah mich bei seiner Ankunft wütend an und sagte, er könne nur eine Minute bleiben. Robby nahm es mit einem Achselzucken hin. Dann gab Lac Long eine kurze Lektion darüber, warum die Menschen gezwungen waren, die in Vietnam existierende Schattenwirtschaft aufzubauen. Er sagte: „Der Krieg hat die Bedeutung der Freiheit verändert."

Ich werde den Rest paraphrasieren. Die von den USA unterstützte Regierung zwang die Menschen aus ihren angestammten Gebieten in die Städte, wo Jungen zu Drogenhändlern und Zehntausende von Mädchen zu Sexsklavinnen amerikanischer Männer wurden, damit ihre Familien überleben konnten. Wäre Morley Safer ehrlich, hätte er gesagt: „Sie haben für die Demokratie Schwänze gelutscht."

Vielen Dank für euren Dienst, Mädchen.

Dann verkauften Nixon und Kissinger Südvietnam, um China als Handelspartner zu gewinnen. Aber die Revolutionäre verstanden, was die Sanktionen bedeuteten, und erlaubten dem Untergrund zu gedeihen, und der BBC, ihren Dokumentarfilm zu drehen, und mir, zehntausend Dollar in bar hineinzubringen. Die brutale Wahrheit ist, dass jeder weitermachen muss.

Ich war in nüchterner Stimmung, als wir Robbys Freund Keith Chapman im Saigon Mini trafen. Keith, ein australischer Agrarwissenschaftler bei der Ernährungs- und Landwirtschaftsorganisation der Vereinten Nationen, war ein stämmiger Mann mit Bart und braunen Augen. Er kannte jeden. Als wir zum Majestic zurückkehrten und draußen einen Tisch nahmen, sprangen zwei süße kleine Mädchen über die Hecke, um mit ihm zu sprechen. Keith war sowohl kenntnisreich als auch beliebt.

Er sagte, dass die Vietnamesen auf dem Land immer noch nach Saigon strömten, es ihnen aber auf dem Land besser ginge, wo es reichlich zu essen gäbe. Er sagte auch, man solle sich keine Sorgen machen, sie würden überleben und gedeihen. Im Gegensatz zu uns verfügten sie über genügend Treibstoff und Lebensmittel und seien nicht auf Importe angewiesen. Das Problem, sagte er, sei die Umweltkatastrophe, die die Amerikaner in Vietnam angerichtet hätten, und gab mir damit die maßgeblichen Informationen, die ich für Fred Dick über die Vergiftung durch Agent Orange brauchte. Er verglich es mit dem, was im Irak geschah.

Robby, Keith und ich tranken ungarischen Wein und aßen gute Steaks im Maxim's, während wir uns die Vorführungen ansahen: traditionelle vietnamesische Musiker, Sänger und Tänzer, gefolgt von einer philippinischen Band, die Rock 'n' Roll spielte. In der Nähe saß eine lärmende Gruppe von Osteuropäern. Nach dem Abendessen saßen wir auf der Veranda des Majestic und tranken etwas. Irgendwann ging ich zur Rezeption und erfuhr, dass die BBC sich weigerte, meine Hotelrechnung zu bezahlen. Ich sagte Robby und Keith, sie sollten eine Minute warten, ging zur Caravelle und sagte dem panischen Rezeptionisten – laut, für die aufmerksamen Zuhörer –, dass ich meine Polizeifreunde anrufen würde, wenn die BBC meine Rechnung nicht bis Mitternacht bezahlte.

Robby und Keith lachten, als ich ihnen erzählte, was ich getan hatte. Sie sagten, sie hätten eine Überraschung für mich und ich solle ihnen folgen. Das tat ich, ohne nach Erklärungen zu fragen. Nach einigen Abzweigungen gingen wir eine dunkle, enge Gasse hinunter. Als wir uns dem Ende der Gasse näherten, sah ich zu meiner Linken eine Tür mit einem kleinen Schild darüber: Lan Thanh. An der gegenüberliegenden Wand warf ein winziges Holzkohlefeuer die flackernden Schatten von zusammengekauerten Gestalten, die auf ihren Hüften hockten, Utensilien austauschten und Opium rauchten. Drei Mädchen in dunklen, langärmeligen Jacken, die ein silbriges Vogelgesanglied sangen, traten aus der Tür und führten uns hinein. Ein älterer weißer Mann in blauen Jeans und einem langärmeligen karierten Hemd, mit einem weißen Bart bis zum Gürtel, stand an der Ecke der Bar in der Nähe der Tür und schaute hypnotisch auf sein Bier hinunter, als wäre er high von Heroin. Ich war mir sicher, dass er Amerikaner war, und unterdrückte den Drang, zu fragen: „Was zum Teufel machst du hier?" Der einzige andere Gast, vermutlich ein Zuhälter, saß mitten in der Bar und fummelte an einem Aschenbecher und einer Zigarette herum. Die drei kichernden Barmädchen drängten uns in den hinteren Teil des Raumes. Keith kannte sie gut und sie taten so, als würden sie auch Robby kennen. Die Hierophanten und ihre Eingeweihten.

Wir drängten uns in eine halbrunde Lederkabine im hinteren Teil des Salons. Als Teil des Rituals wuschen die Mädchen unsere Arme und Gesichter mit feuchten Tüchern. Während wir Bier bestellten, schälten sie feierlich Früchte (Juju mit Salz und Orangen) und saßen dann ganz still. In der tiefen Dunkelheit konnte ich nur das strahlende, schöne Gesicht des Mädchens mir gegenüber sehen. Sie lächelte und ihre großen Augen sagten: „Ja, du kannst mich haben. Willst du mich? Sag es einfach. Warum schreckst du zurück? Schäme dich nicht für dein Verlangen. Wir können es hier alle sehen."

Robby lachte mich aus und sagte: „Nimm keinen Augenkontakt auf. Das bedeutet, dass du sie anheuern willst."

Alles, was du willst, kannst du mit nur einem Blick bekommen.

Ich erzählte ihnen von meinem bizarren Kanutraum. Keith und Robby erzählten von ihren wiederkehrenden MSG-Albträumen. Das Essen ist mit MSG durchtränkt, sagten sie; man wacht schweißgebadet auf, und das Herz rast. Dieses Phänomen tritt auf, nachdem man etwa eine Woche dort war. Der Kaffee dringt in dein System ein und reinigt den westlichen Menschen. Du fängst an, wie ein Asiate zu riechen, dich wie ein Asiate zu benehmen, wie ein Asiate zu denken, ohne Vorurteile, ohne Hemmungen. Nach 30 Tagen profitierst du von allen Annehmlichkeiten, die der Osten zu bieten hat. Der Preis dafür sind MSG-Albträume.

Ich begann einzudösen, als sie über die Vorteile von Frauen mit Beckenschub nach hinten im Gegensatz zum Beckenschub nach vorne diskutierten. Sie wollten bleiben, und die Barmädchen wollten, dass wir mehr Drinks kaufen, aber ich brauchte Ruhe. Also führten mich Keith und Robby gnädigerweise aus dem Labyrinth zurück zum Hotel, wo wir uns herzlich verabschiedeten. Auf dem Weg zum Aufzug ging ich an der Empfangsdame vorbei, ohne mich zu fragen, ob die Rechnung bezahlt worden war.

Ich wollte keine Besorgnis zeigen. Zu viel Stolz. Auch zu viel Angst zu schlafen. Aber nicht die Angst, in Vietnam inhaftiert zu werden. Hier kann man über alles verhandeln. Ich hatte Angst, mich nicht zu fügen. Vor der Einsamkeit, die ich auf alle um mich herum projizierte.

Tag 14: ODP-Tag

Freitag, 1. März 1991

„Hör auf dafür zu sorgen, dass etwas geschieht. Geh mit dem Strom."

Die Flüchtlingskommission der Vereinten Nationen schuf 1979 das Programm für geordnete Ausreise [Orderly Departure Program], um die Krise zu lindern, die im Mai 1975 begann, als Zehntausende von Menschen, die mit den Amerikanern kollaboriert hatten, aus Vietnam zu fliehen begannen. Sie flohen natürlich, weil sie die Schuldzuweisungen fürchteten, die es nach jedem Krieg gibt. Ein Zweig meiner Familie gehörte während des Revolutionskriegs zu den Tories und wurde gezwungen, nach New Brunswick in Kanada zu fliehen, wo ihr Besitz konfisziert wurde. Die Franzosen waren notorisch grausam gegenüber Nazi-Kollaborateuren. Niemand weiß, wie viele von ihnen getötet wurden. Die Amerikaner und ihre Verbündeten hielten nach dem Krieg fast eine halbe Million Deutsche illegal in „Entnazifizierungslagern" fest.

Amerikas vietnamesische Verbündete flohen auf dem Land- und Seeweg, und viele „Boat People" wurden von Piraten ausgeplündert oder ertranken auf See. Diejenigen, die an fremden Küsten ankamen, wurden oft jahrelang in schmutzigen Flüchtlingslagern zusammengepfercht, wo sie von Gangstern ausgebeutet wurden. Alle hatten erschütternde Geschichten zu erzählen, auch die in Saigon geborene Dichterin Teresa Mei Chuc.

It is October, when the winds of autumn blow strong in the Pacific.

There are over two thousand of us, sardines,

barely human and starving. We sleep on the floor and

wash ourselves with seawater. People are sick.

When someone dies from sickness, s/he is wrapped

in a blanket and tossed overboard during a Buddhist chant.[1]

Von 1980 bis 1997 wurden über 600.000 Vietnamesen im Rahmen des Orderly Departure Program ins Ausland umgesiedelt. Über 400.000 kamen über das amerikanische ODP-Büro in Bangkok in die USA. Viele, die nach 1980 aufgenommen wurden, waren US-Angestellte gewesen und hatten in Umerziehungszentren gesessen. Teresas Vater zum Beispiel war sowohl Staatsanwalt als auch Richter in einem der stalinistischen Gerichte, die die USA in Südvietnam zur Bestrafung von „Straftätern der nationalen Sicherheit" eingerichtet hatten. Diese Gerichte waren so hart wie jedes

---

[1] Teresa Mei Chuc, "Immigrants", *Red Thread* (2012).

Umerziehungszentrum; den Angeklagten wurde das Recht verweigert, einen Anwalt zu nehmen, sich selbst zu verteidigen, Zeugen zu benennen oder Beweise gegen sie einzusehen. Teresas Vater verurteilte seine Feinde routinemäßig zu Haftstrafen auf der Insel Con Son, wo diejenigen, die sich weigerten, vor der südvietnamesischen Flagge zu salutieren, in „Tigerkäfigen" gefesselt und so schweren Folterungen ausgesetzt wurden, dass viele wahnsinnig wurden, lebenslang verkrüppelt waren oder starben.

Nach einem Jahrzehnt in einem Umerziehungslager wurde Teresas Vater zu seiner Familie nach Amerika entlassen. Teresa erinnerte sich: „(M)eine Kindheit war eine Frage des Überlebens, die einige der schlimmsten Beispiele beinhaltete – ein Messer wurde nach mir geworfen und ich wurde mit einer Axt gejagt. Mein Leben war überschwemmt von Drohungen mit Strafe und Gewalt. Diese Vorfälle hatten also mit der posttraumatischen Belastungsstörung (PTBS) meines Vaters zu tun, aber ich habe das erst verstanden, als ich älter war."[2]

Missbräuchliches Verhalten ist das wahre Erbe des Krieges. Selbst wenn eine Nation siegreich ist, werden verdrehte Köpfe nur durch die Flut militärischer Propaganda in Helden verwandelt, welche in Ehre und Ruhm gehüllt sind. Wenn eine Nation besiegt wird, bewahrt das militärische Establishment seinen erfundenen noblen Status, indem es den öffentlichen Groll und die Scham in Film-Rachephantasien wie *Rambo: First Blood, Part II* (1985) umwandelt.

„Nichts ist vorbei!" jammert Rambo. „Ich habe alles getan, um zu gewinnen, aber jemand hat uns nicht gewinnen lassen. Und zu Hause auf dem Flughafen haben diese Maden protestiert. Sie spuckten mich an, nannten mich einen Babymörder und so einen Scheiß! Warum gegen mich protestieren, wenn sie nicht dabei waren, es nicht erlebt haben?"[3]

Der Mythos des verlassenen Kriegshelden hat nicht nur in Amerika Bestand, er prägt auch den modernen rechten Diskurs, indem er den inneren Feind – Linke, Pazifisten, entrechtete Minderheiten – zum Sündenbock macht, so wie es die Faschisten in Deutschland nach dem Ersten Weltkrieg taten. Trumps Marketingexperten entwarfen Plakate, auf denen sein Gesicht auf Rambos muskelbepacktem Körper mit einer AR-15 abgebildet war, und verkauften sie an seine Anhängerschaft. Nichts symbolisierte die reaktionäre „Make America Great Again"-Bewegung besser.

Eine breite Schicht von Amerikanern wird immer das Militär verehren und an die regenerative Kraft des Tötens glauben. Und wer kann es ihnen verdenken? Seit dem Zweiten Weltkrieg sind sie der raffiniertesten und unerbittlichsten Militärpropaganda ausgesetzt, die der Planet je zu sehen bekam.

Hinter der Militärpropaganda verbirgt sich jedoch ein heimtückischer, geheimer Geheimdienstapparat, der ebenfalls ohne historischen Präzedenzfall ist. So brachten Lionel Rosenblatt und seine Freunde (siehe Tag 5) in den Wochen vor dem Fall von Saigon im April 1975 etwa 50.000 Vietnamesen nach Amerika; alle (abgesehen von ihren Angehörigen) waren Spitzenbeamte, die mit den USA in Vietnam verbündet waren. Gleichzeitig wurde dem CIA-Direktor William Colby gestattet, 100 Personen seiner Wahl ohne jegliche Überprüfung einzuschleusen. Zu dieser exklusiven Clique gehörten Geheimpolizisten und militärische Manager des Phoenix-Programms. Nachdem diese elitäre Gruppe in der Flüchtlingsgemeinschaft ihren glühenden Antikommunismus durchgesetzt hatte, half sie der CIA bei der Einrichtung und Verwaltung eines Apparats, der bestimmte, welche Vietnamesen aus den Flüchtlingszentren im Ausland in die USA einreisen durften. Um offensive „Stay-behind"-Netzwerke in Vietnam zu

---

[2] Megan Green, Interview mit Teresa Mei Chuc, *Rattle*, 3. Dezember 2012.
[3] Siehe Jerry Lembckes The Spitting Image: Myth, Memory, and the Legacy of Vietnam (2000).

finanzieren, unterstützten CIA-Agenten in den Flüchtlingszentren vietnamesische Gangster im Exil beim Handel mit Drogen und anderen Waren.

In der Zwischenzeit produzierte Hollywood kunstvolle, revisionistische Filme über den Vietnamkrieg wie *Deer Hunter* und *Apocalypse Now*, für die Militärberater benötigt wurden und in denen die amerikanischen Soldaten zwangsläufig als Opfer und Helden und die asiatischen Kommunisten als wilde Untermenschen dargestellt wurden. Bald wandte sich das Militär an das B-Team und begann, Propagandafilme wie *Missing In Action* (1984) mit Chuck Norris in der Hauptrolle als Patriot, der amerikanische Kriegsgefangene in Vietnam rettet, zu finanzieren – und löste damit den ganzen Kriegsvermissten- und -gefangenen-Hokuspokus bei denjenigen aus, die Fakten nicht von Fiktion unterscheiden können.[4]

1985 schrieb Rambos bahnbrechende „Nichts ist vorbei!"-Rede die offizielle Darstellung des Vietnamkriegs um. Im selben Jahr interviewte ich Colonel Dan Van Minh in seinem Büro der Catholic Charities in Washington, DC. Minh erklärte mir, wie er als stellvertretender Direktor der Special Branch Phung Hoang, die südvietnamesische Ausgabe von Phoenix, ins Leben rief. Als langjähriger Mitarbeiter der CIA prahlte Minh damit, dass alle Anträge vietnamesischer Flüchtlinge auf Einreise in die USA an sein Büro geschickt wurden, wo er und sein Stab von Spionageabwehrexperten die Anträge mit geretteten südvietnamesischen Polizeiakten abglichen, um sicherzustellen, dass sich keine kommunistischen Agenten in die Flüchtlingsgemeinschaft einschlichen.

Die CIA bereitete den Vietnamesen noch im März 1991 Kopfzerbrechen. Die Behörde rekrutierte Söldner aller Nationalitäten, um psychologische Kriegsführungsoperationen (Psyops) durchzuführen, die darauf abzielten, „schwarze Propaganda" zu erzeugen, mit der die USA die Revolutionsregierung im In- und Ausland verleumden konnten. Als Reaktion darauf prüften die Sicherheitsbehörden in Vietnam (wie Minh in Amerika) sorgfältig die Anträge erschöpfter Vietnamesen, die aus alptraumhaften Flüchtlingslagern in ganz Südostasien in ihre angestammte Heimat zurückkehren wollten. Handelte es sich um CIA-Agenten, die in den Lagern rekrutiert wurden?

Daher die vorsichtige Stimmung, die ich am ODP-Tag am 1. März 1991 antraf. Ich verabschiedete mich von der Eidechse an der Wand, die sich keinen Zentimeter bewegt hatte, und nahm ein schnelles Frühstück ein. Als ich auscheckte, stellte ich erleichtert fest, dass meine Rechnung vollständig bezahlt worden war. Jetzt musste ich nur noch ins Flugzeug steigen. Ich hatte die Anweisung erhalten, in der Lobby auf Frau Huong zu warten. Sie sollte um 8:45 Uhr ankommen, und ich brauchte nur Däumchen zu drehen und zu warten. Aber ich war einen Tag zu spät dran und wollte unbedingt los, und als sie um neun Uhr noch nicht da war, nahm ich mir ein Taxi zum Flughafen.

Der ODP-Tag geht alles andere als geordnet vor sich. Tausende von Familien drängten sich draußen vor dem Flughafen zu einem pulsierenden Mob zusammen und verabschiedeten sich weinend und schreiend von ihren abreisenden Angehörigen. Ich hatte nur 45 Minuten Zeit, um meinen Flug zu erwischen, also pflügte ich durch die Menge. Ein paar bewaffnete Wachen sahen mir ungläubig zu, als ich mich durch die Tür drängte. Ich wusste nicht, in welche Schlange ich mich einreihen sollte, also stellte ich mich an den Anfang der nächsten Schlange und übergab einem Angestellten meine Papiere. Er reichte mir einen Stapel Zollformulare und schickte mich zu einem Tisch, um sie auszufüllen. Am Tisch traf ich einen britischen Touristen, und wir beschlossen,

---

[4] Siehe Bruce Franklin, MIA: Mythmaking in America (1992).

zusammenzubleiben und uns notfalls mit Gewalt zum Schalter zurückzukämpfen. Es ging um jetzt oder nie.

Es gab keine Computer, alles wurde von Hand gemacht, somit können Sie sich die Verwirrung vorstellen. Es sah nicht so aus, als würde ich es schaffen, als plötzlich Frau Huong aus dem Nichts auftauchte und rief: „Herr Valentine! Herr Valentine!"

Als ich mich umdrehte und sie ansah, entspannte sich jeder Muskel in meinem Körper. Madre Cadre eilt zur Rettung herbei!

„Warum haben Sie nicht auf mich gewartet?", flehte sie. „Ich bin für Sie verantwortlich! Ich werde noch mehr Ärger bekommen, wenn ich Sie nicht heute hier rausbringe!"

„Nun, Frau Huong", sagte ich mit einem Lächeln, „Sie sagten, Sie würden um acht Uhr fünfundvierzig da sein, und als es neun Uhr wurde, dachte ich, Sie würden nicht kommen, und so nahm ich die Sache selbst in die Hand." Das war eine sehr unvietnamesische Sache, die ich getan hatte. Wenn ein Kader jemandem sagt, er solle warten, dann wartet er, falls nötig, die ganze Woche. Doch Frau Huong und die anderen Kader (von denen einige harte Burschen waren) fanden es ganz toll, dass ich immer wieder auf eigene Faust loszog. Ich war vielleicht nicht sehr klug, aber ich war unterhaltsam.

Frau Huong nahm meine Papiere entgegen und versicherte mir, dass sie sich um alles kümmern würde. Doch zunächst führte sie mich zu einem futuristischen Glaskubus in der Mitte des Flughafens. Die Behörden konnten jede Bewegung der darin befindlichen Personen überwachen und sie gleichzeitig einsperren. Nicht die übliche VIP-Lounge.

Darin befand sich noch eine weitere Person, ein vertrockneter alter weißer Mann, der niedergeschlagen und entmutigt war. Meine Anwesenheit weckte ihn aus seiner Träumerei. Wir stellten uns vor, und zu meiner Überraschung stellte ich fest, dass ich mit Orrin DeForest sprach, einem der geschätzten Berater von BBC. Orrin war der Autor von *Slow Burn: The Rise and Bitter Fall of American Intelligence in Vietnam* (1990), einem selbstgefälligen Buch über seine siebenjährige Tätigkeit als Leiter des regionalen Verhörzentrums Bien Hoa (etwa 20 Meilen nordöstlich von Saigon) für eine Reihe hochrangiger CIA-Beamte, darunter der bereits erwähnte Donald Gregg. Sein Buch erschien einige Monate vor meinem und wurde von David Chanoff mitverfasst, der auch an der ebenso selbstgefälligen Autobiografie von Ariel Sharon, *Warrior*, mitgeschrieben hat.

Ich hatte mit Orrin korrespondiert, als ich meine Recherchen zu *The Phoenix Program* betrieb, und ich hatte Molloy mit ihm in Kontakt gebracht. Er wusste über meine Probleme mit der BBC Bescheid. Aber er war für einen früheren Flug vorgesehen und wir hatten nur ein paar Minuten Zeit zum Plaudern. Er gab mir eine Zigarette. Im Gegensatz zu Molloy sagte er, dass das Filmteam tatsächlich in das Verhörzentrum der Nationalen Polizei in Saigon gelangt war.

Orrin war der einzige BBC-Berater, den ich in Saigon traf, und ich verstand sofort, warum er in dem Dokumentarfilm zu sehen war. Er war einer der unfähigsten Männer, die ich je getroffen habe. Außerdem war auch er deprimiert und enttäuscht von der BBC. Er sagte, der in Ungnade gefallene CIA-Beamte Tom Polgar, der Leiter der CIA-Station in Saigon, der die Niederlage der USA im April 1975 gemanagt hatte, habe die Produktion in die Hand genommen. Auch er war angewidert von der traurigen Lage in Vietnam. Die BBC-Crew hatte ihn zu seiner alten Hazienda gebracht, die völlig verfallen war.

Dann, komplett das Thema wechselnd, sagte er, dass seine Frau ihn gewarnt habe, keine Mädchen zu haben, solange er in Südvietnam sei. Aber jeden Abend brachten ihm seine vietnamesischen

Stellvertreter junge Mädchen in sein Zimmer. Er schaute mich traurig an und fragte: „Wie kann man dieser Art von Versuchung widerstehen?"

Dann wurde er zu seinem Flug gerufen, stand auf und verließ den Glaskubus.

Im Laufe meines Lebens haben mir die Menschen ihre tiefsten Geheimnisse erzählt. Ich weiß nicht, warum, aber sie tun es. Trotzdem war ich fassungslos. DeForest hatte gestanden, ein Pädophiler zu sein! Mein Herz erfüllte sich mit Hass auf ihn und all die anderen Amerikaner, die mit Freude und ohne Rücksicht vietnamesische Mädchen mißbrauchten. Typen wie der hochmütige Frank Snepp, der in den letzten Stunden von Amerikas schändlicher Flucht aus Saigon die Bitten seiner Ehefrau ignorierte, nur um festzustellen, dass sie sich und das Kind, das sie für das seine hielt, umbrachte.[5]

Ich habe unzählige Geschichten über amerikanische Pädophilie in Südvietnam gehört, von den niedrigsten bis zu den höchsten Rängen. Der Phoenix-Berater Stan Fulcher erzählte, wie er an seinem Posten ankam und von seinem neuen Chef, einem pensionierten Oberst der Armee, begrüßt wurde. Der Mann stand in Unterhosen da, mit vietnamesischen Mädchen an seiner Seite. Er lächelte von einer Wange zur anderen, hatte einen Arm über die Schulter eines jeden Mädchens gelegt und umfasste mit jeder Hand eine nackte Brust.

„Das Militär sieht sich selbst als Eroberer der Welt", seufzte Fulcher, „aber die Menschen im Militär führen ein privilegiertes Leben, in dem der Staat alle ihre Bedürfnisse erfüllt."

Ein anderer hochrangiger Phoenix-Berater verliebte sich in die Tochter eines Finanzministers. Als erwachsener Mann lernte er sie kennen, als sie noch in der High School war, und musste warten, bis sie 16 Jahre alt war, um sie zu heiraten. Ich könnte noch viele weitere Geschichten erzählen, aber es reicht, wenn ich sage: „Danke für euren Dienst, Jungs, und seid versichert, der Mighty Wurlitzer wird euch zu Helden machen und eure Sünden den Kommunisten in die Schuhe schieben."

Ich war immer noch am Dampfen, als Frau Huong sagte, es sei Zeit zu gehen. Sie hatte Tränen in den Augen, als sie mich durch den Zoll begleitete. Ich reichte ihr mein vietnamesisches Geld, etwa 300.000 Dong. Sie sagte, sie könne es nicht annehmen, aber ich drängte es ihr auf. Kein Land würde Dong umtauschen, und ich könne es dort, wo ich hingehen würde, nicht gebrauchen. „Geben Sie es den Kindern auf der Straße", forderte ich sie auf.

Sie stand da, hielt das Geld in der Hand, weinte und winkte zum Abschied.

Ich war traurig zu gehen. Aber ich war noch nicht weg. Mein Gepäck wurde durchsucht, meine Notizen und der Brief an Tony Poshepny wurden herausgenommen und in ein Büro gebracht. Die uniformierten Beamten wussten genau, wonach sie suchten. Einer von ihnen kam mit dem Brief zum Förderband und fragte, warum ich ihn dabei hätte. Ich sagte, dass ich ihn Poshepny für die BBC überbringen würde. Der Beamte sagte, ich dürfe nicht an Bord gehen, wenn ich ihn nicht öffne und sie ihn lesen lasse. „Öffnen Sie ihn selbst", sagte ich.

Mein Flugzeug war abflugbereit, alle anderen waren bereits eingestiegen. Der Beamte kehrte in sein Büro zurück, um sich mit seinen Kollegen zu beraten. Sie steckten einige Sekunden lang die Köpfe zusammen, dann kam der Beamte mit dem ungeöffneten Brief zurück, reichte ihn mir und ging wieder weg. Ich war frei und konnte gehen.

Das Flugzeug war eine baufällige 707 oder so etwas Ähnliches. Vielleicht 150 Leute an Bord. Ich war der einzige Westler und saß neben einem taiwanesischen Holzhändler. Er saß mit dem Kopf

---

5 Evan Thomas, „The Last Days of Saigon", *Newsweek*, 30. April 2000.

nach unten, vertieft in ein Videospiel. Ein verängstigter Mann am anderen Ende des Ganges rauchte während des Starts Kette. Mädchen schluchzten und weinten, Vietnam für immer verlassend. In wenigen Minuten war Tan Son Nhut mit seinen zerbombten Betonbunkern und abgestürzten Flugzeugen am Rande der Startbahn hinter uns verschwunden.

Sobald wir sicher in der Luft waren, öffnete ich den BBC-Brief und las ihn lachend in all der Trauer. Ich dachte mir, ich könnte Poshepny mitteilen, dass die vietnamesischen Beamten die schmutzige Tat begangen hatten. Zu meiner Überraschung wollte die BBC wissen, ob ein U-Boot Poshepny im Zweiten Weltkrieg auf eine der philippinischen Inseln gebracht hatte, wo er an Land gepaddelt war, Kontakt zu Guerillas aufgenommen und eine Art waghalsige Kommandoaktion durchgeführt hatte.

Könnte es Leyte gewesen sein?

* * *

Eine Stunde später landeten wir in Bangkok. Während ich auf mein Gepäck wartete, sah ich den armseligen alten Orrin DeForest den Zoll verlassen, wie ein Fahrer, der Fahrerflucht begeht. Als ich im Terminal auftauchte, wurde ich von einer Schar von Marktschreiern empfangen, die mir den Begleitservice junger Thailänderinnen anboten. In Thailand war das Sexgewerbe eine offizielle Touristenattraktion.

Draußen heuerte ich Rex an, einen außergewöhnlichen Fahrer, und nach einer langen Fahrt kamen wir in Bangkok an. Der Himmel war dunstig, die Abgase gesundheitsschädlich. Viele thailändische Fußgänger und Motorradfahrer trugen Gesichtsmasken. Es gab einen riesigen Stau, und obwohl Rex fuhr wie Stuntman Mike, schien die Fahrt eine Ewigkeit zu dauern – und als wir schließlich am hoch aufragenden, schillernden Fünf-Sterne-Hotel Mandarin Oriental ankamen, war es von gepanzerten Mannschaftswagen und schwer bewaffneten Soldaten in verschiedenen Uniformen umgeben. Ich konnte es nicht glauben. Vom Regen in die Traufe. Die Soldaten kontrollierten Autos und Taxis, wenn sie vorfuhren, also sagte ich Rex, er solle vorbeifahren und mich einen Block weiter rauslassen. Rex, der fließend Englisch sprach, erklärte sich bereit, mich am nächsten Tag um neun Uhr morgens vor der Tür zu treffen. Ich gab ihm ein großes Trinkgeld und ging hinein. Meine Sorge war, dass das Hotel kein Zimmer für mich freigehalten hatte.

Obwohl ich mit einem Tag Verspätung ankam, waren die Leute an der Rezeption wunderbar. Alice hatte am Vortag angerufen, um sich zu erkundigen, ob ich pünktlich angekommen war, und als sie erfuhr, dass ich nicht da war, hatte sie darum gebeten, ein Zimmer freizuhalten. Abgesehen von der militärischen Besetzung des Hotels war alles in Ordnung. Der Rezeptionist lächelte und übergab mir meinen Zimmerschlüssel und einen Brief von Alice vom 19. Februar.

Mein Herz setzte einen Schlag aus. Ich öffnete den Brief in der Lobby. Er begann mit den Worten: „Lieber, lieber Doug, ich hoffe, dieser Brief findet dich gesund, glücklich, begeistert und verzaubert von deiner Umgebung – oder zumindest hoffe ich, dass dieser Brief dich findet!"

Ich wartete, bis ich in meinem Zimmer war, um den Rest zu lesen. Ich war so müde, dass ich die bedrohlichen Soldaten mit automatischen Gewehren im Aufzug kaum wahrnahm. Was auch immer vor sich ging, es konnte unmöglich etwas mit mir zu tun haben. In meinem Zimmer las ich die Speisekarte, rief den Zimmerservice an, fragte, ob sie meine Kleidung abholen und waschen könnten (das konnten sie), und bestellte dann Hühnchen-Satay, das ich noch nie gegessen hatte, das aber köstlich klang. Und während ich wartete, las ich den Rest des Briefes.

Alice erzählte mir von einem Vorstellungsgespräch, das sie kürzlich hatte. Sie konnte nicht sagen, ob es gut gelaufen war. Die Gesprächspartner waren unvorbereitet, was kein gutes Zeichen war, aber sie war optimistisch. Andererseits war sie verärgert, weil unsere Katze Josie sie ignorierte, außer wenn sie Futter wollte. Dann schrieb sie über einen 30-jährigen Mann in Amherst, Gregory Levey, der sich aus Protest gegen den Golfkrieg selbst verbrannt hatte. „Die Zeitungen ziehen die Analogie zu den buddhistischen Mönchen, die sich während des Vietnamkriegs selbst verbrannten", sagte sie. „Ich bin mir zwar nicht sicher, ob ich mit dieser Analogie einverstanden bin, aber es ist einfach so traurig. Es lässt mich eher an Bobby Sands denken, wenn es um die Sinnlosigkeit der Tat geht."

Das erinnert mich gerade an die Zeilen aus Sam Hamills Gedicht „True Peace":[6]

„And I knew that night true peace

for me would never come.

Not for me, Nirvana. This suffering world

is mine, mine to suffer in its grief."

„Ich freue mich darauf, von dir zu hören und zu erfahren, wo du bist und wie sich die Dinge bis jetzt entwickelt haben. Aber ich werde geduldig sein. Amüsiere dich gut, Dougie. Ich habe dich sehr lieb."

Ich wollte Alice sofort anrufen, aber zuerst rief ich Poshepny an. Wir waren für Montag verabredet, und ich wollte sichergehen, dass er mich erwartete. Der Anruf wurde durchgestellt und das erste, was er sagte, war: „Von wo aus rufen Sie an?"

„Vom Mandarin Oriental in Bangkok", antwortete ich.

Er brüllte vor Lachen. „Wissen Sie nicht, dass jedes Zimmer des Hotels verwanzt ist! Es hat einen Staatsstreich gegeben, und dort hält das Militär den Premierminister fest. Er steht in der obersten Etage unter Hausarrest."

„Nun", sagte ich, „ich schätze, jeder in der Welt weiß jetzt, dass ich Sie besuchen werde. Steht die Sache noch?"

„Sicher", sagte er. „Seien Sie nur vorsichtig, was Sie am Telefon sagen."

Dann führte ich ein Ferngespräch nach Easthampton. Alice nahm ab, als mein Essen ankam. Einen Moment lang war ich im Himmel. Ich konnte nicht aufhören, ihr zu erzählen, wie köstlich das Satay war. Wir unterhielten uns eine Stunde lang, hauptsächlich über das Essen, aber auch darüber, verhaftet und unter Hausarrest gestellt zu werden, wie der frühere Premierminister in meinem Hotel. „Wenn du nicht unter Hausarrest stehst, bist du ein Niemand", scherzte Alice.

Wir sprachen auch über den Mann in Amherst, der sich selbst verbrannt hatte. Levey, der Pazifist, ist so ein Gegensatz zu der Rambo-Version des amerikanischen Mannes. Natürlich gibt es auch keinen Platz für Frauen in der Mythologie des Kriegers. Ich habe Dutzende von CIA-Beamte interviewt, aber nur eine einzige Frau getroffen.

Im 20. Jahrhundert waren nur wenige Frauen als Sachbearbeiterinnen oder Managerinnen bei der CIA tätig, und meines Wissens auch keine in der paramilitärischen Abteilung. Die Männer in der PM-Abteilung waren Militärveteranen oder hatten oft Fußball trainiert oder gespielt. Sie wurden

---

6 Sam Hamill, „True Peace" in Border Songs (2012).

von den besser ausgebildeten Agentenbetreuern des Auslandsnachrichtendienstes als „Schwachköpfe" und „Mundwerker" bezeichnet.

Nach dem Zweiten Weltkrieg wurden die Agentenbetreuer vor allem in Europa eingesetzt und die Schwachköpfe im Fernen Osten. Mit letzteren hatte ich auf meiner Tour durch Thailand zu tun: Amerikanische Männer, die sich über primitive Stammesangehörige genauso gottgleich fühlten wie über ihre perfekt unterwürfigen Ehefrauen wie Lillian Morton, die ihre Männer als Kriegshelden verehrten, egal welche Gräueltaten sie begingen.

Diejenigen, die nach einer Erklärung dafür suchen, warum bewaffnete Milizen und ihre versteckten Handlanger in den Strafverfolgungsbehörden und im Militär Trump umarmen, werden feststellen, dass er genau die korrupten, missbräuchlichen Autokraten verkörpert, die die CIA anheuert, um ihre Drecksarbeit zu erledigen. Obama bezeichnete diejenigen, die solchen Autokraten folgen, idiotischerweise als „verbittert" und sich „an ihre Waffen" klammernd und/oder an „ihre Religion oder an ihre Abneigung gegen Menschen, die nicht so sind wie sie, oder an einwanderungsfeindliche Gefühle, um ihre Frustrationen auszudrücken." Sie beschuldigten ihn wiederum, ein in Kenia geborener Muslim zu sein – die von Trump befürwortete Birther-„Hexenjagd". Es gibt sie überall in Amerika.

Ich bin mit den Vorstädtern zur High School gegangen, habe mich unter die Städter in San Francisco und die Landbewohner in New Hampshire gemischt. Als direkte Nachfahren des KKK entstanden die Milizen der Christlichen Identität als Reaktion auf die Errungenschaften der Bürgerrechtsbewegung in den Jahren 1964 und 1965, die in der Patriot-Bewegung und dem Posse Comitatus gipfelten – und in der rassistischen Vorstellung von „konstitutionellen Sheriffs" und „souveränen Bürgern", die einem höheren Gesetz unterstehen und, wie Trumps Mob, der hinter Vizepräsident Pence und staatlichen Wahlbeamten her ist, Beamte verhaften, vor Gericht stellen und hinrichten können.

Auf der anderen Seite gibt es die seltenen Sam Hamill-Dichter und Gregory Levey-Pazifisten. Als ich 1989 in Easthampton, Massachusetts, ankam, freundete ich mich mit einem Vietnam-Veteranen an, dessen rechte Schulter zerschmettert worden war und der sich jahrelang davon erholt hatte. Das prägende Erlebnis in seinem Leben war, als er in einem vietnamesischen Dorf in eine „Kneipe" einbrach. Er erwartete blutrünstige Guerillas, doch stattdessen sah er sich einem Mönch gegenüber, der im Lotussitz saß. Vor lauter Angst und Adrenalin schoss er den Mann tot.

Was folgte, war eine transzendentale Erfahrung, die sein Leben veränderte. Wie der buddhistische Mönch Thich Quang Dúc, der sich im Juni 1963 in Hue opferte - und über den Hamill in „True Peace" schrieb – zeigte der Mönch in der Kneipe weder Angst noch Schmerz, als er erschossen wurde. Er saß ganz ruhig da, während sein strahlender Geist seinen Körper verließ und in das Reich zurückkehrte, aus dem er kam. Mein alter Freund sah zu und verstand, als sich sein Ego auflöste, was es bedeutet, einen Menschen zu töten. In diesem Moment gelobte er, sein Leben damit zu verbringen, sich für den Frieden einzusetzen.

Nachdem er sich von seiner schrecklichen Verwundung erholt hatte, wurde der Veteran Mitglied der buddhistischen Gemeinschaft in Leverett, ein paar Meilen nordöstlich von Northampton, MA. Er nahm mich mit, um die Friedenspagode zu besichtigen, die er und andere Mitglieder seiner Gemeinschaft errichtet hatten. Im Jahr 1985 begannen sie auch mit dem Bau eines 35 Meter langen Tempels aus poliertem Holz, der die handgeschnitzten Statuen der buddhistischen Mönche und Original-Schriftrollen enthielt. Dieses wunderschöne Gebäude brannte im November 1987, einen Monat nach seiner Fertigstellung, bis auf die Grundmauern nieder. Einige der verkohlten Überreste waren noch zu sehen, als ich es besuchte.

Die Buddhisten und ihre amerikanischen Konvertiten lebten in einem Bauernhaus in der Nähe des Tempels, und glücklicherweise wurde niemand verletzt. Die Pagode, die bei dem Feuer unbeschädigt blieb, war die erste in Nordamerika. Doch die dem Büro des Brandinspektors unterstellten Polizisten konnten das Verbrechen nie aufklären. Sie taten es aus demselben Grund ab, aus dem Trumps Speichellecker im Kongress den Versuch vom 6. Januar 2021 unterstützten, die Präsidentschaftswahlen zu stürzen. „Heutzutage üben Menschen willkürlich Gewalt aus", sagte ein mitschuldiger Polizist.

In weiten Teilen der USA herrscht eine tief verwurzelte Feindseligkeit gegenüber fremden Menschen, Religionen und Ideologien. Nach mehr als 25 Jahren hob der Bundesstaat Alabama im Jahr 2021 sein Verbot der transzendentalen Meditation und des Yoga in Schulen auf, verbietet aber weiterhin das Aussprechen des Wortes Namaste, das im Hinduismus „Frieden" bedeutet. Das Wissen, dass ich ein Land vertrete, das Frieden als eine Form der Teufelsanbetung ansieht, verfolgte mich auf meinen Reisen durch Vietnam und Thailand. Aber ich war entschlossen, es zu überwinden.

Eine letzte Bemerkung zum Putsch in Thailand als Vorbereitung auf die zweite Hälfte dieses Buches. Der abgesetzte Premierminister Chatichai Choonhavan war mit den Schwergewichten der Nachkriegszeit familiär verbunden, auf die ich noch zu sprechen kommen werde. Sein Vater hatte von 1948 bis 1954 die Königlich Thailändische Armee befehligt, und eine seiner Schwestern war mit dem Kommandeur der Nationalen Polizei, Phao Sriyanonda, verheiratet, dem berüchtigten Drogenhändler, dessen Grenzschutzpolizei (BPP) von CIA-Beamten ausgebildet und ausgerüstet wurde, von denen ich Ihnen einige vorstellen werde.[7] Ich war ja in Thailand, um die Ursprünge und das Ausmaß der Beteiligung der CIA am internationalen Drogenhandel zu untersuchen.

Chatichai hatte im Zweiten Weltkrieg in Nordburma gekämpft und anschließend eine Ausbildung an der US Army Armor School in Fort Knox, KT, absolviert. 1949 ernannte ihn sein Vater zum Militärattaché in Washington, D.C. und festigte damit seine Beziehungen zur CIA. Zwei Jahre später inszenierten sein Vater und Phao einen von der CIA unterstützten „stillen Putsch".

Als Chatichais Vater und Phao 1957 von Feldmarschall Sarit Thanarat abgesetzt wurden, beschuldigte man sie, Millionen von Dollar an öffentlichen Geldern veruntreut zu haben. Nach seiner Militärkarriere wurde Chatichai in den diplomatischen Dienst berufen und ins ehrenvolle Exil nach Übersee geschickt. Im Jahr 1972 kehrte er nach Thailand zurück und wurde unter dem neuen Diktator, Feldmarschall Thanom Kittikachorn, zum stellvertretenden Außenminister ernannt.

1974 gründeten Chatichai und seine Schwiegereltern, die Generalmajore Pramarn Adireksarn und Siri Siriyothin, die ultrakonservative Thai Nation Party, die bei den Parlamentswahlen 1988 die Mehrheit errang und Chatichai, einen auffälligen Playboy mit Vorliebe für Harleys und Zigarren, im August als Premierminister ins Rampenlicht katapultierte. Seine „demokratische" Regierung zeichnete sich durch die Verbesserung der Beziehungen zu Vietnam, Kambodscha und Laos aus. Chatichais Slogan lautete, Indochina „von einem Schlachtfeld in einen Marktplatz" zu verwandeln.[8]

Die Presse bezeichnete Chatichais Regierung als „Buffet-Kabinett" mit einer unbekümmerten „Nimm-was-du-willst"-Haltung. So setzte am 23. Februar 1991 eine Clique von Generälen die Regierung Chatichai im Namen der traditionellen Elite ab, deren Einfluss Chatichai zu beschneiden

---

[7] Judy Stowe, „Obituary Chatichai Choonhavan", *The Independent*, 26. Februar 2014.
[8] Molly Yong, „Thailand Seeks to Turn Indochina Battlefields into Marketplaces", *AP News*, 26. November 1988.

versucht hatte. Sein Antrag auf ein US-Visum wurde wegen des Verdachts auf Drogenhandel abgelehnt. Das sagt zumindest Google.

Das bringt mich auf den neuesten Stand. Merkur stand in Konjunktion mit der Fische-Sonne, was laut Helen zu einem offenen, aufregenden Geist führte. Das war großartig. Was mich jedoch beunruhigte, war der Stress des transitierenden Vollmondes, der in Konjunktion mit meinem Geburtsmond Venus stand und auf meine belastende Saturn-Mars-Konjunktion zusteuerte. Was, wie Helen meinte, bedeutete, dass ich mich von vergangenen Leben verabschieden musste. In der Zwischenzeit war Mars in Südostasien untergegangen, ein Vorzeichen, das das Fische-Drama und die bevorstehenden Schwierigkeiten noch verstärken könnte.

Tag 15: Knuspriger Fisch
Samstag, 2. März 1991

„Sonne konjunktioniert Merkur auf 10 Grad Fische. Unter einem Waage-Mond

werden mystische Künste entfacht; besuche ein Lieblingsmuseum oder eine Galerie. "

Es war der Beginn meiner dritten Woche im Ausland, und ich wollte nie wieder durch einen anderen Flughafen laufen oder ein anderes Hotelzimmer bewohnen. Der Aufenthalt im Mandarin war eine extravagante Ausrede gewesen, um mit Alice zu reden, meine Unterwäsche reinigen zu lassen und leckeres Hühnersatay zu genießen. Aber ohne das großzügige Startgeld der BBC wäre ich fast pleite gewesen.

Nachdem ich das Geld gewechselt hatte, bestand meine erste Aufgabe also darin, ein günstiges Hotel zu buchen, das Robby mir empfohlen hatte. Dann machte ich mich auf den Weg in das weitläufige, schwüle Bangkok. Ich wollte mir die Sehenswürdigkeiten ansehen, das Juweliergeschäft Venus für Munro besuchen (auch wenn es kein Dienstag war) und Pat Landry im Lone Star-Saloon treffen, wie Lillian Morton vorgeschlagen hatte.

Mein Taxifahrer Rex war ein nüchterner Begleiter und hilfreicher Führer. Unser erster Halt war der Wat Arun, der prächtige „Tempel der Morgenröte", der am westlichen Ufer des breiten Flusses liegt, der Bangkok in zwei Hälften teilt. Der Tempel ist das Zentrum der Stadt, mit einem hoch aufragenden zentralen Turm, der mit kunstvoll gestalteten Kacheln verkleidet ist, die im flachen Licht der Morgendämmerung schimmern. Während Rex am Ufer wartete, bestiegen ich und acht andere westliche Touristen ein Shuttle-Boot mit einem ungedämpften Motor und einem dekorativen Bug. Im Fluss trieb Müll, und ich erschrak jedes Mal, wenn ich die Gischt ins Gesicht bekam. Wir fuhren an Fischerbooten, Lastkähnen, Polizeistreifenbooten, verwitterten Holzhütten auf Stelzen und Menschen vorbei, die in Badeanzügen picknickten. Das Leben in Bangkok spielt sich direkt am Fluss ab. Ungehemmt.

Das Wat Arun ist unbeschreiblich schön. Buddhistische Ideen, so sagte man mir, stimmen mit der Philosophie der Upanischaden überein, und die thailändische Architektur ist von der hinduistischen Kultur durchdrungen. Damals hatte ich keine Ahnung, welche Geschichten die Statuen von wilden Kriegern und hybriden Dämonen erzählten (heute weiß ich, dass die blau-, schwarz- und rothäutigen Statuen mit ihren Reißzähnen und ihrem wütenden Blick empfindungsfähige Wesen vor bösen Geistern beschützen, damit sie Erleuchtung erlangen können), aber das Kunstwerk lockerte die starren Strukturen meines westlichen Geistes. Mir gefiel das Gefühl. Vielleicht fühlte ich mich ein wenig wie die alte vedische Gottheit Indra, die im Rausch von Soma den Drachen erschlug und die Flüsse und die Morgenröte befreite.

Als Nächstes stieg meine Reisegruppe den steilen, 200 Fuß hohen Mittelturm hinauf, bis wir keuchend eine bröckelnde Terrasse in der Nähe der Spitze erreichten, von der aus man einen atemberaubenden Blick auf den Fluss hat, der sich durch die Stadt schlängelt. Hier gibt es keine Leitplanken. Es war beängstigend und unvergesslich. Unten angekommen, war das Gelände mit seinen Schreinen und moosbewachsenen Mausoleen pietätvoll. Man konnte beinah Windspiele und Geistergeflüster hören.

Als Rex und ich zu unserem nächsten Ziel fuhren, war ich erstaunt, wie wohlhabend Bangkok im Vergleich zu Saigon wirkte. Bangkok litt nicht unter einem kürzlichen Befreiungskrieg oder hungerte nicht unter mittelalterlichen Wirtschaftssanktionen. Die Menschen waren nicht durch Agent Orange vergiftet und die Landschaft war nicht mit Bombenkratern und Hubschrauberwracks übersät. Im Gegensatz zu den Menschen in Vietnam, Laos und Kambodscha können die Thailänder in der Natur spazieren gehen, ohne Angst zu haben, auf eine Landmine zu treten.

Während in Saigon Kinderbanden um Almosen bettelten, war Bangkok ein Fest der farbenfrohen „Tuk Tuks" und glücklicher Soldaten in neuen Uniformen, die Hand in Hand gingen. Das Wort „thai" bedeutet „frei", und Thailand ist das einzige Land in Südostasien, das von den Europäern nie offiziell kolonisiert wurde. Der Preis für die Freiheit war jedoch, dass die drei Königreiche, aus denen „Laos" bestand, an die Franzosen abgetreten werden mussten und Malaya und Teile von Birma an die Briten. Infolge der jahrhundertelangen thailändischen Herrschaft war eine nationale Identität in Laos selten, und nachdem die französischen Kolonisatoren Indochina geschaffen hatten, fühlten sich die Monarchen und die Oberschicht eher mit den Thais und Franzosen verbunden als mit den Stammesbauern, die auf ihren Feldern und in den Bergen arbeiteten.

Es lag auch in Thailands Eigeninteresse, sich im Zweiten Weltkrieg auf die Seite Japans zu stellen, ebenso wie es danach für Spitzenpolitiker und Generäle von Vorteil war, den USA zu gestatten, seine Polizeikräfte für den Einsatz in Amerikas antikommunistischem Kreuzzug zu militarisieren, im Austausch für „freies Geleit" beim massenhaften Handel mit Drogen.

Ironischerweise waren es in einem Teil der Welt, in dem Opium und Haschisch fester Bestandteil der Kultur waren, westliche Missionare, die auf den Anti-Drogen-Gesetzen bestanden, die die CIA mit Füßen trat. Die praktische Notwendigkeit, den Kommunismus zu bekämpfen, trat an die Stelle des göttlichen Plans, und gegen Ende des Zweiten Weltkriegs machten sich OSS-Beamte mit Überseekoffern voller Devisen in meinem nächsten Ziel breit, dem wunderschönen Königspalast. Zu meiner Freude entdeckte ich Mönche in safranfarbenen Gewändern, die sich zwischen den exquisiten Baumstümpfen, vergoldeten Gebäuden und gepflegten Rasenflächen tummelten. Der König war anwesend, um ein Ritual zu beaufsichtigen, bei dem der heilige Smaragd-Buddha eine Rolle spielte, aber die Atmosphäre war entspannt, und ein Mönch blieb gnädig stehen und posierte für ein Photo. An den Toren des Palastes hielten die bewaffneten Wachen ihre automatischen Gewehre in der Hand und als ich sie fragte, ob ich sie auch fotografieren dürfte. taten sie machohaft. Im Inneren des Tempels zündeten die Gläubigen auf einem Altar Räucherstäbchen an, während vor ihnen der majestätische Jade-Buddha gelassen auf einem Schrein mit schimmernden Goldornamenten saß, die Handflächen in einer einladenden Geste nach außen gestreckt.

Der schillernde Palast ist das berühmteste Wahrzeichen der Stadt. Laut Fodor's-Reiseführer diente er 150 Jahre lang als Wohnsitz des Königs und seines Hofes. Der mehr als fünf Jahrhunderte alte Smaragd-Buddha stammt offiziell aus Nordthailand in der Nähe von Chiang Mai (wo ich den pensionierten CIA-Beamten Bill Young treffen sollte) und wurde dann nach Laos (damals Teil des Königreichs Siam) gebracht, bevor er in Bangkok seinen endgültigen Platz fand. Andere sagen, er stamme ursprünglich aus Indien und sei über Sri Lanka und Kambodscha nach Bangkok gelangt.

Auf jeden Fall symbolisiert er die Vermischung der Religionen und Kulturen in der Region. Nach der Besichtigung der Sehenswürdigkeiten führte mich Rex in sein Lieblingsrestaurant, wo ich zum Mittagessen knusprigen Butterfisch aß. „Aus dem Meer", versicherte er mir. „Essen Sie niemals Flussfisch!" Das Essen war scharf und köstlich, mit einer kleinen Schale Chili-Schoten, um es schärfer zu machen. Thailändisches Essen ist wunderbar.

Rex wollte, dass ich den verlorenen Garten in der Nähe der Krokodil- und Elefantenfarm besuche, aber ich ließ mich von ihm zum World Center fahren, wo ich eine leuchtend grüne und schwarze Seidenbluse für Alice kaufte. Kräftig gefärbte Seide war in Thailand ein boomendes Geschäft, vor allem dank des Kinohits *The King and I* (basierend auf Margaret Landons Roman *Anna and the King of Siam*), aber vor allem dank des Mannes, der das Geschäft ins Leben gerufen hatte, dem OSS-Beamten James Thompson (Princeton). Thompson, ein Architekt der High Society und Spross der Aristokratie von Delaware, dessen Großvater während des Boxeraufstands in China gewesen war, hatte zunächst in Nordafrika und dann in Europa gedient, bevor er nach Ceylon versetzt wurde, um mit der Free Thai-Bewegung zu arbeiten. Bald darauf wurde er der zweite OSS-Chef im Königspalast in Bangkok und löste damit Harold Palmer ab, dessen Vater Dekan der Bangkok Christian Church gewesen war.[1]

Thompson brachte die Seidenindustrie in Schwung und rekrutierte Agenten in den thailändischen Provinzen an der Grenze zu Laos und entlang der kambodschanischen „Seidenstraße", die durch die Stadt Siem Reap in der Nähe des antiken Angkor Wat führte. Ende 1945 hatte der US-Geheimdienst in Thailand mehrere „Horchposten" eingerichtet, um über die Entwicklungen in den großen laotischen Städten auf dem Laufenden zu bleiben.[2] Thompson nutzte seine Geschäftsreisen, um Frauen anzuheuern, die in ihren Häusern Seidenprodukte herstellten, und um vietnamesische, laotische und kambodschanische Revolutionäre von ihren Außenposten entlang der thailändischen Grenzen zu rekrutieren, die 1941 angewachsen waren, als die Japaner Französisch-Indochina zwangen, zwei Grenzprovinzen in Laos und zwei Grenzprovinzen in Kambodscha an Thailand abzutreten. Alle wurden 1946 an ihre rechtmäßigen Eigentümer zurückgegeben, aber die Beziehungen blieben bestehen.

Thompson half auch dabei, nach dem Krieg Arbeitsplätze für Mitglieder der Las Issara (Free Lao) in Bangkok zu finden. Der wichtigste von ihnen war Oun Sananikone, Spross einer wohlhabenden laotischen Familie aus dem Kleinkönigreich von Vientiane. Thompson verschaffte Oun Sananikone und anderen qualifizierten laotischen Flüchtlingen Arbeit im Baugewerbe, und im Gegenzug hatte Oun Thompson geholfen, die Thai Silk Company in Thailand entlang der laotischen und kambodschanischen Grenze zu gründen. Wenn er nicht an seinen legalen Geschäften beteiligt war, spionierte Oun, übermittelte Nachrichten und organisierte wahrscheinlich den Opiumschmuggel zusammen mit seinem ehemaligen Free Lao-Genossen Phoumi Nosavan.[3]

Thompsons Seidenunternehmen war eine großartige Tarnung für CIA-Agenten in der Region, aber seine riesige, unschätzbare Sammlung thailändischer Kunst und seine Loyalität gegenüber laotischen und vietnamesischen Revolutionären wurden ihm zum Verhängnis. Thompsons Spionagenetz bot beispielsweise Pham Van Dong, dem künftigen Premierminister von Nordvietnam, Zuflucht, der damals mit Prinz Souphanouvong, dem künftigen Führer der kommunistischen Pathet Lao, zusammenarbeitete.

---

[1] Siehe Joshua Kurlantzick, *The Ideal Man* (2012) für die Geschichte von Jim Thompson.

[2] Siehe William Rust, *The Talented Dr. Ripley.*

[3] Lao Issara, *The Memoirs of Oun Sananikone* (Übersetzt von John B. Murdoch, Cornell University, Juni 1975).

Nach dem Mittagessen fuhr mich Rex zum Cadena Palace Hotel in der Sutthisan Road, wo ich ihn bezahlte und mein luftiges Zimmer bezog. Die Dusche und das Waschbecken befanden sich rittlings auf dem Balkon und mündeten in ein Rohr, das an der Seite des Gebäudes entlanglief. Ich tätigte ein paar Anrufe. Am Telefon war eine winzige Eidechse; im Geiste Buddhas umging ich sie.

Es war inzwischen Nachmittag, also beschloss ich, mein Glück im Juweliergeschäft Venus zu versuchen. Auf dem Weg aus der Lobby sah ich eine Gruppe ausländischer Hotelgäste, die sich ein Spiel der Boston Celtics im Fernsehen ansahen. Für sie hatten sich die Geheimnisse des Orients in Luft aufgelöst. Paul, ein Kanadier, hatte mich ermahnt, nachts in den Bars vorsichtig zu sein. Sein 250 Pfund schwerer Freund hatte einen mit Drogen versetzten Drink bekommen, wurde ausgeraubt und landete im Krankenhaus.

Das Juweliergeschäft Venus befand sich am anderen Ende der Stadt in der Wireless Road, zwischen dem US-Militärberatungszentrum und der US-Botschaft. Der Fahrer der Motorriksha sprach kaum Englisch, also markierte ich den Ort auf meiner Karte. Wir fuhren durch die verschmutzten Straßen, die voll mit maskierten Motorradfahrern waren. Zwanzig Minuten später, als wir uns der US-Botschaft näherten, geriet ich in Panik: gepanzerte Mannschaftstransporter, Panzer und Soldaten mit automatischen Gewehren säumten die Straße vor dem Tor. Der Staatsstreich war noch im Gange, und da ich keine Aufmerksamkeit auf mich lenken wollte, gab ich dem Fahrer ein Zeichen, weiterzufahren. Er war misstrauisch (war ich ein Spion), stimmte aber zu, mich zurück zur Cadena zu fahren, wo barfüßige thailändische Zimmermädchen über den verlorenen und einsamen „Farang" lachten.

An diesem Abend besuchte ich den berühmten Meeresfrüchtemarkt mit seinen Becken voller Fische aller Art. Ich saß draußen allein inmitten des Gedränges und beobachtete eine geschäftstüchtige Schar von Katzen jeder Form, Größe und Farbe, die Fischköpfe und Fischschwänze knabberten, während ich meine gegrillten Garnelen aß.

Es war bereits Nacht, als ich mich auf den Weg zur Texas Lone Star-Bar am Washington Square machte. Mein frisch lackiertes Tuk Tuk hatte ein rotes Licht auf dem gewölbten Dach, verchromte Handläufe, Plastiksitze, lila Lichter und Luftschlangen. Die Nachtmenschen waren unterwegs; Mädchen saßen im Damensattel auf Motorrädern und schlängelten sich durch Busse und Autos. In einem Viertel gab es große, hart aussehende Männer in weißen Hosen und Hemden. Als wir in den Washington Square einfuhren, spuckte ein Mitglied einer thailändischen Biker-Gang, die auf dem Bürgersteig parkte, auf die Straße, während wir langsam vorbeifuhren.

Ich betrat Landrys Saloon und sah einen übergewichtigen Amerikaner mittleren Alters mit einem Cowboyhut an der Bar stehen. Eine Hand umfasste die Brust einer Thailänderin, die von der Taille aufwärts nackt war. In der anderen Hand hielt er eine Flasche Singha-Bier. „Du bist ein guter Junge", lachte die Frau und sah mich an. Es lief Country-Musik. Weiße Männer spielten mit Würfeln auf der Theke und warfen Darts auf ein Brett. Untersetzte, dunkelhäutige Prostituierte plauderten fröhlich. Es waren keine thailändischen Männer anwesend.

Ich fragte nach Landry. Der Barkeeper sagte, er sei schon da gewesen und würde später wiederkommen. Soweit ich wusste, war der dicke Mann Landry. Ich bestellte ein Bier und setzte mich an einen Tisch. Die Gäste merkten, dass ich kein Ex-Pat war und mein verklemmtes westliches Ego noch nicht in den Orient verlagert hatte. Ich hatte Angst, mich Landry in diesem Zustand zu nähern, auch wenn Lillian mir den Weg geebnet hatte. Also hinterließ ich eine Nachricht für Landry und ging auf die Straße hinaus. Eine Gruppe thailändischer Männer sah sich auf einem leeren Grundstück nebenan einen Film an, der auf eine Wand projiziert wurde. Jemand verkaufte Essen an die Kinobesucher. Zwei betrunkene, wütende, fluchende junge amerikanische Männer stolperten in der Dunkelheit vorbei. Ich spürte einen Schauer der Angst und huschte zurück in mein Hotel.

* * *

Meine Besuche in Udorn, Chiang Mai, Phuket und Bangkok geben mir nun die Möglichkeit, das Ausmaß der CIA-Operationen und des Drogenhandels in Südostasien darzustellen. Es folgt zu den Ursprüngen dieses Apparats eine Zusammenfassung, die dazu beitragen wird, meine Interviews mit Poshepny, Young und Shirley in die richtige Perspektive zu rücken.

Während des Zweiten Weltkriegs unterstützte die thailändische Nord-Armee die japanische Armee bei der Vertreibung der britischen Streitkräfte aus Birma nach Indien. Um eine direkte Konfrontation zu vermeiden, konzentrierten sich die Alliierten darauf, die Kuomintang-Armee (KMT) von Chiang Kai-shek in China mit Nachschub zu versorgen. Zu diesem Zweck bauten alliierte Ingenieure die berühmte Ledo-Straße, die im Nordosten Indiens begann und durch die Shan-Staaten im Norden Birmas nach Kunming in China führte, wo laut dem Außenministeriumsbeamten John Service der gesamte Lebensstil „mit dem Opiumrauchen verbunden war".[4]

Evan Parker, der erste Leiter des Phoenix-Programms in Südvietnam, diente bei der OSS-Abteilung 101 in Nordburma. Aufgabe der Abteilung 101 war es, Stammesangehörige der Kachin in Spionage- und Guerillakriegsoperationen gegen die verbündeten japanischen und thailändischen Streitkräfte zu organisieren und zu führen und den Weg für die Ledo Road frei zu machen. Es war ein unrühmlicher Krieg voller Terror, Grausamkeiten und Krankheiten.

Während des gesamten Feldzuges führten die Offiziere der Spionageabwehr des OSS einen geheimen Krieg gegen feindliche Saboteure, Spione und Attentäter und überwachten gleichzeitig die Verwicklung des US-Militärs und der Finanzbeamten der Abteilung 101 in den Opiumhandel. Einige Offiziere der Spionageabwehr waren Bundes-Drogenfahnder, die an das OSS abgestellt wurden. Sie hatten die Aufgabe, die Beamten des US-Finanzministeriums über das Ausmaß der Beteiligung des OSS und des US-Militärs am internationalen Opiumhandel zu informieren.

Anfangs bezahlten die Finanzbeamten der OSS und des Militärs die Spione und Guerillas der Kachin mit Silber. Für die Dorfbewohner gab es jedoch nichts zu kaufen, und bald verlangten die Dorfvorsteher Opium wegen dessen vielen praktischen Verwendungszwecken.[5] Opium wurde in Kalkutta, Teheran und Kunming sowie auf dem lokalen Markt beschafft, wobei die Transport- und Bankensysteme der OSS und des US-Militärs sowie chinesische Mittelsmänner und ihre Piratenbanden genutzt wurden, von denen viele nach dem Krieg für die CIA arbeiteten – darunter auch solche mit Verbindungen zur amerikanischen Mafia.

Die Amerikaner manipulierten die Stammesvölker mit Opium, Christentum und „schwarzer Propaganda", die ihren Aberglauben ausnutzte. Aber sie konzentrierten ihre Rekrutierungsbemühungen auf die „modernisierten" herrschenden Klassen, die in jeder Nation das Militär und den illegalen Drogenhandel kontrollieren. Die Amerikaner beispielsweise verzichteten im Gegensatz zu den Briten in Thailand auf „Extraterritorialität". Ihre erklärte Absicht war es, Geschäftsinteressen zu schützen, und nicht, eine Kolonie zu schaffen.

Wie in der Anmerkung des Autors erwähnt, war Kenneth Landon einer der Urheber dieser verlogenen neokolonialen Politik. Landon befand sich in einer guten Position, um diese Politik

---

[4] William O. Walker, Opium and Foreign Policy: The Angle-American Search for Order in Asia, 1912-1954 (1991), S.79.
[5] Troy Sacquety, The OSS in Burma: Jungle War against the Japanese (2013), passim.

umzusetzen: Er stand dem thailändischen Botschafter in den USA, Seni Pramoj, nahe, der sich geweigert hatte, Amerika den Krieg zu erklären. Landon stand auch dem führenden antimonarchistischen Politiker Pridi Phanomyong nahe. Gemeinsam trugen Seni und Pridi dazu bei, dass Landon und die OSS die Free Thai-Bewegung ins Leben riefen, die ihrerseits unter amerikanischer Schirmherrschaft die Free Lao-Bewegung im Nordosten Thailands ins Leben rief. Die USA unterstützten auch die Khmer Serai-Bewegung „Freies Kambodscha" in Thailand.

Der Einfluss der USA auf die politischen Angelegenheiten Thailands nahm Ende 1944 zu, als OSS-Offiziere in Kunming begannen, freie thailändische Agenten in ganz Thailand einzuschleusen. Viele dieser Agenten gehörten zur thailändischen Oberschicht und wurden von Landon und seinen „Old Asian Hand"-Kollegen an amerikanischen Colleges rekrutiert. Nachdem sie Verstecke eingerichtet hatten, nahmen die Free Thai-Agenten Kontakt zu thailändischen Militär- und Polizeibeamten auf, die bereit waren, gegen die Japaner zu kämpfen. Die Bemühungen zahlten sich aus, und Anfang 1945 waren OSS-Offiziere unter der Leitung von Nicol Smith in Bangkok, um die thailändischen Streitkräfte in Geheimdienstoperationen und Guerillakrieg zu beraten. Landon half mit seinen Kenntnissen der Kultur und Geografie bei der Durchführung von Guerillaoperationen, während Smith mit einem chinesischen katholischen Priester zusammenarbeitete, der mit Indochina vertraut war.[6]

Trotz des zunehmend guten Verhältnisses der Amerikaner zu den Thais wurde den Briten das Verdienst zugeschrieben, Thailand von den Japanern befreit zu haben. Die Briten waren jedoch wütend darüber, dass die Thais den Japanern bei der Einnahme von Kengtung, einer wichtigen Stadt im Shan-Staat, geholfen hatten und den Japanern erlaubten, thailändisches Territorium zu nutzen, um einen britischen Marinestützpunkt in Singapur zu erobern. Aus Rache und um die Kontrolle über die Ölindustrie zu erlangen, zwangen die Briten Thailand einen einseitigen Vertrag auf, der das Land militärisch, wirtschaftlich und finanziell an Großbritannien band. Anfänglich kontrollierten die Briten auch alle Informationsmedien in Thailand.[7]

In der Zwischenzeit nutzte die US-Mission in Bangkok den Einfluss ihrer Free-Thai-Kader aus der Oberschicht und die Einrichtung von Free-Thai-Trainingsstützpunkten (die später von der CIA übernommen wurden) im ganzen Land, um die Ressentiments der Thailänder gegenüber den Briten für sich zu verwenden und ihren Einfluss auszuweiten. An vorderster Front standen unternehmungslustige OSS-Beamte wie Jim Thompson und sein Stellvertreter Alexander MacDonald, ein Journalist aus Neuengland, der ein schwarzes OSS-Propagandateam in Birma leitete. Nach dem Krieg ließ sich MacDonald in Thailand nieder und gründete die Bangkok Post, für die er ehemalige thailändische und japanische Nisei-Genossen einstellte, um die Psywar-Operation zum Laufen zu bringen. Bis 1946 waren seine Reporter im ganzen Land unterwegs und schrieben Geschichten, die die proamerikanische und antibritische Linie unterstützten. Die Zeitung war 2022 immer noch im Geschäft, obwohl MacDonald Jahre zuvor aus Thailand ausgewiesen worden war.

Der wichtigste Akteur hinter den Kulissen war Willis H. Bird (Wharton), ein ehemaliger leitender Angestellter von Sears Roebuck, der auf mysteriöse Weise zum stellvertretenden Direktor des OSS in China aufgestiegen war. Bird stand sowohl mit den Kommunisten als auch mit der Kuomintang in Verbindung und stellte im April 1945 Major Quentin Roosevelt, den neuen OSS-Kommandeur in China, persönlich General Tai Li vor.

---

⁶ Nicol Smith und Blake Clark, *Into Siam: Underground Kingdom* (1946).
⁷ Oun Sananikone-Memoiren.

Die USA wussten, dass Tai Li mit Du Yuehsheng, dem Chef der Grünen Bande in Schanghai, seit 1927 im Opiumhandel tätig war, als Chiang den Gangster zum Präsidenten des National Board of Opium Suppression Bureau ernannt hatte – das war so, als hätte man Al Capone die Leitung der Prohibition übertragen. Im folgenden Jahr gründete Chiang mit Hilfe seines Schwagers und Geldgebers Soong Tse-vung ein Opiummonopol. Die Vereinbarung wurde von US-Beamten abgesegnet, da die KMT mit den Einnahmen aus dem Opiumverkauf an die Japaner in der Mandschurei ihre Luftwaffe kaufen konnte. Die Opiumgewinne halfen auch bei der Finanzierung von General Claire Chennaults Flying Tigers und später seiner Fourteenth Air Force, die beide „über den Buckel" flogen, um die alliierten Truppen in Kunming zu versorgen. Es spielte keine Rolle, dass Tai Lis Geheimagenten Opiumkarawanen nach Saigon eskortierten oder dass das Opium und seine Derivate Amerika erreichten: Chiang war Antikommunist und wie seine in Wellesley ausgebildete Frau Mei-Ling Soong methodistisch getauft worden.[8]

Die Drogengeschäfte der KMT florierten nach dem Krieg und finanzierten ihre Geheimdienstoperationen in Bangkok und ganz Südostasien. Wie ein Agent des Federal Bureau of Narcotics (FBN) 1946 berichtete, „wurde auf einem kürzlichen Kuomintang-Kongress in Mexiko-Stadt eine umfangreiche Sammlung von Geldern für den zukünftigen Opiumhandel festgestellt".[9] Und im Juli 1947 berichtete das Außenministerium, dass die KMT-Regierung in China „Opium in einem verzweifelten Versuch verkaufte, die Truppen zu bezahlen, die immer noch gegen die Kommunisten kämpften".[10] Die Drogen gingen natürlich an die amerikanische Mafia.

Eine zentrale Rolle bei den Unterweltoperationen der CIA spielte Willis Bird, der nach dem Krieg in Manila auftauchte, wo er im Auftrag des scheidenden OSS-Direktors William Donovan die Veräußerung von militärischen Überschüssen im Wert von Hunderten von Millionen Dollar verwaltete. Der OSS-Offizier Oliver Caldwell bemerkte dazu: „Es wurde klug für den Oberst, die Philippinen zu verlassen, ohne in Washington vorbeizuschauen. Das letzte, was ich von ihm hörte, war, dass er in Thailand mit einer Schar schöner Thai-Mädchen lebte."[11]

Wie viele andere Privatiers verließ Bird seine amerikanische Frau und gründete in Bangkok eine Handelsgesellschaft, die eine Schlüsselrolle in dem privaten Geheimdienstnetz spielte, das Donovan über die World Commerce Corporation (WCC) aufgebaut hatte. Die WCC existierte parallel zur CIA im Auftrag der Industrie-Elite und wickelte einige ihrer widerwärtigsten Operationen ab, ohne den Hauch einer offiziellen Beteiligung. Birds Vermögen wuchs ab dem 9. Juni 1946 rapide an, als laut Landon der stumme junge thailändische König Ananda von seinem schlauen Bruder Bhumibol Adulyadej mit einer Colt .45-Automatikpistole, die ihm der OSS-Offizier Alexander MacDonald gegeben hatte, in den Kopf geschossen wurde.[12] Bhumibol war noch immer König, als ich in Bangkok ankam.

Im November 1947 stürzten Feldmarschall Plaek Phibunsongkhram (auch bekannt als Phibun) und eine Gruppe von Veteranen der nordthailändischen Armee die antimonarchistische Regierung Pridis und setzten einen Marionetten-Premierminister ein, einen Anhänger der Royalisten. Phibun wurde trotz seiner Kollaboration mit den Japanern von den Briten unterstützt, die seine Hilfe gegen einen kommunistischen Aufstand in Malaya benötigten. Die CIA fand derweil in Phibuns

---

[8] Chennault verließ seine alte amerikanische Ehefrau und heiratete die 24 Jahre alte Anna Chen Xiangmei im Jahr 1947. https://www.politico.com/magazine/story/2018/12/30/anna-chennault-obituary-vietnam-back-channel-nixon-1968-223299/
[9] Report von Terry A. Talent an FBN-Commissioner Harry Anslinger, November 1946.
[10] Douglas Clark Kinder und William O. Walker III, „Stable Force in a Storm: Harry J. Anslinger and United States Narcotic Policy, 1930-1962", *The Journal of American History*, vol. 72, no. 4, März 1986, S. 923.
[11] Oliver J. Caldwell, *A Secret War: Americans in China, 1944-45*, Southern Illinois University Press, 1972, S. 196-7.
[12] Andrew MacGregor Marshall, „King Ananda's death: testimony of Kenneth Landon", Blog des Autors, 2012.

stellvertretendem Polizeichef Phao Sriyanond einen neuen Partner. Phao, Thailands wichtigster Drogenhändler, machte sich bei Phibun beliebt, indem er seine realen und imaginären Feinde ermordete.

Phao wurde alsbald zum Generaldirektor der thailändischen Polizei ernannt, und Bird begann, ihn mit Waffen und Material zu versorgen, von denen ein Großteil (wie man sich denken kann) aus den Philippinen stammte. In Donovans Auftrag überredete Bird die Phibun-Regierung, ein Bündnis mit der KMT gegen die chinesischen Kommunisten in Nordthailand einzugehen. Bird war in der Lage, diese geheime US-Politik umzusetzen; 1948 heiratete er eine Schwester des ehemaligen Free Thai-Agenten und MIT-Absolventen Siddhi Savetsila. Der durch und durch moderne Siddhi förderte die US-Politik gerne zusammen mit seinem Chef, General Phao.

Polizeidirektor Phao, König Bhumibol und Feldmarschall Sarit Thanarat taten sich mit der KMT zusammen, um den lukrativen Opiumhandel von Birma nach Thailand zu steuern. Als registrierter ausländischer Agent für die thailändische Regierung besiegelte Donovan den Deal zwischen den Thailändern und der KMT-Regierung, welche 1947 von der CIA nach Taiwan verpflanzt worden war – ein Unterfangen in Demokratie, das mit einem Massaker an rund 20 000 Taiwanesen einherging.

Nach der Gründung der Volksrepublik China (VRC) im Jahr 1949 festigte die KMT ihre Diktatur in Taiwan, wo sie zu einem wichtigen Stützpunkt für die antikommunistischen Operationen der CIA in der Region wurde. Um die Operationen zu finanzieren, half die CIA der KMT, ihr Drogenhandelsimperium in Zusammenarbeit mit Phao und Sarit in Thailand auszubauen. US-Agenten profitierten individuell von diesem faustischen Pakt. Birds Handelsfirma erhielt beispielsweise den Auftrag der US-Regierung, Phaos Polizei mit den Lastwagen, Flugzeugen und Booten zu beliefern, die für den Transport des Opiums von den Lagerhäusern in Chiang Mai zu den Heroinverarbeitungsanlagen in Bangkok benötigt wurden. Bird lieferte auch das Tränengas und die Waffen, die Phao benötigte, um Linke, Anti-Monarchisten und jeden, der als politische Opposition bezeichnet werden konnte, zu unterdrücken.

Ursprünglich befand sich die Thai-KMT-CIA-Operationszentrale in Kengtung, einem kleinen Fürstentum im Shan-Staat im Nordosten Birmas. Im Jahr 1950, als Phao Thailands oberster Polizist wurde, wimmelte es in Kengtung, 250 Meilen nördlich von Chiang Mai, von korsischen und chinesischen Gangstern, laotischen Widerstandskämpfern, Kriegsherren der Bergvölker sowie Agenten der USA, Sowjetunion und Chinas. KMT-Soldaten konkurrierten mit der angeschlagenen burmesischen Armee um die Kontrolle der Region und wurden bei diesem illegalen Unterfangen von ihren CIA-Oberherren und thailändischen Komplizen voll unterstützt, solange sie die Kommunisten bespitzelten und das Opium in Umlauf hielten.

Zu Beginn des Koreakriegs im November 1950 hatten die USA die Südgrenze Chinas mit Stützpunkten gesäumt. KMT-General Li Mi hatte in Absprache mit den Thais mehrere Stützpunkte in Birma errichtet, während die USA in Vietnam Frankreichs Aufstandsbekämpfung finanzierten und halfen, die berüchtigte „Operation X" zu verschleiern, bei der in Laos angebautes Opium zu den mit den Franzosen verbündeten Banditen in Saigon geflogen wurde. Wie ein FBN-Agent feststellte, war das Opium für die Franzosen 1948 „die größte Einnahmequelle".[13]

Von 1945 bis 1950 beaufsichtigte General Douglas MacArthur (auch bekannt als El Supremo) die immens profitablen Besetzungen der Philippinen und Japans. Ausbeutung war die Politik der USA auf den Philippinen seit 1902, als das US-Militär ein philippinisches Streben nach nationaler

---

[13] FBN-Agent William Tollenger zitiert in William O. Walker, *Opium and Foreign Policy*.

Unabhängigkeit niederschlug. Wie Mark Twain damals bemerkte: „Wir haben nicht die Absicht, das philippinische Volk zu befreien, sondern es zu unterjochen." Nach dem Zweiten Weltkrieg nutzten geschäftstüchtige Amerikaner die Philippinen und Japan als neokoloniale Stützpunkte, um ihre militärische und wirtschaftliche Macht im gesamten Fernen Osten auszubauen. Bald darauf errichteten die USA einen weiteren Stützpunkt in Südkorea, wo CIA-Beamte von 1950 bis 1953 an der Abschlachtung von etwa zwei Millionen Zivilisten beteiligt waren und gleichzeitig geheime Operationen in China und der Sowjetunion durchführten.

In Bangkok versorgte Donovans privates Geschäftsnetzwerk die gesamte Region mit Geheimagenten und Freibeuter. Kenneth Landon wurde als die Person bezeichnet, die am meisten für die „besonderen Beziehungen" zwischen den USA und Thailand verantwortlich ist, aber niemand war so effektiv bei der Durchsetzung einer unausgesprochenen Politik wie Willis Bird, der 1949 das Narasuan-Komitee als eine Schattenregierung organisierte, die sich aus den rechtesten thailändischen Spitzenpolitikern, Industriellen, Militärs und Sicherheitsverantwortlichen zusammensetzte. Über das Narasuan-Komitee plante und führte die CIA ihren geheimen Krieg in Indochina.

Zu Bird gesellte sich Paul Helliwell, ein ehemaliger OSS-Kamerad aus Kunming. Helliwell, der damals als Thailands ehrenamtlicher Rechtsberater in Miami tätig war, und Bird recycelten (gegen ein beträchtliches Startgeld) die Überreste von Chennaults Flying Tigers in die CIA-eigene Gesellschaft Civil Air Transport (CAT). Von Stützpunkten in Taiwan aus erleichterten CAT und das CIA-eigene Unternehmen Western Enterprises (1950 ebenfalls von Helliwell auf Taiwan gegründet) Kommandoangriffe auf die Inseln der Volksrepublik China und flogen Nachschub zu den KMT-Truppen in Nordburma. KMT- und US-Söldnerpiloten, die für CAT arbeiteten, flogen Opium zurück nach Taiwan.

Helliwell und Bird halfen auch bei der Gründung der Overseas Southeast Asia Supply Corporation (Sea Supply) in Bangkok, um die Polizeikräfte von Phao mit Waffen zu versorgen. Das mit Siddhis Hilfe ausgehandelte Abkommen sah vor, dass die CIA eine paramilitärische Polizeitruppe, die Royal Thai Border Patrol Police (BPP), zur Bekämpfung der Kommunisten aufbaut und gleichzeitig die KMT-Armee von General Li Mi in Birma heimlich mit Waffen versorgt. Die Büros von Sea Supply wurden im September 1950 in Bangkok eröffnet und breiteten sich entlang der thailändischen Grenzen aus. Der sexbesessene Bird und Sea Supply halfen Phao dabei, Goldbarren ins Land zu schmuggeln und an Phaos bevorzugte Offiziere zu verteilen.

Hunderte von CIA-Beamte arbeiteten mit Sea Supply zusammen und berieten die thailändische BPP in Trainingslagern im ganzen Land, unter anderem im tropischen Urlaubsort Hua Hin am Golf von Siam, wo die königliche Familie ein Anwesen besaß. Beamte der CIA berieten die Spezialabteilung der thailändischen Polizei, eine Mischung aus Gestapo und Palastwache. Phaos BPP wurde von CIA-Experten für psychologische Kriegsführung wie Robert G. North beraten, einem Hollywood-Drehbuchautor, der antikommunistische Propagandafilme drehte und mit KMT-General Li Mi in Birma in Verbindung stand.

Experten für politische Kriegsführung stellten BPP-Teams für „zivile Aktionen" auf, die wie motorisierte trojanische Pferde Informantennetze auslegten und unter dem Deckmantel der Medikamentenverteilung an die Bergstämme Killerkommandos einsetzten. Paramilitärische „Primitivlinge", die sich mit Granaten besser auskannten als mit Handschellen, berieten die BPP-Feldkommandeure, die aus dem thailändischen Militär kamen; die von den PM-Offizieren angeführten Züge wurden mit Flugzeugen und schweren Waffen ausgestattet und entlang der thailändischen Grenzen verteilt, wo, wie bereits erwähnt, Tausende von kambodschanischen, laotischen und vietnamesischen Widerstandskämpfern Lager errichtet hatten.[14]

James William „Bill" Lair, ein in der paramilitärischen Abteilung der CIA untergebrachter Sachbearbeiter, wurde zum Leiter der BPP-Beratungsmission ernannt. Lair traf im März 1951 ein. Als Veteran des Zweiten Weltkriegs und Geologie-Absolvent der Texas A&M sprach Lair Thailändisch mit einem gewissen Näseln, aber seine zurückhaltende Art (die so gar nicht zu den meisten prahlerischen Yankees passte) gewann das Vertrauen der Thailänder. Lairs Position wurde gefestigt, als er, wie Willis Bird, eine von Siddhis Schwestern heiratete. Die Tatsache, dass die schöne junge Frau des Königs, Sirikit (in der englischen Tradition einer Militäreinheit namens „The Queen's Own"), die BPP als ihr Stiefkind adoptierte, trug nur zu Lairs Glanz bei.

Lillian Mortons Freund, Pat Landry, wurde 1961 Lairs Einsatzleiter. Landry hatte im besetzten Deutschland gedient und wurde danach – zusammen mit Dutzenden von Texas-A&M-Absolventen, von denen viele Football-Spieler waren – in die paramilitärische Abteilung der CIA für den Einsatz in Korea rekrutiert. Zu Lair gesellten sich bald auch Tony Poshepny und Jack Shirley, die ich beide interviewen sollte. Bis 1955 hatten Hunderte von CIA-Mitarbeiter Tausende von Thais in Phaos BPP ausgebildet. Und jeder Einzelne von ihnen war in den Drogenhandel verwickelt.

Durch seine Heirat erwarb Lair die thailändische Staatsbürgerschaft und wurde in die königliche thailändische Polizei aufgenommen, in der er 1954 aus ausgewählten BPP-Rekruten die Eliteeinheit Parachute Aerial Resupply Unit (PARU) aufbaute. Warlord Lair nutzte die PARU als Privatarmee für Einsätze in Birma, Kambodscha und Laos, wo die PARU-Mitglieder ethnische und clanmäßige Verbindungen besaßen. Und wo CIA- und PARU-Mitglieder als fester Bestandteil des Plans in den Handel mit Gold, Drogen, Waffen und Artefakten verwickelt waren.

All dies war dem FBN wohlbekannt, das bereits 1954 gegen CAT ermittelte, nachdem US-Beamte auf einen großen Opiumvorrat aufmerksam geworden waren, den Li Mi an den CAT-Piloten Dutch Brongersma verkaufen wollte.[15] Willis Bird galt als der größte Händler in Thailand. Aber alle Ermittlungsberichte wurden begraben und die Verhaftungen beschränkten sich auf rangniedrige US-Militärs. Die nationale Sicherheit hatte wie immer Vorrang vor der Strafverfolgung.

---

[14] Siehe Ralph McGehee, *Deadly Deceits* für einen Augenzeugenbericht.
[15] Jonathan Marshall, "Cooking the Books: The Federal Bureau of Narcotics, the China Lobby and Cold War Propaganda, 1950-1962", *Asia-Pacific Journal*, 15. September 2013.

Tag 16: Nong Khai

Sonntag, 3. März 1991

„Transitmond in Waage steht in Konjunktion mit Geburts-Neptun.

Wisse, wohin du gehst und wie du dorthin gelangst."

Es war dunkel, als ich in das Taxi zum Flughafen stieg. Außerhalb Bangkoks hatte es einen Chemiebrand gegeben, und der aufgeregte Taxifahrer nahm den langen Weg durch die Slums, in denen das Feuer ausgebrochen war. Ich hatte Angst, meinen Flug zu verpassen, und ärgerte mich darüber, entführt worden zu sein, aber ich bekam die andere Seite Thailands zu sehen – verarmte Familien, die Drachen steigen ließen und Fußball spielten, während sie neben Eisenbahnschienen zwischen verlassenen Tankwagen mit Totenkopfschildern campierten. Einige lächelten und winkten. Vielleicht kannten sie den Taxifahrer. Vielleicht schwimmen sie einfach mit dem Strom. Ich habe gelesen, dass sich Buddhisten persönlich für ihr Schicksal verantwortlich fühlen. Wenn sie in Schmerz und Armut leben, dann deshalb, weil sie in einem früheren Leben Mist gebaut haben. Karma. Ich habe auch gelesen, dass ein lächelnder Thai nicht unbedingt ein glücklicher Thai ist, der auf der Ebene der Immanenz surft. Es war ein beunruhigender Start in den Tag.

Ich kam rechtzeitig an, um das Inlandsterminal zu finden und mein Flugzeug zu besteigen. Es waren noch zwei weitere westliche Reisende an Bord: zwei mehr als beim Abflug von Saigon. Es war 8:00 Uhr morgens, als wir auf dem riesigen Stützpunkt der Königlich Thailändischen Luftwaffe in Udorn außerhalb der ausgedehnten nordöstlichen Stadt Udon Thani landeten. Militärflugzeuge und Fahrzeuge waren überall verstreut. Soldaten, die automatische Gewehre in der Hand hielten, säumten den Weg zum Terminal für zivile Flüge.

Ich nahm mein Gepäck an einem von Soldaten besetzten Kontrollpunkt in Empfang. Das allgegenwärtige Porträt des Königs zierte eine Wand, und als eine Glocke ertönte, blieben alle stehen und verneigten sich. Das ist derselbe König Bhumibol, der seit dem 9. Juni 1946 regiert, als er angeblich seinen Bruder durch einen Kopfschuss tötete. Seitdem hatte er es zu etwas gebracht. Sein Vermögen wurde im Jahr 2008 auf dreißig Milliarden Dollar geschätzt.

Mein Blick verriet meine antimonarchischen Gefühle, und die Soldaten starrten mich an. Ich verbeugte mich pflichtbewusst. Das war klug, wenn man bedenkt, wie ernst die Thais ihre Gesetze zur Majestätsbeleidigung nehmen. Im Januar 2021 verurteilte ein thailändisches Gericht eine 65-

jährige Frau zu 40 Jahren Gefängnis, weil sie im Internet Beiträge veröffentlicht hatte, in denen sie die Königsfamilie kritisierte.[1]

Ich hatte keine Reservierung für das Charoen Hotel, aber auf der Fahrt mit dem Van sah ich einen Schwarm Reiher, was ich als gutes Omen interpretierte. Das war es auch. „Sie haben Glück", sagte der Empfangschef. „Gestern gab es keine freien Zimmer." Ein Russe stand neben mir. Eine weitere Premiere. Als ich fragte, wo ich Tony Poshepny finden könnte, zogen die Mitarbeiter kollektiv eine Augenbraue hoch. Der Angestellte griff unter den Tresen und holte eine Mappe hervor. Das Hotel beschäftigte Poshepnys Sicherheitsberatungsfirma, und auf dem Fahndungsphoto in der Mappe sah er aus wie ein prügelnder Marlon Brando. Der Angestellte kreiste den Standort von Poshepnys Vorstadthaus auf einer kostenlosen Karte der Stadt und der Vororte ein.

Nachdem ich mich in meinem Zimmer eingerichtet hatte, rief ich Poshepny an, um meine Ankunft anzukündigen. Er war freundlich, lehnte aber meine Einladung zum Abendessen ab. Er bestätigte jedoch unsere Verabredung für den nächsten Tag. Ich ging hinunter in die Lobby, trank einen Kaffee, kaufte einen Film und beschloss, mir Laos, das Königreich der Millionen Elefanten und weißen Parasole, einmal im Leben anzusehen, wenn auch nur aus der Ferne.

Der Empfangschef rief einen mürrischen Taxifahrer herbei, der ein Vermögen für die Fahrt nach Nong Khai verlangte, einer Grenzstadt am Mekong, 35 Meilen nördlich auf einer asphaltierten Straße. Die Landschaft war flach, mit Maulbeerbäumen, Palmen und Trauerkiefern. Nur wenige Autos, Lastwagen oder Fahrräder. Ein weißes Kind auf einem Fahrrad, eine Mutter, die einem Kind Läuse vom Kopf zupft, ein Kind, das Früchte von einem Baum stibitzt, ein Mann, der Kokosnüsse verkauft. Ein Getreidelager, Unterstände auf einem Feld, ein Holzlager und das schönste Tuk Tuk aller Zeiten, das Spaltholz transportiert. Tongefäßhersteller, eine riesige Urne auf einem Feld in der Nähe buddhistischer Schreine, vier bis zehn Fuß hoch wie Miniatur-Empire State Buildings. Ein riesiges schwarzes Yak mit riesigen Hörnern, graue magere Rinder, braune Kühe auf der Weide, ein Kalb, das auf die Straße läuft. Ein Mann sitzt unter einem Baum und schläft, eine rote Mütze auf dem Kopf. Eine Kohlfarm. Grünalgenbewachsene Teiche, ein Kind, das mit einer Steinschleuder auf einen Baum schießt, Gärtnereien, die Topfpflanzen verkaufen und ein Baum am Straßenrand, der wie ein exotischer Vogel aussieht. Gefundene Kunst. Ich halte an, um ein Photo zu machen.

Als ich in Nong Khai ankam, hatte ich keine Ahnung, was ich tun sollte, aber eine freundliche westliche Frau meinte, ich solle den Wat Pho Chai-Tempel außerhalb der Stadt besuchen. Sie sagte, er sei voller Magie und würde Glück bringen. Mein mürrischer Taxifahrer feilschte um mehr Geld, aber das war es wert. Der Wat Pho Chai war der außergewöhnlichste Tempel, den ich je gesehen hatte. Seine Wände waren mit einem farbenfrohen Wandgemälde bemalt, auf dem Buddha auf einer Wolke schwebte, gleichgültig gegenüber den eisigen Kriegern, die ihn angriffen. Zwei Frauen, die auf beiden Seiten des Tempels im Schatten steinerner Löwen saßen, verkauften die Chance, gutes Karma zu erwerben, indem sie Vögel aus Käfigen befreiten – die, wie wir alle, schließlich in ihre Käfige zurückflogen.

Nong Khai war ein belebter Hafen mit gepflasterten Straßen, erhöhten Bürgersteigen und Mönchsjungen, die paarweise gingen. Als ich in einem Restaurant auf Stelzen am Flussufer einen Imbiss einnahm, blickte ich über das träge Wasser auf ein riesiges Schild mit der Aufschrift „Willkommen in Vientiane". Nong Khai ist 15 Meilen von Vientiane entfernt, der Hauptstadt eines alten Königreichs und der Verwaltungshauptstadt von Laos, so dass hier viel Handel betrieben wird und sich die Nationalitäten vermischen. Das war schon immer so. Auf der laotischen Seite wurde

---

[1] *Reuters*, Bangkok, 19. Januar 2021.

geschwommen und geangelt. Glückliche Kinder lieferten sich eine Schlammschlacht. Auf Schildern wurde für Pepsi und Sprite geworben. Nach dem Mittagessen spazierte ich mit den japanischen und westlichen Touristen herum. Es gab Essensstände und Kioske. Ich machte ein Photo von einer schmuddeligen orangefarbenen Miezekatze und einem einbeinigen Mann, der auf der Straße schlief. Ich kaufte ein Armband für Alice.

Über meine Erlebnisse in Udorn werde ich im Laufe des Tages noch mehr berichten, aber zunächst muss ich einen Überblick über das frühe Engagement der CIA in Laos geben. Dieser Überblick wird helfen, meine Interviews mit Poshepny, Bill Young und Jack Shirley zu verstehen.

Das von Land eingeschlossene Laos hat die Form einer untersetzten Palme, die an der Spitze vom Wind nach Westen gebogen wird. Der Baumstamm, das alte Königreich Champassak, wird „Pfannenstiel" genannt. Als es noch existierte, erstreckte sich Südvietnam über die gesamte Ostseite des Pfannenstiels. Der 350 Meilen lange untere Teil des Stammes grenzt an Kambodscha. An den nordwestlichen Teil von Laos, das alte Königreich Luang Prabang, grenzen Teile Chinas und Birmas (heute Myanmar). Der Rest von Laos grenzt an Thailand.

Amerikanische Spione begannen 1945, sich in laotische Angelegenheiten einzumischen, als OSS-Major John S. Holliday, ein ehemaliger Missionar, der in Nordthailand eine medizinische Klinik betrieb, mit dem Fallschirm auf einer Insel in einem See im Nordosten Thailands absprang. Der Kommandeur der Freien Laoten (Lao Issara), Oun Sananikone, und seine Guerillabande begrüßten Holliday und brachten ihn zu einem Stützpunkt der Freien Thai in Phu Phan, einer Region, die für ihren wertvollen Rosenholzwald bekannt war.[2] Dort überredete Holliday die Führer der Freien Laoten, US-Waffen anzunehmen und der OSS Rekruten für ein Nachhutgefecht gegen die Japaner zur Verfügung zu stellen. Oun und die anderen laotischen Issara-Nationalisten, die immer noch eine informelle Organisation ohne politisches Ansehen waren, konnten aufgrund der japanischen Besatzungstruppen und der feindlichen französischen Guerillas, die mit laotischen Kollaborateuren wie Prinz Boun Oum in Champassak, dem Kleinkönigreich im Panhandle, zusammenarbeiteten, nicht nach Laos eindringen. Daher beschränkten sich die aufstrebenden Issara auf den Aufbau ihrer Streitkräfte mit Hilfe von Waffen und Vorräten, die von in China stationierten Flugzeugen der US-Armee abgeworfen wurden.

Nach der Kapitulation der Japaner flog ein OSS-Team nach Vientiane und reiste dann südlich durch Thailand nach Thakhet, Laos am Mekong im oberen Pfannenstiel, um sich mit Oun und seinen Issara-Kameraden zu treffen, darunter Phoumi Nosavan, Souvanna Phouma und Phoumas Halbbruder Souphanouvong, „der rote Prinz". Souphanouvong wurde in Vietnam ausgebildet, wo er 16 Jahre verbrachte und sich mit Ho Chi Minh und den Vietminh-Kommunisten verbündete. 1950 berief er den ersten Kongress der Laotischen Freiheitsfront, der kommunistischen Pathet Lao, ein.

Die moderne Geschichte von Laos wird häufig als der Krieg der drei Prinzen zusammengefasst – Boun Oum repräsentierte die Faschisten, Phouma die Neutralisten und Souphanouvong die Kommunisten.

Die Spannungen zwischen den Amerikanern, Briten, Franzosen, Thais und Laoten wuchsen, da jeder um seine Position in der Nachkriegszeit spielte. Die Briten und die KMT-Chinesen hatten sich darauf geeinigt, dass ihre Streitkräfte einseitig in Thailand und Indochina operieren konnten und dass jedes Gebiet, das den Japanern abgenommen wurde, dem Nehmer gehörte. Die Briten und die KMT teilten Vietnam entlang des 16. Breitengrades auf, wobei die Briten den Süden und

---

[2] Oun Sananikone-Memoiren.

130

die Chinesen den Norden kontrollierten. Mit dem Auftrag, die Japaner in Laos zu entwaffnen, zog die 93. KMT-Division südlich entlang des Mekong durch Ban Houei Sai an der thailändisch-burmesisch-laosischen Grenze, dann nach Luang Prabang, dann südlich zur französischen Hauptstadt Vientiane und schließlich nach Savannakhet, wo die Lao Issara im Pfannenstiel stationiert waren.

Oun Sananikone schreibt in seinen Memoiren: „In den Städten gab es chinesische Soldaten und auf dem Lande französische Soldaten. Beide wollten uns vernichten." Im Nordosten herrschten japanische Einheiten, die noch nicht entwaffnet waren, und bewaffnete Vietminh-Nationalisten. „Folglich gerieten wir Lao Issara in eine sehr schwierige Lage. Die meisten Menschen mochten die Franzosen mehr als sie uns mochten."

Nachdem die Franzosen 1946 ihr Kolonialregime wiederhergestellt hatten, erlangten die Frankophilen und Monarchisten wichtige Positionen, während die Issara bis 1949 auf die Rückkehr in ihre Heimat warteten, als Frankreich vorläufig die Unabhängigkeit von Laos, Kambodscha und Vietnam gewährte. Einer der Brüder von Oun Sananikone wurde 1950 Premierminister und löste damit Prinz Boun Oum ab, der seit 1948 unter den Franzosen gedient hatte.

In den Nachkriegsjahren ignorierten die Amerikaner Laos und Kambodscha weitgehend. Sie konzentrierten sich auf Vietnam mit seiner größeren Bevölkerung und seinem größeren Reichtum sowie seiner gut organisierten und populären nationalistischen Bewegung, die 1946 gegen die Franzosen für die Unabhängigkeit kämpfte. Erst nach der Gründung der Volksrepublik China im Jahr 1949 begannen die USA mit der Planung, die schwächelnden Franzosen zu ersetzen, indem sie in Laos und Kambodscha sowie in Vietnam politische und soziale Bewegungen schufen, die ihnen verpflichtet waren.

Ein Großteil dieser Strategie geht auf das Konto von Kenneth Landon. Von Oktober bis Dezember 1945 nahm Landon als Referent für politische Angelegenheiten im Fernostbüro des Außenministeriums an den Friedensverhandlungen zwischen den Thais und den Briten teil. Während dieser Zeit bereiste er Kambodscha und Vietnam. Unterwegs traf Landon alle wichtigen Akteure, darunter auch Ho Chi Minh, den er zunächst unterstützte. Doch 1947 war Landon ein Gegner der Vietminh und arbeitete mit dem diktatorischen thailändischen Regime zusammen, das seinen alten Freund (und Anti-Monarchisten) Pridi Phanomyong gestürzt hatte. Wie die Laoten und alle anderen spielten auch die Amerikaner um ihre Positionen, und als der Kalte Krieg zu einer Wachstumsindustrie wurde, wurde Antikommunismus zur Mindestvoraussetzung, um in das gesamtamerikanische Spiel einzusteigen.

Die CIA-Infiltration in ganz Indochina beschleunigte sich 1950 mit der Ankunft der Special Technical and Economic Mission[3] und der enormen Ausweitung der US-Gesandtschaft in Saigon, zu der auch eine CIA-Einheit und medizinische Teams (wie Pyles Trachom-Teams in *The Quiet American*) gehörten, die sich über die gesamte Region verteilten. Aber erst nach dem Koreakrieg, nachdem die Vietminh die Franzosen bei Dien Bien Phu besiegt hatten und Laos 1954 zum neutralen Staat erklärt worden war, traten die USA in den Vordergrund. In jenem Jahr ersetzten die USA als Bedingung für wirtschaftliche und militärische Hilfe an die laotische Regierung den neutralistischen Premierminister Souvanna Phouma durch einen überzeugten Antikommunisten. Eine weitere Bedingung für die US-Hilfe war, dass bei den Wahlen in jenem Jahr die kommunistische Pathet Lao ausgeschlossen werden würde.

---

[3] Zu Blum siehe Emma Best, „The Spy Who Shaped the World, Part 2", *Muckrock*, 18. August 2017.

Bald kamen eine Reihe von CIA-Beamten nach Laos, um die Neutralisten zu neutralisieren, darunter Robert „Zup" James. Als Spross der Großfamilie Standard Oil war James (Yale) ein Exzentriker, wie ihn sich nur die Superreichen leisten können. Als er 1950 eingezogen wurde, ließ er sich seine Armeeuniform bei Brooks Brothers schneidern. Nie weit entfernt vom Champagner- und Kaviar-Wirbel der High Society, zog es James in die oberen Kreise der CIA, für die er zunächst in Taiwan diente, wo er mit Chiangs Führungsstab in Verbindung stand und Chiangs Adoptivtochter zu Partys begleitete. James spezialisierte sich auf das Verfassen von Radiosendungen und Propagandaflugblättern, die von Kommandos geschmuggelt oder von Piloten über der Volksrepublik China abgeworfen wurden. Bis 1956 war er Chef des Psywar-Stabs der China-Abteilung der CIA.[4]

James, der fließend Französisch sprach und dafür bekannt war, dass er sich als wohlhabender Engländer ausgab, wurde 1957 als Resident Officer der CIA in Luang Prabang, dem Sitz des damaligen laotischen Königs, eingesetzt. Obwohl Luang Prabang eine kleine Stadt mit nur 10.000 Einwohnern war, lag es strategisch günstig zwischen Nordvietnam, China, Thailand und Birma und war daher eine Brutstätte für Intrigen. Eine der wichtigsten Aufgaben der CIA-Station war die Entsendung von Agenten nach China, und zwar einseitig und in Verbindung mit der KMT und den Laoten, und James arbeitete als China-Spezialist bei dieser Aufgabe vor allem mit General Ouane Rattikone zusammen, der in Luang Prabang wohnte und militärischer Befehlshaber des Nordwestens von Laos war. James beeindruckte die einheimische Schar der französischstämmigen Prinzen, Minister und Generäle, indem er in seiner Villa einen Roulettetisch aufstellte. Noch wichtiger ist, dass er der Vorgesetzte von Souvanna Phouma wurde, der 1957 zum dritten Mal Premierminister von Laos wurde.

Die CIA-Agenten waren auch damit beschäftigt, Häuptlinge von Bergstämmen zu rekrutieren, die keine Loyalität zu den einheimischen Laoten im Tiefland hatten. Vang Pao, der militärische Befehlshaber des Hmong-Stammes, der im 18. Jahrhundert aus China eingewandert war und sich auf den Berggipfeln im Nordosten von Laos niedergelassen hatte, war bei weitem der wichtigste. Die Hmong waren nicht nur Außenseiter, sondern Pao hatte sich auch als Soldat bewährt, als er für die Franzosen in Dien Bien Phu kämpfte, wo die Franzosen ihren letzten Widerstand leisteten, bevor sie Vietnam 1954 an die Vietnamesen übergaben. Dien Bien Phu liegt innerhalb Vietnams, etwa 250 kurvenreiche Meilen nördlich von Luang Prabang, und war seit 1841 ein wichtiges Zentrum des französischen Opiumhandels. Vor allem waren die Franzosen für ihre Opiumversorgung auf die Hmong in den umliegenden Bergen angewiesen und nicht auf die einheimischen Weißen Thais aus dem Tiefland, die die Region seit über tausend Jahren bewohnten.

Seit 1953, als die Vietminh erfolgreich in die Ebene von Steinkrüge (ein 500 Quadratmeilen großes, rautenförmiges Plateau nordöstlich von Vientiane in der Provinz Xiang Khouang) eindrangen, bestand der Plan der CIA darin, Frankreichs Geheimarmee der Opium anbauenden Meo-Bergstämme in Laos zu kooptieren, mit Vang Pao als Frontmann. Um den Weg zu ebnen, hatten die USA seit 1950 allen Bergstämmen landwirtschaftliche und medizinische Hilfe geleistet, aber keiner war so kämpferisch wie die Hmong, die die CIA in einem von ihr in Long Tieng eingerichteten Stützpunkt zentralisieren wollte, insbesondere um Vientiane zu verteidigen.

Die Dinge liefen jedoch nicht gut, da die Mehrheit der einheimischen Laoten die Pathet Lao unterstützte, sie nicht für die Demokratie sterben wollten und glaubten, dass die Geister die Vietnamesen im Nordosten und im Panhandle begünstigten. Die Position der USA verschlechterte sich im November 1957, als Souvanna Phouma zur Bestürzung seines CIA-Beauftragten James

<hr>

[4] „A Caviar and Champagne Diplomat: The Memoirs of R. Campbell ‚Zup' James", hrsg. von Eugene H Pool und Oliver James Janney (bereitgestellt von Joshua Kurlantzick).

(dessen Zuneigung er zu gewinnen versuchte, indem er James einen Elefantenstall und eine Konkubine zur Verfügung stellte) eine Koalitionsregierung mit den Pathet Lao bildete.

Entsetzt begannen die USA, zivilgekleidete Spezialeinheiten einzuschleusen, um CIA-Beamte bei der Ausbildung laotischer Armeeeinheiten für den Kampf gegen die Pathet Lao und ihre nordvietnamesischen Verbündeten zu unterstützen. Im August 1958, nach dem Sieg der Pathet Lao bei den Parlamentswahlen, wurde Phouma von der Sananikone-Familie und Boun Oum und ihrem starken Mann Oberst Phoumi Nosavan zum Rücktritt gezwungen. Mit Unterstützung der USA löste der Hardcore-Faschist Phoui Sananikone Phouma als Premierminister ab und ordnete sofort die Verhaftung aller kommunistischen Abgeordneten an.

Die Faschisten kontrollierten jedoch nur Vientiane und die Städte entlang des Mekong im Pfannenstiel. Schlimmer noch: 1959 begann die nordvietnamesische Armee, Soldaten über den sogenannten Ho-Chi-Minh-Pfad durch den Pfannenstiel nach Südvietnam zu schicken. Da die CIA verzweifelt nach Verbündeten suchte, wandte sie sich an Vang Pao. Wie der Sachbearbeiter Ralph Johnson dem CIA-Hauptquartier berichtete, war Vang Pao bereit, im Gegenzug für freie Fahrt im Opiumhandel Hmong-Kommandos nach China und Nordvietnam sowie in den Kampf gegen die Pathet Lao im laotischen Pfannenstiel zu schicken, wo die regulären Truppen der NVA (Nord-Vietnamesische Armee) begannen, nach Zentralvietnam einzudringen.

So beauftragte 1959 der Leiter der CIA-Fernostabteilung, Desmond Fitzgerald (der im Zweiten Weltkrieg Verbindungsoffizier zur chinesischen 6. Armee in Birma gewesen war), Bill Lair und seine thailändische PARU damit, die Hmong für Kampfeinsätze zu organisieren. Während sich Lair auf seine neue Aufgabe vorbereitete, putschte die CIA-Station in Vientiane – nach dem Tod des alten Königs und der Thronbesteigung seines Sohnes Savang Vatthana, der nicht so viel Shakti/Shiva-„Glück" besaß wie sein Vater – am 25. Dezember 1959. Eine Militärjunta unter dem faschistischen Oberst Phoumi Nosavan übernahm die Regierungsgeschäfte. Unter der Führung des verrückten CIA-Beamten Jack Hasey übernahmen Phoumi Nosavan und seine Clique die Kontrolle über die Regierung und setzten in den folgenden 18 turbulenten Monaten fünf verschiedene Marionetten-Premierminister ein.

Angewidert von der traurigen Situation, inszenierte ein neutral eingestellter Militäroffizier im Sommer 1960 einen Aufstand. Ausgestattet mit Koffern voller laotischer Währung, die von Lair geliefert und von seinen PARU-Agenten verteilt wurden, schlugen Nosavan und seine Clique zurück und sorgten in einer manipulierten Wahl im Dezember 1960 dafür, dass kein einziger Kommunist in der Regierung saß. Mit dem Segen von König Vatthana setzte die CIA Boun Oum als Premierminister und Nosavan als Verteidigungsminister ein, während sich Lair mit Vang Pao auf einem Außenposten südöstlich der Ebene der Steinkrüge traf, den der Neutralist Kong Le und seine Truppen besetzt hatten. In Ta Viang vereinbarten Lair und Vang Pao die Wiederbelebung der französischen Geheimarmee der Hmong-Guerillas. Um dies zu verbergen, wurden die Hmong von Lairs PARU-Einheiten angeführt.

Da die CIA und ihre laotischen Faschisten stets auf der Suche nach Verbündeten waren, schlossen sie ein Abkommen mit der KMT auf Taiwan. Im Gegenzug für einen größeren Anteil am Opiumhandel erlaubte Taiwan den Faschisten, etwa 6.000 KMT-Soldaten anzuheuern, die aus Birma vertrieben worden waren und sich entlang der thailändisch-laotischen Grenze niedergelassen hatten. Dies geschah mit dem Einverständnis von Feldmarschall Sarit Thanarat, Thailands Militärdiktator und Cousin von Phoumi Nosavan. Um die KMT-Söldner in den Kampf gegen die Pathet Lao im Nordwesten von Laos zu locken, mietete die Sananikone-Familie – Eigentümer der nationalen laotischen Fluggesellschaft Veha Akhat – vier Transportflugzeuge mit Piloten und Besatzungen aus Taiwan. Die Flugzeuge wurden mit Veha-Akhat-Insignien getarnt und ausschließlich dazu verwendet, die KMT-Kräfte in Laos mit US-Waffen zu versorgen. Unter der Aufsicht von General Rattikone, dem militärischen Befehlshaber in Luang Prabang, wurden die Flugzeuge mit Rauschgift beladen und kehrten zu laotischen Luftwaffenstützpunkten zurück, von wo aus die KMT-Piloten und -Besatzungen ihren Anteil zurück nach Taiwan flogen.[5]

Als Erbe des Königreichs, das den Pfannenstiel beherrschte, kontrollierte Boun Oum die wichtigsten Drogenumschlagplätze nach Südvietnam. Sein südvietnamesischer Partner bei diesem Unternehmen war der opiumsüchtige Bruder von Präsident Ngo Dinh Diem, Nhu, und der südvietnamesische Luftwaffenmajor Nguyen Cao Ky. Nach einer zweijährigen Führungsausbildung am US Air Command and Staff College kehrte Ky 1958 nach Saigon zurück, wo er sich mit dem stellvertretenden CIA-Stationschef William Colby zusammentat.

Colby und die CIA gründeten eine US-Gesellschaft, Vietnam Air Transport, um Flugzeuge und Piloten für die First Transport Squadron, eine frühere CIA-Einrichtung, bereitzustellen. Die so genannten „Dirty Thirty" der 43rd Air Transport Group setzten von der CIA ausgebildete südvietnamesische und indigene Kommandos zunächst einzeln, dann in kleinen Gruppen auf Psywar-Missionen in Nordvietnam ab.[6] Die meisten Kommandos wurden getötet oder gefangen genommen. Nach ihrer Rückkehr machten die durstigen „Dirty Thirty" auf laotischen Militärstützpunkten im Pfannenstiel eine Pause, um sich zu erfrischen und eine Ladung Opium zu kaufen. Einem amerikanischen Farmer zufolge, der für das US-Agrarhilfeprogramm in Laos tätig war, leitete Nhus Frau die Verladung des Opiums auf dem Stützpunkt Phong Savan.[7] Nguyen Cao Kys Schwester leitete die Operationen in Pakse. Es war eine Familienangelegenheit, die von einer Reihe zwielichtiger Gestalten unterstützt wurde.

In Laos erlitt die CIA im Dezember 1961 in der Provinz Nam Tha, die an Birma und China grenzt, einen schweren Rückschlag, als Kräfte der Nord-Vietnamesischen Armee (NVA) und des Pathet Lao die von US-Spezialkräften geführten und von KMT-Söldnern unterstützten laotischen Streitkräfte besiegten. Nosavan schickte Verstärkung, aber 2.000 Kämpfer wurden gefangen genommen und 5.000 flohen im Mai nach Thailand. Nosavan verlor sein Gesicht, ebenso wie die CIA, was Präsident Kennedy dazu veranlasste, 5.000 amerikanische Soldaten nach Nordthailand zu senden.

Aus der Asche heraus wurde Souvanna Phouma im Juni 1962 zum vierten Mal Premierminister. Während Boun Oum seine Zeit an der Riviera verbrachte und seine Opiumgewinne verspielte, blieb Phouma bis 1975 Premierminister, als Souphanouvong und die Pathet Lao an die Macht kamen.

In der Zwischenzeit, im Juli 1962, erklärten die drei rivalisierenden laotischen Fraktionen nach einjährigen Verhandlungen in Genf, die von 14 Nationen vermittelt wurden, Laos zum neutralen Land. Unter dem Vorwand, sich daran zu halten, schlichen sich Warlord Lair und sein Handlanger Landry mit Unterstützung von Feldmarschall Sarit Thanarat von Vientiane nach Nong Khai in Thailand. Danach flogen STOL-Flugzeuge und Hubschrauber der Air America (die 1959 in CAT umbenannt wurde) CIA-Beamte und ihre thailändischen PARU-Partner von der unbefestigten

---

[5] Gibson, *The Secret Army*, S. 215. Oun Sananikone war wahrscheinlich beteiligt.

[6] Der CIA-Offizier Ralph Johnson, der 1959 Vang Paos Sachbearbeiter gewesen war, wurde 1960 nach Südvietnam geschickt, wo er Hochlandstämme zu antikommunistischen Milizen formte, die Reisdepots der Befreiungsarmee zerstörten, Sprengfallen in deren Munitionsdepots aufstellten und ihre politischen Kader in von der Befreiungsarmee kontrollierten Dörfern ermordeten.

[7] „Wisconsin Historical Society, GI Press Collection 1964-1977", Frank Browning und Garret Banning zitierend, *Indo-China Information Service*, 1971. Das Zitat ist online auffindbar.

Landebahn in Nong Khai zu Stützpunkten in ganz Laos. Später im Jahr 1962 zogen sich Lair und Landry auf den Luftwaffenstützpunkt Udorn zurück, um dort ein Hightech-Hauptquartier für die aufkeimenden gemeinsamen CIA-Thai-Operationen in Laos zu errichten.

Von dem Moment an, als die falsche Koalitionsregierung 1962 gebildet wurde, begann die CIA, sie zu unterwandern. Der Prozess begann damit, dass Nosavans Truppen angeblich zur neutralistischen Armee desertierten und dann die neutralistischen Posten auf der Ebene der Steinkrüge übernahmen. Nosavans Truppen und Polizei übernahmen dann die Kontrolle über Vientiane und begannen mit der Ermordung von Führern des Pathet Lao und der Neutralisten, darunter Außenminister Quinim Pholsena, Vorsitzender der Partei für Frieden und Neutralität. Pholsena, ein Protegé Phoumas, wurde am 1. April 1963 ermordet, nachdem er an einem königlichen Empfang teilgenommen hatte. „Während Panzer und gepanzerte Fahrzeuge in den Straßen von Vientiane patrouillierten, wurden zahlreiche Progressive gejagt und verhaftet; andere konnten sich nur retten, indem sie in befreundeten Botschaften Asyl suchten."[8]

Nachdem er sich in Laos verausgabt hatte, wurde Robert C. James nach Bangkok versetzt, wo er eine Freundschaft mit Jim Thompson schloss. Nachdem sein Name 1964 öffentlich bekannt wurde, kehrte er als Verbindungsmann zum britischen Geheimdienst in das Hauptquartier in Langley zurück – wo er die Rolle des wohlhabenden Engländers ablegen musste.

* * *

Als sich der Vietnamkrieg aufheizte, stützte sich die CIA zunehmend auf Vang Pao und seine geheime Armee von Bergstämmen. Das Ausmaß des Engagements der CIA wurde deutlich, als der FBN-Agent Bowman Taylor Vang Pao 1963 auffliegen ließ. Ich habe Taylors Bericht in *The Strength of the Wolf: The Secret History of America's War on Drugs* (2004) aufgenommen, und so werde ich mich hier kurzfassen.

Taylor kam im Februar 1963 in Bangkok an und hatte innerhalb weniger Monate einen verdeckten Kauf in Vientiane arrangiert. Er besorgte sich eine Rolle und fuhr zu dem „Treffen", das von der Polizei in Vientiane überwacht wurde. Als der Dealer aus dem Auto ausstieg und den Kofferraum öffnete, sahen die Polizisten Vang Pao und rannten davon, so dass Taylor gezwungen war, Vang Pao allein zu verhaften. Taylor sagte mir:'"Es ist wahr. Ich habe gegen Vang Pao ermittelt und wurde daraufhin aus dem Land geworfen. Aber was man Ihnen nicht gesagt hat, ist, dass die CIA ihm seinen Mercedes Benz und fünfzig Kilo Morphinbase zurückgegeben hat. Ich schrieb einen Bericht an FBN-Kommissar Henry Giordano, aber als er die CIA damit konfrontierte, sagten sie, der Vorfall habe nie stattgefunden."

Einige Jahre nach der Veröffentlichung von *Wolf* veröffentlichte die CIA eine überarbeitete Version der Verhaftung in *Undercover Armies: CIA and Surrogate Warfare in Laos 1961-1973*. In einer Fußnote auf Seite 537 wird ein anonymer CIA-Beamter mit den Worten zitiert: „Ein amerikanischer Drogenfahnder namens Taylor, der Vientiane besuchte, um eine Verhaftung vorzunehmen, identifizierte Touby als direkten Teilnehmer von General Phoumi Nosavan an einer Transaktion mit 100 Kilogramm Opium. Vang Pao behauptete, dass Touby nur eine Nebenrolle spielte, eher als Komplize denn als Auftraggeber."

Der oben erwähnte „Touby", Touby Lyfoung, vertrat die politischen Interessen der Hmong in Vientiane, während Pao für die militärischen Angelegenheiten zuständig war. Touby hatte jahrelang das Opiumgeschäft der Hmong mit den Franzosen verwaltet und war somit ein geeigneter Sündenbock. Aber die apokryphe Darstellung der CIA ist der Beweis dafür, dass sie von Nosavans

---

[8] Wilfred G Burchett, "The Furtive War" (Mai 1963).

Drogenhandel wusste und ihn vertuschte. Ich persönlich habe mich gefreut, dass die CIA in eine so kompromittierende Situation gezwungen wurde und darüber lügen musste.

Es stimmt auch, dass die französischen Kolonialisten die CIA hassten und dass ein korsischer Informant Taylor auf den Weg brachte. Es war schließlich das Zeitalter der Anglophilen und Frankophobiker, als CIA-Gegenspionagechef James Angleton glaubte, der sowjetische KGB habe den französischen Geheimdienst unterwandert. Jedenfalls war mit der Ermordung von Pholsena und Dutzenden von Pathet-Lao-Führern und Neutralisten jeglicher Anschein von Frieden in Laos verflogen. Nach dem Blutbad halfen die US-amerikanischen und thailändischen Streitkräfte Nosavans Truppen, die verbliebenen kommunistischen und neutralistischen Minister in Zufluchtsorte im Nordosten von Laos zu jagen, wo sie von nordvietnamesischen regulären Soldaten und Guerillakämpfern verstärkt wurden. Die Schlacht um die Ebene der Steinkrüge begann.

Die CIA verstand nicht wirklich, was sie in Indochina tat, und es interessierte sie auch nicht – ihr Auftrag war es, den Kommunismus um jeden Preis zu vernichten. Aber die Unterstützung von Mördern und Drogenbaronen war so selbstsabotierend, dass die CIA nicht nur auf die Ermordung von Diem und Nhu im November 1963 zurückgreifen musste, sondern zusätzlich Nosavan im Juni 1964 zu einem weiteren Putsch in Laos zwang. Auch dieser Putsch scheiterte, und Nosavan wurde nach Thailand verbannt. Aber das spielte keine Rolle. Zu diesem Zeitpunkt hatte die CIA das laotische Militär und die Sicherheitskräfte übernommen und eine gefälschte Zivilgesellschaft aufgebaut, die mit von der CIA verwalteten Radiosendern, Zeitungen und politischen Bewegungen gespickt war. Kurz gesagt, die CIA hatte Laos darauf vorbereitet, ein Opferlamm auf dem Altar des Vietnamkriegs zu werden, voll mit jungen Hmong-Soldaten, die von Legionen von US-Piloten, -Flugzeugen und -Unternehmern unterstützt wurden.

Die brutale Wahrheit ist, dass die CIA den Krieg in Laos und das systematische Abschlachten der Hmong genauso sicher fabriziert hat, wie sie jede Dokumentation über die Drogenverhaftung von Vang Pao vernichtete. Eine weitere brutale Wahrheit ist, dass die CIA ein massives Drogenschmuggel-Komplott in Südostasien betrieben hat. Tatsächlich belohnte die CIA Vang Pao 1967 mit einer eigenen Fluglinie, damit er Opium von der CIA-Basis in Long Tieng auf der Ebene der Steinkrüge nach Vientiane transportieren konnte, wo es von einem chinesischen Chemiker zu Heroin verarbeitet wurde, der unter dem Schutz von Nosavans Nachfolger als CIA-Ansprechpartner, Generalmajor Ouane Rattikone, seit 1962 Oberbefehlshaber der königlichen laotischen Armee, arbeitete.

1967 war ein entscheidendes Jahr. Im Juni beschloss der chinesische Shan-Kriegsherr Khun Sa in Birma, 16 Tonnen Opium in Ban Khwan zu verkaufen, wo Rattikones Drogeneinheit an der thailändischen Grenze eine Heroinraffinerie betrieb. Die KMT-Chinesen waren entsetzt über Khun Sas Arroganz und versuchten, seine Kurierkarawane in Kengtung abzufangen. Entlang der alten Karawanenroute kam es zu Kämpfen mit Fahrerflucht, bis der CIA-Stationschef Ted Shackley in Vientiane Richard Secord, damals Major der US-Luftwaffe, der 1966 zur Luftabteilung der CIA in Udorn abkommandiert worden war, bat, eine Staffel T-28-Kampfflugzeuge zu schicken, um die Situation zu klären. Innerhalb weniger Stunden endete die Schlacht mit dem Rückzug von Khun Sa und der KMT, und Rattikone hatte die totale Kontrolle über das Drogengeschäft.

Anders als bei der Verhaftung von Vang Pao, die die CIA 40 Jahre lang verheimlichte, wurde über den Opiumkrieg in Laos ausführlich berichtet. Im Jahr 1972 beschrieb Al McCoy den Kampf in seinem bahnbrechenden Buch *The Politics of Heroin in Southeast Asia*. 1990 räumte sogar Richard Secord ihn mir gegenüber ein. Wie er in seiner unnachahmlichen Art sagte: „Wir haben in Laos nicht mit Drogen gehandelt. Und wenn wir es taten, dann war es Politik."

Helen Poole, circa 1990.

David, Lay Hing und Pilar Munro.

Der Autor in Saigon.

Vinh und Giau.

Von rechts nach links: Seth Kammerer, der Autor, Hatsue und ihr Sohn Harry.

Der Autor und Vinh in Tai Ninh.

Der Autor mit Giau, ihrer Mutter und zwei
ihrer Brüder am Cao-Dai-Tempel.

Li Li die Postkartenver-
käuferin in Saigon.

Links: Tuan, unser Fahrer, in Giaus Haus. Rechts: Robby in der Lobby.

Links: Vietnamesisches Kind mit Schlange. Rechts: Radtaxifahrer.

Straßenszene vom Motorrad aus.

Königspalast Bangkok, Palast-Mönch.

Königspalast Bangkok, grimmige Palast-Wachen.

Kind, das am Tempel Kekse verkauft.

Straßenkind in Chang Mai.

Buddhistische Studiengruppe der Vietnam-Veteranen in der Justizvollzugsanstalt Green Haven: Jack Madden, zweiter von rechts, mit der Hand auf der Schulter der Frau. Alice Valentine in roter Jacke. Der Autor steht teilweise verdeckt neben Alice.

Wandgemälde von Wat Pho Chai, Nong Khai.

Frauen mit Vögeln in Käfigen außerhalb

von Wat Pho Chai, Nong Khai.

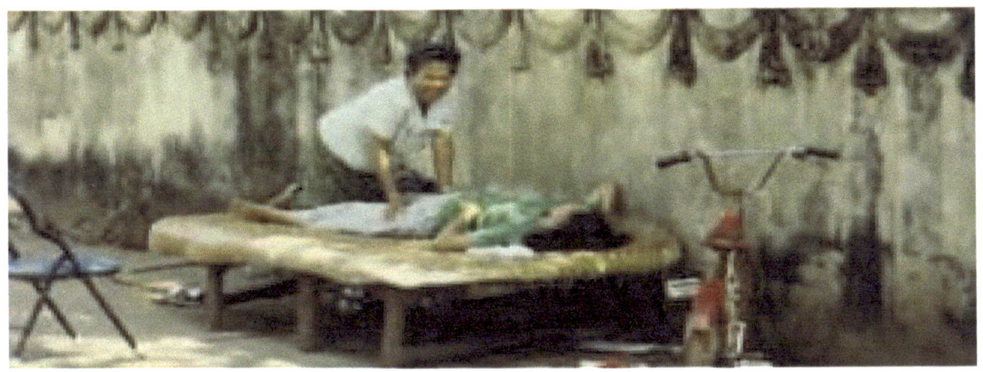

Oben: Massage im Freien
in Chang Mai, Thailand.
Mitte: Tätowierter Mann
in Chiang Mai, Thailand.
Unten: Australischer Mann
küsst Schlange, Phuket,
Thailand.

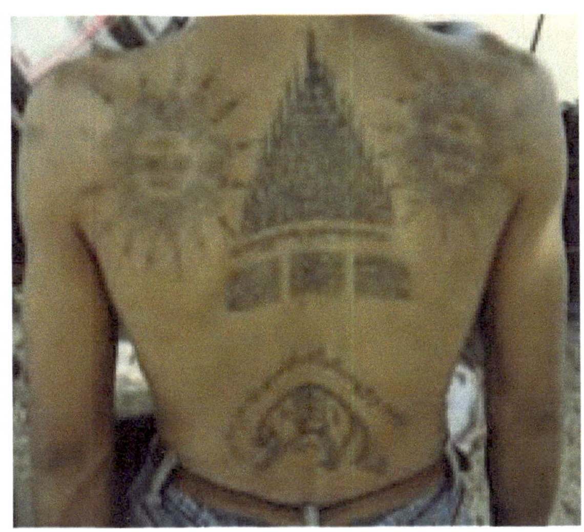

Doug and Alice Valentine, Montego Bay, Juni 1991.

Doug und sein Vater.

Als Secord 1966 in Udon Thani ankam, war die Stadt sowohl für den Vietnamkrieg als auch für das Drogentransportsystem der CIA von zentraler Bedeutung. Es war auch ein Punkt der Auseinandersetzung. Das Militär hatte die Kriege in Laos und Vietnam übernommen, und der Guerillakrieg war einer massiven Bombenkampagne gewichen, die die nordvietnamesischen Truppen daran hindern sollte, durch den Pfannenstiel nach Südvietnam vorzudringen. Die USA warfen über zwei Millionen Tonnen Streubomben über Laos ab, mehr als alle Bomben, die im Zweiten Weltkrieg abgeworfen wurden. Laos gilt als das am stärksten bombardierte Land der Geschichte. Auf der Ebene der Steinkrüge liegen so viele nicht explodierte Bomben, dass Touristen die megalithischen Wunder noch immer nicht besichtigen können.

Zur Unterstützung dieser völkermörderischen Kampagne arbeitete Secord mit Ted Shackleys Chef für Bodenoperationen, Tom Clines, sowie mit der CIA und den Leitern der Militärstützpunkte in den fünf Militärregionen in Laos zusammen. Secord beschrieb seine Aufgabe als Infiltration und Exfiltration von thailändischen, laotischen und Hmong-Truppen per Hubschrauber, auch nach Nordvietnam; nächtliche Luftabwürfe zu den Truppen; und anhaltende taktische Luftunterstützung (Bombardierung und Beschuss feindlicher Kolonnen) für die Guerillas – die größte Gruppe bestand aus den Hmong unter Vang Pao. Leider, so beklagte der Generalmajor, gab es in Laos keine einheitliche Befehlsgewalt, was Lairs Warlord-Mentalität, Tony Poshepnys Kriegsverbrechen und Pat Landrys Verstecken seiner thailändischen Frau und Familie vor der CIA ermöglichte.

1960 war Udon Thani eine Stadt mit 30.000 Einwohnern. Bis 1970 hatte sich die Bevölkerung verdoppelt, und der Luftwaffenstützpunkt Udorn beschäftigte 2500 Einwohner. Als der Luftwaffenstützpunkt in den 1960er Jahren an Größe und Bedeutung zunahm, baute die CIA ein Hotel für ihre Beamten. Die Spione hielten sich bedeckt, aber die Flut von US-Unterstützungstruppen ließ Hotels und Go-Go-Bars sowie ein lukratives Drogen- und Sexgeschäft entstehen. Der Wechselkurs ermöglichte es den schlecht bezahlten GIs, ein relativ luxuriöses Leben zu führen. Selbst die Freaks waren von anbetenden jungen Mädchen umgeben. Die Spannungen zwischen den thailändischen Männern und den Soldaten nahmen ständig zu, und als ich dort war, lebten nur noch wenige Ex-Pat-Amerikaner dort. 1991 betrug die Einwohnerzahl 200.000, aber die Feindseligkeit hielt an.

Als ich aus Nong Khai ins Hotel zurückkam, kehrte gerade eine Gruppe von Bauarbeitern der Brown and Root Company von ihrem streng geheimen Projekt im Umland zurück.[9] Voller Selbstgefälligkeit warfen sie mir finstere Blicke zu, während sie mit jungen Thailänderinnen in engen Röcken herumstolzierten. In der Stadt stolzierten sie jedoch nicht herum. Sie kauerten im Hotel.

Ich fühlte mich unwillkommen und machte mich auf zu einem Spaziergang. Ich hatte gerade die Brücke in die Stadt überquert, als sich eine Menschenmenge um mich herum zu formieren begann, wie der Clan MacDuff, der sich für eine Highland-Schlacht versammelt hatte. Glücklicherweise kam in diesem Moment ein hagerer Mann aus dem Westen in einem Hawaiihemd über die Brücke gerauscht, der einen zweirädrigen Holzkarren zog, der mit Müll in allen Größen, Formen und Farben vollgestopft war. Ich fühlte mich wie in einem Fellini-Film. Das Einzige, was fehlte, waren

---

[9] Nachdem Don Luce die Geschichte mit dem Tigerkäfigen publik gemacht hatte, erhielt Brown & Root den Auftrag zum Bau eines neuen „Reformations"--Zellenblocks in Con Son. Aber Brown & Root heizten den Skandal weiter an, indem sie Gefängnisinsassen als Arbeiter einsetzten, welche die alten Tigerkäfige abrissen und „Kuhkäfige" bauten, die jegliche Luftzufuhr blockierten und die die Gefangenen als noch schlimmer als die Tigerkäfige empfanden.

das dröhnende Aerophon. Der bedrohliche Mob löste sich auf, als der Schrotthändler durch ihn hindurchfuhr, und ich folgte ihm kleinlaut zu einer nahegelegenen Tankstelle, während die Menge um uns herumkreiste. Unterdessen er Luft in seine Reifen pumpte, fragte ich, ob ich mit ihm reden könne. Er sagte: „Sicher." Er hatte eine interessante Geschichte zu erzählen.

Er stellte sich als Jerry Harant vor, ein 49-jähriger Australier aus Perth, wo er als Jugendlicher in der größten Eisenmine der Welt gearbeitet hatte. Die Entfremdung trieb ihn nach Thailand. Er wollte Journalist werden, aber dieser Traum endete mit dem Krieg. Er lebte seit 18 Jahren in Udorn. Er hatte eine thailändische Frau und fünf Kinder. Er zahlte jedes Jahr 500 Baht als Aufenthaltsgebühr. Als die Menge näherkam, stand Jerry auf, schaute sich um und stellte die außergewöhnliche Behauptung auf, dass die Thailänder faul seien, so dass es jeder hören konnte. „Ich laufe fünfzehn Kilometer am Tag!", rief er und gestikulierte abweisend in Richtung der Menschenmenge. Dann sagte er zu mir: „Ich bekomme Kredit von thailändischen Bankern, um die Dinge zu kaufen, die ich sammle und verkaufe. Aber die Thais halten mich für einen armen Mann. Verrückt!"

Es gebe nur 60 Amerikaner in der Stadt, sagte Jerry, „aber für sie ist das Leben schön. Die Miete kostet etwa 2.000 Baht im Monat, das Essen etwa 6.000." Er fügte hinzu, dass die Thais „ein wenig feindselig" seien und dass ich vorsichtig sein müsse und nicht allein in die Stadt gehen solle. Er schlug mir vor, zum Abendessen in die International Bar im Westen der Stadt zu gehen. Er sagte, dort gäbe es Steak und Bier.

Ich befolgte seinen Rat und eilte zurück zum Hotel, wo mir der Empfangschef ein Taxi rief, mit dem ich durch das unscheinbare Udon Thani zur International Bar fuhr. Es war ein freundliches, ruhiges Lokal am Rande eines Hügels. Der Besitzer, ein Engländer namens John Hyson, servierte mir das Abendessen im Freien auf der Veranda. Danach lud er mich in die klimatisierte Lounge ein, die nur Mitgliedern vorbehalten ist. Es war ruhig und gemütlich, mit Kabinen und Sesseln und Männern, die sich im Flüsterton unterhielten, während sie einen Blick auf mich warfen. Jeder wollte einen Blick auf den Mann werfen, der gekommen war, um Tony Poe zu interviewen.

Hyson war ein in London geborener Cockney mit dünnem blondem Haar und hellblauen Augen. Er trug ein weißes Poloshirt. Sein Vater und sein Bruder waren im Zweiten Weltkrieg gefallen, und er war im Alter von 15 Jahren als Soldat der französischen Fremdenlegion in Nordafrika gewesen. Nach dem Krieg arbeitete er als Taxifahrer und besuchte die Abendschule eines Shell Oil Training College. „Ich wurde respektabel", sagt er, „ein leitender Systemmanager in Hongkong." Vor sechzehn Jahren besuchte er Thailand und beschloss zu bleiben.

Hyson kaufte eine kleine Rinderfarm und eröffnete das International Bar and Steak House. Er züchtete und servierte Bisonfleisch, das ich noch nie zuvor gekostet hatte. Er reichte mir eine Karte, auf der stand, dass ich Mitglied Nummer 111 war.

Er sagte, dass in dem Lokal vor allem Leute vom Außenministerium verkehrten, darunter auch die beiden DEA-Agenten, die mich von einem Nachbartisch aus aufmerksam anstarrten. Agent O'Brien war in Nong Khai stationiert und Agent Clancy auf dem Militärstützpunkt Udorn. Ken vom US-Konsulat unterhielt sich über einen Dolmetscher mit einem Mann, der in der Seidenweberei tätig war. In der Nähe befand sich ein Golfplatz, der von der königlich-thailändischen Armee und ihren Gästen genutzt wurde.

Hyson sagte, dass das Corps of Engineers und Brown and Root einen Vertrag für ein Projekt hatten und dass zu den Eigentümern ein BPP-Oberst und der US-Konsul Dewey Pendergrass gehörten. Sie beschäftigten über hundert Amerikaner, Briten und Australier, acht Thailänder und „Krimskrams" wie „Jimmy der Belgier". Sie alle aßen im Steak House, aber Hyson mochte die

Texaner nicht. „Man kann einen Texaner immer erkennen", sagte er, „aber man kann ihm nicht viel sagen." Er war auch kein Fan von Poshepny. „Tony ist ein netter Kerl, wenn er nüchtern ist", sagte er. „Aber er ist unausstehlich, wenn er betrunken ist. Deshalb darf er nicht mehr hierherkommen."

Zurück im Hotel gönnte ich mir in einer Cocktail-Lounge einen Scotch on the Rocks. Die Barkeeper trugen rote Jacken. Ein Pianist klimperte, während eine thailändische Sängerin in Jeans ein trauriges Country-Western-Stück sang. Es war stockdunkel und die Barmädchen hatten Taschenlampen dabei. Die matronenhafte Gastgeberin setzte mich auf eine Insel aus Ledersesseln und Sofas, und sofort kniete ein hübsches Barmädchen zu meinen Füßen. Sie war gekleidet wie ein Anime-Schulmädchen in kurzem Rock, weißem Hemd, Krawatte und Blazer. Als ich sie nach ihrem Namen fragte, sagte sie ganz lieb Jim, mit richtigem Namen Kamtanet. Sie war bis zum Alter von 18 Jahren in der Schule geblieben und hatte dann geheiratet. Sie war 22. Mit einem gespielten Seufzer sagte sie, dass ihr Mann sie im Hotel arbeiten ließ. Sie kostete 1.000 Bhat für die Nacht, von denen sie 700 bekam.

Ich war in Versuchung. Aber erschöpft und fast pleite. Die wütende Gastgeberin jagte Jim jedenfalls weg. Sie sagte missbilligend zu mir: „Wenn du kein Mädchen willst, solltest du nicht hier sein."

Das hatte ich nicht gewusst.

Tag 17: Apocalypse Poe!
Montag, 4. März 1991

„Merkur in Konjunktion mit der Sonne in den Fischen.

Makabre Märchen.“

Udorn fühlte sich unerträglich abgelegen an. Die Goldfische, die zwischen dem Gerümpel im Seerosenteich schwammen, trugen wenig dazu bei, meine Laune zu heben. Sie schwammen nicht mit dem Bauch nach oben, sie waren nur zu lustlos, um mich zu trösten. Ich fühlte mich auch unerwünscht, von den Thais und den Brown and Root-Streithammeln in ihren engen Jeansjacken und Jeanshosen, mit kleinen Mädchen auf dem Arm, die im Speisesaal ein- und ausgingen und mich abschätzig anstarrten, während ich mich fragte, ob sie von der Firma einen monatlichen Rabatt oder einen Gruppentarif erhielten.

Ich hatte Zeit, bevor ich Poshepny sah, also bestätigte ich meinen Flug nach Bangkok und den Anschlussflug nach Chiang Mai. Es gab keine Direktflüge von Udon Thani nach Chiang Mai. Währenddessen trat ein barfüßiges Zimmermädchen aus einem Gauguin-Gemälde in mein Zimmer, ohne anzuklopfen, und begann, den Boden mit einem kurzen Besen aus gebündeltem Stroh zu fegen. „Woher kommen wir/Was sind wir/wo gehen wir hin“, dachte ich. Sie lachte sich kaputt, als ich versuchte, sie zu begrüßen. Sawadeekrap? Ich bin mir sicher, ich habe das falsche Geschlecht verwendet.

Um meinen Respekt zu zeigen, zog ich den mir vermachten, gestreiften Sommeranzug meines Vaters an, ein hellblaues, kurzärmeliges Hemd, eine blau-weiß gestreifte Krawatte und LL Bean-Bootsschuhe. Dann arrangierte ich an der Rezeption den Transport zu Poshepnys Wohnung. Es war zu heiß, um unnötig Energie zu verbrauchen, aber der schielende Radfahrer verirrte sich im Labyrinth der staubigen Straßen in dem schicken Viertel, in dem Poshepny wohnte. Der Kerl tat mir schrecklich leid. Warum hatte mir das Hotel kein Taxi besorgt? Schließlich lud uns ein sympathischer Nachbar in sein Haus ein und gab uns Wasser und eine Wegbeschreibung.

Poshepny begrüßte mich an der Tür in einem weißen T-Shirt und einem Sarong. Als er mich in meinem hübschen Anzug zu Tode schwitzen sah, brach er in Gelächter aus. Das war in Ordnung. Ich habe auch über ihn gelacht. Die Leute sagten, er sei der leibhaftige Teufel, aber wir hatten einen freundlichen Start.

Sein Haus war groß und schön, weit offen, ganz aus Hartholz. Als ich ihm hinein folgte, blickte ich über einen Balkon in einen Innenhof und sah eine Frau, die von Kopf bis Fuß in traditioneller lokaler Kleidung gekleidet war und an einem Webstuhl webte. Poshepny sagte, er unterstütze die lokale Seidenindustrie. Wir kamen in einen leeren Raum und er zog sein Hemd aus. Es gab keine

Klimaanlage. Er saß im Schneidersitz auf einer Matte auf dem Boden. Ich saß in einem steifen Stuhl, von dem er behauptete, er sei aus dem dritthärtesten Holz der Welt gefertigt. Er war auch in der Holzbranche tätig. An einer Wand war der Kopf eines roten Büffels mit riesigen, gebogenen, flachen Hörnern und einem spöttischen Blick angebracht. Poshepny sagte, diese Art sei vom Aussterben bedroht und komme nur noch an der Grenze zu Kambodscha vor. Es war die einzige Dekoration in diesem Raum.

Poshepny saß auf dem Boden und bohrte in der Nase. Er bewegte sich nicht aus seiner Lotussitzposition. Ich bemerkte, dass ihm zwei Mittelfinger an der Hand fehlten, mit der er über seinen kahlen Kopf strich, wie Marlon Brando als Colonel Kurtz in *Apocalypse Now*, um seine fiebrige Stirn zu kühlen. Der Film basiert lose auf Joseph Conrads Roman *Herz der Finsternis*. Ein Elfenbeinhändler in dem Roman heißt Kurtz, und einige Leute sagen, Coppola habe seinen Vietnam-Veteranen Colonel Kurtz auf Poshepnys Heldentaten „flussaufwärts" in Nam Yu, Laos, aufgebaut.

Ich fragte Poshepny: „Haben Sie diese Bewegung von Brando oder hat er sie von Ihnen?" Er gluckste verschwörerisch.

Poshepnys Vater war Marineoffizier gewesen und seine Mutter stammte aus Guam. Er hatte braune Augen, ledrige, verwitterte Haut, war mittelgroß und stämmig. Er sah aus wie ein schottischer Häuptling mit Schottenrock, ein gestörter Buddha, ein geschundener alter Mann. Sein Geplapper war gespickt mit den obszönen Witzen, die Noman Mailer, der 1945 als Gewehrschütze auf den Philippinen gedient hatte, mit heiliger männlicher Aggression assoziierte. Zwischen den Kommentaren über die örtlichen Blowjobs erzählte er, dass er seit 1967 in dem Haus lebte. Er war 1975 in den Ruhestand gegangen und besaß mit seiner Frau und seinen Kindern eine Zucker- und Tapiokafarm. Er war 66, sah aber älter aus. Er hatte Diabetes und eine Leberzirrhose.

Als ich ihm das Schreiben der BBC überreichte, warf er es spöttisch zur Seite. Er sagte, die CIA sei sauer auf ihn, weil er Interviews gab. Die Thailänder lasen seine Post und hörten seine Anrufe ab, und gestern sei ein Polizist in der Gegend herumgestreift. Ich habe nicht gefragt, warum er unter diesen Umständen mit mir sprach. Er wusste, dass ich nicht an den reißerischen Geschichten interessiert war, die man sich über ihn erzählte – wie das Abwerfen abgetrennter Köpfe aus Hubschraubern in feindliche Lager. Ich wollte etwas über den Drogenhandel der CIA und über die Intrigen der CIA im Zusammenhang mit Kriegsvermissten und -gefangenen erfahren. Aber es gab Dinge, die er sagen wollte, und ich ließ ihn das Gespräch in die von ihm gewünschte Richtung lenken.

Poshepny sagte, er sei stolz auf Dinge, die er getan habe, die politische Auswirkungen hätten. Stolz auf das, was er 1958 in Indonesien getan hatte, als er eine Gruppe von Militäroffizieren bei einem gescheiterten Putsch gegen Sukarno, den ersten Präsidenten Indonesiens, beraten hatte. „Das war ein Abenteuer", sagte er. Er und Pat Landry landeten in Sumatra, um die meuternden Streitkräfte zu versorgen und auszubilden. Sie hatten „zwanzig M-Sechzehn und zweitausend Schuss im Kofferraum eines Autos". Schließlich wurden sie von einem U-Boot evakuiert, das von Des Fitzgerald geschickt wurde, als die meuternden Truppen in die Berge flohen. Er fügte hinzu, dass die Kinder von Suharto, der Sukarno 1967 ablöste, jeden Tag Lizenzgebühren für 50.000 Barrel Öl bekamen. Er war sehr geldbewusst.

Von Ende 1958 bis 1959 hatte er eine von der CIA gegründete Guerillabande beraten, die von Thailand aus in Kambodscha operierte, um den neutralistischen Prinz Sihanouk zu destabilisieren. Sein nächster Einsatz war in Tibet. Die CIA hatte ihm für seine Rolle bei dieser Operation, an der auch der Dalai Lama beteiligt war, der Berichten zufolge ein CIA-Agent war und immer noch ist, die begehrte Intelligence Medal verliehen. Der Dalai Lama wusste sicherlich, dass die CIA sein Volk für einen Guerillakrieg gegen China rekrutierte und billigte dies auch.[1]

Im Jahr 1961 landete Poshepny in Laos. Er war nicht stolz auf seinen Dienst dort, sondern nur darauf, dass er keinen Haufen Steuergelder verschwendet hatte. „Ich habe eine Menge getan. Wir brauchten schnell Informationen. Ich habe eine Menge Gefangene zerhackt", sagte er. Er und seine Freunde stellten drei Gefangene in einer Reihe auf, wickelten ihnen ein Sprengschnurkabel um den Hals und bliesen dann den ersten beiden Gefangenen die Köpfe weg, um den letzten zum Reden zu bringen.

Zwölf Jahre lang war Poshepny tief in alle Aspekte des geheimen Krieges in Laos verwickelt. Er kannte jeden und sprach über jeden von ihnen. Er bemerkte, dass Willis Bird, „der OSS-Mann", und Bill Lair Schwestern geheiratet hatten und dass ihr Schwager, Siddhi Savetsila, gerade eine zehnjährige Amtszeit als thailändischer Luftwaffenchef und Außenminister beendet hatte. 1991 war Siddhi Mitglied des königlichen Geheimen Rates, der den Staatsstreich gegen Chatichai Choonhavan genehmigte.

Er war auf Iwo Jima verwundet worden, diente in den ersten Tagen der Besatzung in Japan und kehrte dann nach Kalifornien zurück, wo er nach seinem Abschluss an der San Jose State University der CIA beitrat. Er war in der gleichen Ausbildungsklasse wie Jack Shirley, von dem er wusste, dass ich ihn interviewen würde, und den er als „diesen fetten kleinen schwanzlutschenden Napoleon" bezeichnete. Ich nahm an, dass er damit meinte, dass Shirley böse, aber nicht schwul war, denn Shirley war mit der Schwester eines Mitglieds der Free Thai-Bewegung verheiratet. Aber vielleicht war auch diese Ehe, wie die von Lair und Bird, arrangiert worden. Im CIA-Universum ist so etwas gar nicht so selten. Im Nachkriegsdeutschland wurde Lucien Conein angewiesen, Monique Veber zu heiraten, „ein Mitglied einer einflussreichen französischen Familie".[2] Auf jeden Fall war Shirley 1953 in Thailand angekommen – in dem Jahr, in dem einige mit Opium handelnde KMT-Kräfte aus Burma evakuiert und an der thailändisch-laotischen Grenze angesiedelt worden waren – und herrschte über ihn.

Poshepnys erste Aufgabe im Jahr 1953 war die Ausbildung von Guerillakämpfern und die Durchführung von Operationen „entlang der Ostküste bis zur russischen Grenze" in der Nähe von Wladiwostok unter Stationschef John Hart in Südkorea. Im Jahr 1954 wurde er nach Thailand versetzt, wo Hart wiederum Stationschef war. Poshepny arbeitete unter dem Deckmantel von SEA Supply bei der Grenzpolizei in Chiang Mai, wo Hugh McCaffrey der örtliche Chef war. Poshepny hatte McCaffrey kürzlich Geld geliehen, das dieser für eine Fehlinvestition verprasst hatte. Poshepny sprach viel über Geld. Er hatte Siam-Zement für 40 Baht gekauft, und jetzt kostete er 5.000 Baht. Aber er hatte 20.000 Dollar in Merrill Lynch-Aktien verloren, als er die Leerverkäufe nicht decken konnte.

Er erwähnte, dass Bill Redel, ein CIA-Beamter, über den ich in *The Phoenix Program* geschrieben hatte, mit ihm auf Iwo Jima gewesen war. Er hatte in Redels Unternehmen investiert, das gekühlten Fisch von China nach Hawaii transportierte. In einem Versuch, mich zu schockieren, sagte Poshepny, Redel, ein gutaussehendes Kirk Douglas-Double, sei zu sehr an Sex interessiert, um ein guter Soldat zu sein. „So war es auch in Korea mit den REMFS (Rear Echelon Mother-Fuckers)", sagte er. Dann verwies er mich an Dr. Charles Weldon in Chiang Rai, nördlich von Chiang Mai. Er sagte: „Mein Marine-Kumpel Doc Weldon hat die Insider-Geschichte" über die CIA in Laos. Ich machte mir eine Notiz, um dem nachzugehen.

---

[1] Paul Salopek, „U.S. Recruited Exiles For Secret War In Tibet -- Rebel Brigade Fought For CIA Against China", *Chicago Tribune*, 9. Februar 1997.

[2] William J. Rust, „CIA Operation Officer Lucien Conein: A Study in Contrasts and Controversy" (December 2019).

Poshepny sagte, sein Vater habe den Vater von William Bird unterstützt. Bill Bird, nicht zu verwechseln mit Willis Bird, war ein Bauunternehmer, der nach dem Krieg Bird Air in Manila gründete. Bill Bird baute Landebahnen in Laos, und seine Firma Bird Air ergänzte ab 1959 die Air America. Ich dachte mir, dass dies der Grund war, warum Poshepny in Zement investiert hatte. In der Region gab es eine Menge Bauarbeiten.

Nach seiner Ankunft in Laos wurde Poshepny nach Sam Neua im Nordosten von Laos geschickt, wo die Pathet Lao stationiert waren. Dort traf er Vang Pao. Anschließend beauftragten Lair und Landry, die in Vientiane stationiert waren, Poshepny mit der Ausbildung von Paos Hmong-Guerillas in Long Tieng. Zu dieser Zeit hielt der laotische „Neutralist" Kong Le, der von den Sowjets in Nordvietnam versorgt wurde, immer noch die Zentralebene mit mehreren Kommandobataillonen und Rekruten aus den Dörfern besetzt. Kong Le koordinierte seine Angriffe mit Pathet Lao und nordvietnamesischen Guerillas.

Ein französischsprachiger Princeton-Absolvent, J. Vinton Lawrence, kam Anfang 1962 nach Long Tieng, um als Vang Paos Sachbearbeiter und Verbindungsmann zu französischen und laotischen Beamten in Vientiane zu dienen. Aufgrund der Genfer Abkommen von 1962 hielten sich Poshepny und Lawrence illegal im Lande auf. Außerdem war es eine primitive Umgebung, und, wie Poshepny erklärte, konnte sich Vint nicht anpassen. Vang Pao hatte fünf Ehefrauen und undisziplinierte Soldaten, die Gefangene in eine Grube steckten. „Wir ließen sie hinunter", sagte Poshepny, „und hielten sie dort unten, je nach Verbrechen. Manche haben wir im Loch erschossen."

Als künstlerischer Mensch, der nicht auf Iwo Jima gewesen war und die Grausamkeiten gesehen hatte, die GI Joes ertragen und zufügen konnten, zeichnete und veröffentlichte Lawrence Skizzen des Gefangenenlochs. Das war keine gute PR für die CIA. „Vint hat uns verraten und verkauft", sagte Poshepny. „Er sagte, wir seien den Meos (der allgemeine Name für Bergstämme) gegenüber unsympathisch; dass wir sie abschlachten würden."

Lawrence hielt bis zur Verhaftung von Vang Pao durch, als er zur Erholung nach Hause geschickt und durch Terry Burke ersetzt wurde, über den noch mehr zu sagen wäre. Bis 1964 war die Zahl der Hmong in Long Tieng auf 30.000 angestiegen, und etwa dreißig Guerilla-Teams waren im Nordosten und im nördlichen Zentrallaos verstreut. Als die nordvietnamesische Armee begann, in Sam Neua einzumarschieren, führte Poshepny eine Truppe gegen sie an. „Wir gingen um sie herum", erklärte er. „Wir überfielen ein Gefängnis und holten einige Gefangene heraus, und ich wurde angeschossen."

Doc Weldon erzählte mir später, dass Poshepny in das Becken geschossen und fast getötet wurde. „Die NVA hatte ein Kopfgeld auf Tony ausgesetzt und behauptete, er sei getötet worden", sagte Weldon und fügte hinzu, dass es Tausende von Flüchtlingen und zu viele Verwundete gab, als dass er und seine Arztfrau Pat sie hätten behandeln können. Nach der Schlacht von Phou Nong brach der international vermittelte Waffenstillstand zusammen, und Legionen von CIA-Mitarbeitern und Air America-Piloten begannen nach Laos zu strömen, zusammen mit eingeschleusten Reportern, die die gegenseitige Liebe und den Respekt zwischen den Amerikanern und ihren Hmong-Kameraden betonten.

Das stimmt nicht. Poshepny nannte Vang Pao „einen Bastard", der „wegen Erpressung hätte verhaftet werden müssen".

Poshepny „bezahlte die Meos drei Jahre lang direkt", aber als Vang Pao 1965 die Kontrolle über die Finanzen übernahm, „kürzte er die Gehälter um fünfzig Prozent. Er sagte, er brauche das Geld für Nachschub und Lufttransport, steckte aber das meiste in seine Tasche."

Zu diesem Zeitpunkt wurde Poshepny in das Dorf Nam Yu im Nordwesten versetzt, wo Laos, Birma und Thailand aneinandergrenzen – das berüchtigte Goldene Dreieck. Er wurde Berater des laotischen Generals, der für die Region zuständig war, und gemeinsam befehligten sie „über 20.000 Meos, Lao Theung und Black Thai". Der Fehler, so Poshepny, „war der Versuch, sie zu vermischen". Sein Amtskollege General Khampkong befände sich „jetzt in Frankreich".

Poshepny fügte hinzu, dass Vang Pao über seine Untergebenen „Waffen an den Drogenhändler Khun Sa und seinen Boss Li verkaufte. Wir wurden von Gaunern unterwandert", sagte er. „Am Anfang war es nicht schlimm, aber zum Ende hin war es schlimm." Er schickte den Anführer zu Vang Pao, um ihn zu disziplinieren, aber Pao beförderte ihn. „Und die Bastarde in Bangkok" (gemeint sind der Kommandeur der US-Militärberatungsgruppe, Generalmajor Richard G. Stilwell, CIA-Stationschef Robert „Red" Jantzen und Botschafter Graham Martin) „unterstützten mich nicht."

„Die Leute sagten, ich sei zu hart zu ihm", sagte Poshepny, aber Vang Pao war kein kampfmüder Soldat, der sich in einem abgelegenen Dorf verkrochen hatte. Er verdiente Millionen mit dem Handel von Drogen und genoss das Leben in seiner Villa in Vientiane, wo er und Touby sowie mitschuldige laotische Generäle und Politiker ihre Geschäfte unter den billigenden Blicken ihrer CIA-Beamten machten. Poshepny sagte, dass Vang Pao einen Mercedes besaß, was Agent Taylors Bericht bestätigte, und dass die CIA ihm seine eigene D-3 mit einer Besatzung von KMT-Söldnern zur Verfügung stellte, die Rauschgift zu Bargeldkunden in ganz Südostasien flogen.

Ich werde an Tag 19 weitere wichtige Dinge zitieren, die Poshepny über Nam Yu gesagt hat; für den Moment reicht es zu wissen, dass die KMT von Nam Yu aus Einheiten in Birma verwaltete, die Spione nach China schickten. Im Gegenzug erlaubte die CIA der KMT den Handel mit Rauschgift. Poshepny erzählte mir, wie „Wet-Wing-C47er (mit Zusatztanks), die von taiwanesischen Piloten geflogen wurden", mit chinesischen Technikern an Bord „dreizehn Stunden lang von (der thailändisch-laotischen Grenzstadt) Houei Sai aus mit in Styroporfässern verpacktem Opium flogen und sie im Golf von Siam frei in brennende Ts abwarfen."[3] Die Empfänger sammelten die schwimmenden Fässer in Booten ein (eines war mit Maschinengewehren, einer 40-mm-Kanone und modernster Funkausrüstung ausgestattet), um nach Taiwan zu fahren, wo das Opium zu Heroin verarbeitet und an Schmuggler in Hongkong für den Verkauf in Amerika verkauft wurde.

Poshepny wusste, dass es falsch war, dass die Verbündeten der USA Waffen der US-Regierung auf dem Schwarzmarkt verkauften und dass die CIA in den Drogenhandel verwickelt war. Er wollte, dass es jeder weiß, und er sagte es jedem, der zuhören wollte, und dafür habe ich ihn respektiert. Abgesehen von den Kriegsverbrechen war er in Ordnung – er riskierte sein Ansehen bei den amerikanischen und thailändischen Behörden, um mir all das zu sagen. Er überraschte mich auch damit, dass Terry Burke, der 1989 und 1990 amtierender Administrator der DEA gewesen war, als junger Beamter unter seiner Obhut in Laos gewesen war. „Die Nordvietnamesen kamen, und er schoss sich den Weg zur Tür frei", sagte er mit Stolz. „Er hatte sein M1 auf die Tür gerichtet, wie ich es ihm beigebracht hatte. Das war in Xieng Lom in der Nähe von Luang Prabang, auf der Ostseite des Flusses, mit einem Team der thailändischen Armee."

* * *

Zehn Jahre später interviewte ich Burke in seinem Haus in Colorado und stellte ihn in meinen Drogenbüchern *Wolf* und *Pack* vor. Was er sagte, trug wesentlich zu meinem Verständnis der

---

[3] „Brennende Ts": Brennendes Öl in der Form des Buchstabens T – etwas, das man als Markierung bei Tag und Nacht gut sehen kann (Anm. d. Übersetzers).

Verwicklung der CIA in den Drogenhandel bei.[4] Kurz gesagt, lernte Burke während seines Dienstes als Marinewächter in der US-Botschaft in Rom im Jahr 1959 mehrere FBN-Agenten kennen, von denen einer, Fred Cornetta, ein CIA-Beamter unter FBN-Tarnung war. Cornetta verhalf Burke zum Eintritt in die Sicherheitsabteilung der CIA. Burke erzählte mir, dass er bald darauf von SOD-Chef Alger „Ace" Ellis aus der CIA-Sicherheitsabteilung rekrutiert wurde. Zusammen mit dem künftigen Leiter der Laos-Station, Hugh Tovar, hatte Ellis im September 1945 an der OSS-Raven-Mission in Laos teilgenommen.

1963 wurde Burke zu einer fortgeschrittenen paramilitärischen Ausbildung in die CIA-Basis in Chiang Khong, Thailand, auf der anderen Seite des Mekong von Houei Sai in Laos, geschickt. Sein erster Einsatz war im CIA-Nachrichtendienstzentrum in Nong Khai bei Ed Johnson, einem der wenigen Schwarzen in der CIA.

Nachdem er sich an das Klima und die Kultur gewöhnt hatte, wurde Burke nach Seno versetzt, dem Stützpunkt für den Drogenschmuggel außerhalb von Savannakhet im Pfannenstiel. In Seno arbeitete Burke mit thailändischen PARUs zusammen, die aus einheimischen laotischen Kräften bestehende „Straßenüberwachungsteams" entlang des Ho-Chi-Minh-Pfads leiteten, wo sie NVA-Soldaten angriffen, die nach Südvietnam einmarschierten. In Seno erfuhr Burke, dass die Thais nicht die volle Wahrheit über die Laoten berichteten, die sie angeblich in schwere Gefechte schickten.

Ich vermute, dass Burke einen „Doppelhut" trug, da er sowohl für die CIA-Sicherheit als auch für das SOD arbeitete, und dass er wusste, dass Seno ein Transitpunkt für Opium auf dem Weg zu Generälen in Südvietnam war. Die Schmuggeloperationen wurden gemeinsam von General Nguyen Cao Ky am Flughafen Tan San Nhut sowie von General Rattikone und Prinz Boun Oum in Laos geleitet.

Nach seinem Einsatz in Seno traf Burke Lair und Landry in ihrer „lüsternen" Basis in Udorn, wo jede Nacht ein anderes jugendliches Mädchen oder ein anderer Junge zur Verfügung stand und wo sogar die verheirateten Offiziere ihren sexuellen Fantasien nachgingen. Sein nächster Einsatz war in Long Tieng, wo er mit Poshepny zusammenarbeitete. Vint Lawrence war nach Hause gegangen und Lair sprang als Vang Paos Sachbearbeiter ein. Burke kam kurz nachdem FBN-Agent Taylor Vang Pao verhaftet hatte. Synchronizität?

Burke war im Frühjahr 1964 in Long Tieng, als Poshepny verwundet wurde. Zu diesem Zeitpunkt begann Burke, „andere Befehle von Landry in Udorn entgegenzunehmen". Poshepny trank viel, und alles wurde auf einer „Need-to-know"-Basis aufgeteilt.

Nach der Rückkehr von Vint Lawrence wurde Burke Sayaburi zugewiesen, einem Stützpunkt am Mekong auf halbem Weg von Vientiane nach Houei Sai. Sayaburi unterstand der Zuständigkeit des amerikanischen CIA-Beamten Louis O'Jibway in Chiang Khong, Thailand. Der Stützpunkt Sayaburi wurde durch ein Team der thailändischen PARU unter dem CIA-Beamten Arthur Elmore in Ban Bo Suak am thailändischen Fluss Nan verstärkt. Wie Landry und Lair in Udorn leitete auch O'Jibway von Thailand aus Operationen in Laos.

Burkes Aufgabe in Sayaburi bestand darin, das Kontingent der Bergstämme zu verstärken, falls sich die belagerten Truppen von Vang Pao aus Long Tieng zurückziehen mussten. Burke arbeitete auch mit einem thailändischen Geheimdienstteam zusammen, welches Agenten nach China und

---

[4] Die Aussagen von Burke in seiner Autobiografie Stories from the Secret War (2012) weichen leicht von dem ab, was er mir erzählt hat. Meine Gesprächsnotizen mit Burke, Young, Poshepny und Shirley sind verfügbar im National Security Archive.

Nordvietnam schickte. Er behauptete, er sei „einer der wenigen Menschen, die in Nordvietnam waren, aber niemals im Süden".

Ich vermute, dass Burkes geheimer Sicherheitsauftrag darin bestand, die thailändische Geheimdiensteinheit in Sayaburi und ihre KMT-Partner in Ban Bo Suak auszuspionieren. Die Dinge wurden in der Tat interessant, als Burke neue Uniformen für Stammeskräfte anforderte, dieer kürzlich rekrutiert hatte. Angeblich aus Versehen warfen Air America-Piloten die Uniformen in der KMT-Basis in Ban Bo Suak ab. Als Burke seine Vorräte abholte, nahm er eine Spionagekamera mit und photografierte den Stützpunkt und, wie man annimmt, auch seine Heroinverarbeitungsanlagen. Das ist genau die Art von Mission, die ein CIA-Sicherheitsbeamter mit „Doppelhut", der den Drogenhandel untersucht, durchführen würde.

Einige Tage später erschien General Rattikone unangekündigt in Sayaburi. Doch sein Besuch hatte nichts mit Krieg zu tun. Im Gegenteil, Ouane beschwerte sich, dass die Meo kein Opium anbauen könnten, wenn sie mit der Jagd auf die Pathet Lao beschäftigt seien. Bekanntlich war Ouane Partner von Vang Pao und dem korsischen Paten Bonaventure Francisci, dem die Air Laos Commerciale gehörte und der deren Flugplatznetz verwaltete, das die Drogen von Houei Sai über Luang Prabang, Sayaburi und Seno nach Südvietnam transportierte. Nicht zufällig waren dies die Orte, an denen Burke arbeitete.

Nach seinem Streit mit Ouane wurde Burke zu einem Stützpunkt weiter nördlich in Xieng Lom versetzt, wo sich eine weitere Heroinverarbeitungsanlage befand. Die NVA und die Pathet Lao rückten immer näher, und obwohl Ouane wusste, dass ein Angriff bevorstand, befahl er Burkes Kollegen, einem laotischen Oberst, den Stützpunkt zu verlassen. Während des darauffolgenden Angriffs tötete Burke zwei feindliche Soldaten, die durch die Tür zu seiner Hütte kamen. Sie waren hinter ihm her. Burke und ein thailändischer Kollege flohen aus dem Lager in den Dschungel und riefen per Funk um Hilfe. Später an diesem Tag, dem 21. Mai 1965, traf der CIA-Beamte Louis O'Jibway in einem Hubschrauber der Luftwaffe ein und holte Burke und den verwundeten thailändischen Soldaten ab.

Ebenfalls nicht zufällig reorganisierte die CIA nach dem Angriff auf Burke ihre Kräfte in Laos. Poshepny wurde nach Nam Yu verlegt, ein paar Meilen westlich einer anderen CIA-Basis in Nam Thuy. Beide Dörfer waren nur einen kurzen Hubschrauberflug nördlich von Houei Sai entfernt. Poshepny wurde in Long Tieng durch Robert Burr Smith ersetzt, den er als „Mr. Clean" bezeichnete. Jon Randall, der mit Poshepny in Long Tieng gearbeitet hatte, wurde 1966 Vang Paos Sachbearbeiter, als Vint Lawrence für immer nach Hause ging. Randall wurde später Leiter der SOD der CIA.

Schließlich wurden am 20. August 1965 der OSS-Veteran Louis O'Jibway, einer der wenigen amerikanischen Ureinwohner in der CIA, und sein Stellvertreter Ed Johnson, einer der wenigen Afroamerikaner, zusammen mit einem Dutzend hoher thailändischer und laotischer Beamter auf dem Weg von Nam Yu nach Udorn getötet. Ihr Hubschrauber stürzte ein paar Meilen nordwestlich von Nong Khai in den Mekong. Die Leiche von O'Jibway wurde nie gefunden.

Während des geheimen Krieges in Laos verlor die CIA acht Beamte, vier davon durch feindliches Feuer. Die Hmong haben mindestens 35.000 Menschen verloren, die meisten von ihnen junge Burschen.

Als unser Gespräch zu Ende ging, sprach Poshepny über die Menschen, mit denen er gedient hatte. Er bezeichnete William Colby als „einen persönlichen Freund".

Colby, der von 1962 bis 1967 Leiter der Fernostabteilung war, besuchte Poshepny in Nam Yu, brachte seine Kinder in einem sicheren Haus unter und „traf Vorkehrungen, damit sie arbeiten konnten". Shackley war „hervorragend", aber sein „Haustier" aus Miami, Dave Morales, „baute mit Drogengeldern ein Schloss in Pakse".[5] Shackleys Nachfolger als Abteilungsleiter, Larry Devlin, war ein „Arschloch", das dazu neigte, damit zu prahlen, dass er die Ermordung von Patrice Lumumba im Kongo arrangiert hatte. Devlins Nachfolger Bernardo Hugh Tovar war „großartig". Eli Popovich in Luang Prabang war langsam, hatte aber eine anständige Jazzband mit dem OSS-Veteranen und Filmstar Sterling Hayden. Haydens Darstellung von General Jack Ripper in *Dr. Strangelove* und seine berühmte Tirade über die Fluoridierung als kommunistisches Komplott, um „unsere kostbaren Körperflüssigkeiten abzuschöpfen", war ein Vorbote von Donald Trump und der „großen Austauschtheorie" von Qanon.

Zu guter Letzt befragte ich Poshepny zu den laufenden CIA-Spionageaktionen in Laos, Kambodscha und Vietnam und der Suche nach vermissten Soldaten und Kriegsgefangenen. Er sagte, er habe den laotischen Widerstand unterstützt, der vom Bruder von Boun Oum geleitet wurde. Dann sagte er unaufgefordert, dass 55 US-Deserteure, die aus Militärgefängnissen geflohen waren, zumeist Schwarze und Hispanics, die sich des „Fraggings" schuldig gemacht hatten, mit den Vietkong in Tunnel und auf Farmen gegangen waren. Die CIA wusste, wo sie sich aufhielten, und hatte sie zur Ermordung im Visier. Unterdessen weigerte sich die US-Regierung, die Beziehungen zu normalisieren, wenn die Vietnamesen sie nicht auslieferten.

Poshepny (wie auch Giaus Mutter) sagte, dass Beweise untergeschoben wurden, um die Gerüchteküche über verschollene Soldaten und Kriegsgefangene anzuheizen, einschließlich der Existenz von Kriegsgefangenenlagern in Laos, aber das Hauptziel der Regierung war es, die Deserteure zu finden. Die Vietnamesen wollten sie nicht ausliefern, brauchten aber das Geld, das die Normalisierung der Beziehungen mit sich bringen würde, und sagten deshalb nichts. „Das Pentagon würde sie gerne vor Gericht stellen", sagte Poshepny, „aber aus politischen Gründen zieht es die Regierung vor, sie verschwinden zu lassen." Die CIA nutzte die MIA-Kriegsgefangenen-Missionen als Tarnung, um Geheimdienstinformationen zu sammeln und ihre Fahndung in Vietnam durchzuführen. Hollywood förderte die Täuschung mit einer Reihe von Filmen, in denen traurige, wütende, missverstandene Vietnam-Veteranen gezeigt wurden, denen es an Intellekt mangelte, die aber einen ausgeprägten Urinstinkt hatten, der die Obsessionen der modernen konservativen Bewegung in Amerika vorwegnahm.

Auf dem Weg zur Tür dachte ich daran, Poshepny zu fragen, ob es stimmt, dass er im Zweiten Weltkrieg auf der Insel Samar auf den Philippinen von einem U-Boot an Land gesetzt wurde. Samar ist die Insel nördlich von Leyte. Ihre südwestliche Küste berührt fast die Stadt Tacloban. Wenn er dort gewesen war, bestand eine gute Chance, dass er von dem Kriegsgefangenenlager wusste.

Ich weiß nicht, warum, aber ich habe ihn nicht gefragt.

Jahre später las ich über Charles „Chick" Parsons, einen Geschäftsmann, der in seiner Jugend zwischen Tennessee und Manila pendelte, wo sich seine abenteuerlustigen Onkel niedergelassen hatten. Durch seine familiären Beziehungen wurde Parsons Sekretär des US-Generalgouverneurs und reiste jahrelang durch die Philippinen, um die Sprachen, Sitten und Geografie zu lernen. Während des Zweiten Weltkriegs war Parsons als US-Geheimdienstler direkt General Douglas MacArthur unterstellt und half bei der Organisation des Guerillawiderstands auf den Inseln.

Eine Woche vor der Landung der US-Armee auf Leyte setzte ein Flugboot Parsons und einen Nachrichtenoffizier der 6. Armee 40 Meilen südlich von Tacloban ab. Die Männer paddelten an Land, schlossen sich der örtlichen Guerillaeinheit an und übermittelten den Invasionstruppen verschlüsselte Nachrichten über den Standort der feindlichen Truppen. Parsons, der dafür bekannt

---

[5] Eine gut ausgebaute Straße führte von Saigon über Pakse zu einem CIA-Stützpunkt in Ubon, Thailand.

war, sich als bärtiger Mönch zu verkleiden, könnte nach Tacloban gewandert sein und das Kriegsgefangenenlager inspiziert haben.[6]

Wie mein Vater in *The Hotel Tacloban* erwähnt, „schienen die braun gekleideten Mönche, die monatelang düster gewesen waren, plötzlich fröhlich zu sein und zwinkerten, wenn sie am Lager vorbeikamen. Obwohl sie nicht nahe genug herankommen durften, um mit uns zu sprechen, lächelten sie und zeigten mit den Fingern das Zeichen ‚V' für Sieg. Anfang Oktober gingen sie schwungvoll und winkten uns zu, wenn die Wachen nicht hinsahen."

Ich war deprimiert, als ich das Haus von Poshepny verließ. Zurück im Hotel sah ich beim Blick aus dem Fenster Tempel, Palmen und Flugzeuge, die auf dem Luftwaffenstützpunkt ein- und ausflogen. Im Jahr 2022, 61 Jahre nach der Kolonialisierung durch die CIA, war die einst verschlafene Stadt Udon Thani zu einer Metropole mit einer halben Million Einwohnern herangewachsen. Und die Stadt Tacloban, in der viele Bürger die Japaner unterstützten, hat alle Spuren des Kriegsgefangenenlagers begraben – das die US-Armee nach der Invasion zur Unterbringung von Kollaborateuren nutzte.

---

⁶ Peter Eisner, „Without Chick Parsons, General MacArthur May Never Have Made His Famed Return to the Philippines", *Smithsonian Magazine*, September 2017.

156

Tag 18: Chiang Mai
Dienstag, 5. März 1991

„Und es wird gepredigt werden dies Evangelium vom Reich in der ganzen Welt zum

Zeugnis für alle Völker, und dann wird das Ende kommen."

Matthäus 24:14

Nach meinem Abschiedsfrühstück im Charoen nahm ich einen Shuttle zum Flughafen Udorn. Auf einem Schild im Terminal stand, dass keine Photos erlaubt seien. Um 8:00 Uhr morgens standen alle für die Nationalhymne stramm. Bewaffnete Soldaten säumten beide Seiten des Weges zum Flugzeug. Ich war froh, dass ich wegkam.

Der Flug über die Berge von Bangkok nach Chiang Mai auf der zweiten Etappe der Reise war eine willkommene Abwechslung. Unterwegs las ich in einer Zeitschrift einer Fluggesellschaft einen englischsprachigen Artikel über das königliche Projekt, das 1969 begann, als König Bhumibol und Königin Sirikit die Bergvölker nördlich von Chiang Mai besuchten und sie ermutigten, Pfirsiche anstelle von Opium anzubauen. Danach besuchte der König die Region jährlich in den Wintermonaten. Ich hatte schon fast erwartet, dass er mich bei meiner Ankunft begrüßen würde.

Chiang Mai war ein eklektischer Unterschied zu Udon Thani. Als alter Handelsposten, der ursprünglich von den kopfjagenden Wa bewohnt war, und damalige Hauptstadt des alten Königreichs Lan Na (Land der Millionen Reisfelder) war die Stadt jahrhundertelang ein Kreuzungspunkt der Kulturen gewesen. Überall gab es Kirchen, Moscheen, goldene Tempel, Sikhs und Hindus und eine Vielzahl von Menschen aus den Stammesvölkern.

Es war heiß und versmogt, als ich am frühen Nachmittag im Dusit eincheckte, einem „Gateway-Hotel in der Nähe des Nachtbasars, der beeindruckenden authentischen thailändischen Kultur der Region und des Nachtmarkts". Ich rief sofort Bill Young an und kündigte meine Ankunft an. Er sagte, er würde mich am nächsten Morgen anrufen, um ein Treffen zu vereinbaren. Ich war nicht in Eile. Ich wollte ein paar Tage in Chiang Mai bleiben.

Ich ging auf den nahe gelegenen Markt und stopfte mich mit köstlichem thailändischem Essen voll. Ein Mann ohne Hände hockte mit einem Beutel an einer Schnur zwischen seinen Handgelenken. Ich steckte fünf Baht hinein. Ein anderer Mann verkaufte Kokoschips, ein anderer Schwerter, ein anderer einen Vogel namens Billy mit gelben und rosa Federn, winzigen Augen und großen Krallen. Überall Affen. Ein Clan von Stammesangehörigen ging zum Markt, eingehüllt in schwere, bunte Kleidung, wie die der Weber bei Poshepny. Ein freundlicher Mann in kurzen Hosen und ohne Hemd mit Runen-Tätowierungen auf dem Rücken posierte für ein Photo. Viele

Straßenverkäufer und Essensstände, Westler, die Geld ausgeben. Ich kaufte zwei Opiumpfeifen, eine Halskette aus blauen Perlen und zwei Geldbörsen für Freunde in der Heimat.

Ich photografierte ein Bettelmädchen mit einem Becher in der Hand, das vor einem buddhistischen Kloster an einer tristen Wand lag. Ich habe etwas Geld hineingelegt. Eine Frau auf dem Bürgersteig unter einem schattigen Baum massierte eine Thailänderin, um ihre Chakren zu öffnen. Sie lächelten und posierten für ein Photo. Ich kam an einem Biergarten vorbei, in dem deutsche Auswanderer Touren zu den Opiumfeldern des Königs in den Hügeln im Norden anboten. Ihr Gefährt war ein roter Pick-up mit Schiebedach und Platz für acht Personen. Chiang Mai war und ist möglicherweise immer noch ein Opiumdepot für das thailändische Militär und die BPP. Manche sagen, dass es dort auch Anlagen zur Herstellung von Heroin gab. Willis Bird hatte hier ein Haus.

Ich hatte zum ersten Mal von einem alten Studienfreund, Seth Kammerer, von Chiang Mai gehört, der hier gelebt hatte, ebenso wie seine ältere Schwester, eine Anthropologin, die eine HIV-Klinik für die Bergstämme betrieb. In unserer lockeren Korrespondenz erzählte er von Rucksacktouristen, Geldwechslern, Drogendealern und Glücksrittern.

Ich hatte Seth 1969 kennengelernt. Er war im April 1968 mit 42 anderen Studenten des Bard College wegen Drogenbesitzes verhaftet und von der Schule verwiesen worden. Er trieb sich an der SUNY New Paltz herum, wo ich ein abwesender Student war. Seine Familie lebte außerhalb der Stadt in einem alten Bauernhaus inmitten von Maisfeldern und Apfelplantagen. Die Küche und das Wohnzimmer stammten noch aus der Zeit des Revolutionskriegs, ebenso wie der stattliche schwarze Walnussbaum daneben.

Seths Mutter war freizügig, und wir konnten kommen und gehen, wie wir wollten. Sein Vater Herbert war ein unnahbarer, imposanter Mann, etwa 1,95 Meter groß, 300 Pfund schwer und mit einem Schnauzbart. Herbert war Kunstprofessor an der SUNY New Paltz, ein Bildhauer von Weltrang, der große Terrakottafiguren formte. Im Zweiten Weltkrieg war er Kriegsdienstverweigerer aus Gewissensgründen gewesen und hatte in den USA in einem Kriegsgefangenenlager gesessen.

> *Olaf (upon what were once knees)*
>
> *does almost ceaselessly repeat*
>
> *'there is some shit I will not eat'.[1]*

Damals habe ich solche Dinge nicht verstanden. Ich habe nicht verstanden, dass wir alle, wie Olaf und mein Vater, Kriegsgefangene sind. Wie Seth war ich nur an Sex, Drogen und Rock 'n' Roll interessiert. Wir fuhren in seinem alten grünen Ford Pickup nach Vassar und suchten nach Mädchen. Am Ostersonntag 1970 nahmen wir LSD und stapften durch fußtiefen Schnee zu den Mohonk-Klippen, um den Sonnenaufgang über dem Hudson River Valley zu beobachten, während wir Ostereier schälten und aßen, die seine Mutter gekocht und lila und gelb gefärbt hatte.

Seth war 1,93 Meter groß und wog 225 Pfund, ein sanfter Riese, der aussah wie Adonis. In den frühen 1970er Jahren ging ich nach San Francisco, und er zog nach New York City, wo er sich mit zwei Tänzern ein riesiges Loft teilte. Als ich zurückkam, war er hart geworden. Er war in einer Bar in der Canal Street gewesen und eine Motorradgang hatte ihn zusammengeschlagen. Weil er süß und sensibel, groß und gut aussehend war, geriet er immer wieder ins Visier von Sadisten, vor allem von den kleingewachsenen. Also lernte er in Japan Shōrinji Kempo, wurde Söldner im Fernen

---

[1] E E Cummings, „I sing of Olaf glad and big", 1931.

Osten, und hatte kleine Rollen in Kung-Fu-Filmen, meist als Schläger mit einer Maschinenpistole, aber ohne Text. Und er wurde ein Läufer.

Das Wort „Läufer" ist Teil der Sprache der Reisenden. Wie alle Wörter, die häufig verwendet werden, hat es mehrere Bedeutungen, wird aber im Allgemeinen als eine Person verstanden, die heimlich Dinge von einem Land in ein anderes transportiert: Geld, Informationen, Waren, was auch immer. Der Läufer bezieht seine lebenserhaltenden Eigenschaften aus diesem Import-Export-Geschäft außerhalb des Etablissements. Angst und das Gefühl, dass etwas in der Luft hängt, sind die Zeichen eines Läufers. Warum zieht es die Menschen zum Laufen? Es ist gewalttätig und ungesund. Aber es ist auch ein Freifahrtschein.

Seth hatte zwei in Thailand lebende Journalistenfreunde, John McBeth und Jon Alpert. Alpert war 1991, als er für NBC arbeitete, der erste US-Journalist, der unzensiertes Videomaterial aus dem Golfkrieg mitbrachte. Das Filmmaterial, das sich auf zivile Opfer konzentrierte, wurde drei Stunden vor der Ausstrahlung gelöscht und Alpert wurde entlassen. McBeth, der in Chiang Mai lebte, sagte bekanntlich, dass Journalismus nicht in der Schule gelehrt werden kann. Und das kann er auch nicht. Den Journalisten an der Columbia University werden die Annahmen unserer freilaufenden kapitalistischen Gesellschaft beigebracht, in der alles käuflich ist, sogar ihre Seelen, die sie für einen Platz am Tisch feilbieten.

Als wir uns 1985 wiedertrafen, war Seth gerade aus einem Kerker in Manila entlassen worden und auf dem Weg nach Hause zu seiner Frau Hatsue in Tokio. Durch seine Kontakte in Japan half er mir, die Verbindungen seines Shorinji Kempo-Meisters Doshin So zum Opiumhandel in der japanisch besetzten Mandschurei zu recherchieren. Doshin So, der eigentlich Nakamo Michiomi heißt, war Mitglied der ultranationalistischen Black Dragon Society. Während er Karten für das japanische Militär anfertigte, lernte So Kung Fu bei militanten chinesischen Mönchen im Shaolin-Kloster in Dengfeng City. Man sagt, dass alle Kampfkünste des Himmels ihren Ursprung im Shaolin-Tempel haben, der 495 n. Chr. inmitten der Song-Berge in der von Banditen heimgesuchten Provinz Henan erbaut wurde. Die Shaolin-Praktizierenden führen ihre Ursprünge und ihre inneren „Qigong"-Kräfte auf den Donnergott Vajrapani in Tibet zurück. Als Manifestation von Indra, dem hinduistischen Gott des Regens, ist Vajrapani einer der frühesten Bodhisattvas des Mahayana-Buddhismus.

Wie es das Schicksal wollte, unterhielt der Pistole tragende katholische Bischof Thomas M. Megan während des gesamten Zweiten Weltkriegs ein Agentennetz in der Provinz Henan, zu dem auch die Stadt Dengfeng gehörte.[2] Megan, die Verkörperung der kämpferischen Kirche, war 1926 im Rahmen der Divine Word Society Mission aus Iowa nach China gekommen. Im Jahr 1936 wurde er mit dem Aufbau von Krankenhäusern in der Provinz Henan beauftragt und 1937 zum apostolischen Bischof in der von Muslimen bevölkerten Stadt Xinxiang ernannt. 1940 stellte Megan auf Geheiß der vatikanischen Propagandakongregation seinem Freund, dem KMT-Geheimdienstchef und großen Drogenhändler General Tai Li, die Jugendorganisation „Tu Tao Tuan" der Divine Word Society zur Verfügung, die im Stil des CVJM organisiert war. Megan wurde ein ausgewiesener nationalistischer chinesischer Agent und führte mit seinen glühenden Katechisten-Anhängern Operationen mit Tai Lis Agenten in Japans „innerer Zone" durch – dem geografischen Dreieck, das von Xian, Peking und Haizhou gebildet wird. Megan kannte höchstwahrscheinlich Sicherheit den Agenten der Schwarzen Drachen, Doshin So.

Im Jahr 1944 operierte Megan von einem Gelände der Siebenten-Tags-Adventisten in Huayin aus, 45 Meilen östlich von Xian, wo seine OSS-Chefs ihren Sitz hatten. Xian, die Wiege der chinesischen

---

2 Edward J Wojniak SVD, *Atomic Apostle* (Divine Word Publications) – für eine Buchbesprechung siehe *The Catholic Standard and Times*, Volume 63, Nummer 14, 27. Dezember 1957.

Zivilisation, war der Ausgangspunkt der Seidenstraße und Standort der berühmten Terrakotta-Armee des Kaisers Qin Shi Huang. Megan schloss sich dem OSS an und arbeitete mit KMT-Agenten zusammen, um den „Drachenplan" des OSS voranzutreiben, indem er nachrichtendienstliche Informationen beschaffen und psychologische Operationen gegen die Japaner und die Kommunisten sowie Operationen in der Mandschurei durchführen sollte – all dies tat er, bis die Sowjets ihn verjagten.[3]

Im April 1945 startete Megan unter den OSS-Beamten Gustav Krause in Xian und Paul Helliwell in Kunming die Operation Phoenix im Nordosten Chinas. Phoenix stützte sich auf Megans katholisches Jugendkorps und die Grüne Bande von Du Yuehsheng, die mit den japanischen Besatzungstruppen auf dem lukrativen Schwarzmarkt, einschließlich des Rauschgifthandels, zusammenarbeitete. Megans Mitarbeiter, darunter koreanische Gangster und Exilanten, drangen in Japans innere Zone in China ein, wo sie die Schwarzen Drachen, Japans drogensüchtige chinesische „Marionetten"-Herrscher, Maos Kommunisten und die wichtigsten Schmuggler entlang der durchlässigen Grenzen von Henan ausspionierten. Phoenix gilt als die erfolgreichste OSS-Operation in China.

Laut Seth und einer anderen meiner Quellen arrangierte die CIA die Rückkehr von Doshin So nach Japan, wo er nach dem Zweiten Weltkrieg seinen Shorinji-Tempel auf der Insel Shikoku als Ausbildungszentrum für Ninja-Attentäter im Auftrag der CIA errichtete.

Im Februar 1994 wurde mein guter Freund Seth von einem feindlichen Triadenmitglied mit einem Brecheisen auf den Kopf geschlagen. Er lag wochenlang im Koma und verlor seine grobmotorischen Fähigkeiten. Als seine Frau Hatsue ein paar Jahre später an Magenkrebs starb, wurde Seth aus Japan ausgewiesen und in ein lutherisches Krankenhaus in Brooklyn eingewiesen, wo er bis zu seinem Tod im Jahr 2010 im Rollstuhl saß.

„Man wundert sich", sagt meine Astrologenfreundin Helen Poole, „und wundert sich dann noch mehr."

* * *

Seit den Anfängen der Menschheit haben Reisende neue Länder erkundet und sich ihrem ungewissen Schicksal gestellt. Auf diese Weise lernen sie, Ablehnung und Einsamkeit nicht zu fürchten, und so sind sie vielleicht in der Lage, die inneren Dimensionen ihres Selbst zu erforschen und verborgene Kräfte zu entdecken. Das bringt mich zu Bill Young und seinen missionarischen Vorfahren.

Bill Young, sein Großvater, sein Vater, sein Onkel und sein Bruder standen im Zentrum der imperialen und illegalen Drogenhandel-Intrigen Amerikas im Goldenen Dreieck. Bills Großvater William war Teil der Invasion der American Baptist Missionary Union in Birma, die im 19. Jahrhundert begann. Die ursprünglichen Baptisten teilten Burma in Franchises auf, wobei sich eine Gruppe auf das Volk der Kachin konzentrierte, Schulen und medizinische Kliniken baute und Hymnen lehrte, die eine hypnotisierende Wirkung auf die ahnenverehrenden Clans hatten. Die Kachin hatten die höchste Bekehrungsrate vom Heidentum zum Christentum – fast neunzig Prozent – aller Gruppen in Südostasien, wobei die Baptisten „die meisten Seelen gerettet" haben und die Katholiken weit abgeschlagen an zweiter Stelle liegen. Die Karen im Südosten Birmas waren ebenfalls stark christianisiert.

---

[3] Siehe Brief von Everett F. Drumright in *The Amerasia Papers*, S. 472-3, betreffend: Megan bürgt für Tai Li in Xian im März 1944, Megans Vorschlag, wie man die „Marionettenbeamten" von den Japanern abbringen kann, und die Bedeutung der Unterbindung des Drogenhandels durch Jieshou an der Grenze zwischen Henan und Anhwei.

Bill Youngs namensgebender Großvater William kam 1892 nach Birma, hatte aber wenig Erfolg. Auf einer Rückreise im Jahr 1900 lernte er eine Gleichgesinnte kennen und heiratete sie, und sie eröffneten eine Gemeinde in Kengtung, Birma, 250 Meilen nördlich von Chiang Mai. Auf der Suche nach Bekehrten führte William seine Frau und seine jungen Söhne Harold und Vincent nach Yunnan in China, wo sie begannen, Stammesangehörige in kristallklare Flüsse zu tauchen. Das unterdrückte Volk der Lahu verehrte William als Gott, doch die chinesischen Buddhisten sahen in Jesus eine Bedrohung, die ihnen ihre Lebensweise rauben wollte. Deshalb reisten die Youngs mit furchterregenden Leibwächtern, angeführt von dem Shan-Kriegsherrn U Ba Thien und dem Lahu-Häuptling Sala Chakaw.[4]

Als William 1936 starb, luden seine Söhne Harold und Vincent das Kreuz auf ihre breiten, sonnenverbrannten Schultern. Als der Zweite Weltkrieg begann, wurden sie als Kriegsherren in die britische Armee aufgenommen, wobei Harold ein Bataillon Shan-Krieger und Vincent ein Lahu-Bataillon befehligte. Die Brüder kämpften in Nachhutgefechten gegen die Japaner und ihre Verbündeten unter den Thais und den Stammesvölkern, während sie die Ländereien der britischen Pooh-Bahs in Kengtung beschützten. 1942 wurden die Brüder nach Indien gezwungen und traten dem OSS bei. Vincent ging nach Kunming, um Lahu-, Wa- und Free Thai-Guerillas zu rekrutieren und auszubilden, während Harold beim Abteilung 101 als Dschungelkriegsexperte und Verbindungsmann zu den kopfjagenden Kachins diente, die für ihre militärischen Fähigkeiten und ihre Loyalität gegenüber den Amerikanern bekannt waren.

Harold arbeitete doppelt für das Office of War Information, indem er Flugblätter schrieb und Radiobotschaften an die Stämme sendete, in denen er ihnen in ihrer Muttersprache erklärte, wie sie sich gegen die heimtückischen Japaner wehren konnten. Er produzierte auch „schwarze Propaganda"-Botschaften, die den Japanern zugeschrieben wurden und die die Stammesangehörigen beleidigten. Der ältere von Harolds beiden Söhnen, Gordon, erhielt seinen ersten Spionagejob im Alter von 16 Jahren im Photolabor der OSS-Moralabteilung. Möglicherweise arbeiteten die Youngs bei diesen frühen „Psyops" mit Gregory Bateson zusammen, dem britischen Anthropologen und Verbindungsmann zur Abteilung 101. Bateson leistete vor allem Pionierarbeit in den Bereichen Semiotik, Kybernetik, Schismogenese und Theorien der Doppelbindung. In einem Memo, das er neun Tage nach dem Abwurf der Atombomben auf Hiroshima und Nagasaki an William Donovan schickte, sagte er treffend eine Ära voraus, in der Propaganda, Subversion und „soziale und ethnische Manipulation" für die nationale Sicherheit wichtiger sein würden als Lenkraketen.[5]

Bateson bereute in späteren Jahren und lehnte jede Rolle von Anthropologen im Dienste der Geheimdienste ab, denn ihr geheimnisvolles Wissen über Stammestabus (das ihnen oftmals von Missionaren vermittelt wurde) versorgte ihre herzlosen Arbeitgeber mit dem Arsenal unsagbarer schwarzer Künste, die sich oft in Gräueltaten manifestierten, die den Geist der Menschen an einem friedlichen Leben nach dem Tod hinderten – ein Nagel im dritten Auge, eine aufgefressene Leber, vampirähnliche Einstiche im Nacken –, die sie heutzutage weltweit so geschickt zur „sozialen und ethnischen Manipulation" einsetzen.

Vincent kehrte 1945 zum Predigen nach Kengtung zurück, aber Harold, dessen Faszination für Gräueltaten Poshepny erröten lassen würde, nahm eine Stelle bei den Briten als Sheriff der Shan-Staaten an. In dieser Position arbeitete Harold mit Feldmarschall Phin Choonhavan zusammen, dem Sohn eines chinesischen Arztes und ehemaligen Militärgouverneur der Shan-Staaten im Zweiten Weltkrieg. Phin war an dem Militärputsch in Thailand 1947 beteiligt. Die Tochter von Phin

<hr>

[4] Siehe David Lawitts, „The Transformation of an American Baptist Missionary Family into Covert Operatives", *Journal of Siam Society*, Volume 106, 2018, für die Youngs.
[5] Bradley Smith, *The Shadow Warriors: The OSS and the Origins of the CIA*, Basic Books, S. 389.

heiratete Phao Sriyanond. Sein Sohn Chatichai war der Playboy-Premierminister, der unter Hausarrest stand, als ich in Bangkok ankam.

Wenn er nicht gerade die chinesische Grenze kartierte, verhaftete Harold Aufständische wie den chinesischen Warlord Khun Ja, Onkel und Mentor des Drogenhändlers Khun Sa. Harold jagte Kung Ja eine Kugel in den Kopf und versenkte seine Leiche in einem Fluss (eine andere Art der Taufe), um die hochmütigen Eingeborenen vom Widerstand gegen die britische Herrschaft abzubringen. Harolds Auftrag endete 1948, als Birma die Unabhängigkeit erlangte. Auch seine Missionsarbeit endete, denn die Ältesten der Baptisten in seiner Heimat wussten von seinen Plünderungen und ließen ihn nicht mehr in die Herde zurückkehren. Also trat er natürlich der CIA bei.

1952 waren Harold und sein Sohn Gordon, ein Cal Poly-Absolvent mit einem Abschluss in Landwirtschaft und Viehzucht, in Chiang Mai als CIA-Verbindungsleute zur gesetzlosen KMT-Armee in Birma tätig. Sie gaben sich als Zoologen des Naturkundemuseums aus und schickten christianisierte Lahu-Teams zur Koordinierung mit KMT-Spionen auf Missionen nach China. Ihre „Hauptagenten" waren Old Bills ehemalige Leibwächter Sala Chakaw und U Ba Thein. Gordon, der im Koreakrieg Funker gewesen war, arbeitete mit den Lahu-Agenten zusammen, um auf den Berggipfeln außerhalb von Chiang Mai einen Funkposten einzurichten, damit sie sich mit KMT-Agenten unterhalten konnten. Der thailändische König genehmigte das Arrangement, und schon bald beherrschten Harold und seine Familie das amerikanische Exilanten-, Diplomaten- und Spionagenest in Chiang Mai. Harold und Gordon sprachen wie Bill perfekt Lahu, Wa, Shan und Yunnan-Chinesisch.

Chiang Mai diente auch als früher Außenposten für Bill Lairs Border Patrol Police, bei der es sich größtenteils um ethnische Thais handelte, die eine Ausbildung im Umgang mit den verachteten Bergstämmen und Shan im Dreiländereck benötigten. Harold half in einem Ausbildungszentrum am Rande der Stadt, wo 1991 Touristen das BPP Hilltribe Product Promotion Centre besuchten.

In der Zwischenzeit stürzte der von der CIA angezettelte Shan-Aufstand von 1958 die Region ins Chaos. Nach dem Gegenputsch von Ne Win im Jahr 1962 wurden die antikommunistischen Aufständischen im Shan-Staat und Warlords wie Khun Sa von Geld abhängig, das sie durch die Zusammenarbeit mit CIA-geschützten thailändischen und laotischen Drogenhändlern verdienten. Das Gleiche galt für KMT-Veteranen, die mit ihren Familien in Außenposten entlang der thailändisch-laotischen Grenze umgesiedelt worden waren. Wie das Lager, das Terry Burke in der Nähe von Sayaburi infiltrierte, waren die KMT-Lager Durchgangsstationen und Umschlagplätze für Opium aus Burma und von den Hmong – alles unter der Aufsicht thailändischer und laotischer Geheimdienstler, die mit der CIA zusammenarbeiten.

Ich war neugierig darauf, all dies mit Bill Young zu besprechen. Ich hatte bereits mit seinem Bruder Gordon korrespondiert, als ich an *The Phoenix Program* recherchierte und schrieb. Gordon hatte 1971 für die CIA im Gefängnis der Insel Con Son vor der Küste Südvietnams gearbeitet. Con Son war der Ort der berüchtigten Tigerkäfige. Gordon war angeblich dort für das Sicherheitsbüro der Agency for International Development tätig, um Gemüsegärten, Schildkrötenbecken und eine Fischereiflotte anzulegen. Seine geheime Aufgabe bei der CIA bestand darin, dafür zu sorgen, dass die politischen Gefangenen des Vietcong keine Fluchttunnel bauten.

Als Nächstes arbeitete Gordon von 1972 bis 1974 verdeckt im Rahmen der Drogenbekämpfungsmaßnahmen des Sicherheitsbüros in Laos und Birma, was er als „eine chaotische, unkoordinierte Angelegenheit" beschrieb. „Keiner war da, um ein Held zu sein. Es war, als hätte man es mit Mafiabossen zu tun." Er erinnerte sich an eine Fahrt den Bong-Fluss an der burmesischen Grenze hinauf, um einen BPP-Hauptmann im Dschungel zu treffen. Der Mann saß neben einem riesigen Haufen Heroin, Morphium und Opium. Gordon fragte ihn, ob er es abgeben würde. „Sie können es haben", antwortete der Hauptmann lässig. „Aber bis Sie durch sind…"

Der Autor Sterling Seagrave kannte Bill und Gordon Young persönlich. Gordon wurde nach Sterlings Vater, Dr. Gordon Seagrave, „dem Chirurgen aus Birma", benannt. Wie Harold Young war auch Gordon Seagrave ein Sohn baptistischer Missionare, allerdings im Wa-Staat. Als Absolvent der Johns Hopkins University praktizierte er zwanzig Jahre lang als Arzt an der chinesisch-burmesischen Grenze. Dr. Seagrave trat 1942 in das Army Medical Corps ein und diente in der 6. chinesischen Armee. 1942 zog er sich mit General Joseph Stilwell nach Indien zurück und kehrte 1945 zu Fuß nach Birma zurück. Dr. Seagrave diente der britischen Militärregierung bis 1946 als leitender medizinischer Offizier für die Shan-Staaten in Birma. 1950 wurde er verhaftet und wegen Hochverrats verurteilt, weil er sich um Karen-Rebellen gekümmert hatte, und war sechs Monate lang inhaftiert. Er schrieb sechs Bücher, darunter eines mit dem ehemaligen US-Botschafter in Indien, Chester Bowles. Dr. Gordon Seagrave starb am 28. März 1965 in seinem Krankenhaus in Namhkam, Birma.

Sterling wuchs an der chinesisch-burmesischen Grenze auf und wurde nach seiner Schulzeit in den USA Journalist und Autor. Er schrieb mir: „In den 1960er Jahren arbeitete Bill Young für die CIA und baute den Stützpunkt Long Tieng in Laos und den KMT-Abhörposten im Wa-Staat namens Little Switzerland auf, der die VR China ausspionierte. Bill stellte mich dem KMT-General Li Wenhuan vor, und wir hatten ein gemeinsames Bankett in einem seiner Häuser in Chiangmai, wobei Lis Leibwächter auf dem Dach Maschinengewehre trugen. Der Schlüsselmann im Drogenhandel war damals Chiang Kai-sheks Sohn und Nachfolger Chiang Ching-kuo, der damals den KMT-Geheimdienst auf Taiwan leitete."

Als ich erwähnte, dass das FBN in den 1960er Jahren regelmäßig burmesische Generäle zu Besuch in einem CIA-Unterschlupf in New York City beherbergte, sagte Sterling, dass einer von ihnen höchstwahrscheinlich KMT-General Li Wenhuan war, „der in den 1950er und 1960er Jahren viel reiste und dessen Kinder an den besten Colleges in den USA und Großbritannien waren. Ein anderer KMT-General, Tuan, blieb weitgehend im Verborgenen und lebte in seinem großen Stützpunkt in der Nähe von Fang." Wie Sterling bemerkte, kam Tuan 1965 zur Beerdigung von Dr. Seagrave nach Namhkam. Sterling und General Tuan „saßen mehrere Stunden lang redend auf der Couch meines Vaters. Zu der Beerdigung kamen 25.000 Menschen."

Die Generäle Li Wenhuan (Kommandeur des 3. Regiments der 93. KMT-Division) und Tuan (Kommandeur des 5. Regiments der 93. KMT-Division) verbrachten Jahre in Ost-Birma, schickten Agenten nach China, um für die CIA Informationen zu sammeln, und meldeten diese an Gordon Youngs Funkempfänger in Chiang Mai. Im Gegenzug sorgte die CIA wie ein Patenonkel für alle ihre irdischen Bedürfnisse und vertuschte ihre zentrale Rolle im Drogenhandel des Goldenen Dreiecks.

Bis 1960 war alles bekannt, als Gordon Young eine Erhebung über alle Stämme in Laos durchführte und katalogisierte, wie viel Opium jeder Stamm anbaute, verwendete und verkaufte. Die Informationen wurden 1962 in einem Buch veröffentlicht, das von der Asian Foundation finanziert wurde [6]

General Lis Truppen zogen schließlich in eine Stadt nordwestlich von Chiang Mai und arbeiteten für eine CIA-Thai-Sondereinheit, die Kommunisten bekämpfte und die BPP mit Rauschgift versorgte. Tuan und seinen Truppen wurde in Mae Salong, Thailand, Zuflucht gewährt, wo sie auch die BPP bei der Jagd auf kommunistische Kader unterstützten. Als Tuan 1980 starb, führte sein Nachfolger Lue Ye-tien die KMT-Operation weiter. Ihre Yunnanesisch sprechenden Nachkommen

---

[6] Gordon Young, *The hill tribes of northern Thailand*, Bangkok, 1962.

hielten sich 1991 immer noch in dem Gebiet auf, versteckt, aber in Zusammenarbeit mit dem Shan-Warlord Khun Sa betrieben sie eine große Heroinraffinerie. 1991 bot eine deutsche Reisegruppe in Chiang Mai Besuche auf den Opiumfeldern des Königs an, gefolgt von Tee und Nudelsuppe in einem schicken KMT-Café. Zusammen mit den Bergstämmen, die nach Chiang Mai strömen, um ihre Waren zu verkaufen, ist es jetzt eine gut integrierte Geschäftsgemeinschaft, die immer noch unter der Schirmherrschaft der CIA steht.

Gordon Young zog sich 1974 mit seiner Frau und seinen vier Töchtern nach San Luis Obispo zurück, wo er mehrere Bücher schrieb. Harold Young starb 1975, und seine Villa fiel an die aristokratischen thailändischen Besitzer zurück. Wie bereits erwähnt, war die Villa der Youngs ein gesellschaftliches Zentrum für die Oberschicht im Chiang Mai der 1950er Jahre. Als ich ihn kennenlernte, erwähnte Jack Shirley die Villa als einen Ort, an dem CIA-Beamte, die vom Leben im Busch erschöpft waren, die christlichen Feiertage verbrachten und an dem Harold und seine Frau Ruth einen ständigen Strom thailändischer, britischer, französischer und amerikanischer Würdenträger unterhielten. Harold verbrachte seinen Lebensabend in einem wunderschönen Teakholzhaus am Ping-Fluss, das Bill Young Berichten zufolge durch Fehlinvestitionen verloren hat.

Tag 19: Flussaufwärts

Mittwoch, 6. März 1991

„Transit-Merkur steht in Opposition zum Geburts-Saturn;

Transit-Venus kreuzt Nordknoten.

Die Zeit verrät uns unsere Absichten."

Es war, als würde ich in einem MSG-Albtraum aufwachen. Am Mittwochmorgen traf ich auf eine fröhliche Schar von US-Luftwaffen-Angehörigen und -Offizieren, die sich in der Hotellobby tummelten, während andere von ihnen im Speisesaal ihr Frühstück aßen. Was um alles in der Welt taten sie hier und jetzt? Ja, während des Vietnamkriegs wurden die meisten US-Luftangriffe auf Nordvietnam von Stützpunkten in Thailand aus geflogen. Achtzig Prozent. Aber die meisten Basen waren Mitte 1976 geschlossen worden. Ich nahm an, sie machten eine Pause von den Bombenangriffen auf den Irak. Es gibt kein Entkommen.

Nach dem Frühstück rief ich Bill Young an. Wir vereinbarten, uns um zehn Uhr in der Lobby zu treffen und dann auf mein Zimmer zu gehen. Mein Plan war es, einen guten ersten Eindruck zu machen und am nächsten Tag mit detaillierten Fragen nachzuhaken. Ich wollte ein nicht unterzeichnetes Memo besprechen, das John Kelly mir einige Monate zuvor gegeben hatte. Darin war 1972 von einem strategischen Geheimdienstnetz die Rede, das die CIA 1965 mit Hilfe einer alten Opiumkarawane von Houei Sai aus aufgebaut hatte, die sich durch Birma und China schlängelte. Das Netz wurde aufgrund von Problemen in Kengtung geschlossen, aber der Autor schlug vor, es bestehen zu lassen und stattdessen seine „Stay-behind"-Agenten für die Schmuggelbekämpfung einzusetzen. Der Autor war auf der Suche nach einem Job bei der US-Zollbehörde. Ich vermutete, dass der Autor Bill Young war.

Young kam pünktlich und wir gingen in mein Zimmer. Er war 1,80 Meter groß, trug ein lockeres Safari-Hemd und eine ausgebeulte Hose, hatte einst stattliche Gesichtszüge und schütteres graues Haar. Er sah abgemagert aus, in schlechtem Gesundheitszustand. Im Aufzug war er flüchtig, im Zimmer lief er hin und her. Ich dachte, er könnte auf Kokain sein, aber er war besorgt, dass ich seine Worte verdrehen könnte, sagte er. Wie Poshepny war auch er in Schwierigkeiten geraten, als er mit den Medien sprach, und er hatte Angst, von der Welt der Geheimdienste gemieden zu werden und seine Arbeit zu verlieren.

Ich will nicht ins Detail gehen, aber er war wütend auf gewisse Autoren, weil sie sich selbst falsch darstellten. Es war lustig, dass dies von einem ehemaligen CIA-Beamten kam. Es war auch nicht überraschend. Das ist der Lauf der Welt. Wie Joan Didion bekanntermaßen sagte: „Autoren verkaufen immer jemanden."

Young war noch wütender auf John Kwitny, den Autor von *The Crimes of Patriots* (1987), einem Buch über die Nugan Hand Bank der CIA in Australien. Nugan Hand (nach dem australischen Finanzier Frank Nugan und dem CIA-Beamten Michael Hand), deren Mitarbeiter größtenteils aus pensionierten CIA-Mitarbeitern und US-Militärs bestanden, betrog ihre meist militärischen Investoren, während sie Drogengelder wusch und Waffentransfers nach Angola arrangierte. Die Visitenkarte von Bill Colby wurde bei Nugans Leiche gefunden, kurz nachdem er im Januar 1980 Selbstmord begangen hatte. Ich hatte Colby danach gefragt, und er gab zu, dass er Nugans Anwalt war. Das erklärt alles.

Kwitny sagte, dass Young für die Bank gearbeitet hatte. Young betonte, dass er das nicht getan habe. „Die Leute von Hand sind an mich und Gordon herangetreten", sagte er. „Die Annäherung erfolgte auf höherer Ebene. Aber ich hatte nie etwas mit Neil Evans (dem Vertreter von Nugan Hand in Chiang Mai) zu tun."

Young wusste von der Ermordung von Joyce, der Ehefrau des DEA-Agenten Mike Powers in Chiang Mai im Oktober 1980. Nach dem Überfall auf einen Laden entführte ein Kleinkrimineller namens Narong Promsiri Joyce und ihre Tochter Nicole und hielt sie in einem Kleinbus als Geiseln fest. Mike Powers traf bald darauf ein und überzeugte Promsiri, seine Tochter und den Busfahrer freizulassen. Doch Promsiris Waffe entlud sich „versehentlich" und Joyce wurde in den Kopf geschossen. Sie war auf der Stelle tot.

„Sie wurde hier in der Nähe entführt", sagte Young, „dort, wo man links in den Nudelmarkt einbiegt. Ich habe Powers zu der Zeit geholfen."

Powers, ein ehemaliges Mitglied des Phoenix-Programms, war Berichten zufolge in Thailand als Teil einer geheimen CIA-Drogeneinheit tätig, die Methoden des Phoenix-Programms anwandte. Ich fragte also, ob Drogenbosse hinter dem Mord stecken. „Vielleicht ein Typ namens Pricha, der Geld vom König bekam", sagte Young. Er wollte sich zu diesem Thema nicht äußern, beschrieb aber den Drahtzieher als „einen ethnischen Inder namens Battan, ein thailändischer Staatsbürger, der im Viehhandel tätig ist".

Chiang Mai, so Young, sei seit Januar 1982 in höchster Alarmbereitschaft gewesen, als der Drogenboss Khun Sa einen „Auftrag" hinsichtlich nicht identifizierter DEA-Agenten erteilte und die US-Regierung die Evakuierung von zwanzig amerikanischen Frauen und Kindern anordnete. Daraufhin hatte das thailändische Militär mit Unterstützung der USA die 10.000 Mann starke Shan United Army von Khun Sa aus Nordthailand nach Birma vertrieben. Aber die Spannungen waren immer noch hoch, und Young war tief in die Intrigen verwickelt.

Bill Young und Khun Sa waren gleich alt und hatten sich als kleine Jungen kennengelernt. Er hatte Khun Sas Karriere genau verfolgt. Er sagte, Khun Sa sei Halbchinese und durch seinen Stellvertreter mit der KMT verbunden gewesen. „Aber die KMT sind Nachzügler", die „in den Drogenhandel eingestiegen sind, nachdem ihnen die Unterstützung aus Taiwan entzogen wurde. Meine Aktivposten sind einheimisch", sagte Young sachlich. „Sie haben jahrhundertelange Erfahrung in diesem Gebiet." Und in der Tat hatten Youngs Vater und sein älterer Bruder im Auftrag der CIA seit 1951 den Drogenhandel der Einheimischen und der KMT erleichtert, und Bill hatte den Job 1961 übernommen.

Dann erwähnte Young, dass eine Hollywood-Firma die Rechte an seiner Lebensgeschichte gekauft hatte und dass der Drehbuchautor nicht wollte, dass er Interviews gab, aber er war relativ offen und hielt wenig zurück. Er wurde 1934 in Berkeley geboren, wuchs aber in Birma auf, wo sein Vater als Missionar tätig war. Young lernte die Lahu-Sprache und wie man als Jugendlicher im Dschungel überlebt. Als der Zweite Weltkrieg begann, kehrte die Familie in die USA zurück, während sein Vater und sein Onkel zurückblieben. Nach dem Krieg zog sein Vater nach Chiang

Mai, trat der CIA bei und begann, Willis Bird und Sea Supply bei der Bewaffnung der KMT in Birma zu helfen. Wie bereits erwähnt, waren Harold Youngs Wa- und Lahu-Stammesangehörige auch in Südchina wertvolle CIA-Aktivposten.

Als junger Mann hatte Young die Botschafter William Stanton und William Donovan kennen gelernt, ebenso wie Bill Lair und den Chef von Sea Supply in Chiang Mai, Mac McCaffery. Er hatte sich zur 11. Luftlandedivision gemeldet und diente von 1954-1957 bei der NATO. Die CIA trat 1958 an ihn heran, als er seine Familie in Kalifornien besuchte. Er wurde in Los Angeles angeworben und ging zur Ausbildung nach Washington, DC. Sein erster Auftrag im Jahr 1958 war in Bangkok, aber nicht bei SEA Supply. Er wollte nicht sagen, worum es dabei ging.

Young war 1960 zum ersten Mal in Laos im Einsatz. „Das waren die Zeiten der SEA Supply, als ich wieder in Chiang Mai war." Die paramilitärische Arbeit gefiel ihm, und im Januar 1961 wurde er im Rahmen des Hilltribe-Programms als Vollzeitkraft nach Laos versetzt. Er gehörte zu „den ersten beiden Jungs im Land". Joe Hudachek, Sergeant der Special Forces, war der Berufssoldat, und Young war sein Dolmetscher. Jack Shirley kam etwas später nach. Die drei begaben sich zu Vang Paos Hmong-Hauptquartier in Pa Dong, zwölf Meilen östlich von Long Tieng, wo von Januar bis Juni 1961 ein ständiger Kampf mit den Pathet Lao und der NVA stattfand. Young und Hudachek richteten Fallschirmzelte und ein Ausbildungsprogramm für die Hmong ein.

Obwohl einige zum Christentum konvertieren, halten die meisten Hmong an ihren Clans fest und vertrauen auf Schamanen, die wie Priester, Rabbiner und Pfarrer zwischen der geistigen und der materiellen Welt vermitteln. Sie können Kranke heilen, es regnen lassen, die Steuern senken. Sie sind oft bipolar. Die Hmong verehren auch die allgegenwärtigen Geister ihrer Vorfahren und errichten in ihren Häusern Schreine für ihre Geister, so wie die Amerikaner ihren verstorbenen Kriegsveteranen mit Monumenten, Feiertagen und endlosen Fernseh- und Filmvorführungen ein Denkmal setzen.

Young schüttelte den Kopf. Trotz der Ähnlichkeiten fühlten sich die Amerikaner überlegen. Ebenso wussten sie nicht, wie man einen Guerillakrieg führt, und im Juni 1961 wurden sie und die Hmong überrannt. Also wandten sich die Amerikaner der Technologie zu. Sie führten Flugzeuge ein, die ihr Hmong-Kanonenfutter zu und von den Flugplätzen in den Bergen transportieren konnten, während sie die Bevölkerungszentren in den Tälern den Pathet Lao und den einheimischen Lao überließen. Es überrascht nicht, dass Willis Bird den Zuschlag für den Bau der Landebahnen erhielt, mit denen das bestehende Drogentransportgeschäft modernisiert und erweitert wurde. Die Korruption begleitete das Unternehmen auf Schritt und Tritt, und Bird, der 1959 der Bestechung von US-AID-Beamten beschuldigt wurde, kehrte nie in die USA zurück, um vor Gericht zu erscheinen. Er blieb bis zu seinem Tod im Jahr 1991 in Thailand.

Young war weniger als ein Jahr in Pa Dong, und während dieser Zeit zogen er, Hudachek und Shirley immer wieder in neue Gebiete und richteten neue Landeplätze in Zentral- und Nordlaos ein. Bald kamen auch Tony Poshepny und andere hinzu. Lair war der Chef in Vientiane bis zu den Genfer Abkommen, als fast alle nach Udorn umzogen.

Young „bewunderte" Bill Lair. „Lair war ein seltener Amerikaner, sensibel", sagte er. Aber Young war auch untröstlich darüber, dass Lair sich später für ihn „nicht eingesetzt" hat. Auf meine Frage, was passiert sei, sagte Young, dass der Stations-Chef, Ted Shackley, das System, das Young 1965 eingeführt hatte, zerstört habe. Als Young sich beschwerte, feuerte Shackley ihn 1967. Shackley schickte Lair ein Jahr später zurück in die USA. Lair verbrachte zwei Jahre am Army War College und kehrte dann zu einem Schreibtischjob in Bangkok zurück.

Wie Young hatte sich auch Lair darüber beschwert, dass die CIA die Bergstämme ausnutzte. Bis 1967 waren die meisten Meo-Rekruten junge Burschen. Aber im Gegensatz zu Young hatte Lair ein Zuhause in den USA, in das er nach Kriegsende zurückkehren konnte, und er war ein Mann der Gesellschaft, der seine Gefühle abgrenzen konnte. Young konnte sich weder vom Krieg noch von seiner Umgebung abgrenzen.

Als ich erwähnte, dass ich Shirley in ein paar Tagen sehen würde, zuckte Young zusammen und sagte, er und Shirley hätten zusammen eine Tour im Sudan für Chevron Oil gemacht. Er fügte hinzu, dass Shirley entgegen seinen Behauptungen nicht der wichtigste Mann sei. Er sagte, dass Shirley einen nicht zu verteidigenden Stützpunkt zehn Meilen von Nordvietnam entfernt als Teil einer Strategie zur Umzingelung der Ebene der Steinkrüge errichtet hatte. Als dieser Stützpunkt 1962 fiel, ging Shirley in Richtung Südosten, Poshepny in Richtung Norden und Bill in Richtung Westen. Die Volksrepublik China hatte begonnen, eine Straße von Mengla in der Provinz Yunnan nach Phong Saly in Laos zu bauen. Um die „China Road" zu behindern und auszuspionieren, stellte Young eine Truppe in Houei Sai auf und stieß Anfang 1963 durch die vom Feind gehaltene Provinz Nam Tha nach Norden bis zur chinesischen Grenze vor. Young und Hudachek richteten zwischen Houei Sai und Nam Tha mehrere beschwerliche Landebahnen ein, darunter die Landebahn 118A in der Nähe des Bergdorfes Nam Yu und die 118er-Basis im nahe gelegenen Nam Thuy, wo einige Jahre zuvor der CIA-Agent und Missionar Tom Dooley eine medizinische Einrichtung errichtet hatte. Young war mit dem Yao-Stamm, der das Gebiet bevölkerte, und dessen Anführer Chao Mai bestens vertraut. Er war in der Tat ein unentbehrlicher Mann, der seine einzigartigen Sprach- und Kulturkenntnisse einsetzte, um Guerillatruppen aus Yao, Wa, Shan und Lahu im gesamten Nordwesten von Laos aufzubauen.

Leider geriet Young mit seinem neuen Chef, Louis O'Jibway, aneinander. O'Jibway, ein Chippewa aus Michigan, hatte im Zweiten Weltkrieg in einer amphibischen OSS-Einheit in Birma gedient. Nachdem er 1951 der CIA beigetreten war, kämpfte er in Korea und verbrachte dann mehrere Jahre mit der Ausbildung neuer Agenten. Mitte 1963 übernahm er von Chiang Khong, Thailand, aus die Kontrolle über Operationen in West-Laos. Dazu gehörten die Guerilla-Einheiten, die Young und Hudachek in Houei Sai, Nam Yu und Nam Thuy aufstellten. O'Jibway verbesserte die Flugplätze und erweiterte die Ausbildungslager, die von Air America und Continental Air Service bereitgestellt wurden.

Das Zentrum, Nam Yu, war anfangs eine primitive Einrichtung, die mit einigen paramilitärischen und nachrichtendienstlichen Mitarbeitern der CIA, thailändischen Geheimdienstoffizieren, KMT-Funkern und Shan-Leibwächtern besetzt war. O'Jibway blieb in Chiang Khong und kümmerte sich um die Gehaltsabrechnungen, die Versorgung und zivile Maßnahmen für die Bergstämme.

Das Problem, so Young, bestand darin, dass „die verschiedenen Ethnien alle miteinander verbunden waren". O'Jibway sprach die Sprachen der verfeindeten Stämme nicht und war nicht in der Lage, die Krise zu bewältigen. Young gab O'Jibway die Schuld, und O'Jibway, ein gläubiger Katholik, der sich über Youngs Promiskuität ärgerte, wollte ihn loswerden. Um O'Jibway zu besänftigen und Youngs Talente zu nutzen, holte die CIA Young im Herbst 1964 zurück ins Hauptquartier in Langley, um ihn in grenzüberschreitenden Operationen weiterzubilden. Young wollte den Namen des Projektkoordinators nicht nennen, aber Tony Poshepny sagte, es sei Evan Parker gewesen. Young wurde mit Hugh „Ted" Price, dem „China-Experten" des Programms, zusammengebracht. „Price ging die Linie hinauf" nach Burma, um mit KMT-Agenten aus Taiwan zu arbeiten, wo Price offiziell stationiert war.

Ende 1964 kehrte Young nach Laos zurück, um die im 118A-Memo erwähnte grenzüberschreitende Operation einzuleiten. Als ich ihm das Memo zeigte, wurde Young sichtlich verärgert. Er sagte, das Programm sei nicht bei 118A oder Nam Yu angesiedelt gewesen, sondern „flussaufwärts". Einige Teams liefen über Nam Yu, ja, aber es wurde nicht 118A-Network genannt. Er wollte mir den Namen nicht nennen, aber er bestätigte, dass der BPP-Polizeikommandant in

Nordthailand US-Fahrzeuge und -Flugzeuge benutzte, um Opium nach Houei Sai zu transportieren, und dass der Mann gefeuert wurde, „weil er seinen Vorgesetzten nicht genug von den Einnahmen abgab".

Young sagte, die KMT-Taiwanesen unter Ted Price hätten geholfen, seine Hauptagenten, Moody Taw und Isaac Lee, auszubilden. „Sie sind Lahu", sagte Young, „meine Jugendfreunde, die die alte Opiumkarawanenpfade benutzten, um die grenzüberschreitenden Teams zu infiltrieren."

Nachdem O'Jibway bei dem verdächtigen Hubschrauberabsturz im Mekong-Fluss im August 1965 ums Leben gekommen war, wurde Tony Poshepny der Chef von Nam Yu. Als Bill Young das Unternehmen verließ, übernahm Poshepny – der Young als „unreif" bezeichnete – dessen Operation nicht. Aber er leistete Unterstützung. Zu diesem Zeitpunkt war Terry Burke in Houei Sai und untersuchte, wie ich vermute, die Drogenverbindung zum Tod von O'Jibway. „Es wurden ausgeklügelte Dinge getan, die über den PM-Krieg hinausgingen", sagte Burke, „zur Unterstützung von Bill Youngs Sache in China. Alles war abgeschottet." Burke merkte an, dass Poshepny mit den Wa, den Kopfjägern der Ureinwohner, zusammenarbeitete, die oft auf der Seite der Kommunisten standen. Die Wa hatten in Yunnan und Birma schon immer Opium angebaut, und die CIA ließ sie in Nam Yu und Nam Thuy Opium sammeln und nach Houei Sai liefern, wo es zu Morphinbase und Heroin verarbeitet wurde.

Poshepny sagte, dass die alte französische Landebahn in Fort Carnot der Ausgangspunkt für Flugzeuge war, die das Rauschgift in „flammende Ts im Golf von Siam" abwarfen. Die Drogenoperation wurde von chinesischen Technikern aus Taiwan geleitet, die mit einem Mann mit dem Codenamen „McIntrye" zusammenarbeiteten.

Poshepny, der sich nicht in die lokalen Bräuche einmischen wollte, erlaubte seinen Truppen in Nam Yu, Opium nach Houei Sai zu liefern. Er gestattete den Wa auch, ihr Lager mit den Köpfen ihrer Feinde zu schmücken und chinesische Gefangene in eine Grube zu werfen, wo sie gequält und kurzerhand hingerichtet wurden, wodurch die Legende von Apocalypse Poe entstand – minus des Drogenhandels, den der Filmemacher Francis Ford Coppola in seinem Film geflissentlich ausließ.

Poshepny sagte, dass Youngs Geheimdienstoperation in China „gegen einen Funkkomplex gerichtet war. Sie begann auf der Straße nach Muang Sing (einem großen Opiumdepot, wo Tom Dooley – der von einer zwielichtigen Organisation namens World Medical Relief in Detroit versorgt wurde – eine Klinik eingerichtet hatte) und wandte sich dann nach Osten. Wir machten Photos von chinesischen Offizieren auf der Straße", die später von Ted Prices KMT-Taiwanesen identifiziert wurden. Die erste Straße wurde von dem Teil der Provinz Yunnan aus gebaut, der in die Provinz Phong Saly in Laos hineinragt. Die nächste Straße, die 1966 begonnen wurde, führte zur thailändischen Grenze und wurde von 25.000 chinesischen Soldaten mit Flugabwehrkanonen verteidigt. 1966, so Poshepny, war Nam Yu „wie eine Stadt" mit mindestens zehn CIA-Beamten sowie Thais, Laoten und verschiedenen Stammesangehörigen.

„Selbst Gordon war ein Außenseiter", sagte Bill Young über seine grenzüberschreitende Operation. Ein Ziel war es, Agenten innerhalb Chinas zu rekrutieren, die über die Pläne und Strategien der Volksrepublik China berichten konnten – ein Bedarf, der sich im Oktober 1964 ergab, als die Volksrepublik China eine Atombombe in der Wüste Gobi zündete. Eine weitere Aufgabe bestand darin, die Boden- und Luftstreitkräfte der VR China sowie die von der VR China in diesem Gebiet gebauten Straßen zu überwachen, von denen die CIA annahm, dass sie zur Erleichterung einer Invasion Thailands genutzt werden könnten. Die NSA überwachte die Kommunikation der Volksrepublik China mit ihrer Flotte von U2s, Blackbirds und Satelliten. Aber die CIA brauchte Agenten vor Ort, die Telefonleitungen anzapfen, Photos von Zielpersonen und Truppenstandorten machen und ungewöhnliche Sichtungen melden konnten.

Young sagte, die Opiumkarawanen seien klein gewesen, 20 bis 40 Personen. Die Teams starteten von Stützpunkten innerhalb von Laos, „den Fluss hinauf von Houei Sai aus". Moody und Isaac wechselten sich mit der Leitung der Teams ab. Die ersten Trips dauerten drei bis vier Monate, später bis zu sechs Monate. Jedes Team bestand aus „fünf oder sechs Spielern" und schloss sich mit kleinen Gruppen von Lahu, Wa und Shan zusammen, die in Birma warteten. Sie gingen zu ihrem Ziel, deckten es ab, wurden abgelöst und kamen zurück. Sie hatten zwar Packtiere, trugen ihre Ausrüstung aber meist auf dem Rücken. Sie mussten sich versteckt halten und konnten nur in einige Dörfer gehen. Manchmal drangen sie bis zu 200 Meilen nach China vor.

„Als ich das Programm verließ", so Young, „waren die Bedingungen in den Lagern in Ordnung" und „es bestand kaum die Gefahr, dass die Pathet Lao oder die Viets eindringen". Aber das Programm wurde schließlich aufgedeckt.

Als ich Young im März 1991 traf, arbeitete sein Freund Isaac Lee für Youngs Reiseunternehmen in Chiang Mai, und Moody Taw war der Leiter der Lahu-Gemeinde in Visalia, Kalifornien. Young gab mir Moodys Adresse. Er gab mir auch Kontaktinformationen für Dr. Charles Weldon in Chiang Rai. Wie Poshepny sagte er, Weldon sei ein geschiedener Arzt, der in ganz Laos gearbeitet habe und mehr Informationen als jeder andere habe.

Ich bat Young um eine Einschätzung des Drogenkriegs. Er sagte, die Bedingungen seien in jedem Land anders. Thailand zum Beispiel befand sich nicht im Krieg, aber thailändische Geheimdienstler waren überall in Laos. Die Bemühungen der USA in Laos wurden durch den thailändischen Militärgeheimdienst durchgeführt, was die Thailänder in die Lage versetzte, als Zwischenhändler im Drogenhandel zu fungieren.

Der Opiumkrieg habe 1964 begonnen und sich immer weiter ausgeweitet, sagte er. Entlang der thailändischen Grenze gab es einen ständigen Kampf, der sich nach Süden ausdehnte. Er erwähnte Dutch Brongersma als den Piloten, der die Beteiligung der CIA überwachte. In Birma dominierten die muslimischen Haw den Handel, zusammen mit den Karen im Süden und den Wa im Norden. Die KMT machte alles noch schlimmer und 1965 griff der Krieg auf Laos über. Laotische Piloten begannen, in Houei Sai Opium für den Transport nach Hongkong abzuladen. Einmal landeten 36 Tonnen Opium auf der falschen Seite und die laotischen Streitkräfte begannen, Thailand zu bombardieren, um die Ladung zu sichern. 1965 begannen die Schmuggler in Houei Sai mit der Herstellung von Heroin.

Young verließ Laos Ende 1965, dem Jahr, in dem Frankreich die VR China anerkannte, und kehrte nach Chiang Mai zurück, um seine grenzüberschreitende Operation zu leiten. Im Dezember 1965 traf der FBN-Agent Al Habib in Vientiane ein, um Berichten über Heroinfabriken in Houei Sai, Luang Prabang und Vientiane nachzugehen. Im Januar sprach Habib mit Botschafter William Sullivan, der sagte, dass die Geschäfte von hohen laotischen Beamten geführt würden und dass Habib nur Amerikaner verfolgen könne, die möglicherweise involviert seien.[1]

Sullivan verwies Habib an den Leiter der CIA-Station, Douglas S. Blaufarb, und seinen Stellvertreter, James R. Lilley. Blaufarb und Lilley erklärten Habib, dass General Rattikone zusammen mit seinem Schwager und mehreren anderen Spitzenbeamten die Bosse seien und die laotische Armee und Luftwaffe benutzten, um ihre Geschäfte zu erleichtern. Die CIA-Beamten behaupteten, dass keine Drogen an Amerikaner verkauft würden und es daher kein Problem gäbe. Habib korrigierte sie auf der Stelle. Er erinnerte sie daran, dass Major Stanley C. Hobbs im August 1964 dabei erwischt wurde, wie er 57 Pfund burmesisches Opium von Bangkok aus an eine Clique südvietnamesischer Offiziere schmuggelte. Hobbs war mit der Air America geflogen. Hobbs' Kriegsgericht fand unter Ausschluss der Öffentlichkeit statt, und die Zeugen der Verteidigung

---

[1] Siehe Personal Documents. Habib bzgl.: Sullivan, und Habib bzgl. Lilley und Blaufarb, et al.

waren allesamt amerikanische und südvietnamesische Geheimdienstoffiziere. Die Prozessakten sind verloren gegangen, und obwohl Hobbs verurteilt wurde, wurde er lediglich zu einer Geldstrafe von 3.000 Dollar verurteilt und für fünf Jahre von der Beförderung ausgeschlossen. Er hat keine Gefängnisstrafe verbüßt.

Habib betonte auch, dass General Boun Oum den Transport von Heroin an US-Soldaten in Südvietnam erleichterte. Dennoch beschränkten die CIA-Bosse Habib darauf, gegen Amerikaner zu ermitteln. Zu diesem Zweck sprach der unerschrockene FBN-Agent mit allen hochrangigen US-Beamten in der Botschaft, einschließlich des Präsidenten von Continental Air Service, Robert E. Rousselot (ein Veteran der Flying Tigers) und seinem Söldnerstab. Niemand kannte irgendwelche Amerikaner, die beteiligt waren. Große Überraschung.

Die CIA stellte Habib Donald L. Whittaker vor, dem ortsansässigen Sicherheitsbeauftragten, der wusste, dass es sechs Meilen außerhalb von Luang Prabang in einem Sägewerk ein Labor für die Heroinverarbeitung gab, das jedoch unter militärischem Schutz stand, ebenso wie die Labore in Xieng Lom und Sayaburi (Burke hat sie möglicherweise untersucht). Laut Whittaker wurde das Opium in Morphinbase und Heroin umgewandelt, in Plastiksäcke verpackt und auf bereitstehende Boote in der Nähe von Hongkong verladen. (Poshepny sagte in etwa das Gleiche.) Whittaker sagte auch, dass die Labore in Houei Sai bis Dezember 1965 zweieinhalb Tonnen Opium verarbeitet hatten. Vier örtliche Yao-Stammesführer lieferten das Opium. Der Yunnan-Flüchtling Yang Ping Huang übernahm die Raffination für drei Dollar pro Tag. Das Heroin wurde dann mit militärischen und kommerziellen Fluggesellschaften nach Luang Prabang und Vientiane und weiter nach Hongkong geflogen. KMT-General Tuan hatte im November und Dezember 1965 zwölf Tonnen Opium nach Houei Sai geschickt.

In einem Interview mit Habib am 5. Januar 1966 bestätigte Bill Young alles, was Whittaker gesagt hatte. Aber die Opiumhändler der Stämme, Khun Sa und die anderen Shan-Agenten der CIA, die KMT-Kommandeure und alle mitschuldigen Amerikaner, Taiwanesen und Filipinos, die für Air America und CAS arbeiteten, bekamen einen Freifahrtschein. Und so wurde Habib darauf reduziert, Fälle zu bearbeiten, die mit Korsen zu tun hatten.

Als ich nach den Korsen fragte, sagte Young, dass die korsischen Brüder im Restaurant Le Concorde in Vientiane bis zum Opiumkrieg 1967 und dem Beginn der Kulturrevolution in China mit General Ouane Drogenhandel betrieben, woraufhin Rattikone das Geschäft konsolidierte. Die CIA gewährte Rattikone freies Geleit, weil er mit Leuten in der Volksrepublik China in Kontakt stand und weil Agenten der Volksrepublik China die KMT unterwandert hatten. Rattikones chinesischer Handelsvertreter im Drogen- (und damit Spionage-) Geschäft, Herr Heng, war maßgeblich an dieser Vereinbarung beteiligt. Jeder spionierte jeden aus, und niemand wusste, wem er trauen konnte.

Als wir uns 1991 kennenlernten, verkaufte Young Hybridsamen für Helen's Garden Company in Tucson. Er war als Berater für einen Kakteenexperten des World Wildlife Fund und für die National Coalition of Burma tätig. Im April würde sich auf dem Weg nach DC und Harvard machen. Zu diesem Zeitpunkt war er zweimal verheiratet und hatte zwei Töchter.

Tony Poshepny blieb bis September 1970 in Nam Yu, als der Dispatch News Service Houei Sai als Heroinproduktionsstätte und Nam Yu als einen Ort entlarvte, an dem chinesische Gefangene in einer Grube gefoltert wurden. Poshepny beschuldigte den damaligen Stationschef Larry Devlin, die Informationen weitergegeben zu haben, und Devlin wiederum versetzte Poshepny in ein großes CIA-Ausbildungslager in Thailand. Devlin machte sich auch deshalb unbeliebt, weil er die Tatsache aufdeckte, dass Pat Landry eine thailändische Frau und eine Familie hatte, von der er der CIA nie erzählt hatte. Landrys Status als Warlord, wie der von Lair vor ihm, war damit beendet.

Ende 1971 rekrutierte Dave Ellis, der Einsatzleiter der US-Zollbehörde, Poshepny, um das oben erwähnte, mit der Volksrepublik China verbundene Rauschgiftnetz in Nordthailand zu zerschlagen. Henry Kissinger war gerade aus China zurückgekehrt, und der Auftrag musste verdeckt durchgeführt werden, um eine „Auseinandersetzung mit China" zu vermeiden. Wie Ellis in seiner im Selbstverlag erschienenen Autobiographie *U.S. Customs Special Agents* (2004) schreibt, leiteten ein thailändischer Spitzendiplomat und ein Mitglied einer der angesehensten thailändischen Familien den Schmuggelring. Die Thailänder wurden jedoch geschützt, und Ellis beauftragte Poshepny und sein Team von Green Berets damit, die Stammeskomplizen der VR China „spurlos" zu beseitigen.[2]

Ellis, ein Kriegsveteran aus Okinawa und stolzer Texaner, beschrieb Poshepny als „einen Mann, mit dem man über den Fluss fahren kann". Aber ihre Operation war nur eine symbolische Geste, ein Zeichen für die Halbheiten und Vertuschungen, die den Krieg der US-Regierung gegen Drogen kennzeichneten. Im April 1972 erklärte General Lewis Walt vor dem Unterausschuss für innere Sicherheit des US-Senats, er habe „keinen Hinweis darauf gefunden, dass die CIA den Drogenhandel in Südostasien in irgendeiner Weise unterstützt oder duldet". Bei denselben Anhörungen sprachen die Senatoren der CIA „die Verantwortung für die Koordinierung der Drogenaufklärung" zu.[3]

---

[2] Siehe *The Strength of the Pack* für die vollständige Geschichte von Dave Ellis' Antidrogenoperationen in Südostasien.

[3] Subcommittee on Internal Security, Committee on Judiciary, World Drug Traffic and Its Impact on US Security, S. 184 und 255.

172

Tag 20: Das Riverside Café

Donnerstag, 7. März 1991

„Venus im Gegensatz zum Geburts-Neptun macht dich

verzweifelt, etwas zu erreichen. "

Gestern Abend habe ich im Riverside Café am Ping River gegessen. Young hatte gesagt, ich solle ihn am nächsten Tag um zehn Uhr anrufen, um ein Folgegespräch zu vereinbaren, also ging ich früh ins Bett und saß am Morgen nach dem Frühstück am Pool, um meine Kräfte zu schonen. Doch schon eine Minute später floh ich aus der Hitze und Monotonie zurück in die kühle Lobby, wo ich in einen bequemen Sessel sank und mich fragte, was ich als Nächstes tun sollte, als auf dem Tisch neben mir eine englischsprachige Zeitung mit einem Artikel über Khun Sa auf der ersten Seite erschien.

Chiang Chi-fu, so sein Geburtsname, war im März 1991 immer noch ein Star im Drogengeschäft, auch wenn sein Ruhm immer mehr schwand. Thailands nördliches Drogenkontrollzentrum verfolgte mit Hilfe der USA jeden seiner Schritte. In dem Artikel wurde Khun Sas Opiumgeschäft detailliert beschrieben, wobei genau angegeben wurde, wo und wie viele Hektar angebaut wurden und wie viel das Opium kostete. Die Paos waren die Hauptanbauer, aber alle Stämme und ihre Führer wurden genannt. Auch die Beziehungen von Khun Sa zu den Führern der Vereinigten Wa, der Vereinigten Shan und der Kachin-Befreiungsarmee wurden genannt und beschrieben. Der Chef des Thai Narcotic Suppression Center, Generalmajor Kovid Phupanich, ein Absolvent der FBI-Akademie, war die Hauptquelle des Artikels.

Es war nicht sonderlich schwer, über Khun Sas Drogengeschäfte Bescheid zu wissen. 1986 lud der Drogenboss den ehemaligen Special-Forces-Offizier James Gordon „Bo" Gritz in sein stark befestigtes Lager ein und gab Gritz ein Videointerview, in dem er die Namen von Beamten der Reagan-Regierung nannte, die am Drogenhandel in Südostasien beteiligt waren. Warum er das tat, weiß ich nicht, aber verschwörungsorientierte Trump-Anhänger würden sagen, Khun Sa sei ein Agent des von der Demokratischen Partei kontrollierten tiefen Staates. Und in der Tat teilte Gritz den Namen mit Danny Sheehan, der die Personen, die Gritz als Mitangeklagte in der Klage des Christic gegen Secords Enterprise benannte, gerne aufnahm. Khun Sa gab Gritz auch Tipps über den Aufenthaltsort von Kriegsverschollenen und -gefangenen in Laos. Zu dieser Zeit beschuldigten verschwörungsorientierte Mitglieder der aufkommenden Patriot-Bewegung das Militär, die Existenz der Kriegsvermissten und -gefangenen zu vertuschen, und Gritz' Anschuldigungen schürten ihre Wut gegen die Maschine.

Man wundert sich, und dann wundert man sich noch mehr.

In dem Artikel wurde nicht erwähnt, dass die USA Birma seit 1951 destabilisiert haben oder dass die US-Subversion das Umfeld geschaffen hat, das es Khun Sa und seinen thailändischen Partnern ermöglichte, Heroinraffinerien entlang einer 150 Meilen langen Strecke entlang der Grenze zu kontrollieren. In Anbetracht der Tatsache, dass Khun Sas Basis an der Grenze zur Volksrepublik China lag, gab es 1991 glaubwürdige Berichte, dass Khun Sa, in Abwesenheit der KMT, auf der Gehaltsliste der CIA stand.

Dem Artikel zufolge bestand das Problem darin, dass die Republik der Union von Myanmar (wie Birma 1989 umbenannt wurde) Khun Sa schützte. Die burmesische Regierung hatte sich seit 1962 isoliert, als die Sozialistische Partei die KMT-Söldner, die die CIA in ihrer Mitte eingeschleust hatte, vertrieb. Alle Privatschulen wurden verstaatlicht und christliche Missionare, die als Spione und Provokateure galten, wurden ausgewiesen.

Die Burmesen begannen, die Kachin Independence Organization und ihren militärischen Flügel, die Kachin Independence Army (KIA), zu bekämpfen, die die CIA 1961 zum Schutz und zur Selbstverwaltung der Kachin gegründet hatte. Die Spannungen eskalierten, und während sich eine Kachin-Fraktion auf die Seite der birmanischen Regierung schlug, machten die Baptisten die religiösen Überzeugungen ihrer Kachin-Anhänger zum Gegenstand derselben Form der politischen und spirituellen Kriegsführung, die konservative weiße Baptisten heute in den USA betreiben.

Der BS hört nie auf. Noch im Jahr 2023 halten die Free Burma Rangers, die 1997 von David Eubank, Sohn von Missionaren und Absolvent der Texas A&M, organisiert wurden, den Topf am Kochen, wobei alle Spenden akzeptiert werden.[1]

Die Feindseligkeit Birmas gegenüber westlichen Imperialisten geht auf das Jahr 1885 zurück, als die britische Armee Mandalay plünderte und den burmesischen König und die Königin öffentlich demütigte, indem sie sie durch den Schlamm kriechen ließ und dann all ihre Besitztümer stahl. Kipling schrieb ein wehmütiges Lied über den Spaß, den die Briten beim Plündern eines Landes hatten, „in dem es keine Zehn Gebote gibt" und in dem die hypersexualisierten Frauen zum Greifen da waren:

'An' I seed her first a-smokin' of a whackin' white cheroot,

An' a-wastin' Christian kisses on an 'eathen idol's foot:

Bloomin' idol made o' mud

Wot they called the Great Gawd Budd

Plucky lot she cared for idols when I kissed 'er where she stud!'[2]

Nachdem Birma von den USA und Großbritannien schwer geschädigt worden war, hatte es 1988 begonnen, Wirtschaftshilfe von der VR China anzunehmen. Im folgenden Jahr änderte das Land seinen Namen in Union von Myanmar. Die chinesische Bevölkerung wuchs rasch an, bis 2022 die Hälfte der Bevölkerung Mandalays aus chinesischen Einwanderern bestand, was die Wirksamkeit von intelligenter Macht im Gegensatz zu Subversion, Stellvertreterarmeen und Kanonenbootdiplomatie unterstrich.

Gleichwohl ist nicht alles gut in Myanmar, und das Militär regiert weiterhin mit harter Hand. In Anlehnung an Trumps „Leitfaden für einen populären autoritären Staat" und mit der Behauptung, die Vorsitzende der Nationalen Liga für Demokratie, Aung San Suu Kyi, habe „massiven

---

[1] https://www.freeburmarangers.org/home-page/situation/
[2] „Mandalay", Rudyard Kipling (1892).

Wählerbetrug" begangen, nahm das Militär sie im Januar 2021 fest und verhängte den nationalen Notstand. Suu Kyi, die mit dem Friedensnobelpreis ausgezeichnet und von Präsident Obama als Verfechterin der Menschenrechte gelobt wurde, hat sich zuvor mit dem Militär verbündet, um die Rohingya-Muslime in Birma zu unterdrücken, und ist selbst eine widersprüchliche Figur.

Nachdem ich den Artikel zu Ende gelesen hatte, ging ich auf mein Zimmer und rief Young an, der mir zu meinem Entsetzen mitteilte, dass er sich an diesem Tag nicht mehr treffen könne. Dringende Saatgutgeschäfte. Aber er bot mir an, mich morgen zum Flughafen zu fahren und mir unterwegs alle Fragen zu beantworten. Ich sagte höflich zu, aber meine Laune sank, und meine Reise trat in eine weniger produktive Phase ein.

Deprimiert und einsam wanderte ich durch Chiang Mai nach Norden. Ein köstliches Mittagessen mit Knoblauch-Schweinefleisch an einem Imbissstand in der Nähe des Tha Pae Tores weckte meine Lebensgeister. Es war brütend heiß und ich entdeckte ein Hard Rock Café auf der anderen Straßenseite an der Ecke. Ich dachte, ein kaltes Bier würde mich glücklicher machen, und trat durch die weit geöffneten Türen ein. Die Wände waren mit Fotos von Rockstars und Schildern für Singha Beer und Mekong Whiskey geschmückt, aber es gab keine Klimaanlage und der Ort war menschenleer – nicht einmal ein Barkeeper war zu sehen. Ich hatte das Gefühl, am Ende der Schlange angekommen zu sein. Außerdem trieb mich der Gedanke, unheimlichen Ex-Pat-Amerikanern zu begegnen, schnell wieder nach draußen. Bis zum heutigen Tag ist die Restaurantkette bei mir als Hard Luck Café bekannt.

Bei meinen Streifzügen durch die Stadt wurde mir das Glück zuteil, ein freundliches französisches Paar in einem Café an einer Hauptverkehrsstraße zu treffen. Wir teilten uns ein Klosterbier, während wir uns unterhielten und Rock 'n' Roll aus einem Laden auf der anderen Straßenseite hörten, der gefälschte Designerkleidung und Musikkassetten verkaufte: „Walk on the Wild Side", gefolgt von den Bee Gees, die über „a certain kind of light" sangen. Das französische Paar war mit dem Rucksack durch Thailand gereist und hatte in Chiang Rai eine Tour zu einem Hügel gegenüber einem der Opiumfelder des Königs unternommen. Die Soldaten, die das Feld bewachten, waren Teil der Show. Warum sollte man für Khun Sas Opium bezahlen, wenn man sein eigenes anbauen kann?

Das französische Paar zog weiter und ich fühlte mich wieder gedrückt. Ich wollte Houei Sai sehen, das seit 1901, als die Franzosen das Fort Carnot errichteten und es mit laotischen und vietnamesischen Truppen unter französischer Führung besetzten, das Epizentrum der Drogenindustrie des Goldenen Dreiecks war. Die Bevölkerung von Laos betrug damals etwa eine Million. Bis 1947 gab es keine weiterführenden Schulen, und Analphabetismus und Geschlechtskrankheiten waren weit verbreitet. Das Fort Carnot, das 1991 unzugänglich war, ist heute eine wichtige Touristenattraktion. Und die Bevölkerung von Laos beträgt heute über sieben Millionen. Ich vermute, dass darunter auch viele Chinesen sind.

Bis zum Jahr 1900 hatten die Franzosen die opiumanbauenden Bergstämme in verschiedene politische Einheiten aufgeteilt, was sie leichter ausbeutbar machte. Die Franzosen systematisierten dann die Opiumproduktion und den Transport von den Außenposten der Stämme nach Bangkok, Saigon, Hongkong und Singapur. In den 1930er Jahren war das Opium eine riesige Einnahmequelle für die korsischen Syndikate, die mit der amerikanischen Mafia zusammenarbeiteten, sowie für die lokalen Beamten, die das Geschäft schützten.

Nach einer Flaute während des Zweiten Weltkriegs erholte sich das Geschäft wieder. Infolge eines erfolgreichen Einfalls der Nationalen Volksarmee besuchte Colonel Ed Lansdale 1953 als Berater für die Aufstandsbekämpfung in der Indochina-Mission von General John W. O'Daniel die Opiumfelder auf der strategisch wichtigen Ebene der Steinkrüge in Laos. Im folgenden Jahr schickte die CIA Lansdale nach Vietnam, um das katholische Ngo-Regime zu installieren und Südvietnam den Franzosen zu entreißen. Lansdale und seine CIA- und Militär-Kameraden wussten durchaus, dass ihre Kunden in Südvietnam und Laos in das französische Drogenhandelssystem eingebunden waren, und sie hatten die Absicht, sich auch dieses anzueignen.

Die US-Drogenfahnder wussten auch alles über die French Connection und ihre Wiederbelebung im Jahr 1946, als französische Kommandos erstmals korsische Gangster anheuerten, um laotisches Opium in die Küstenstadt Vung Tau zu fliegen. Die Franzosen teilten die Gewinne mit den Gangstern, die die Geschäfte in Saigon kontrollierten, sowie mit den korsischen Gangstern, ihren Kohorten in Laos, den religiösen Sekten Cao Dai und Hoa Hao und den katholischen Milizen in Laos, Kambodscha und Vietnam. Die Gangster von Saigon verarbeiteten das Opium mit Hilfe chinesischer Chemiker zu Morphinbasen, die die Korsen nach Marseille schmuggelten, wo sie zu Heroin verarbeitet und nach Mexiko, Kuba, Montreal und in die Vereinigten Staaten verschifft wurden.

Politik, Wirtschaft und organisierte Kriminalität sind untrennbar miteinander verbunden, und 1955 schickte die CIA Bürgerinitiativen nach Laos, um die Unterstützung der Landbevölkerung zu gewinnen und sie gegen die Kommunisten aufzubringen. Einer der nach Laos entsandten CIA-Beamten, Rufus Phillips, hatte die „Bürgeraktion" während seiner Tätigkeit für Lansdale in Südvietnam perfektioniert. Phillips schmuggelte Koffer voller laotischer Währung zu Oberst Oudone Sananikone, um in der laotischen Armee eine pro-amerikanische Abteilung für psychologische Kriegsführung aufzubauen. Oudones prominente Familie war, wie bereits erwähnt, als „die Rockefellers von Laos" bekannt.[3]

Um die Sache ins Rollen zu bringen, stellte die CIA Oudone seine eigene Fluggesellschaft und KMT-Piloten aus Taiwan zur Verfügung, um den Opiumhandel mit den Bergstämmen bis nach Houei Sai zu erleichtern. Anfang 1959 brachten CAT-Flugzeuge, die von KMT-Personal gesteuert wurden, Oudone nach Taiwan, wo er vom Präsidenten der von der CIA gegründeten Free China Relief Association bewirtet wurde. Zu diesem Zeitpunkt unterzeichneten die Aktivposten der CIA unter den KMT, die Laoten und den Südvietnamesen ein von Papst Johannes XXIII. abgesegnetes Abkommen zur Bekämpfung des Kommunismus. Und die CIA verwandelte Laos in einen mafiösen Drogenhandelsstaat.

An der Spitze der CIA-Invasion in Laos im Jahr 1956 stand ein ehemaliger Marinearzt, Dr. Thomas A. Dooley III, ein Absolvent von Notre Dame. Die *New York Times* bezeichnete Dooley als ein Beispiel für „berühmte Heiligkeit" und die „Kreuzung von Showbusiness und Mystik".[4]

Dooleys Weg zu heiligem Ruhm begann 1954, als er einer Marineeinheit zugeteilt wurde, die bei der Evakuierung von über 600.000 Katholiken aus Nord- nach Süd-Vietnam half, wohin Jesus geflohen war. In Saigon rekrutierte Ed Lansdale 1955 Dooley, um Geschichten über Kommunisten zu erzählen, die kleinen Kindern Bambussplitter in die Ohren steckten, damit sie das Wort Gottes nicht hören konnten. Dooley las aus Lansdales Drehbuch vor und behauptete, die Kommunisten hätten „mehr als 1.000 einheimische Frauen in Hanoi ausgeweidet". All das erzählte *Reader's Digest* seinem leichtgläubigen amerikanischen Publikum genüsslich weiter.

Nachdem er seinen inneren Gauner entdeckt hatte, schrieb Dooley das Buch *Deliver Us from Evil* (1956) über die Schrecken des Kommunismus, wie die oben genannten, die er alle erfunden hatte. Doch während er in den USA auf Lesereise war, entdeckte die Navy, dass er schwul war, und schmiss ihn raus. Das International Rescue Committee, das immer bereit war, der CIA zu helfen,

---

[3] The Association for Diplomatic Studies and Training, Foreign Affairs Oral History Project, Rufus C, Phillips, III, Interviewt von Charles Stuart Kennedy, Datum des Ursprungsinterviews: 19. Juli 1995, Copyright 1998 ADST.
[4] The New York Times Buchbesprechung, 1. April 1998.

sponserte Dooleys Missionsarbeit in Laos, wo er sich mit dem Drogenschmuggel-Faschisten General Phoumi Nosavan anfreundete und ihn förderte, so wie Bischof Megan sich mit General Tai Li in China anfreundete. Mit Nosavans Segen machte sich Dooley von Attapeu am Pfannenstiel aus auf den Weg nach Westen und gründete (bevor er 1961 an Krebs starb) Kliniken entlang der CAT-Air-America-Route in den Opium produzierenden Zentren Nam Tha, Muong Sing an der chinesischen Grenze und Houei Sai – und sammelte dabei die ganze Zeit über Geheimdienstinformationen für die CIA und gab den auf Kopfjagd gehenden zivilen Aktionsteams der Special Forces Deckung. Wie das alte Volkslied sagt: „Lass den Kopf hängen, Tom Dooley."

Ich hatte vor, Bill Young über Dooley zu befragen, der für die Propaganda mitverantwortlich ist, die so viele amerikanische Ministranten dazu motivierte, sich freiwillig für den Vietnamkrieg zu melden. Ich wollte Young auch über Pater Bouchard befragen, den militaristischen katholischen Priester, der laut Poshepny mit dem Hmong-Widerstand in Laos zusammenarbeitete.

Einstweilen kehrte ich zum Dusit zurück und rief Dr. Charles Weldon an. Glücklicherweise war er zu Hause und bereit zu reden. Weldon, ein Veteran des Marine Corps aus dem Zweiten Weltkrieg, hatte an der Louisiana State University Medizin studiert und 1951 seinen Abschluss gemacht. Dort lernte er Pat McCreedy kennen und heiratete sie. Gelangweilt vom Leben in den USA und inspiriert von Gregory Batesons Frau, der Anthropologin Margaret Meade, meldeten sich „Jigs" und Pat 1961 freiwillig zur Arbeit in Samoa. 1963 gingen sie für die CIA nach Laos und arbeiteten bis 1974 als verdeckte USAID-Mitarbeiter, wobei Charles als Leiter des Gesundheitsministeriums in Vientiane stationiert war.

Weldon war ein fröhlicher Kerl. Er erzählte, dass es in Laos 350 medizinische Einrichtungen wie Dooleys gab und dass er, Pat und ein weiterer Arzt sie alle besuchten. Der Transport erfolgte per Boot, zu Fuß oder mit Air America. Er kannte und bewunderte die Air America-Piloten, die ihn in viele Schlachten hinein- und wieder herausflogen. Er und Pat kümmerten sich hauptsächlich um Flüchtlinge, die vor Krieg und Cholera-Epidemien flohen. Sie bildeten auch Krankenschwestern aus und bauten Krankenhäuser und Kliniken. Ein Großteil seiner Arbeit bestand in der Betreuung der Hmong. Er behandelte Tony Poshepny zweimal, einmal 1964 während der Schlacht von Pa Dong, als Poshepny einen Beckenschuss erlitt und den Bergrücken hinunterrollte, so dass die Sanitäter eine Trage anfertigen und ihn heraustragen mussten. Das andere Mal verlor Poshepny zwei seiner Finger bei einem Trainingsunfall.

Weldon war bis 1979 leitender Gesundheitsbeauftragter der USAID in Haiti, bevor er in die Privatwirtschaft wechselte. Er arbeitete für die Bechtel Corporation in Saudi-Arabien, ehe er sich in Nordthailand zur Ruhe setzte. Er und Pat ließen sich scheiden und er heiratete eine Einheimische. Er hatte die Golden Triangle Tours zusammen mit Bill Young geleitet. Seine Tochter Rebecca war jetzt die Chefin. Sie hatte einen Thailänder geheiratet und verdiente ihr Geld als Kunstkuratorin in Chiang Rai. Dann verblüffte er mich, indem er sagte, dass die große, nicht erzählte Geschichte des geheimen Krieges in Laos die Geschlechtskrankheiten in der sexbesessenen CIA-Kolonie gewesen seien, das Ergebnis von ungeschütztem Sex der Offiziere mit Stammesfrauen und dann mit ihren jeweiligen Ehefrauen. Die Ehefrauen kamen zu ihm, um Penicillin zu bekommen, und bettelten um Geheimhaltung.

Zehn Jahre nach unserem Gespräch veröffentlichte Weldon im Selbstverlag seine persönlichen Memoiren, *Tragedy in Paradise: A Country Doctor at War in Laos*, über das Jahrzehnt, das er damit verbrachte, den Schlamassel der CIA aufzuräumen. Kein fröhliches Buch. Man könnte sagen, er war zu Recht verbittert.

Nach meinem Gespräch mit Weldon ordnete ich meine Notizen und rief Alice an. Inzwischen zählte ich schon die Tage. Es war mein letzter Abend in Chiang Mai, und da ich Vertrautheit suchte, aß ich wieder im Riverside. Ein Baum wuchs durch das Dach der Veranda, seine belaubten Äste hingen über die Tische. Die Bambusmatten und das dunkle Holz wirkten beruhigend, ebenso wie der hemdsärmelige Mann, der in einem Rindenboot mit einer Laterne am Bug den breiten Ping-Fluss hinunter paddelte. Die Lichter des Ufers spiegelten sich im schwarzen Wasser. Die jungen thailändischen Sängerinnen sangen auf Englisch: „I'm nobody's child, just like the flower I'm blowing wild."

Ich aß chinesische Wurst, Reis und gebratenes Rindfleisch. Die Stadt war in Melancholie gehüllt. Die Mädchen sangen „Puff the Magic Dragon". Man findet einen Weg, sich die Zeit zu vertreiben, auch wenn man nur wie Buddha auf einer Wolke schwebt.

Worum geht es eigentlich? Die brutale Wahrheit ist, dass die CIA die Überzeugungen der Menschen gegen sie wenden kann. Eines der Psychokriegsprojekte von Ed Lansdale spielte mit dem weit verbreiteten vietnamesischen Glauben an die Astrologie. Im Jahr 1954 beauftragte Lansdales Schlägertruppe führende vietnamesische Astrologen damit, „Vorhersagen über kommende Katastrophen zu machen, die mit der Übernahme Nordvietnams durch die Vietminh zusammenfallen würden".[5] Lansdale veröffentlichte die Vorhersagen in einem Almanach. Seine Handlanger schmuggelten dann von der CIA gedruckte Exemplare „tief in das Gebiet der Vietminh, und um ihre Glaubwürdigkeit zu erhöhen, wurden sie zum Verkauf angeboten, anstatt sie kostenlos zu verteilen". Der Almanach war besonders im wichtigsten Flüchtlingshafen von Haiphong beliebt, wo Dooley stationiert war. „Tatsächlich erwies sich der Almanach bei den Vietnamesen als so beliebt, dass er ein zweites Mal gedruckt wurde und einen Gewinn abwarf, den Lansdale zur Subventionierung seiner anderen Operationen verwendete."

Auf dem Rückweg zum Hotel ging ich über eine Brücke unter einem Schild mit der Aufschrift WING TRAVEL und kam an einer Bergstamm-Familie vorbei, die in einem Pritschenwagen zu Abend aß. Die dicke bunte Wolle der Bergvölker ließ sie wie Menschen aus dem Weltall erscheinen. Thailändische Nomaden kampierten auf der Straße. Es war herzzerreißend schön.

Zurück im Dusit angekommen, spielte ein thailändisches Mädchen Greensleeves auf dem Klavier in der Lobby. „I have waged both life and land, Your love and goodwill for to have." Ich hatte vor, mich nach Hause zu trinken.

---

⁵ Marc D. Bernstein, „Ed Lansdale's Black Warfare in 1950s Vietnam", *History Net*, 16. Februar 2012.

Tag 21: Phuket

Freitag, 8. März 1991

„Mond steht in Schütze in Konjunktion zum Geburts-Mond.

Durchbreche Hindernisse. "

Am Freitagmorgen fuhr mich Bill Young zum Flughafen. Auf dem Weg dorthin betonte er, dass „sich 1965 alles änderte", als die US-Truppen in Südvietnam eintrafen. Die USA waren besorgt, dass China Truppen nach Vietnam schicken und es ein weiteres Korea geben könnte. Er war sehr emotional und erinnerte sich an das Unglück, das er mitverursacht hatte, als er begann, den Drogenhandel zu erleichtern. Das Ende für Bill Young kam bald nach dem Opiumkrieg von 1967, als er aus unbekannten Gründen offiziell seine Arbeit für die CIA beendete. Aus meiner Sicht schien er ein trauriger Sack zu sein.

Jahre später las ich, dass Young sich in verschiedenen Bereichen versucht hatte. Er verkaufte Rubine aus Birma, eröffnete ein Gästehaus und bewirtschaftete, wie sein Vater, einen Obstgarten. Er arbeitete zeitweise als Berater für die DEA sowie für verschiedene Unternehmen und Regierungen. Er heiratete ein drittes Mal, hatte weitere Kinder und Enkelkinder. Aber er litt unter schrecklichen körperlichen Schmerzen – Weldon und Shirley sagten, er sei an einer Geschlechtskrankheit erkrankt – und am 1. April 2013 starb William Marcus Young allein, eine Waffe in der einen und ein Kruzifix in der anderen Hand, ohne je einen Film über sein Leben gesehen zu haben.

Khun Sa hingegen war sechs Jahre zuvor in Yangon reich und friedlich gestorben, nachdem er sein steuerfreies Geld wie Trump in Politiker, Hotels und Resorts investiert hatte.

Ich flog nach Bangkok und nahm dann auf Empfehlung von Seth Kammerer eine Propellermaschine zur Insel Phuket. Seth sagte, der weiche weiße, feinkörnige Sand und die ewige Partyszene seien unschlagbar. In Thailand und bei Abenteuern in Vietnam nahe der kambodschanischen Grenze hatte ich ein Gefühl für die Geografie der nördlichen Hälfte Südostasiens bekommen. Jetzt, auf dem Flug von Bangkok nach Süden, bekam ich ein Gefühl für die südliche Hälfte: für Malaysia (wie Malaya 1963 umbenannt wurde) und Indonesien, die beiden Nationen, die die Südseite des Golfs von Thailand bis zum Südchinesischen Meer durchziehen, wo sie nach Nordosten zu den Philippinen abbiegen. Als das Flugzeug an der Westküste der Halbinsel Malaya vorbeiflog, sah ich die winzigen exotischen Inseln mit steilen bewaldeten Klippen, die die Andamanensee durchziehen. Prächtige Jachten und Fischerboote im Stil von Sindbad dem Seefahrer mit dreieckigen Segeln glitten über türkisfarbenes Wasser, das so klar war, dass die Passagiere im Flugzeug Korallenriffe und Fischschwärme sehen konnten, die wie Schatten unter der Oberfläche trieben. Alle schnappten nach Luft. Das Paradies.

Es war Mittagszeit, als das Shuttleflugzeug auf der Nordspitze der Insel Phuket landete, 250 Meilen von der Nordspitze Malaysias entfernt. Achthundert Meilen südlich liegt die Kronkolonie Singapur. Der Rest Malaysias hat seine Unabhängigkeit während des nationalen Befreiungskrieges erlangt, den einheimische Aufständische und chinesische Kommunisten von 1948 bis 1960 gegen die britischen Herrscher des Landes führten. Die Straße von Malakka, die sich im Süden von der Insel Phuket bis nach Singapur erstreckt, trennt die Westseite der malaiischen Halbinsel von Sumatra, der größten Insel im Westen Indonesiens. Die Sunda-Meerenge trennt den Osten Sumatras vom Westen Javas. Etwa 400 Meilen östlich der Malaya-Halbinsel liegt die Insel Borneo im Südchinesischen Meer. Das oberste Viertel Borneos gehört zu Malaysia (mit Ausnahme des winzigen Brunei); der Rest gehört zu Indonesien.

Fasziniert von der ungewöhnlichen Vegetation und der flachen Landschaft nahm ich die einstündige Busfahrt vom Flughafen im Norden der Insel Phuket nach Patong Beach auf mich, wo ich ein Zimmer im Ban Thai Motel gemietet hatte. Ich hatte meinen weißen Anzug an und trug mein Gepäck, als ich auf der Hauptstraße aus dem Bus in die pralle Sonne trat. Auf der einen Seite der Straße befanden sich zwischen Palmen und blühenden Sträuchern eine Reihe von Bars und Geschäften; auf der anderen Seite lag eine blaue Lagune mit einem unberührten Strand, bunten Sonnenschirmen, Sonnenanbetern und Schwimmern. Als ich wie ein verblendeter Willy Loman dastand, kamen drei nackte Thai-Mädchen aus der glitzernden Brandung gespritzt. Ein geschmeidiges Mädchen schüttelte das Meerwasser aus ihrem lockigen, langen schwarzen Haar und ließ sich auf eine Decke neben ihrem westlichen männlichen Mieter plumpsen, etwa einen Meter von mir entfernt. Sie sah mich gleichgültig an.

Nachdem ich in mein Zimmer eingecheckt und zu Mittag gegessen hatte, zog ich mir meine Badehose an und wagte mich an den Strand. Der Irak-Krieg hatte dem Tourismus einen Strich durch die Rechnung gemacht, und die meisten der ansässigen Massagetherapeuten saßen mürrisch unter Sonnenschirmen. Ein paar europäische Reisende entspannten sich am Strand. Eine mutige Seele, die von einem Motorboot gezogen wurde, schwebte mit einem bunten Drachen über der Bucht.

Ein deutscher Busfahrer aus Frankfurt namens Oliver und seine Oben-ohne-Freundin fragten mich, ob ich sie begleiten wolle. Olivers Freundin sagte, sie langweile sich zu Tode. Es gab keine Clubs und nichts zu tun, außer zu lesen, essen, schlafen. Und zu schreiben, nehme ich an.

Oliver erzählte mir, wie er einen vollgestopften Bus mit weinenden amerikanischen Soldaten fuhr, die gerade aus dem Irak zur US-Militärbasis in Frankfurt zurückgekehrt waren. Sie gehörten zu einem Bataillon, das nach Saudi-Arabien geflogen war, um Telekommunikationssysteme einzurichten, und stattdessen Leichen entlang der 30 Meilen langen Strecke aus zerbombten Panzern und Mannschaftstransportern vergrub, die als „Dead Man's Alley" oder „Highway of Death" bekannt wurde. Ein Soldat hatte Alpträume von „Ralph", wie die US-Soldaten einen verbrannten irakischen Soldaten mit einem lächelnden Schädel als Gesicht nannten. Die Iraker wurden „wie Büffel massakriert", sagte Oliver.

Die militärische Zensur und die willfährigen Medien verschonten die amerikanische Öffentlichkeit vor den blutigen Details. Gelbe Bänder waren stark in Umlauf, als das Vietnam-Syndrom in traditioneller amerikanischer Manier mit aufgetürmten Leichen zur Ruhe gelegt wurde.

Der Sonnenuntergang über der Lagune war überwältigend, das Nachtleben ein wahres Bacchanal. Ich aß ein scharfes Thai-Curry, während ich in einer Bar saß, die auf die Straße hinausging. Ein Mann ging vorbei und führte ein Elefantenbaby mit einer Decke, die für die Gala-Eröffnung eines österreichischen Restaurants warb. Ein thailändisches Kind ging vorbei und rieb den Bauch eines

Affenbabys. Nok, der 17-jährige Barkeeper der Ex-Pat-Bar, wippte zu Lou Reeds Lied „Love You Susanne". Eine Eidechse huschte über das neonfarbene Calypso-Barschild.

Ich ging die Straße hinunter, vorbei an einem hübschen blonden Australier, der die gegabelte Zunge einer fetten gelben Schlange küsste, die sich um seinen Hals gewickelt hatte. Frauen in engen Röcken und G-Strings versammelten sich an einer Ecke. Eine Madame mittleren Alters saß wie eine Königin auf einem erhöhten Stuhl in einer Gasse gegenüber einem Saloon, in dem derselbe Mann mit demselben schönen Mädchen, das ich bei meiner Ankunft aus der Brandung rennen sah, rauen Sex hatte. Das Mädchen hatte trübe, große Augen und volle Lippen, einen Arm um den Hals des betrunkenen Australiers gelegt und den anderen fest auf die Tischplatte gestützt, um das Gleichgewicht zu halten, während er sie erbarmungslos stieß. Sie sah mich gleichgültig an.

Die Madame gab mir ein Zeichen, mich neben sie zu setzen. Ich tat es. Sie beugte sich vor, fasste mir in den Schritt und fragte, ob ich ein Mädchen wolle. „Kann ich eine haben, die genauso ist wie sie?" fragte ich mit ernstem Gesicht.

Die Madame lachte. „Nein", sagte sie. „Ich habe eine viel jüngere für dich. Nur 400 Bhat."

Die AIDS-Klinik neben der Bar verdarb die Stimmung, also lehnte ich ab und dachte: „Das ist kein Urlaub. Es ist ein Härtetest. Wie lange kann ich es aushalten, in der Touristenhölle gefangen zu sein?"

Die dunkle Seite von Reisen auf der Welt ist der Schmerz der Sehnsucht vor der Kapitulation, vor dem Loslassen alter Denkgewohnheiten und dem Reagieren auf neue, ausbeuterische Weisen auf eine Jungfrau in Not. Wellen des Grauens überkamen mich. Auf dem Rückweg zu meinem Zimmer kam ich an einem Hard-Luck-Café vorbei.

Im März 2021 wurden sechs asiatische Frauen von dem 21-jährigen Robert Long ermordet, der zuvor in einer evangelikalen Klinik wegen Sexsucht behandelt worden war. Obwohl die Strafverfolgungsbehörden in Atlanta ihn nicht offiziell dafür verantwortlich machen (ein hochrangiger Polizist sagte, der Mörder habe einen „schlechten Tag" gehabt), ist das Verbrechen ein Erbe der unerbittlichen Militärpropaganda, die seit dem Philippinisch-Amerikanischen Krieg asiatische Frauen als Sexspielzeug fetischisiert hat, das von ihren Macho-US-Herren missbraucht werden kann. Auch schwarze Frauen wurden seit der Sklaverei fetischisiert, als es völlig legal war, sie zu vergewaltigen. Was nicht heißen soll, dass Hollywood und Männerzeitschriften wie *Esquire* und *Penthouse* nicht auch westliche Frauen fetischisiert haben. Sehen Sie sich einfach um.

In dieser Nacht in Phuket dachte ich darüber nach, wie die USA alles in Südostasien verändert hatten. Wie Bill Young sagte, begann der Völkermord im März 1965, als US-Truppen auf einem antikommunistischen Kreuzzug, für den sie ihr ganzes Leben lang vorbereitet worden waren, in Südvietnam landeten und die düstere Prophezeiung eines ehemaligen FBN-Agenten wahr machten: bewaffnete amerikanische Jungs, die in einem orientalischen Wunderland voller leichtzugänglicher Drogen und hypersexualisierter, jugendlicher asiatischer Prostituierter durchdrehten.

Der ehemalige FBN-Agent, auf den ich mich beziehe, Garland H. Williams (damals beim Office of Public Safety als Berater der iranischen Geheimpolizei SAVAK tätig), stellte in einem Bericht vom August 1959 mit dem Titel „Narcotic Situation in South Asia and the Far East" fest, dass die Stabilität des Irans durch eine Flut von Opium und anderen Drogen bedroht sei, die aus „angrenzenden und entfernten asiatischen Ländern" eingeschmuggelt würden. Da Amerika in diesen Gebieten Kriege plane, so Williams, sei die US-Regierung moralisch verpflichtet, den Verkauf von Opium an Schmuggler zu unterbinden, die es an die von internationalen Kriminellen betriebenen Heroinlabors lieferten. Er wies darauf hin, dass illegale Handelsnetze wie die der CIA

„die Nationen für den Krieg schwächen. Soldaten werden bei Feldzügen in Opiumanbaugebieten süchtig."[1]

Und es ist wahr: Drogenkonsum und -handel durch CIA-Beamte und US-Soldaten in Südostasien haben das US-Justizsystem korrumpiert und das unrühmliche Erbe des Vietnamkriegs geprägt. Im Januar 1968 persiflierte John Steinbeck IV (ein Anhänger des südvietnamesischen Kokosnussmönchs[2]) das Problem in einem Artikel für den *Washingtonian* mit dem Titel „The Importance of Being Stoned in Vietnam". Jeder tat es, und hatte es schon immer getan. Kein Geringerer als der Chef der CIA für Fernostasien, Des Fitzgerald, hatte im Zweiten Weltkrieg Opium als Initiationsritus mit den Stammesführern der Kachin geraucht.

Der Heroinkonsum war eine große Sache, und 1968 exportierten die geschäftstüchtigen Soldaten Leslie Atkinson und William Jackson, die in Bangkok die Jack's Five Star Bar eröffnet hatten, mit Hilfe der Militärpost und der heimkehrenden Soldaten große Mengen in die USA. Wie der Leiter der Zollbehörde, Dave Ellis, in seiner Autobiografie feststellte, benutzten die Schmuggler Leichensäcke, um ihren Stoff in Militärtransportflugzeugen zu verstecken, die in die USA zurückflogen.

Die brutale Wahrheit ist, dass die CIA nicht nur den Weg für den Völkermord in Südostasien geebnet hat, sondern auch die Drogenepidemie in Amerika auslöste. Die Planung begann nach dem Zweiten Weltkrieg, als die USA ihre Streitkräfte demobilisierten. Neun von zehn Soldaten kehrten glücklich nach Hause zurück, und so fiel die Last auf einige wenige Fanatiker, die den Kalten Krieg als Wachstumsindustrie betrachteten. Die Übernahme ehemaliger Kolonien war eine Möglichkeit, dies zu erreichen, und Indonesien war lange Zeit wegen seiner Reichtümer geschätzt worden. Vor tausend Jahren war Phuket ein exotischer Anlaufhafen an der Handelsroute Persien-Indien-China. Im späten 18. Jahrhundert lieferten sich die Burmesen und die Thais eine berühmte Schlacht um die Insel. Zu diesem Zeitpunkt hatten auch westliche Händler entdeckt, dass sich mit der Ausbeutung der natürlichen Ressourcen der Einheimischen ein Vermögen machen ließ. Malaya war reich an Kautschuk und Zinn, während Indonesien bis zu den Maluku-Gewürzinseln über Pfeffer, Gas und Öl verfügte.

Pfeffer war nicht so exotisch wie Opium, von dem der Delano-Zweig der Familie von Franklin D. Roosevelt in China stark profitiert hatte. Aber der Chili-Pfeffer ebnete Marietta Peabody Fitzgerald den Weg in die High Society. Marietta, die untreue Ehefrau des oben erwähnten CIA-Posterboys Des Fitzgerald, hatte den Salemer Reeder und Freibeuter Joseph Peabody, der sich mit dem Import von Pfeffer nach Boston ein Vermögen verdiente, als Ururgroßvater. Danach wandten sich die Peabodys gemäß dem Vorbild des britischen YMCA der Verkündigung des episkopalischen Evangeliums zu und stützten die entstehende amerikanische Aristokratie durch die Erschaffung von Gründerschulen wie Groton für privilegierte weiße Jungen. Unbeeindruckt von der Frömmigkeit begann die durch und durch moderne Marietta eine Affäre mit dem männlichen Regisseur John Huston, während Des als Soldat in China weilte.

Das Patriarchat ist der Ort, an dem die seelenzerfetzende Ausbeutung beginnt, und die Erschaffung des archetypischen, machohaften amerikanischen Mannes fiel anglophilen Hollywood-Regisseuren wie John Ford zu, den Graham Greene beschuldigte, Shirley Temples „zweifelhafte Koketterie" in der Neuverfilmung von Kiplings *Wee Willie Winkle* kreiert zu haben. Während seiner gesamten Karriere betonte Ford die Opfer, die Soldaten bringen, und nicht das Leiden derer, die sie ermorden, verstümmeln und verarmen lassen. Nur so kann man den Krieg verherrlichen, aber die

---

[1] Siehe Doug Valentine Drug War Documents online auf Internet Archive, Garland Williams 1959.
[2] Der in Frankreich ausgebildete Ingenieur Nguyễn Thành Nam, „Seine Kokosnussschaft", lebte ausschließlich von Kokosnüssen auf der Insel Phoenix im Mekong-Delta, predigte freie Liebe, Frieden und eine Kombination aus Buddhismus und Christentum.

Ironie der Wahl einer Kipling-Geschichte ist Ford entgangen. Zu Beginn des Ersten Weltkriegs lehnten die englischen Streitkräfte Kiplings einzigen Sohn John wegen seiner schlechten Sehkraft einheitlich ab. Also nutzte Kipling seinen Einfluss, um dem Jungen eine Zulassung zu verschaffen. Das letzte, was man von John sah, war, dass er im Niemandsland im Schlamm kroch, sein Gesicht halb weggepustet, und blind nach seiner Brille suchte.

Zu Kiplings letzten veröffentlichten Worten gehörten die traurigen Zeilen: „Wenn irgendjemand fragt, warum wir gestorben sind, sagt ihnen, weil unsere Väter gelogen haben."

Greene durchschaute Fords Frauenfeindlichkeit (die Schattenseite des heroischen, missbrauchenden Hengstes) und homoerotische Militärpropaganda. Natürlich arbeitete Ford später für eine photografische Einheit der OSS. Aber in seiner Kritik an Temples Darstellung in *Wee Willie* beging Greene den fatalen Fehler, die angloamerikanische Pädophilie den Geistlichen mittleren Alters zuzuschreiben, die Experten darin waren, einen „Sicherheitsvorhang aus Geschichten und Dialogen zu errichten, (der) zwischen ihrer Intelligenz und ihrem Begehren fällt". Die Aristokratie mobilisierte ihre Anwälte, und Greene wurde von 20th Century Fox erfolgreich verklagt, weil er die Produktionsfirma der Ausbeutung eines weiblichen Kindes beschuldigt hatte – eine traurige Tatsache des Lebens, die seither in die spektakuläre amerikanische Kultur eingeflossen ist.[3]

Hollywood rächte sich 1958 erneut an Greene, als Regisseur Joseph L. Mankiewicz dem CIA-Agenten/Air Force Colonel Ed Lansdale erlaubte, das Drehbuch zu *The Quiet American* zu bearbeiten. Während Green kochte, verwandelten Mankiewicz und Lansdale die Antikriegshandlung des Buches in uneingeschränkte antikommunistische, pro-CIA-Propaganda. Und während Lansdale später mehrere Regierungen stürzte, hatte Mankiewicz Erfolg, indem er Fantasiefilme über starke, unabhängige angloamerikanische Frauen im Stil von Marietta Peabody drehte, die sich in der Realität allerdings nur selten den Weg in den Old Boy Club der Filmproduzenten und Regisseure bahnten. Harvey Weinstein kommt mir da in den Sinn.

Als Angehöriger der Oberschicht hatte Greene in Großbritanniens verkommenem Geheimdienst gedient und schrieb aus Erfahrung über dessen klerikale und mediale Ermöglicher, Doppelmänner, die sie allesamt sind. Doch trotz seiner Bemühungen klonten Regisseure wie Ford und Mankiewicz das britische Gentleman-Modell, um die dauerhaften Mythen der amerikanischen Prominentenaristokratie zu schaffen. Wie Cecil B. De Mille und D. W. Griffith vor ihnen und Francis Coppola und Steven Spielberg nach ihnen, verwandelten sie Klassismus, Sexismus, Rassismus und Militarismus symbolisch in den außergewöhnlichen American Way. „Der weiße Mann, der den dunklen Kontinent mit einer Peitsche in der Hand erkundet", wie es der mit dem Pulitzer-Preis ausgezeichnete Autor Viet Nguyen in *The Committed* (2021) ausdrückt.

Das soll nicht heißen, dass amerikanische Männer nicht auch Opfer dieses Prozesses wurden. Als ich in meinem Zimmer in Phuket saß, dachte ich an meinen Vater in einem Kriegsgefangenenlager auf einer Insel der Philippinen, auf der anderen Seite des asiatischen Paradieses, der sich unter der Fuchtel eines Englisch-Majors winden musste, der mit den Japanern kollaborierte. Ich dachte daran, wie leicht die militärische Zensur die Geschichte auslöscht und wie sie heilige Orte in Kriegsgebiete und Kriegsgebiete in heilige Orte verwandelt. Dazu braucht es nur ein menschliches Opfer: Pearl Harbor, die Schlacht um Corregidor, der Todesmarsch von Bataan.

Ende Februar 1942 erlitt das vereinte amerikanisch-britisch-niederländisch-australische Kommando eine schreckliche Niederlage gegen die kaiserliche japanische Marine. Im Anschluss an

---

[3] Zu Beginn des viktorianischen Zeitalters lag das Schutzalter bei 12 Jahren; mit der Strafrechtsänderung von 1885 wurde das Alter auf 16 Jahre angehoben. Zu diesem Zeitpunkt wurden Kinder als reine Geister und nicht als sexuelle Wesen angesehen, gemäß Lewis Carroll und der Königin.

die Schlacht in der Javasee kam es zu kleineren Gefechten rund um Java, darunter die Schlacht in der Sunda-Meeresenge. Diese Niederlagen führten zur japanischen Besetzung ganz Niederländisch-Ostindiens und zur Inhaftierung von Hunderttausenden von alliierten Zivilisten und Soldaten in ganz Südostasien, viele davon in Singapur.

Die alliierten Kriegsgefangenen litten furchtbar. George H. W. Bush, der Architekt des Ersten Golfkriegs, flog während des Pazifikkriegs 58 Kampfeinsätze. Bei einem Einsatz wurde Bushs Torpedobomber zusammen mit mehreren anderen Flugzeugen über der Insel Chichi Jima im Philippinischen Meer abgeschossen. Bush sprang mit seiner Besatzung ab, brachte sich mit dem Fallschirm in Sicherheit und wurde von einem US-U-Boot gerettet, das laut James Bradley in *Flyboys* (2003) wie durch ein Wunder direkt vor ihm auftauchte. Andere Piloten und Flieger, die an der Mission teilnahmen, wurden gefangen genommen, gefoltert und getötet. Einige wurden enthauptet. Vier erlitten ein noch grausameres Schicksal. Japanische Chirurgen schnitten ihnen bei lebendigem Leib die Leber und die Oberschenkelmuskeln heraus, die japanische Köche mit Sojasauce und Gemüse zubereiteten. Die japanischen Offiziere spülten die Mahlzeit mit heißem Sake herunter.[4]

Unter General Douglas MacArthur (von seinen Truppen „Dugout Doug" genannt, weil er sie auf Corregidor im Stich ließ, während er sich nach Australien in Sicherheit brachte) gab das US-Pazifikkommando nach dem Zweiten Weltkrieg viel Zeit und Geld dafür aus, das Privateigentum Südostasiens seinen rechtmäßigen westlichen Eigentümern zurückzugeben. Es wurden zwar beträchtliche Anstrengungen unternommen, um Kriegsgefangene zurückzuholen, aber es gab kaum Vergeltungsmaßnahmen, und die japanischen Soldaten wurden im neokolonialen US-Imperium willkommen geheißen. MacArthur schützte sogar Mitglieder der Einheit 731, der berüchtigten Einheit der japanischen Armee für biologische und chemische Kriegsführung in Mandschukuo, damit ihre Aufzeichnungen im Heiligen Krieg gegen den Kommunismus verwendet werden konnten. Die gleiche Formel wurde auf zahlreiche Nazi-Kriegsverbrecher wie Klaus Barbie angewandt.

Was Indonesien betrifft, so begannen die Bemühungen der CIA, die nationalistische Regierung zu unterwandern, 1956 in Jakarta, der Hauptstadt Javas.[5] Dieses spezielle kriminelle Unternehmen scheiterte 1958 nach der Gefangennahme des CIA-Piloten Alan Pope, der abgeschossen worden war, nachdem er einige Handelsschiffe angegriffen und zahlreiche zivile Seeleute getötet hatte. In einer prägnanten Zusammenfassung der damals vorherrschenden US-Philosophie sagte Pope bei seinem Prozess: „Ich habe es genossen, Kommunisten zu töten. Wir töteten Tausende von Kommunisten, obwohl die Hälfte von ihnen wahrscheinlich nicht einmal wusste, was Kommunismus bedeutet."

Ein zweiter, erfolgreicher CIA-Putsch im Oktober 1965 führte zur Ermordung Hunderttausender unschuldiger Indonesier. Dieses völkermörderische Ereignis folgte auf einen erfundenen Putschversuch der Kommunistischen Partei Indonesiens, den schwarze CIA-Propagandisten (mit Unterstützung der American Motion Picture Association) nutzten, um das indonesische Militär in einen Rausch zu versetzen. CIA-Beamte versorgten dann die verrückten Faschisten mit einer Abschussliste von 5.000 kommunistischen Kadern. Im Zuge der Jagd auf diese 5.000 Kader schlachtete das indonesische Militär fast eine Million Menschen ab. Das *Time Magazine* nannte den Völkermord schadenfroh „die beste Nachricht des Westens seit Jahren in Asien".[6]

---

[4] James Bradley, *Flyboys: A True Story of Courage,* Back Bay Books, S. 229–230 (2003).
[5] Zur Rolle des MIT und der Ford Foundation bei der Eroberung Indonesiens, siehe Indonesia Project Abstract.
[6] Kathy Kadane, States News Service, 1990.

Der Leiter der CIA-Station in Jakarta im Jahr 1965, Bernardo Hugh Tovar (der von Benediktinermönchen im Priorat Portsmouth ausgebildet worden war), war im September 1945 mit dem OSS-Team Raven in Vientiane mit dem Fallschirm abgesprungen. Tovar hatte in den späten 1940er Jahren geholfen, kommunistische Dörfer auf den Philippinen zu verwüsten, dann als Stationschef in Malaya (1958-1960) gedient und wurde 1970 Stationschef in Laos.

Tovars Stellvertreter in Jakarta, Joseph Lazarsky, war bei der Abteilung 101 des OSS in Birma. Er diente von 1948 bis 1951 in Indien, als er der CIA beitrat, und diente von 1955 bis 1958 erneut in Birma.

„Wir bekamen in Jakarta einen guten Bericht darüber, wer abgeholt wurde", sagte Lazarsky 1990 in einem Interview mit der Reporterin Kathy Kadane und wies darauf hin, dass Gefangenenlager eingerichtet wurden, um diejenigen festzuhalten, die nicht sofort getötet wurden. „Sie hatten nicht genug Schlägertrupps, um sie alle zu töten, und einige Personen waren für Verhöre wertvoll", sagte er. „Wir wussten, dass sie einige behalten und für die Känguru-Gerichte aufheben würden, aber (CIA-Marionette) Suharto und seine Berater sagten: Wenn ihr sie am Leben lasst, müsst ihr sie auch ernähren."[7]

Die meisten der Getöteten waren keine Kommunisten, wie Alan Pope feststellte, was auch für das Phoenix-Programm in Vietnam gilt. In der Tat verglich William Colby in einem Interview mit Kadane das indonesische Massaker mit Phoenix. „Das ist es, was ich mit dem Phoenix-Programm in Vietnam aufgebaut habe", sagte Colby zu Kadane. „Es war ein Versuch, die Struktur der Kommunistischen Partei zu identifizieren."

Colby war so ein gemeingefährlicher Irrer, dass es schwer war, zu erfahren, dass wir etwas gemeinsam hatten. Colby war ein Mitglied der „National Coalition to Ban Handguns", einer Organisation, die ich unterstützte. Die 1974 gegründete Koalition aus 30 religiösen, gewerkschaftlichen und gemeinnützigen Organisationen strebte ein Verbot des privaten Besitzes von Handfeuerwaffen an. „Begründete, begrenzte Ausnahmen" sollten zugelassen werden, und zwar für Polizei, Militär, lizenziertes Sicherheitspersonal, Antiquitätenhändler, die Waffen in nicht schussfähigem Zustand besitzen, und lizenzierte Pistolenclubs, in denen Schusswaffen auf dem Gelände aufbewahrt werden. 1989 änderte die Organisation ihren Namen in „Coalition to Stop Gun Violence", teilweise weil die Gruppe der Meinung war, dass sowohl Angriffswaffen als auch Handfeuerwaffen verboten werden sollten. Dieser Auffassung bin auch ich.

Fehlanzeige. Im Jahr 2016 waren Handfeuerwaffen und automatische Waffen zu Symbolen des „muskulösen Christentums" geworden, welches sich der patriotischen Pflicht und der Männlichkeit zur Verteidigung der Frauen verschrieben hat und Trump zur Präsidentschaft verhalf und seine Sekte dazu veranlasste, das US-Kapitol zu stürmen, um die Bestätigung der Präsidentschaftswahlen 2020 zu verhindern. Die Waffennarren, die ihre militärischen Insignien in den Hauptstädten der Bundesstaaten zur Schau stellen, sind die verlogensten und gefährlichsten Produkte des amerikanischen Neofaschismus. Wie die Psywar-Experten der CIA in ihrem Handbuch „Psychological Operations in Guerilla Warfare" feststellten, welches für bewaffnete Propagandateams in Vietnam entwickelt und später ins Spanische übersetzt wurde, um von den Contras verwendet zu werden: „Waffen bergen immer einen gewissen Schrecken in sich, da die Menschen innerlich wissen, dass sie gegen sie verwendet werden können."

Auch in Trumps bevorzugter „dunkler Kunst", der öffentlichen Dämonisierung einer Person oder Gruppe, die zu einer Gewalttat führt, die statistisch gesehen wahrscheinlich ist, deren Einzelheiten aber nicht vorhergesagt werden können, steckt Terror. Angetrieben von Trumps stochastischem Terrorismus versuchen seine verrückten Anhänger ganz offen, Linke, Farbige, Schwule und

---

[7] Ebd.

Einwanderer zu terrorisieren. Die ganze Welt kann sehen, was aus Amerika geworden ist, aber es lohnt sich, es zu wiederholen: Die CIA- und Militär-Propaganda ist die Hauptursache für die politische Korruption und den Neofaschismus, die beide von Trump verkörpert werden.

Carl Cameron, ein ehemaliger Korrespondent von *Fox News*, erklärte gegenüber der *Washington Post*, das Ziel sei es, „eine Dystopie zu schaffen, in der Lügen und physische Gewalt Teil unserer Politik werden".

Wie Bill Burroughs sagte, „der Rückschlag und das schlechte Karma des Imperiums".

Tag 22: Die englische Verbindung
Samstag, 9. März 1991

„Die Transit-Sonne in den Fischen steht im Quadrat zur Geburtssonne in Schütze.

Dies bedeutet eine Prüfung von Plänen."

Am Strand wird mir langweilig. Das einzige Mal, dass ich mich richtig amüsiert habe, war auf Monomoy Island, einem unberührten Naturschutzgebiet vor Chatham auf Cape Cod. Alice und ich nahmen an einem strahlenden Morgen ein Wassertaxi zur Insel. Wir brachten eine Kühlbox mit Sandwiches und Wasser mit, breiteten eine Decke aus, spannten einen Sonnenschirm auf und schlenderten in unseren Badeanzügen am Ufer entlang, um Flussregenpfeifer, Rotschnabelläufer und Scherenschnäbel zu beobachten, die ihre Köpfe in die Dünen steckten, während kreischende Seeschwalben uns mit Sturzflügen überfielen. Nach einer Weile zog sich Alice mit einem Buch unter den Sonnenschirm zurück, und ich ging entlang einer Sandbank zum Ende der Insel. Als die Flut kam, versank die Sandbank im Meer, und ich musste erst durch knöcheltiefe Pfützen und dann durch knietiefe Pfützen zurücklaufen, bis ich endlich sicher auf höherem Grund war. Das hat Spaß bereitet.

Im nächsten Jahr ankerte eine glückliche Familie mit einem großen Boot vor der Küste und ließ ihren dämlichen Hund die nistenden Vögel jagen. Das war das Jahr, in dem Spritzen an Land gespült wurden. Wir sind nie wieder hingefahren.

Reiche Leute, die mit ihren Yachten von Hafen zu Hafen fahren; Jungen und Mädchen, die zum Verkauf stehen; Affen an Ketten: Phuket hat alles zu bieten. Ein anderer Kerl, der an einem Drachen festgeschnallt ist, wird von einem Boot um die Bucht gezogen. „Er fliegt so hoch, er stürzt so tief." Andere Touristen stehen Schlange, um mitzufahren. Ich staune über all die kleinen Ausflüge innerhalb des großen. Wenn Ebbe ist, setzen sie die Parasegler am Strand ab. Bei Flut lassen sie sie ins Wasser fallen. Der Mond steuert die Gezeiten, es ist also klug, sein Horoskop zu konsultieren, bevor man sich auf ein solch riskantes Vergnügen einlässt.

Es ist schon eine Weile her, dass ich mich mit meinem beschäftigt hatte. Das ist nichts, was ich regelmäßig tue, und als ich an diesem Tag nachschaute, sah ich, dass Helen, wie immer, genau richtig lag. „Du bemerkst vielleicht Dinge an anderen Menschen, die dich an dir und ihnen stören. Vielleicht hast du dich überfordert." Und ja, ich war wütend auf mich selbst. Was hatte ich in Phuket zu suchen? Es gab nichts, was mir an diesem Ort gefiel.

Thailändische Kinder tragen Tabletts am Strand entlang, und wenn man ein kühles Getränk möchte, muss man dafür bezahlen. Die gestreiften Sonnenschirme und Liegestühle kann man auch mieten. Wenn du ein Mann bist und Sex haben willst, kannst du versuchen, ein westliches

Backpacker-Mädchen zu bezirzen, oder du kannst dich entspannen und eine thailändische Prostituierte anheuern. Es sieht einfach aus. Aber manchmal braucht die Kapitulation einen Schub, so wie ein Fixer dich in einem Zimmer sitzen lässt, allein, aber komplett.

Es könnte schlimmer sein, erinnerte ich mich. Die Luft hier ist atembar. Morgen geht es zurück in den Smog von Bangkok und zu einem Interview mit dem, wie Poshepny es ausdrückte, „Schwanzlutscher" Jack Shirley.

Nach dem Mittagessen spazierte ich über den öffentlichen Strand hinaus zu einem felsigen Gebiet in der Nähe eines privaten Clubs, wo ich einen Mann mittleren Alters aus Amsterdam traf, einen Amateur-Botaniker, der die Flora beobachtete. Er machte auch Lichtshows für klassische Konzerte. Wir rauchten etwas von seinem Haschisch und er zeigte mir seine wunderbaren Wildblumenfunde. Er erzählte mir von einem Tagesausflug, den er in einem winzigen Reisebus mit einem deutschen Führer von Chiang Mai aus unternommen hatte. Die Touristen versteckten sich hinter Büschen und spähten auf eines der Opiumfelder des Königs, während ein BPP-Hubschrauber über ihnen flog. Er sagte, er habe den Sex auf Phuket ausprobiert, aber im Vergleich zu Amsterdam sei das keine große Sache. Ich glaubte ihm.

Am 25. März 1991, zwei Wochen nach meiner Abreise, berichtete die *New York Times*, wie die US-Flotte nach der durch den Irak-Krieg verursachten Flaute vor der Küste ankerte und die Barmädchen von Phuket die Seeleute wie siegreiche Helden begrüßten.[1] Ich war froh, diese Extravaganz verpasst zu haben. Übrigens haben die US-geführten Streitkräfte 1991 13 000 irakische Zivilisten getötet. „Als würde man Büffel von einem Zug aus erschießen", hatte Oliver gesagt. Fünfzig Amerikaner starben in jenem Jahr im Irak und weitere 250 wurden verwundet, die meisten durch eigenes Feuer.

Ich wanderte zurück in mein Zimmer, schrieb meine Gedanken auf, wartete auf den Abend, ging in ein Restaurant an der Hauptstraße, aß Curry mit Krabben und trank mehrere Biere. Kaufte eine Schachtel Zigaretten. Es wurde dunkel und die Mädchen und Jungen und Mädchen-Jungen versammelten sich. Der Junge mit dem Elefantenbaby an der Leine kam vorbei; sein kleines Tierchen trug ein neues Schild. Eines Tages wird jeder leere Platz mit einer Werbung gefüllt sein. Während ich dies schreibe, bietet Griechenland Israel an, eine seiner Inseln als Militärbasis zu nutzen.

Ich war zu Recht entfremdet, weit weg von zu Hause, ohne erotische Verbindung zum Universum. Und welche andere Art gibt es? Man braucht Liebe oder Synchronizität, um die chemischen und elektromagnetischen Prozessoren zu aktivieren, die den Astralkörper entzünden – die Energievorlage, die der Planet bei der Geburt entwirft –, die Kundalini-Energie, die sich wie eine gewundene Schlange an der Basis der Wirbelsäule windet, welche sich wie Dylan Thomas' Blume durch die grüne Lunte erhebt, die Chakren entlang der Meridiane lockert, das Ego wie eine 200-Millimeter-Dosis LSD auslöscht und vielleicht sogar alte emotionale Probleme auf dem Weg löst.

Wenn es Erleuchtung bringen könnte, würde ich für Sex bezahlen. Aber was dann? Ich zog von Café zu Café, rauchte, trank, phantasierte. Schließlich landete ich im örtlichen Ex-Pats-Lokal, aber eine Engländerin dort wollte nicht mit mir reden, und ich musste einen frühen Bus nehmen. Ich will Sie nicht mit meiner Langeweile langweilen, also wird der Rest dieses Kapitels die englische Verbindung zum Vietnamkrieg zusammenfassen.

Vom Common Law und den nach Königen und Königinnen benannten Kolonien bis hin zu den Beatles und dem Masterpiece Theatre – der englische Einfluss ist in Amerika allgegenwärtig. Ja, die

---

[1] „After the War; Thai Bar Girls Greet Sailors like Heroes", *The New York Times*, 25. März 1991.

Amerikaner haben sich gegen die Briten und ihre inzüchtige Monarchie aufgelehnt, aber England prägt unseren Glauben und unsere Bräuche bis hin zu dem absurden Punkt, dass wir vom Tod der Königin besessen sind. Als Student der Englischen Literatur kann ich bezeugen, dass das übergreifende Thema in unserer gemeinsamen Sprache der Mythos des Kriegerkönigs ist, der sich für den Clan opfert. Sogar Jesus wurde von den weißen US-Konservativen so umgestaltet, dass er in dieses Bild passt.

Die Anglophilie erstreckte sich auch auf die US-Geheimdienste. Das OSS hat sein Ausbildungshandbuch und sein Organigramm von der britischen Special Operations Executive übernommen, und die Elite der OSS-Jedburghs wurde in Old Blighty ausgebildet. Und wie der englische Geheimdienst bestanden auch die obersten Ränge des OSS und seines Stiefkindes CIA aus Aristokraten und ihren Bankiers, Anwälten, Klerikern und Schriftgelehrten. Das Offizierskorps des Militärs, Akademiker und Beamte des Auswärtigen Dienstes füllten die Lücken aus.

Als Beispiel: Der leitende Beamte der Abteilung 101, Colonel John Coughlin, ein Absolvent von West Point, leitete OSS-Operationen in China und später in Indonesien. Mitte 1945 wählten Coughlin und seine Mitarbeiter (die Journalisten Alexander MacDonald und Llyod George, die Anthropologin Cora Du Bois und der Ornithologe S. Dillon Ripley) von ihrem Hauptquartier in Ceylon aus Singapur, Saigon und Jakarta als Standorte für neue OSS- und später CIA-Außenstellen aus. Zur Tarnung sollten Kriegsgefangene ausfindig gemacht, japanische Kriegsverbrechen aufgedeckt und der Zustand von US-Vorkriegseigentum beurteilt werden. Die eigentliche Aufgabe bestand darin, alle anderen zu hintergehen. Wie die OSS-Teams auf der ganzen Welt gehörten auch die Coughlin-Teams zu der gebildeten Klasse von Abenteurern, die die ganze Nacht mit ausländischen Beamten Gin trinken, sich detailliert an die Gespräche erinnern und unterhaltsame Berichte schreiben konnten, während sie ihre Gastgeber heimlich unterwanderten und notfalls harte Fälle ausschalteten, ohne um Erlaubnis zu fragen. Initiative wurde hoch geschätzt.

Anthropologen versorgten die psychologischen und paramilitärischen Stäbe mit genügend Wissen über die örtlichen Gepflogenheiten, damit sie Guerillas für Sabotage- und Umsturzaktionen gegen die aufstrebenden nationalen Befreiungsbewegungen ausbilden und anleiten konnten. Französische, britische und holländische Kolonialisten fühlten sich bedürftig, und die wohlhabenden Yankees waren gerne bereit zu helfen – und die dunklen Künste der Bevölkerungskontrolle zu erlernen, die in Amerika in der Vergangenheit darin bestanden, so viele Indianer wie möglich zu töten, die Überlebenden in Reservate zu sperren und sie dann zum Christentum zu bekehren. Als es nicht mehr möglich war, versklavte Afrikaner als freie Arbeitskräfte einzusetzen, wurden die Jim-Crow-Gesetze erlassen. Heute, im Jahr 2023, sind Abtreibung und Wahlrecht in fast allen Bundesstaaten eingeschränkt, dank eines Obersten Gerichtshofs, der mit christlichen Fundamentalisten besetzt ist, die die heilige Vorherrschaft des weißen Mannes bewahren wollen.

Die unaufhaltsame Expansion des amerikanischen Imperiums beschleunigte sich nach dem Zweiten Weltkrieg. Pionieroffiziere des OSS begleiteten in Ceylon und Thailand die britischen Streitkräfte, die Singapur zurückeroberten und 50.000 alliierte Kriegsgefangene und Zivilisten befreiten. Andere halfen den britischen Streitkräften bei der Rückeroberung Malayas. Überall errichteten OSS-Pioniere Außenstellen und rekrutierten Geheimagenten, die in den kommenden Jahrzehnten die Grundlage für die Operationen der CIA in der Region bildeten.

Ein interessantes OSS-Mitglied, die Anthropologin Cora Du Bois (Columbia), hatte vor dem Zweiten Weltkrieg auf einer Insel in Niederländisch-Ostindien Forschungen durchgeführt. Du Bois entwickelte das Konzept der „modalen Persönlichkeitsstruktur", welches besagt, dass jede Kultur, auch die amerikanische, die Entwicklung eines bestimmten Typs begünstigt. Von 1945 bis 1949 unterstützte Du Bois als Leiterin der Südostasien-Abteilung im Office of Intelligence

Research des Außenministeriums auf der Grundlage ihrer Theorie die CIA bei der Auswahl von Zielpersonen für die Rekrutierung und beriet sie bei der Gestaltung von Rekrutierungsansätzen.

Meine eigene anthropologische Amateurstudie über die CIA – bei der ich über 30 Jahre lang Hunderte von CIA-Beamten befragt habe – bestätigt Du Bois' Konzept der Entwicklung eines bestimmten Typs innerhalb einer Kultur. In der CIA-Kultur ist dieser Typus kriminell, soziopathisch (oftmals psychopathisch), kapitalistisch, ultrakonservativ, rassistisch, sexistisch und faschistisch. Es gibt keine Linksradikalen, auch wenn Trump (die Verkörperung des verrückten Autokraten, den die CIA in Übersee unterstützt) und *Fox News* das Gegenteil behaupten mögen.

Die wirtschaftlichen Interessen der USA und Großbritanniens überschnitten sich in Südostasien, aber Konflikte ließen sich leicht lösen. 1954, im Anschluss an die antikoloniale Columbo-Konferenz in Ceylon (an der Ceylon, Indonesien, Birma, Indien und Pakistan teilnahmen), verfassten ihre Geheimdienste das „Four Corners"-Abkommen, durch das die Briten Birma, Singapur und Malaya erhielten, während die USA die Philippinen, Vietnam, Laos, Kambodscha und Indonesien erhielten. Als Bonus zeigten die Briten ihren Cousins gerne, wie man ein Imperium kontrolliert, basierend auf ihrem durchschlagenden Erfolg in Malaya. Das Phoenix-Programm ist das glänzende Ergebnis gewesen.

Obwohl der (in Tag 5 erwähnte) CIA-Beamte Nelson Brickham das Programm organisierte, verfassten drei ehemalige Beamte der Abteilung 101 die Dokumente, die Phoenix ermöglichten: James Ward, Evan Parker und Oberst Junichi Buto, ein Nisei aus Hawaii, der im Juni 1967 die Spionageabwehr der Armee in Saigon leitete. Wie William Colby waren auch Ward und Parker Jedburghs gewesen.

Als ich Ward in seinem Haus in Tampa kennenlernte, hatte er gerade den regionalen Iron-Man-Titel in der Altersklasse über 70 Jahre gewonnen. Er mochte mich, denn auch er hatte in seiner Jugend als Spitzenkletterer für einen Baumservice gearbeitet. Als junger CIA-Beamter war Ward von 1948 bis 1950 in Kuala Lumpur stationiert und wurde dann nach Birma versetzt, wo die Briten um die Aufrechterhaltung ihrer Kolonialherrschaft kämpften. Ward verbrachte viel Zeit damit, unter den Briten zu studieren, und schrieb Claude Fenner zu, dass er ihm die Bedeutung der polizeilichen Sondereinheit für die politische Kriegsführung beigebracht habe. Der gebürtige Engländer Fenner diente in Malaya bei der Kolonialpolizei, bis er im Zweiten Weltkrieg zum Militär ging und dort eine Guerilla-Einheit befehligte. Nach dem Krieg trat Fenner wieder in die Kolonialpolizei ein. Er war 1948 in Malaya, als der blutige Krieg um die Unabhängigkeit begann. Fenner ging 1966 in den Ruhestand und blieb als gut bezahlter Lobbyist für einen Kautschukproduzentenverband im Lande.

„Der Schlüssel zum Vietnamkrieg", so Ward, „war die politische Kontrolle der Menschen. Und das gelang den Kommunisten besser als uns, und der beste Weg, dies zu verhindern, war, die Infrastruktur zu treffen – die wichtigsten Mitglieder der Revolutionären Volkspartei. Das waren die Leute hinter der NLF (Nationale Befreiungsfront)."

Colby stimmte dem zu und teilte dem Kongress mit, dass Phoenix dazu diente, „die Schlüsselpersonen herauszufiltern und ihnen die größte Aufmerksamkeit zu widmen". Obwohl sie für ihre Freiheit von den amerikanischen Invasoren kämpften, schrieben die Amerikaner Gesetze, nach denen sie sich „Verbrechen gegen die nationale Sicherheit" schuldig machten und einer „Verwaltungshaft mit Notstandsbefugnissen" unterworfen waren, ähnlich wie in Malaya, Kenia und den Philippinen.

Die englische Verbindung begann 1959 in Südvietnam, als die CIA einen der großen Architekten der Erfolgsgeschichte von Malaya, Robert Thompson, einlud, um die Operationen der CIA zu bewerten. 1961 stellte Roger Hilsman, ein Veteran der Abteilung 101, der damals als Direktor des

Office of Research and Intelligence des Außenministeriums tätig war, Thompson als Vollzeitberater der CIA ein. Auf der Grundlage eines Systems, das er in Malaya angewandt hatte, schlug Thompson einen dreigleisigen Ansatz vor, der Militär, zivile Nachrichtendienste und Polizei bei einem konzertierten Angriff auf kommunistische Kader koordinierte. Eine von den Briten organisierte und durch administrative Haftgesetze ermöglichte Sondereinheit der Polizei sollte die Führung übernehmen.

Auf Anraten Thompsons wies der Leiter der CIA-Station in Saigon, William Colby, seinen Chef des Auslandsgeheimdienstes, Paul Hodges, an, eine Central Intelligence Organization (CIO) zu schaffen, die alle militärischen, polizeilichen und zivilen Nachrichtendienste im Schattenkrieg gegen kommunistische Kader koordinieren sollte. In unserem zweiten Gespräch in seinem Haus im mondänen Georgetown führte Colby die Ursprünge von Phoenix direkt auf die CIO zurück.

Basierend auf einem britischen Programm, das 1948 in Malaya eingeführt wurde, konzentrierte sich Thompson als nächstes auf die Bevölkerungskontrolle. In Südvietnam manifestierte sich dies zunächst in Form des Strategic Hamlet-Programms, in dessen Rahmen Vietnamesen aus ihren angestammten Häusern zwangsweise in Konzentrationslager umgesiedelt wurden, die sie aufbauen und mit ihrem Leben verteidigen sollten. Der von Präsident Diem für die Leitung dieses katastrophalen Programms ausgewählte Oberst Pham Ngoc Thao war ironischerweise ein nordvietnamesischer Doppelagent.

Die Amerikaner taten dann das, was die Briten in Malaya getan hatten: Sie ließen die Armee ein „Ressourcenkontrollprogramm" einführen, das Lebensmittellieferungen in die von den Rebellen kontrollierten Gebiete verhinderte, während die Luftwaffe die Viehbestände der Rebellen bombardierte und mit Maschinengewehren beschoss und Agent-Orange-Herbizide versprühte, um die Farmen der Rebellen zu zerstören. Wie in Malaya wurden lokale Milizen gebildet, um „Anti-Terror"-Operationen durchzuführen, wie z. B. die Enthauptung von Rebellenführern und das Aufspießen ihrer Köpfe auf Pfähle an öffentlichen Plätzen.

Auf Empfehlung von Thompson schuf die CIA auch eine Polizeieinheit, die die Armee bei der Führung der Milizen in den vom Feind gehaltenen Gebieten unterstützen sollte. Die ursprüngliche Polizeieinheit Südvietnams wurde von Ted Serong organisiert und beraten, einem australischen Offizier, der in den späten 1950er Jahren das birmanische Militär in der Dschungelkriegsführung unterrichtet hatte, bis er 1962 von der CIA angeheuert wurde, um seine Misserfolge in Südvietnam zu wiederholen.

Thompson heuerte auch Experten für psychologische Kriegsführung an, die der CIA beibringen sollten, wie man die „Herzen und Köpfe" der kleineren Völker in den von den Aufständischen kontrollierten Gebieten gewinnen konnte. Einer von Thompsons Experten für psychologische Kriegsführung, Richard Noone, traf 1961 im zentralen Hochland von Südvietnam ein. Noone, der von einem Team malaiischer Söldner bewacht wurde, setzte eine Familientradition fort: Sein älterer Bruder Pat, ein Anthropologe, hatte vor und während des Zweiten Weltkriegs unter den Orang Asli in Malaya gelebt, bis ihn ein eifersüchtiger Stammesangehöriger mit einem vergifteten Pfeil aus einem Blasrohr niederstreckte, weil er seine Freundin kolonisiert hatte. Bevor er starb, hatte Pat an der Entwicklung der Senoi-Traumtheorie mitgewirkt. Diese Theorie, die ihren Ursprung in der Jung'schen Lehre hat und ein Vorläufer des „luziden Träumens" ist, geht davon aus, dass die kollektive Traumwelt der Orang Asli durch die Kraft der Suggestion geformt werden kann, um die Gruppensolidarität zu beeinflussen.

1953 wurde Dick Noone zum „Beschützer der Aborigines" in Malaya ernannt, allerdings zu rein militärischen Zwecken. Und auf der Grundlage der großen Ideen seines großen Bruders half Dick dabei, die meist erotischen Träume der malaiischen Ureinwohner in eine kollektive Furcht vor dem

Kommunismus zu verwandeln, so wie missbrauchende Nonnen in Burkas und mit Ruten ihre sexuellen Frustrationen an katholischen Kindern (wie meiner Mutter, die ein Leben lang traumatisiert war) auslassen, indem sie sie mit Visionen von der brennenden, ewigen Hölle terrorisieren. Dick organisierte dann die Stammesangehörigen in einer „Feldpolizei"-Einheit, den Senoi Praaq (Kriegsleute), die bekannt war für ihr lässiges Abschlachten gefangener kommunistischer Guerillas, welche gekommen waren, um ihre unsterblichen Seelen zu stehlen.

1962 überzeugte Dick Noone, ein MI6-Beamter, den Beamten des US-Informationsdienstes Frank Scotton (von dem Lucien Conein mir erzählte, dass er eigentlich zur CIA gehörte) davon, dass er die gleiche schwarze Magie auf die Stammesangehörigen im zentralen Hochland Südvietnams ausüben könne, wenn er sich als mörderischer Wahnsinniger erweise. Ihr Nietzscheanisches Motto lautete: „Wer das Vakuum wagt, kann das Vakuum beherrschen."[2]

Am Ende seiner ersten Woche in dieser dystopischen Traumwelt hatte der „Übermensch" Scotton nach eigenen Angaben ein halbes Dutzend Menschen ermordet.[3]

Als US-Zivilist hatte er nicht die rechtliche Befugnis, jemanden summarisch hinzurichten, und er wusste nicht mit Sicherheit, dass die von ihm Getöteten Kommunisten waren. Das machte nichts. Nachdem er sich als Killer legitimiert hatte, organisierte Scotton die bestehenden „bewaffneten Propagandateams" der CIA, die sich aus Stammesangehörigen und einheimischen Vietnamesen zusammensetzten, zu politischen Aktionsteams (PATs) um, mit dem ausdrücklichen Ziel, die Herzen und Köpfe der Menschen zu gewinnen und gleichzeitig kommunistische Kader zu töten. Thompsons Anti-Terror-Methoden stützten sich auf Scottons PATs im Feindesland.

Auf Anraten Thompsons initiierte die Nationale Polizei 1962 auch das Programm zur Familienzählung, bei dem von jeder Familie in Südvietnam eine Namensliste erstellt und ein Gruppenfoto gemacht wurde. Es wurden Dossiers mit den politischen Zugehörigkeiten, Fingerabdrücken, Einkommen, Ersparnissen und Informationen darüber erstellt, wer Eigentum besaß oder Verwandte außerhalb des Dorfes hatte und somit einen legitimen Grund zum Reisen hatte. Durch das Familienzählungsprogramm erfuhr die CIA die Namen der kommunistischen „Zellen" in den von der Regierung kontrollierten Dörfern. Die Akten wurden von der Spezialabteilung geführt, die dann alle Verdächtigen verhaftete und folterte, bis sie die Namen der Kader nannten, die die Zellen leiteten. Die große Idee war, die Kader zu Doppelagenten zu machen.

Die Spezialabteilung der südvietnamesischen Polizei war Thompsons krönender Abschluss und wurde 1964 vom legendären paramilitärischen CIA-Beamten Tucker Gougelmann geleitet. Nach seiner Ankunft in Südvietnam im Jahr 1962 diente Gougelmann als Stützpunktleiter in Da Nang und leitete alle nachrichtendienstlichen und paramilitärischen Operationen gegen Nordvietnam, darunter auch die Razzia auf der Insel Hon Me im August 1964, die den Zwischenfall im Golf von Tonkin auslöste. Der „Zwischenfall" im Golf von Tonkin, eine klassische „provozierte Reaktion", die auf die vernichtende Niederlage der CIA in der Ebene der Steinkrüge in Laos folgte, lieferte US-Präsident Lyndon Johnson den Vorwand, um mit der Bombardierung Nordvietnams zu beginnen.

Ab 1965 operierte die von der CIA beratene Sonderabteilung unter Gougelmann von einem Netz von Verhörzentren aus, die von der CIA in jeder Provinzhauptstadt in Südvietnam errichtet wurden. Wie in Tag 8 erwähnt, leitete der CIA-Beamte John Muldoon das PIC-Programm unter Gougelmann.

---

[2] Jeff Woods, „The Other Warrior", Arkansas Tech University (2010).
[3] Ebd.

„Als ich in Saigon ankam, war Tucker nicht mehr Chef des Stützpunktes Da Nang", erinnerte sich Muldoon, „aber er hatte noch nicht die Feldoperationen der Spezialabteilung übernommen. Er war in Saigon und versuchte, zusammen mit Jack Barlow, einem Briten vom MI6, (die vom CIO verwalteten) Province Intelligence Coordination Committees einzurichten. Barlow war zusammen mit Robert Thompson in Malaya gewesen, und sie waren die Experten. Sie hatten in Malaya Erfolg gehabt, und wir wollten, dass sie uns zeigen, wie man es macht."

Barlow, ein ehemaliger Londoner Polizist, der im Zweiten Weltkrieg in Burma gekämpft und Operationen der Spezialabteilung der Polizei in Malaya geleitet hatte, wurde 1965 Adjutant des allgegenwärtigen Ed Lansdale, der triumphierend nach Südvietnam zurückgekehrt war, um das Regierungsprogramm Revolutionary Development Cadre – eine aktualisierte, landesweite Adaption der Political Action Teams von Frank Scotton – und die wesentliche Psywar-Komponente von Phoenix zu beraten.

Nicht zuletzt inspirierte die englische Verbindung den CIA-Beamten, der versuchte, mich zu rekrutieren, Robert Wall (siehe Tag 2), der damals als oberster paramilitärischer Beamter der CIA in Danang eingesetzt war, zur Gründung der ersten District Intelligence and Operating Coordinating Centers (DIOCCS). Laut Nelson Brickham hatte Wall „einige Briten aus Kuala Lumpur eingeladen, um zu erklären, was sie dort getan hatten."

Bevor er nach Da Nang kam, war Wall der RD-Cadre-Officer in der Provinz Quang Ngai und beaufsichtigte die verdeckten Aktionsprogramme der CIA. Doch wie er bei unserem Treffen erklärte, gab es keine Koordinierung zwischen dem RD Cadre, der Polizei und dem Militär, wie es die Briten vorgesehen hatten. „Es gab etwa fünfzehn verschiedene Programme in Quang Ngai", sagte Wall, „und es dauerte eine Weile, bis ich erkannte, dass dies das Problem war. Dann wurde ich nach Da Nang versetzt, wo ich persönlich Phoenix namentlich vorschlug." Ziel war es, alle Programme in einer Einrichtung zu koordinieren und „eine bürgernahe Aufklärung zu schaffen. In Anlehnung an ein britisches Modell in Malaya nannten wir es DIOCC, ein District Intelligence and Operations Coordination Center."

Brickham bezeichnete Walls DIOCCs als „die wesentliche Zutat für den Phoenix-Eintopf". Im Mai 1967 organisierte Brickham die CIO, die Polizei-Sondereinheit, die Polizei-Feldtruppe, die RD Cadre und die militärischen Nachrichtendiensteinheiten zu einem koordinierten Programm, das in jedem Bezirk, jeder Provinz und jeder Region in Südvietnam operierte. Im Juni wählte Colby Parker zum ersten Direktor des Phoenix-Programms. In diesem Monat verfasste Parker zusammen mit Jim Ward, der damals die CIA-Operationen im Delta leitete, und Oberst Junichi Buto, dem Leiter der Spionageabwehr in Saigon, die Grundlagen für Phoenix.

Und so wurde vor allem dank der Engländer das Phoenix-Programm in Südvietnam geboren und 35 Jahre später als US-Ministerium für Heimatschutz wiedergeboren, das gemeinsam von der CIA und dem Northern Command des US-Militärs geleitet wird und seine eigenen IOCCs (bekannt als Fusion Centers) und Psywar-Milizen wie die beginnende, experimentelle Senoi Praaq-Version des US-Militärs – die Oath Keepers und Proud Boys – aufweist.

Tag 23: Shirley du scherzt

Sonntag, 10. März 1991

„Der transitierende Merkur in den Fischen steht dem Geburts-Mars gegenüber.

Du könntest übermäßig direkt sein und feindselige Reaktionen auslösen. "

Glück. Die Chinesen, wie auch die Iren, füllen ihr Leben mit Glücksbringern, um sich vor schlimmen Krankheiten und zufälligen Missgeschicken zu schützen. In einer Welt, in der ein Bauer beim Bestellen seiner Felder auf eine nicht explodierte Bombe oder eine Landmine tritt, ist es das Beste, was man für jemanden tun kann, ihm viel Glück zu wünschen. Glück ist alles.

Aus Gründen, die ich nie verstanden habe, hat William Colby mir die Schlüssel zum CIA-Reich gegeben. Das kann man als Glücksfall verbuchen. Das Glück führte mich auch zu dem CIA-Beamten, der mich durch die Tore des CIA-Reiches führte. Am Ende unseres ersten Gesprächs riet mir Colby, zur American University zu fahren und Ralph Johnsons Doktorarbeit *The Phoenix Program: „Planned Assassination" or Legitimate Conflict Management.* zu lesen. Nachdem ich das Buch vor Ort überflogen hatte, gab mir der Bibliothekar (aus Gründen, die ich nie verstanden habe) die Telefonnummer von Johnsons Ghostwriterin, Constance Rothschild Pitchell, einer CIA-Insiderin, die in Bryn Mawr und Radcliffe ausgebildet wurde. Wie die meisten Frauen, die Johnson traf, war auch Pitchell in seinen Bann geraten. Sie sagte, er sei aufgrund seiner Jahre in Vietnam abergläubisch gewesen und habe, als er an Krebs starb, Wahrsager konsultiert, um zu erfahren, ob es möglich sei, sein Glück zu ändern. Johnson gestand ihr auch, dass die besten CIA-Attentäter allein arbeiteten, ohne eine Erlaubnis einzuholen oder jemandem etwas mitzuteilen.

Ich hatte auch in anderer Hinsicht Glück. Johnsons Dissertation war vom CIA-Publikationsprüfungsausschuss bearbeitet worden. Doch die Zensoren ließen einen Namen aus: Nelson H. Brickham Jr. (Yale), der Mann, der Anfang 1967 Phoenix für den CIA-Stationschef John L. Hart zusammenstellte. Ich fand Brickhams Namen in einem Telefonbuch von Maryland und vereinbarte ein Interview bei ihm zu Hause. Seine Frau war die einzige weibliche CIA-Beamtin, die ich je getroffen habe. Meine auf Tonband aufgezeichneten Interviews mit Brickham, die einer Doktorarbeit über die CIA gleichkommen, wurden digitalisiert und sind im National Security Archive und online verfügbar.

Als ich Brickham interviewte, fragte ich ihn nach seiner Meinung über John Hart. Brickham — der meine Theorie über die archetypische CIA-Persönlichkeit bestätigte — hielt inne und sagte dann: „Jemand, der starke kriminelle Neigungen hat — aber zu feige ist, um einer zu sein — würde an einem Ort wie der CIA landen, wenn er die Ausbildung dazu hätte. Ich würde John Hart zu dieser Kategorie zählen; ein Söldner, der einen gesellschaftlich akzeptablen Weg gefunden hat, diese Dinge zu tun und sehr gut dafür bezahlt zu werden."

Dann fügte Brickham hinzu: „Eines unserer Probleme in Vietnam ist, dass dieser Teil der Welt den Warlord hervorbringt. Es ist die Verdammnis des Fernen Ostens und eine Krankheit, die den weißen Mann infiziert, wenn er dorthin geht."

In der Tat hatte ich diesen Söldner- und Warlord-Blick in den Augen von hundert Spionen und Berufssoldaten gesehen, zuletzt bei dem ausschweifenden Bill Young und dem geistesgestörten Poshepny, als sie wie Geister am Ufer des Acheron warteten. Auch vom bösartigen Jack Shirley wusste ich, was ich zu erwarten hatte. Mein Glück verließ mich – das Sonne-Saturn-Quadrat war unheilvoll – und ich hoffte, in Bangkok ein- und ausgehen zu können, so wie Jason mit dem Goldenen Vlies unbeschadet aus Kolchis entkommen war.

Mein letzter Tag in Phuket begann denkbar ungünstig, als ein Zimmermädchen um 5:30 Uhr mein Zimmer betrat und mich aus einem MSG-Albtraum aus meiner Zeit als Kleinkrimineller in San Francisco weckte. Ich stand vor meinem Flop-Hotel am Broadway und war wie angewurzelt, als sich North Beach in ein Lagerhausviertel verwandelte. Ich konnte nicht entkommen.

„Was ist hier los?" fragte ich mich, erschrocken über die Anwesenheit des Zimmermädchens. Ich war immer noch verwirrt, als ich nach draußen ging, meine Brieftasche aufgeknöpft und die Tasche mit meinem Reisepass nicht an meinem Gürtel befestigt. Ich schwitzte durch meinen hübschen Anzug, als ich in meinen Bus stieg.

Es war eine lange, dunstige Fahrt zum Flughafen. Mit italienischen Touristen zu plaudern, während ich auf den Flug nach Bangkok wartete, war eine weitere Premiere. Zu diesem Zeitpunkt hatte ich den Flughafen von Bangkok bereits fünfmal passiert. Ich nahm ein Taxi nach Bangkok, und als ich im Cadena Hotel ankam, wurde ich von einer uralten, winzigen Frau begrüßt, die auf dem Bordstein hockte wie eine Harpyie auf einem Ast.

Nachdem ich eingecheckt hatte, verirrte ich mich auf der Suche nach einem Restaurant in Bangkoks indischem Viertel. Ich irrte durch die schmutzigen Straßen und erntete strenge Blicke von großen dunklen Männern, die vor einer Autowerkstatt standen, in der sich die Ersatzteile stapelten. Es war genau so, wie mein MSG-Albtraum vorausgesagt hatte, und ich war erleichtert, als ich in der Charoen Krung Road auf das Restaurant Himali Cha Cha stieß.

Der Manager empfahl Huhn, Joghurt, Klosterbier und Knoblauchbrot, und es war das beste indische Essen, das ich je hatte. Auch interessant.

Am Tisch hinter mir saß ein Amerikaner von der US-Botschaft, der sich auf Englisch mit seinem thailändischen Liebhaber unterhielt. Sie wussten nicht, dass ich da war, und waren sehr explizit. Nach dem Essen machte ich mich auf den Weg zur Madrid Bar and Restaurant in der berüchtigten Patpong Road in Bangkoks Rotlichtviertel, um Jack Shirley zu treffen.

Bevor ich von diesem unglücklich verlaufenden Gespräch erzähle, möchte ich zunächst die Bühne dafür bereiten. Die Patpong Road wurde nach Luang Patpongpanich benannt, einem chinesischen Einwanderer, der 1946 eine Bananenplantage am Stadtrand von Bangkok kaufte. Luang hatte während des Zweiten Weltkriegs enge Beziehungen zu den Amerikanern geknüpft, und die OSS hatte seinen Sohn Udom in ihre Free Thai Unit rekrutiert. Unter der Schirmherrschaft von Bill Bird und Jim Thompson baute Udom die Patpong Road und überließ der CIA einen Großteil der wichtigsten Grundstücke.

Thompson und Bird (Mitbegründer der Bangkoker Börse) errichteten Bürogebäude und sichere Häuser für CIA-Beamte und ihre Agenten, um sich zu treffen und Operationen in ganz Südostasien zu planen. Sea Supply hatte dort seinen Hauptsitz. Es folgten Geschäfte, Bars und Puffhäuser. Thompson richtete dort 1958 den Hauptsitz seiner Thai Silk Company ein, und Air America hatte seine Büros im Gebäude der Air France.

Französische Mafiosi in Bangkok strömten in die Nachbarschaft und gründeten verschiedene Unternehmen als Deckmantel für ihre Schmuggelgeschäfte. Pierre Segui eröffnete sein Restaurant Le Metropolitain hinter dem President Hotel in der Nähe des Saigon Restaurants seines Drogenschmugglerkollegen Mau in der Patpong Road. Herrn Mau gehörte auch der „Tea Room" in Vientiane. Segui war Mitglied der Freimaurerloge Nr. 1072 und hatte sich entschieden, in Indochina zu bleiben, nachdem er während des Ersten Indochinakrieges in der französischen Armee gedient hatte. Sein kleines Luftfahrtunternehmen in Saigon flog in Laos, Kambodscha und Thailand ein und aus.[1]

Was man über Segui online nicht erfährt, kann man in Jean Marie Le Rouzics Bewerbungsschreiben bei der französischen Polizei nachlesen, das ich von FBN-Agent Albert Habib erhalten habe. Habib war ein faszinierender Mann, ein ehemaliger tunesischer Polizist, der 1955 von einem anderen Agenten in einer Synagoge in San Diego für das FBN rekrutiert wurde. Habib begann seine Arbeit in San Francisco, wo sich seit 1925 die Drogenfahnder der Bundesbehörden in Asien einfanden. Vor seiner Versetzung nach Bangkok im Jahr 1963 arbeitete Habib mit der FBN-Legende George White (der beim OSS in Ceylon gedient hatte) und dem CIA-Beamten Dr. Sid Gottlieb zusammen, der Habib ein verdecktes Postfach im Postamt von San Francisco für geheime MKULTRA-„Gedankenkontroll"-Korrespondenz zur Verfügung stellte. Bei einer Gelegenheit begleitete Habib White und Gottlieb zu einem Luftwaffenstützpunkt in Nevada, wo MKULTRA-Experimente durchgeführt wurden. Laut Habib hatte White bis zu seiner Pensionierung im Jahr 1965 alle Operationen in Asien beaufsichtigt, wo die CIA wahrscheinlich MKULTRA-Experimente durchführte.

Habib war ein CIA-Vertragsoffizier, als ich ihn in Kalifornien traf. Der Brief von Le Rouzic, den er mir gab, beschrieb den französisch-korsischen Schmuggel in Südostasien vom Zweiten Weltkrieg bis 1971.[2] Als ehemaliger französischer Kommandant und Berater der südvietnamesischen Sonderpolizei blieb Le Rouzic wie Segui in Indochina und schloss sich einer Bande an, die mit Gold, Edelsteinen und Drogen handelte. Le Rouzic wurde 1966 wegen der Entführung eines Banklieferwagens verhaftet. Seine Schmugglerrivalen hatten ihn verraten, und aus Rache enthüllte er 1971 in seinem Bewerbungsschreiben an die französische Polizei ihre Organisationen und Aktivitäten.

Das FBN war über dieses französische Netzwerk und seine thailändischen Partner gut informiert. In seinem Bericht von 1959 (siehe Tag 21) schrieb Garland Williams, er sei von thailändischen Beamten gewarnt worden, dass jede Einmischung der USA in die umfangreichen Drogenoperationen des thailändischen Militärs dazu führen würde, dass die USA aus dem Land geworfen würden. Die Thailänder gaben chinesischen Schmugglern die Schuld, doch Williams betonte die zentrale Rolle der Franzosen, deren Fluggesellschaften von Birma und Indochina nach Bangkok, Singapur und Hongkong flogen und die „hartnäckige Großkriminelle mit französischer Staatsangehörigkeit in New York City" belieferten.

Als französischer Muttersprachler gelang es Habib leicht, in die französischen Netzwerke einzudringen, indem er Spuren verfolgte, die FBN-Agenten seit den frühen 1920er Jahren generiert hatten. Nachdem er im Januar 1966 mit Bill Young gesprochen hatte, versuchte er sogar, eine kontrollierte Lieferung von zwei Tonnen Opium nach Saigon zu organisieren. Dabei arbeitete er mit dem Kommandeur der militärischen Sondereinheit des US-Geheimdienstes in Bangkok, Colonel George Jewell Iles, einem ehemaligen Tuskegee-Flieger, zusammen. Ihr Agent war ein stellvertretender Sekretär an der südvietnamesischen Botschaft in Bangkok. Generalmajor R. G.

---

[1] Siehe Wikipedia und IMDB Pro bzgl. Pierre Segui
[2] Siehe Valentine Drug Collection beim National Security Archive oder online im Internet Archive bzgl. Habib und Rouzic.

196

Stilwell, CIA-Stationschef Red Jantzen und Botschafter Graham Martin genehmigten die Operation. Der Polizeichef Südvietnams, General Nguyen Ngoc Loan, erhob jedoch Einspruch und behauptete, die Quelle sei ein prominentes Mitglied eines kommunistischen Netzwerks, das von Laos, Thailand und Malaya aus operierte. Im September 1966 wurde Habibs verdeckte Operation vom CIA-Beamten Thomas Lucid beendet und von General Loan übernommen.

Habib, der nun sowohl aus Vietnam als auch aus Laos verbannt war, begab sich nach Hat Yai in Thailand, auf der anderen Seite der Halbinsel von Phuket, um eine thailändische Schmuggeloperation zu stören, die sich von Malaya bis nach Singapur und Hongkong erstreckte. Nach einem Monat hatte Habib den komplizierten Fischereischiffsverkehr von Thailand in Richtung Süden nach Malaya kartografiert. Doch als er den thailändischen Beamten seine Beweise vorlegte, lachten sie ihm ins Gesicht und schlugen vor, die 7. Flotte sollte nach all den Fischerbooten im Golf von Siam durchsuchen. Sie hatten nicht die Zeit dazu.

Auf jeden Fall hatte Habib die Gemüter erregt, und der „Opiumkrieg" von 1967 in Laos hatte den Drogenhandel publik gemacht, so dass Loan und sein Chef General Ky gezwungen waren, ihre Drogenschmuggeloperationen neu zu organisieren. Nach Angaben von Le Rouzic war Nguyen Van Thoai, der Luftattaché der südvietnamesischen Botschaft, ihr Kontakt in Bangkok. Der hochrangige Armeeoffizier Thoai wurde in Laos geboren und hatte während seiner gesamten Laufbahn für General Ky gearbeitet. Zu Thoais Kontakten gehörte auch Pierre Segui, der über diplomatische Kanäle mit Rauschgift versorgt wurde. Die Bezugsquelle war Heng Thong, dessen Pepsi-Abfüllanlage in Vientiane mit US-AID-Geldern finanziert worden war und als Deckmantel für den Kauf von Chemikalien diente, die für die Heroinverarbeitung benötigt wurden. Der Sohn von Premierminister Souvanna Phouma, Panya, hatte das Geschäft mit US AID eingefädelt. Nach Angaben von Le Rouzic lebte Hengs Schwägerin in den USA und half beim Vertrieb des Produkts. Herr Heng und sein Schwiegervater gehörten laut Le Rouzic zu dem chinesischen kommunistischen Netzwerk, das Ky and Loan zu wirtschaftlichen, politischen und spionagetechnischen Zwecken schützen wollte.

Le Rouzic enthüllte, dass Vang Paos persönlicher DC3-Pilot Herr Savoy war; dass zwei Asiaten unter der Leitung von Herrn Danis bei Air Laos Commerciale Styroporpakete voller Rauschgift in den Golf von Siam abwarfen; dass das Verladen der Waren auf sechs Militärflughäfen stattfand; und dass thailändische Generäle in Bangkok Schutz boten, wo Ladungen verschifft wurden, die nicht als Teil von General Kys Franchise in Südvietnam den Luftraum erhalten hatten.

Segui arbeitete vor allem für den Syndikatsboss Paul Levet in Singapur, der Lieferungen nach Deutschland, Frankreich, Kanada und in die USA organisierte. Bevor er sich in Bangkok niederließ, hatte Levet in Phnom Penh und davor in Saigon gelebt. Le Rouzic nannte alle Piloten und beschrieb alle Flugzeuge, Autos, Fahrer, Versteckmethoden und Schmuggelrouten nach Südvietnam durch Kambodscha, vor allem durch das Fishhook-Gebiet, wo Kambodscha in die Provinz Tay Ninh in Vietnam hineinragt.

Eine Bande französischer Schmuggler fuhr von Vientiane zu einem Hotel in Phnom Penh und von dort zu chinesischen Geschäftspartnern in Saigon. Andere Bandenmitglieder fuhren von Kratie in Kambodscha zu den in französischem Besitz befindlichen Tee- und Kautschukplantagen in Südvietnam. Auf beiden Routen wurden sie von Laoten, Kambodschanern und Vietnamesen unterstützt, die auf schnelles Geld aus waren. Zivile Flughäfen waren jedoch zu gefährlich, so dass die Piloten der Bande ihre Waren auf Militärflughäfen abholten. Ein Mitglied der Bande, Rolf Small, alias Ange Simonpierri, war ein französischer Geheimagent, der Amerikaner in Udorn und Bangkok anheuerte. Und das alles, während um sie herum der Krieg tobte.

Im Rahmen der Ky-Loan-Umstrukturierung im Jahr 1967 gründeten der laotische General Ouane und Herr Heng die Air Vientiane in Ban Quan bei Houei Sai. Sie vergrößerten den Flugplatz und begannen mit der Verschiffung von Tonnen von KMT-Opium. Le Rouzic zitierte Henri Flammant in Vientiane, der eine amerikanische Import-Export-Firma leitete, die mit Pierre Segui über Handelsfirmen in Bangkok zusammenarbeitete, darunter eine Tiefkühlfischfirma wie die von Bill Redel. Willis Bird soll daran beteiligt gewesen sein. Le Rouzic stellte fest, dass der Verkauf von gefrorenen Shrimps an Gastronomen wie Segui profitabler war als Drogen.

Falls es irgendeinen Zweifel gab: Es geht nur um die Benjamins.

Pierre Segui ist aus einem bestimmten Grund etwas Besonderes: 1978 wählte Michael Cimino ihn für die Rolle des Julien aus, des Champagner trinkenden französischen Zuhälters in *The Deer Hunter*. Julien taucht auf, kurz nachdem Nick (Christopher Walken) einen Schuss gehört hat. In Saigon, wo er sich von einer Kriegsgefangenschaft erholt, in der er gezwungen wurde, Russisches Roulette zu spielen, geht Nick wie in Trance auf das Geräusch zu. Er stürzt in eine dunkle Gasse und trifft auf Julien, der in einem neuen Cabrio vor einer Spielhölle sitzt, in der Männer Russisches Roulette um Geld spielen, während Zuschauer, darunter Nicks Jugendfreund Mike (Robert DeNiro), Wetten abschließen. Julien lockt den unschuldigen Nick in sein Versteck, macht ihn heroinabhängig und verwandelt Nick in einen professionellen Russisch-Roulette-Spieler.

Nicks Abstieg in den asiatischen Wahnsinn durch die Hände eines lasziven Franzosen ist in Ciminos Film eine Metapher dafür, warum Amerika den Vietnamkrieg verloren hat. David Munros Partner beim Filmemachen, John Pilger, führt in einer Rezension des Films mit dem Titel „The Gook Hunter" die Entmenschlichung der Asiaten in dem Film auf Ciminos Rassismus zurück – wobei Rassismus die wahrscheinlichere Erklärung dafür ist, warum Amerika den Krieg verloren hat. Aber Rassisten können es nicht zugeben. Wie „Cowboys und Indianer"-Maestro John Ford fabrizieren moderne rassistische Amerikaner – darunter die Regisseure Cimino, Francis Ford Coppola und Sly „Rambo" Stallone – immer noch einen „Sicherheitsvorhang aus Geschichten und Dialogen, (der) zwischen ihrer (superpatriotischen) Intelligenz und ihrem Begehren fällt".

Bangkoks Patpong-Viertel hat schon immer die sexuellen Fantasien westlicher Männer bedient. Aufgrund der großen Nachfrage entwickelten sich zwei parallele Straßen, eine für schwule Männer und eine für japanische Männer. Die 1969 gegründete Madrid Bar, in der ich mit Jack Shirley verabredet war, behauptet, die älteste ununterbrochene Ex-Pat-Bar in der Patpong Road zu sein. Laut Harry Aderholt, einem Offizier der Luftwaffe, der 1967 das 56. Luftkommando-Geschwader auf dem thailändischen Luftwaffenstützpunkt Nakhon Phanom kommandierte, saß Shirley jeden Tag von mittags bis Mitternacht im Madrid. Andere sagten, dass Shirley die Schwester des erwähnten Udom nur zum Schein geheiratet habe, und dass er sich, nachdem er sich zugedröhnt hätte, in die Schwulenzone von Patpong begäbe.

Ich hatte schon früher CIA-Beamte in Bars getroffen. An Tag 8 erwähnte ich mein mitternächtliches Treffen mit John Muldoon in der Bar am Tenley Square. Das Gespräch mit Shirley fand ebenfalls in einer Bar statt, aber diesmal war ich Tausende von Meilen von zu Hause entfernt und hatte kein Glück. Das Madrid hatte auf der einen Seite Kabinen, auf der anderen eine Bar und an den Wänden Fotos von Air America-Piloten und CIA-Spionen. Shirley erkannte mich sofort, und das Gespräch fing gut an. Ich fragte ihn, woher er stamme, und er sagte Maine. Ich fragte, wie seine Nachbarn reagierten, als er nach Hause kam. „,Bist du noch in der Armee, Jack?', fragten sie. ,Jawohl', antwortete ich."

Shirley schlug vor, über die Straße zu Izzy's zu gehen, um etwas zu trinken. Es war eine J-förmige Bar, und wir setzten uns an das kurze Ende neben der Tür. Ich fragte ihn nach seiner CIA-Karriere. Wie Lair war er in den frühen 1950er Jahren nach Thailand gekommen. Er sagte, er sei der dritte

Sachbearbeiter im Land gewesen und habe in ganz Thailand Ausbildungslager für BPP- und PARU-Einheiten eingerichtet. Ich fragte mich, ob er beim Aufbau eines Stützpunktes in Aranyaprathet geholfen hatte, was wahrscheinlich schien, da sich Aranyaprathet an der Verbindungsstraße zwischen Bangkok und Siem Reap befindet, der Stadt, die Angkor Wa am nächsten liegt – der alten Seidenstraße. Ich wusste, dass er den Bau des Camp Surat Sena, 20 Meilen östlich von Phitsanulok, beaufsichtigt und es bis 1963 zusammen mit Arthur Elmore geleitet hatte. Das von Air America betriebene „Pitts Camp" wurde unter Shirley zu einem Ausbildungszentrum für unkonventionelle Kriegsführung für Drittstaatsangehörige, darunter Laoten, Hmong und Kambodschaner. Es war auch ein Hafen für Attentäter und Schmuggler, obwohl Shirley das nicht sagte.

Shirley unternahm 1964 und 1965 einen Einsatz in Vietnam. Von Can Tho aus, dem wichtigsten CIA-Stützpunkt in den südvietnamesischen „Delta"-Provinzen, rekrutierte er Agenten, baute Agentennetze auf und führte Khmer-Söldnerteams nach Kambodscha.

Shirley war ein guter Geschichtenerzähler, aber ein übler Trinker. Auch körperlich war er abstoßend: klein und dick mit einer langen Nase, die fast seine Oberlippe berührte. Je mehr er trank, desto mehr schimpfte er darüber, dass Liberale, die Medien und die Friedensbewegung den Krieg verloren hätten. Er konnte erkennen, dass ich einer von ihnen war. Er war verbittert und brachte mir dies zur Kenntnis.

Der studentische Aktivismus in Thailand hatte in den 1960er Jahren dank der boomenden Kriegswirtschaft, die mehr Hochschulen hervorbrachte, zugenommen. Als die thailändischen Studenten mit der maoistischen Theorie in Berührung kamen, begannen sie, gegen die pro-amerikanische Politik der Regierung zu protestieren. Wie jeder Konservative, z. B. der Gouverneur von Florida, Ron DeSantis, bestätigen kann, ist eine kritische Analyse niemals der Freund eines Rassisten oder Imperialisten, und Leute wie Shirley hassten sie. Vor allem, wenn sie von neugierigen linken Reportern präsentiert wird. Wie französische Schmuggler mögen es auch ehemalige CIA-Beamte nicht, wenn sich liberale Reformer in ihr Revier einmischen.

Shirley hasste vor allem Bill Young. Er meinte, Young sei kein Amerikaner. „Er ist ein Thailänder", sagte er abschätzig. Er erzählte verleumderische Geschichten über Young und die Geschlechtskrankheiten, die ich nicht wiederholen werde, da ich den Hauptbestandteil dieses Themas im Zusammenhang mit der CIA bereits angesprochen habe.

Ich wollte ihn noch mehr über seine Arbeit in Kambodscha und Aranyaprathet fragen, aber das Gespräch wurde unterbrochen, als ich nach dem Drogenschmuggel der CIA fragte. Er wusste, dass Poshepny und Young mit mir darüber gesprochen hatten, aber er selber war nicht darauf aus. Er lehnte sich zurück, starrte mich an und sagte: „Ich wusste, dass Sie das wissen wollten. Das Gespräch endet hier." Er grinste und sagte: „Warum beißt du dir auf die Unterlippe? Jetzt bist du wohl nicht mehr so hart, was?" Er lächelte verschmitzt.

Ich dachte darüber nach, meinen Fuß um das nächste Bein seines Barhockers zu winden und es unter ihm wegzuziehen, aber die verängstigte Bardame schüttelte den Kopf: „Nein." Außerdem war ein junger Mann, der offensichtlich im japanischen Shorinji-Kempo-Tempel von Do Shin So in Attentätertechniken ausgebildet worden war, aus einer Kabine herausgetreten und nahm mit ausgestreckten Armen eine bedrohliche Kampfsporthaltung ein.

„Kauf mir ein Bier", sagte Shirley fröhlich. „Dann geh."

Ich sah die Bardame an, legte einen Stapel Baht auf den Tresen und sagte: „Kauf Jack und seinem Freund ein Bier, geht auf mich." Dann drehte ich mich um und verließ zügig die Bar, wobei ich gleichermaßen Angst, Erleichterung und Demütigung empfand.

Ein berühmter Schriftsteller beschrieb Spione einmal als „einen Haufen zwielichtiger, schäbiger Bastarde – kleine Männer, Säufer, Schwule, unterdrückte Ehemänner, Beamte, die Cowboy und Indianer spielen, um ihr verkommenes kleines Leben aufzuheitern". Shirley entsprach ziemlich genau dieser Beschreibung.

Als ich zügig die belebte Patpong Road hinaufging, schienen mich alle anzustarren. Ich nahm keinen Augenkontakt auf. Den weiten Weg auf sich genommen zu haben, um mit Shirley zu sprechen, erschien mir bestenfalls dumm. Ich beschloss, nicht noch einmal in die Soi Cowboy zu gehen, um nach Landry zu suchen. Mein Plan war, morgen zum Juwelierladen Venus zu gehen, meine Verpflichtung gegenüber Munro zu erfüllen und dann nach Hause zu fahren.

Tag 24: Die Venus-Spionagefalle
Montag, 11. März 1991

„Der Mond in Steinbock steht in Konjunktion mit dem Nordknoten.

Er steht auch im Quadrat zu deinem Geburts-Mond in Widder.

Welche Lektionen hast du gelernt?

Was wirst du tun?"

Ich hatte gehofft, dass Jack Shirley neue Informationen über die Aktivitäten der CIA in Kambodscha liefern würde, aber das war nicht der Fall. Mein Problem, so vermutete Helen, hatte mit meinem Nordknoten zu tun – dem mathematischen Punkt, an dem der Mond auf seiner Umlaufbahn die nördliche ekliptikale Hemisphäre durchquert. Der Nordknoten steht für die unangenehmen Lektionen, die man in diesem Leben lernen muss. Wenn der Mond und der Nordknoten ihre Energien verschmelzen, wie es hier der Fall war, wird die höhere ästhetische Bestimmung des Menschen deutlich. Mein Geburts-Nordknoten in Widder (Individualität) im 7. Haus (soziales Leben) bedeutet, dass ich die Gabe der Diplomatie habe und manchmal Menschen manipulieren kann. Der Trick besteht darin, einen Höhenflug der Selbstüberschätzung zu vermeiden, der dann in einen Absturz mündet. Und ich fühlte mich ein wenig verkohlt, nachdem mir Phuket und dann Shirley gezeigt hatten, dass nicht jeder auf meinen Charme hereinfällt.

Ein bellender Hund und das unaufhörliche Geschnatter eines verrückten Papageis auf der Straße unter mir hielten mich fast die ganze Nacht wach und ich fragte mich, was ich nach 24 Tagen im Ausland sonst noch gelernt hatte und was ich damit anfangen sollte. Ein Buch? Ich wandte mich den naheliegenden Sachen zu und nahm am Vormittag ein Tuk Tuk zur von Bäumen gesäumten Wireless Road und zum Venus-Juweliergeschäft, einem schäbigen Laden in einer kurzen Ladenzeile zwischen der US-Botschaft und den Gebäuden der US Military Advisory Group.

Als Fassade für ihre illegalen Geschäfte hatten französische Banditen eine Reihe von Juweliergeschäften in ganz Südostasien betrieben. Eine Bande, so Le Rouzic, betrieb hinter einem Juweliergeschäft in Vientiane eine Heroinverarbeitungsanlage. Zu der Bande gehörten die Frau des laotischen Justizministers, ein hoher General, ein ehemaliger französischer Konsul und Premierminister Souvanna Phouma. Eine weitere Kette von Juweliergeschäften erstreckte sich von Vientiane nach Saigon, Phnom Penh, Bangkok, Singapur und Hongkong. Diese Bande stützte sich auf die Laos Air Charter Society, die von Henri Flammant und dem Schwager von Nguyen Van Thoai geleitet wurde.

Die meisten Netzwerke waren 1991 noch in Betrieb und sind es wahrscheinlich auch 2023 noch, obwohl ihre verschiedenen Tarnunternehmen – von Tiefkühlfischexporteuren über

Bauunternehmen bis hin zu Juweliergeschäften – inzwischen von ihren staatlichen Sponsoren mit computergesteuerten unterirdischen Bunkern und Kabelleitungen zu Spionagezentren in Botschaften und Militäreinrichtungen modernisiert wurden – wie die Einrichtung in der Wireless Road.

Das Juweliergeschäft Venus wurde 1966 gegründet, zu einer Zeit, als Green Berets, die für die CIA arbeiteten, routinemäßig mit C-130-Blackbirds von Südvietnam nach Bangkok flogen, wo sie Seide, Jade, Edelsteine, Gold, Antiquitäten und Drogen kauften, die sie oftmals in „Palasthund"-Statuen versteckten (Nachbildungen von „Foo Dogs", die auf beiden Seiten von Tempeleingängen stehen. Secord hatte eine in seinem Wohnzimmer, die er BUF nannte – big ugly fucker). Die Green Beanies machten sich auf den Weg zurück nach Vietnam, wo sie ihre Beute auf dem Schwarzmarkt verkauften. Um die Beanies vor den Kriminalermittlern der Armee zu schützen, versorgte die CIA sie mit MACV-„Komm-aus-dem-Gefängnis-frei"-Karten.[1] Der Punkt ist, dass selbst professionelle US-Soldaten einen Anreiz brauchten, um in ihrem schändlichen Vietnamkrieg zu kämpfen.

Wie Hubert (gespielt von Schauspieler/Regisseur Christian Marquand), der Plantagenbesitzer in *Apocalypse Now*, zu Willard (Martin Sheen), dem Attentäter, sagte: Die Franzosen haben in Indochina „etwas aus dem Nichts geschaffen. Aber ihr Amerikaner, ihr kämpft für das größte Nichts der Geschichte!"

Pierre Segui, der in *Apocalypse Now* eine kleine Rolle in Huberts Miliz spielte, hat sicherlich über diesen Satz gelacht. Was wussten die Amerikaner über Indochina? Was hatten sie dort zu suchen?

Ich hatte auch keine Ahnung, wonach ich in dem Juweliergeschäft Venus suchte. Einem Armee-Auditor zufolge, den David Munro über Bobby Muller (Mitbegründer der Internationalen Kampagne für das Verbot von Landminen) kennengelernt hatte, war das Geschäft der Sitz eines Netzes von Sondereinsatzkräften, die, sobald sie in den Club aufgenommen waren, ihre Visitenkarten feierlich in einer Glasvitrine in der Mitte des Ladens ablegten. Ringe, Halsketten und Armbänder wurden in Glasvitrinen an den Wänden angeboten. Der Filialleiter stand hinter der Kasse und beobachtete mich auf Schritt und Tritt, während ich die Visitenkartenvitrine umrundete und Namen aufschrieb, die auf eine Beteiligung in Kambodscha hindeuteten. Es dauerte nicht lange, bis er mich mit Rufen und Drohungen hinausjagte.

Wieder nachdenklich gestimmt, aß ich in einem Restaurant nebenan knusprigen Reissalat mit gesäuerter Schweinefleischwurst in Chaplu-Blättern und ging dann zum Pförtnerhaus der US-Botschaft, wo ich darum bat, den DEA-Attaché, Tom Becker, zu sehen. Aber ich hatte keinen Termin, und der Marine-Pförtner sagte, nachdem er mit jemandem im DEA-Büro gesprochen hatte, Becker sei in Chiang Mai. Ich bat sie, nachzusehen, ob er sich unter seinem Schreibtisch versteckte.

Als Junior-CIA-Beamter in Vietnam war Becker Cong Tac 4 zugeteilt worden, einem experimentellen Programm, das Phoenix vorausging, aber den gleichen Zweck hatte – feindliche Kader zu identifizieren und zu neutralisieren, insbesondere Sappeure, die Bomben nach Saigon bringen. Becker richtete das rudimentäre Ausweissystem von CT 4 ein, das Evan Parker in das Phoenix-Programm integrierte, ebenso wie die Büroräume von CT 4. Becker war einer von Dutzenden von CIA-Beamten, die in die DEA eingeschleust wurden, als der Vietnamkrieg zu Ende ging. Als Amateurschauspieler hatte Becker, während er auf einer früheren DEA-Tour nach Bangkok versetzt wurde, eine kleine, aber denkwürdige Rolle in *The Deer Hunter*. Becker spielte den Arzt, der Nick aus dem Armeekrankenhaus entlässt, wo er wegen Kriegsmüdigkeit behandelt wurde.

---

[1] MACV: Military Assistance Command Vietnam (Anm. d. Übersetzers).

„Sind Sie Nikanor Chevotarevich?", fragt er Nick, der einen Patienten ohne Arme anstarrt und dann sagt: „Ja."

„Sind Sie sicher?" fragt Becker, als ob sich jeder, der an dem Völkermord in Südostasien beteiligt war, daran erinnern würde, wer er war. Es wäre hilfreich gewesen, mit Becker zu sprechen, aber meine letzten beiden Tage in Bangkok waren ein Reinfall. Keine Geschichten zu erzählen. Am Montag schlenderte ich durch die Geschäfte, aß Pizza zum Abendessen und ging früh ins Bett.

Das Herumschlendern in Vietnam und Thailand hatte mich viel gelehrt, und ich war bereit, nach Hause zu fahren und darüber zu schreiben. Das Einzige, was ich bedauerte, war, dass ich Munro nicht helfen konnte. In diesem und den nächsten beiden Kapiteln werde ich also berichten, was ich über die Verbrechen der CIA in Kambodscha gelernt habe, dem Land, das in vielerlei Hinsicht das Herz Südostasiens und meiner Saga ist.

Das alte Khmer-Reich umfasste Teile von Malaya, Laos, Thailand und Südvietnam, wo sein Einfluss bis heute anhält. Die erste Legende von Nui Ba Den stammt von den Khmer und handelt von einer Gottheit, die ihre Fußabdrücke auf den Bergfelsen hinterließ. Im Laufe der Zeit verdrängten Krankheiten und der Theravāda-Buddhismus die hinduistischen Herrscher aus ihrer ausgedehnten Hauptstadt Angkor, wo sich das berühmte Wat mit seinen mystischen Sanskrit- und Khmer-Inschriften und Statuen hinduistischer und lokaler Gottheiten befindet. Der umliegende Dschungel verschlang den Palast, doch der Tonle Sap, der größte Süßwassersee Südostasiens, blieb das wirtschaftliche und spirituelle Herz des Khmer-Volkes, von dem viele noch immer den indischen Prinzen und die Schlangenfrau verehren, die als Vorfahren aller Khmer-Völker gelten.

Seit dem Beginn ihrer Besetzung Kambodschas im Jahr 1866 stützten die französischen Kolonialisten die Monarchie und bauten Straßen, um Zugang zu den natürlichen Ressourcen zu erhalten, die nur darauf warteten, geplündert zu werden. Eine Hauptroute führt von Siem Reap gen Westen nach Aranyaprathet an der thailändischen Grenze. Siem Reap, die zweitgrößte Stadt Kambodschas, liegt in der Nähe von Angkor Wat an der nordwestlichen Spitze des Tonle Sap, eines riesigen Feuchtgebiets, das reich an Fischen, Vögeln und Wildtieren ist. Eine weitere Handelsroute führt von Siem Reap nach Osten zu Kambodschas größter Stadt und Hauptstadt Phnom Penh am östlichen Rand des Tonle Sap. Von Battambang, der wichtigsten Reisanbauregion im westlichen Teil des Landes, führen Routen nach Osten und Westen. Der Mekong fließt durch den Osten Kambodschas nach Vietnam und bildet südlich von Saigon ein riesiges Delta.

So wie sich die Briten in Birma und Malaya auf importierte indische Arbeitskräfte verließen, setzten die Franzosen vietnamesische Arbeiter ein, um schwimmende Fischerdörfer auf dem Tonle Sap zu errichten und Reparaturwerkstätten und andere kleine Unternehmen zu betreiben. Chinesen aus Übersee waren die Mittelsmänner im regionalen Handel, wobei die französischen Pohbahs an der Spitze der Nahrungskette standen.

Mit Hilfe von Netzwerken, die von OSS-Beamten in Laos, Thailand und Vietnam aufgebaut worden waren, rekrutierte die CIA einflussreiche Kambodschaner, um die Franzosen, aber auch chinesische und vietnamesische Kommunisten auszuspionieren. Die CIA beschäftigte auch taiwanesische Kaufleute und Bankiers. Es wurden schwache Propagandaprogramme gestartet, aber die Macht der USA beruhte auf Waffen- und Öllieferungen, die zusammen mit den Beratern der Universität von Georgia als Deckmantel für einseitige CIA-Operationen dienten. Katholische Missionare erstatteten den Franzosen Bericht, und als um 1955 die Klinik von Tom Dooley eingerichtet wurde, sah man sie zu Recht als Tarnung für CIA-Spione an.

Kambodscha ist buddhistisch mit starken animistischen Kulten. Unter französischer Herrschaft waren die Menschen, abgesehen von den Monarchen, Bauern, Mönche oder französisch ausgebildete Beamte mit wenig Macht. Die Alphabetisierungsrate war niedrig und es gab nur wenige Revolutionäre.

Ein prominenter Nationalist, Son Ngoc Thanh, gab in den 1930er Jahren eine antivietnamesische, antimonarchistische und antifranzösische Zeitung heraus. Thanh wurde in Vietnam als Sohn eines Khmer-Vaters und einer chinesisch-vietnamesischen Mutter geboren und erhielt seine Ausbildung in Saigon und Paris. Als glühender Antikommunist bildete er im Zweiten Weltkrieg eine Fraktion der Bewegung der Freien Khmer, stellte sich jedoch auf die Seite der Japaner, selbst nachdem diese die Vichy-Franzosen gezwungen hatten, die kambodschanischen Provinzen Battambang und Siem Reap an Thailand abzutreten. Die Japaner machten Thanh als Gegenleistung für seine Komplizenschaft zum Premierminister, und im Gegenzug verbannte ihn König Norodom Sihanouk nach Frankreich, als die Alliierten 1945 Phnom Penh besetzten. Zu diesem Zeitpunkt begannen die USA mit ihren Bemühungen, Sihanouk zu stürzen. Thanhs Anhänger flohen in den Dschungel bei Siem Reap, wo die USA und ihre thailändischen Verbündeten sie in der ersten Khmer Serai-Miliz organisierten.

Interne Spaltungen wurden 1949 leichter ausnutzbar, als Frankreich Indochina in Laos, Kambodscha und Vietnam aufteilte und zwei östliche kambodschanische Provinzen an Vietnam abtrat, das bereits eine große Khmer-Bevölkerung südlich und westlich von Saigon hatte. In der Zwischenzeit gründeten die Freien Khmer das Khmer People's Liberation Committee mit Dap Chhuon als Präsident. Als charismatischer Führer, dessen Sekte glaubte, er sei unempfindlich gegen Kugeln, wurde Chhuon zum bevorzugten Mann der CIA bei ihren frühen Bemühungen, den Neutralisten Sihanouk zu stürzen, die Franzosen zu unterwandern und die Nationalisten der Vietminh in Kambodscha zu unterdrücken.[2]

Die CIA beschäftigte auch Sihanouks Feind Thanh. Als sein Aufenthalt in Frankreich 1950 endete, errichtete Thanh sein Hauptquartier in der Nähe von Angkor Wat. Seine von den Thais und der CIA bewaffnete Miliz zählte bis Juli 1953, als Frankreich Kambodscha die Unabhängigkeit gewährte, 100.000 Mann. Thanhs Khmer Serai waren auf beiden Seiten der vietnamesischen Grenze und im Nordwesten Kambodschas stationiert. Zu dieser Zeit begannen CIA-Beamte, die muslimische Cham-Bevölkerung Vietnams sowie die Sekten Hoa Hao und Cao Dai zu rekrutieren.

Sihanouk kontrollierte noch immer das Militär, die Polizei, die Gerichte und die Wirtschaft, doch nachdem er im März 1956 Peking besucht hatte, begannen die USA, seinen Tod zu planen. Das erste Komplott wurde von der CIA, dem Office of Special Operations des Verteidigungsministeriums und den US-Botschaftern in Kambodscha und Saigon geleitet. Die Aufgabe wurde dem Psywar-Guru Ed Lansdale übertragen. Lansdale, der Inbegriff des amerikanischen Psychopathen, der sich als Pfadfinder ausgab, erlangte Berühmtheit als Vorbild für Colonel Hillandale in dem 1958 erschienenen Roman *The Ugly American* von Eugene Burdick und William Lederer. Wie Lansdale es auf den Philippinen und in Vietnam getan hatte, nutzt Hillandale in dem Roman wirtschaftliche Hilfe und medizinische Organisationen als Tarnung, um in einem armen asiatischen Land psychologische Kriegsführung und Anti-Guerilla-Kriegsführung zu betreiben. Marlon Brando spielte 1963 die Hauptrolle in dem gleichnamigen Film.

Da Lansdale bereits 1944 für das Militär mit der Bergung von Kriegsgefangenen im Pazifik zu tun hatte, war er für mich von besonderem Interesse. In der Annahme, er könnte etwas über das Kriegsgefangenenlager wissen, in dem mein Vater gefangen gehalten wurde, schickte ich ihm 1985 ein Exemplar von *The Hotel Tacloban*. Er leugnete zwar nicht die Existenz des Lagers, äußerte aber

---

seine Überzeugung, dass die Militärs meinem Vater nicht mit der Hinrichtung gedroht hätten, wenn er keine Geheimhaltungserklärung unterzeichnet hätte.[3]

Es ist schwer, irgendetwas zu glauben, was Lansdale je gesagt hat. Seine Psychokriegskampagnen beruhten auf Täuschung, vor allem auf der Fiktion, dass Bauern, die für eine Landreform kämpften, Werkzeuge des Sowjetkommunismus waren. Als Meister der „schwarzen Propaganda" schuf Lansdale Anfang der 1950er Jahre auf den Philippinen ein „Psywar"-Bataillon, das mit Kameras und Tonsystemen ausgestattet war, mit der Regiekunst eines John Ford. Das Psywar-Battalion sollte in ein von Rebellen kontrolliertes Gebiet eindringen und sich dann in zwei Teile aufteilen. Die eine Hälfte gab sich als Rebellen aus und terrorisierte die Bauern, während Lansdales Team die Aktion filmte. Während die Kameras liefen, stürzte die andere Hälfte herbei und verjagte die Bösewichte.

Es folgten politische Reden nach Drehbuch, und dann zog der Zirkus zum nächsten „Schauplatz" der Operationen weiter. Nach seiner äußerst erfolgreichen Aufstandsbekämpfung auf den Philippinen brachte Lansdale auf Geheiß von Außenminister John Dulles und CIA-Direktor Allen Dulles seine fröhliche Bande philippinischer Halsabschneider, getarnt als medizinisches Team vom Typ Tom Dooley, unter dem Namen Operation Brotherhood nach Südvietnam.

Die Dulles-Brüder waren von Lansdale so begeistert, dass sie 1954 eine Militärmission in Vietnam einrichteten und Lansdale zu deren Leiter machten. Eine seiner Aufgaben war es, die Katholiken, die sich nach der Teilung des Landes durch das Genfer Abkommen von 1954 im kommunistisch kontrollierten Norden befanden, davon zu überzeugen, nach Süden zu ziehen. Die 750.000 Katholiken, die Jesus in den Süden folgten, verdrängten nicht nur viele ansässige Buddhisten, sondern wurden auch zur Vorhut des von den USA geplanten Krieges gegen die Nationalisten der Vietminh. Nach der Schaffung des katholischen Ngo-Regimes durch gefälschte Wahlen und der Annullierung der in den Genfer Vereinbarungen für 1956 vorgesehenen Wahlen zur Wiedervereinigung (die Ho Chi Minh mit einem Erdrutschsieg gewonnen hätte), besetzten die USA das Ngo-Regime und das Militär mit Katholiken.

Die Aufgabe des „Nation Building" und des Schutzes des US-Regimes wurde der Michigan State University Group übertragen, die die Bemühungen der Universität von Georgia in Kambodscha und des MIT in Indonesien wiederholte. Die MSUG kam 1955 in Saigon an, um ein umfangreiches Programm zur „technischen Unterstützung" zu verwalten, das sich auf vier Bereiche konzentrierte: Finanzen und Wirtschaft, Polizei und Sicherheitsdienste, öffentliche Information und öffentliche Verwaltung. In den folgenden sieben Jahren sollte die Polizeiverwaltungsabteilung des MSUG CIA-Beamte decken, während sie 15 Millionen Dollar ausgab, um die Programme der vietnamesischen Regierung für die innere Sicherheit zu verstärken.

Im Juni 1957, nachdem er Vietnam verlassen hatte, wurde Lansdale als Stellvertreter von General Graves Erskine im Office of Special Operations (OSO) des Verteidigungsministeriums eingesetzt. Erskine, ein Marine-Veteran, der in den 1930er Jahren in China gekämpft hatte, war ein Filmliebhaber, der 1949 als technischer Berater am Set des ikonischen John-Wayne-Films *The Sands of Iwo Jima* tätig war. Erskine, der auch die zentrale Rolle der kriminellen Unterwelt im dunklen Krieg zu schätzen wusste, half 1950 bei der Vermittlung des Deals zwischen General Phao in Thailand und KMT-General Li Mi in Birma und begründete damit das epische Drogenhandelsimperium der CIA.

---

[3] Siehe Wayne Drash, Thelma Gutierrez und Sara Weisfeldt, „WW II vet held in Nazi slave camp breaks silence: ‚Let it be known'", CNN, 11. November 2008 bzgl. Anthony Acevedo, mexikanisch-amerikanischer Kriegsgefangenschaft-Überlebender.

Erskines Office of Special Operations beaufsichtigte die Spezialeinheiten, überwachte die militärischen Psywar-Planungen, Operationen, Forschungen und Entwicklungen und leistete der CIA militärische Unterstützung auf Anweisung der hohen Industriellen-Kabale, die den Dunklen Krieg leitet. Das heißt: OSO wurde von „Jolly Roger" Kyes organisiert, einem leitenden Angestellten von General Motors, der von 1953 bis 1954 als stellvertretender Verteidigungsminister diente, als er Ruling Elder in der presbyterianischen Kirche wurde.

Damit niemand in die Irre geführt wird: Das US-Militär ist eine neokoloniale Macht, die von führenden Vertretern des US-Kapitalismus gelenkt wird: Zu den Verteidigungssekretären von 1951 bis 1967 gehörten der Direktor der National City Bank of New York, der Präsident von General Motors, der Präsident von Procter & Gamble und Robert McNamara, der die Ford Motor Company und dann während des Vietnamkriegs das Militär und die CIA systematisierte.

Mit der Unterstützung der Gebrüder Dulles, des Medienimperiums von Henry Luce, des *Time*-Kolumnisten Joseph Alsop und verschiedener Unternehmen wie PepsiCo wurde Lansdale zu einem politischen Entscheidungsträger hinter den Kulissen. Sein Fachwissen in Sachen Subversion und Attentate wurde hoch geschätzt, und die hohe Kabale folgte wahrscheinlich Lansdales Rat, als sie 1958 Thailand und Südvietnam anordnete, ihre Grenzen zu Kambodscha zu schließen. Daraufhin starteten Khmer-Milizen in Südvietnam und Thailand Guerillaangriffe, während von den USA beratene südvietnamesische Truppen und Flugzeuge in den Nordosten Kambodschas eindrangen, ihn bombardierten und neue Grenzmarkierungen errichteten.

Sihanouk knickte jedoch nicht ein. Stattdessen bemühte er sich um Hilfe aus China und versuchte, die Wogen zu glätten. Das war ein weiterer Fehler. Während Sihanouk im September 1958 in Washington mit Präsident Eisenhower zusammentraf, traf sich ein Mitglied seiner Delegation, Slat Peou, in einem New Yorker Hotelzimmer mit CIA-Beamten, um einen Staatsstreich zu organisieren. Der Plan sah vor, dass die Milizen von Son Ngoc Thanh in Thailand und Südvietnam Dap Chhuon zu Hilfe eilen sollten, sobald dieser einen Aufstand gegen Sihanouk anzettelte. Der CIA-Agent Victor Matsui, ein ehemaliger Nisei, sollte über seinen Hauptagenten Slat Peou die verschiedenen Fraktionen koordinieren.

Anfang Februar 1959 besuchte Lansdale Kambodscha als Teil einer gemeinsamen Delegation von Militär und Kongress, die den Auftrag hatte, ausländische Hilfs- und Militärprogramme in Südostasien zu prüfen. Während die hohen Tiere Angkor Wat bestaunten, schlich sich Lansdale zu einem Gespräch mit Chhuon davon. Lansdale hatte sich zuvor mit dem Drogenbaron Boun Oum getroffen, um sich dessen Unterstützung in Südlaos zu sichern. Unmittelbar nach diesen Treffen lieferte ein Flugzeug der Air Vietnam Funkgeräte, zwei südvietnamesische Funker und 270 Kilogramm laotisches Gold an Matsui und Chhuon in Siem Reap. Zusätzliches Material wurde aus Thailand eingeflogen.

Was Lansdale jedoch nicht wusste, war, dass Sihanouks von der Volksrepublik China beratene Sicherheitskräfte das Komplott aufgedeckt hatten. Sihanouks Polizei stürmte Chhuons Versteck und erwischte ihn und Matsui auf frischer Tat. Sihanouk behielt das Gold und die Funkgeräte und warf Matsui und die vietnamesischen Agenten der CIA aus dem Land. Slat Peou und Chhuon wurden hingerichtet.

Sechs Monate später versuchte die rachsüchtige CIA erneut, ein Attentat auf Sihanouk zu verüben. Die als Geschenk verpackte Bombe, die von einem US-Stützpunkt in Südvietnam geschickt wurde, tötete jedoch nur einen Berater des Königs und der Königin, die sich im Nebenzimmer befanden. Von 1954 bis zum Abbruch der diplomatischen Beziehungen 1965 vereitelten Sihanouks Sicherheitskräfte Dutzende von CIA-Verschwörungen und deckten Dutzende von CIA-Agenten auf, von denen viele unter dem „Hilfsprojekt" der Universität von Georgia an der kambodschanischen Hochschule für Landwirtschaft, Tierzucht und Forstwirtschaft versteckt waren.

Neue Gesichter wurden gebraucht, und 1961 kam der Beamte James R. Lilley in Phnom Penh an. Lilley wurde in Tsingtao, China, geboren, wo sein Vater in leitender Position bei Standard Oil tätig war, und hatte von Geburt an chinesische Bedienstete und ein chinesisches Kindermädchen. Er war der Inbegriff des elitären CIA-Beamter, der Buddhisten als faule, arbeitsunfähige Mystiker und Idioten betrachtete und Sihanouk als Playboy und Angeber verspottete. Aber Lilley sprach Mandarin und Französisch, hatte in Hongkong und Taiwan gedient und war hervorragend qualifiziert, den antikommunistischen Kreuzzug in Kambodscha anzuführen. Wie vier Jahre später in Laos rekrutierte er chinesische Kommunisten und chinesische Flüchtlinge sowie taiwanesische Spione und schickte sie verdeckt als legale Reisende nach China, mit dem Ziel, dass die Kommunisten zerschlagen würden und Standard Oil eines Tages wieder das Land regieren würde. Als Belohnung für seine Dienste für das Imperium ernannte Präsident George H. W. Bush Lilley zum Botschafter in China (1989-91).

Die CIA stolperte jedoch weiter. 1962 verhafteten Agenten der Volksrepublik China in Sihanouks Sicherheitskräften den CIA-Beamten Sam Hopler und beschuldigten ihn des versuchten Umsturzes der kambodschanischen Regierung. Hopler war als Beamter im Büro des Controllers der US-Botschaft aufgeführt. Sein südvietnamesischer Komplize, Le Cong Hoa, war Mitglied von William Colbys neu gegründeter Central Intelligence Organization. Sihanouks Polizei verfolgte Hoa bis zu einem Unterschlupf, wo sie seinen anderen Komplizen, den taiwanesischen Agenten Kwang Chu, verhaftete. Als Leiter der Vietnam-Abteilung im Hauptquartier beaufsichtigte Donald Gregg die Operation.

Hopler wurde aus dem Land geworfen und tauchte in Saigon als Berater der Special Branch wieder auf, die sich auf Operationen in Kambodscha konzentrierte. Nach seiner Pensionierung wurde er Richter in Nord-Virginia, wo er CIA-Praktikanten schützte, die bei Trainingsübungen ausrutschten und von der Polizei erwischt wurden.

Die Operationen der CIA waren überall von einer uneingeschränkten weißen Vorherrschaft geprägt. So waren die weißen Beamten beispielsweise von Sihanouks dunklen Gesichtszügen abgestoßen. Dies war nicht die Reaktion der Farbigen auf die Kambodschaner. In Wallace Terrys Buch *Missing Pages* (2007) berichtet der schwarze Korrespondent Ed Bradley von „der Ähnlichkeit", die er „zwischen Kambodschanern und Schwarzen, die ich in Philadelphia, Detroit oder New York kannte", festgestellt hat. Ein Kambodschaner sah aus wie seine Freundin Ann und ein anderer wie einer seiner Cousins.

Rassismus prägte die völkermordende Haltung der USA gegenüber Südostasiaten. Wie der Pogue Colonel in *Full Metal Jacket* (1987) berühmtermaßen zu Private Joker sagt: „Wir sind hier, um den Vietnamesen zu helfen, denn in jedem Schlitzauge steckt ein Amerikaner, der raus will."

„Aye-aye, Sir", antwortet Private Joker.

Der Regisseur von *Full Metal Jacket*, Stanley Kubrick, erinnerte an *The Sands of Iwo Jima*, indem er Private Joker John Waynes Stimme und Manierismen verspotten ließ. Auch Cimino in *Deer Hunter* machte sich über Wayne lustig. Die Wayne-Figur in *Iwo Jima* holt in Honolulu ein Bargirl ab und sie gehen in ihre Wohnung, aber der Beischlaf wird unterbrochen, als Big John im Nebenzimmer ein Kind weinen hört. In *Deer Hunter* ist eine kniende vietnamesische Prostituierte im Begriff, Nick zu befriedigen, der flieht, als er ihr weinendes Baby auf dem Boden sieht.

Obwohl Propagandafilme stets den Gentleman-Krieger zeigen, sind Krieg und Pornografie untrennbare Elemente des Militarismus und der Frauenfeindlichkeit, die die amerikanische Kultur kolonisiert haben. „I don't know but I been told, Eskimo pussy is mighty cold", singt der Drill-Sergeant, während Private Jokers Truppe durch den Marinestützpunkt joggt und seine Worte gedankenlos nachplappert.

Unterstützt von Evangelikalen, die glauben, dass Donald „Grab 'em by the pussy" Trump über enorme Mengen an „Shakti/Shiva"-Glück verfügt (wie sonst könnte jemand, der so dumm und korrupt ist, so reich sein und mit so vielen Verbrechen davonkommen?) und ihn als ihren neuen John Wayne verehren, verspottet Amerikas Militärkultur Schwäche mit zunehmend rassistischer, homophober und frauenfeindlicher Sprache. Die Evangelikalen verwenden dieselbe Sprache, mit der die CIA Sihanouk und jeden ausländischen und inländischen Feind seither entmenschlicht hat – der bockszahnige, kurzsichtige Japse ist der Inbegriff.

Die CIA war unerbittlich. Im April 1963 arrangierte sie die Ermordung des Friedenskandidaten Quinim Pholsena in Laos, und im Mai schickte sie KMT-Agenten los, um Sihanouk und Liu Shao Chi, den Präsidenten der Volksrepublik China, zu ermorden, während sie vom Flughafen nach Phnom Penh fuhren. Die KMT-Attentäter gruben einen Tunnel unter der Autobahn und platzierten von der CIA gelieferte Bomben. Aber wieder einmal vereitelten Agenten der VRC in Sihanouks Sicherheitskräften das Komplott.

Sihanouks Verbindungsmann zur US Military Assistance Advisory Group in Kambodscha, Lon Nol – nach Chhuon der wichtigste Mann der CIA – plädierte für die Freilassung der Attentäter, was Sihanouk auch tat, um die Spannungen zu verringern. Doch im Herbst 1963 ertappten seine Sicherheitskräfte CIA-Agenten dabei, wie sie Waffen an die Khmer-Serai-Kräfte innerhalb Kambodschas schmuggelten, was Sihanouk am 20. November 1963 mit Unterstützung des Nationalkongresses dazu zwang, die US-Militärhilfe einzustellen. Danach war die stärkere Abhängigkeit von der VR China die einzige Möglichkeit, die CIA-Milizen in Thailand und Vietnam in Schach zu halten. „Sihanouk erlaubte, dass der Hafen von Sihanoukville – heute Kompong Som – von chinesischen Schiffen angelaufen wurde. Er sagte, sie lieferten militärische Ausrüstung, Waffen und Munition an die kommunistischen Truppen Vietnams, die auf beiden Seiten der kambodschanisch-südvietnamesischen Grenze stationiert waren."[4]

„Zwei Drittel (der VRC-Hilfe) waren für den Vietcong und ein Drittel für meine Armee bestimmt", sagte der Prinz. „Auf diese Weise musste ich in meinem Budget nicht für militärische Ausrüstung, Waffen und Munition sorgen."[5]

Bis 1964 hatte die Nationale Befreiungsfront ihr schwimmendes Hauptquartier im Südosten Kambodschas eingerichtet. Ermutigt durch die selbstzerstörerische Unterstützung der CIA von korrupten faschistischen Generälen in Südvietnam, begannen die Aufständischen mit dem Bau der Tunnel von Cu Chi und schleusten Agenten und Pioniere nach Tay Ninh City und von dort nach Saigon.

1964 kam Jack Shirley in der Stadt Can Tho in der südvietnamesischen Deltaregion an. Eine von Shirleys Aufgaben bestand darin, die Unterstützung der CIA für die von Colonel George Morton entlang der Grenze südlich von Tay Ninh eingerichteten Lager der Spezialeinheiten zu überwachen. Shirley und seine Kameraden von den Special Forces rekrutierten Führer der Khmer Krom (wie die Kambodschaner in Südvietnam genannt wurden), die vom Ngo-Regime verfolgt worden waren, und bildeten mit diesen Führern Söldnermilizen, die gegen Kader und Sympathisanten der Befreiungsarmee eingesetzt wurden. Sie wurden auch für verdeckte Operationen innerhalb Kambodschas eingesetzt.

---

[4] Henry Kamm, „Sihanouk Almost Regrets Rejecting U. S. Aid", The New York Times, 4. Juli 1973.
[5] Ebd.

Damals begannen US-Kampfflugzeuge, das Sieben-Schwestern-Gebirge in Südvietnam mit Napalm und Agent Orange zu bombardieren, und verirrten sich dabei nach Kambodscha.[6] Das Gebirge war durchsetzt mit Höhlen, die von einem mythischen kambodschanischen Kommunisten als Lager genutzt wurden, dessen Truppen von lokalen Geistern beschützt wurden. Da das US-Militär nicht in der Lage war, genügend ethnische Vietnamesen zu rekrutieren, wartete es bis 1969, um in Vorbereitung der kambodschanischen Invasion einen Großangriff auf das Gebiet zu unternehmen. Bis dahin wurden bei Bombenangriffen in Kambodscha meist unschuldige Zivilisten getötet, und die Khmer-Söldnertruppen der CIA wurden oftmals getötet oder dezimiert.

Im Oktober 1964 hatte Sihanouk genug. Er kündigte an, dass jede weitere Verletzung der kambodschanischen Neutralität zu Lande, in der Luft oder zur See den sofortigen Abbruch der diplomatischen Beziehungen zu den USA zur Folge haben würde. Genau das tat seine Regierung im Mai 1965, als US-Kampfflugzeuge mehrere größere Dörfer bombardierten und Dutzende von Bauern töteten und verletzten.

Wie Bill Young sagte, änderte sich 1965 alles.

---

[6] Millionen von Vietnamesen leben noch immer mit schweren kognitiven Beeinträchtigungen und Blindheit durch Agent Orange sowie mit vollständiger Behinderung im Alter. Agent Orange führte zu einer jahrzehntelangen Verseuchung des Bodens. Kathleen Rogers und Heidi Kuhn, „Vietnam War left a legacy of land mines", *Clarion Ledger*, 24. September 2017.

Tag 25: Die Entstehung der Roten Khmer

Dienstag, 12. März 1991

„Er war ein Priester und ein Mörder; und der Mann, den er suchte,

sollte ihn früher oder später ermorden und das Priesteramt

an seiner Stelle übernehmen. Das war die Regel des Heiligtums. "

James Frazer, The Golden Bough

Ich hätte am Morgen das Juweliergeschäft Venus besuchen können, aber ich war erschöpft und hatte vergessen, dass Dienstag der Tag war, an dem sich die alten Jungs dort trafen. Außerdem bin ich auf dem glitschigen Duschboden ausgerutscht und habe mich am Knie verletzt. Ich habe es gereinigt, ein Antibiotikum und ein Pflaster aufgetragen und dann bin ich bis zum Mittag im Bett liegen geblieben und habe ferngesehen, als ich auscheckte. Ich ging die überfüllte, von Bäumen gesäumte Sukhumvit Road entlang, vorbei an den Marktständen, an denen Uhren, gefälschte T-Shirts, Kodak-Filme, Gepäck und Regenschirme verkauft wurden. Bettler und Krüppel versammelten sich unter einer Überführung. Ein Essensstand verkaufte gebratene Bananen und Wassermelonen. Ein Typ, der seine Lederjacke verkehrt herum trug, fuhr mit seinem Motorroller auf dem Bürgersteig an mir vorbei. Ein Tourist mit einem Pflaster am Arm kam aus einer Aids-Klinik.

Ich kehrte in einer Bierstube auf ein Klosterbier und einen Hot Dog ein und nahm dann ein Taxi zum Flughafen, wo ich erfuhr, dass mein Flug am frühen Nachmittag verspätet war. Ich spielte mit einer Gruppe harter, ruhiger irischer Jungs Schach auf dem Boden in einer Wendeecke auf halber Höhe einer Treppe. Als es Zeit war, an Bord zu gehen, wimmelte es am Flugsteig von bewaffnetem Sicherheitspersonal. Später erfuhr ich, dass Chatichai Choonhavan, der durch den Staatsstreich vom 23. Februar gestürzte Premierminister, an Bord war und sich auf dem Weg ins ehrenvolle Exil nach London befand. Sein Sicherheitsteam hatte die gesamte erste Klasse in Beschlag genommen.

Das schien passend, denn Chatichai hatte mich bei meiner Ankunft in Thailand gegrüßt. Es war auch nicht das erste Mal, dass er ins Exil ging. Im Jahr 1957 hatte Feldmarschall Sarit ihn zum Botschafter in Argentinien und mehreren europäischen Ländern gemacht. Chatichai erholte sich 1972, als Feldmarschall Thanom Kittikachorn ihn zum Stellvertreter für auswärtige Angelegenheiten ernannte. Er war einer der ersten thailändischen Beamten, die Peking besuchten. Doch Thailands Flirt mit der Demokratie endete im Oktober 1974 böse, als Sicherheitskräfte in der Nähe des Königspalastes Hunderte von demonstrierenden Studenten töteten und Tausende verwundeten. Thanoms Regierung trat zurück, und Chatichais Clique gründete die eifrig antikommunistische Thai Nation Party, die sofort die Beziehungen zu Vietnam, Laos und

Kambodscha verbesserte. Chatichai wurde im August 1988 Premierminister, aber seine neoliberale Politik verärgerte die reaktionären Eliten, die ihn erneut der massiven Korruption beschuldigten.

Wie Louis in *Casablanca* sagte, als er seinen Gewinn entgegennahm: „Ich bin schockiert, schockiert, dass hier gespielt wird."

Alles ist eine Illusion. In *Apocalypse Now* erklärt der französische Landbesitzer Hubert dem verblüfften Willard: „Der Vietcong wurde von den Amerikanern erfunden, Sir." Und es ist wahr. Ed Lansdale platzierte 1956 den Namen „Việt Cộng" in den Zeitungen von Saigon. Es gefiel ihm, dass der abwertende „King Kong"-Klang des bis dahin relativ obskuren Begriffs in Amerika, wohin sich seine sämtliche Propaganda richtete, alle richtigen Knöpfe drückte. Die Befreiungsarmee, wie sich die Revolutionäre selbst nannten, hatte jedoch die Unterstützung der buddhistisch-konfuzianischen Mehrheitsbevölkerung.

Südvietnam befand sich in einem Religionskrieg, seit die Katholiken in den Süden geflohen waren. Zum Leidwesen der Buddhisten gewährten Diem und seine Brüder den geflüchteten Katholiken unzählige Vergünstigungen. Die Unterstützung der CIA begann mit der Bildung von „Combat Youth" unter dem Kommando von „Fighting Fathers" in der Nähe von Saigon und entlang der kambodschanischen und laotischen Grenze. Diem gewährte einer Gruppe von katholischen Flüchtlingen aus China, den Sea Swallows, einen eigenen Bezirk in der südlichsten Provinz Cao Mau.

Die CIA stützte sich auch auf katholische Priester, die konvertierte Bergstämme und vietnamesische Jugendliche als Rekruten für Einwegmissionen nach Nordvietnam, Laos und Kambodscha lieferten. Nguyen Cao Ky und die First Transport Group setzten die Opferlämmer in der Nähe ihrer alten Wohngebiete im Norden ab. Die CIA rüstete die Jungs mit Peilsendern aus, die Luftangriffe ermöglichten, sobald sie sich in feindlichen Einheiten befanden. „Unser Problem", erinnert sich Frank Scotton, „bestand darin, kluge Vietnamesen und Kambodschaner zu finden, die bereit waren zu sterben." Für die Demokratie.

In den frühen 1960er Jahren konzentrierte sich die CIA darauf, Diem mit Hilfe strategischer Wehrdörfer, katholischer Milizen und ethnischer Minderheiten Sicherheit zu bieten. Doch selbst die antivietnamesischen Khmer im Gebiet der Sieben Schwestern zogen einen Modus Vivendi mit der Befreiungsarmee vor. Und obwohl die buddhistische Bewegung keine besondere Vorliebe für den Kommunismus hegte, sah sie in der Ngo-Diktatur eine existenzielle Bedrohung. Die katholische Unterdrückung führte zum buddhistischen Aufstand im Mai 1963 und zu den anschließenden, von den USA gebilligten Ermordungen von Diem und Nhu im November. Doch die von den USA installierte Militärdiktatur begnügte sich damit, verrückte christliche Amerikaner den aufkeimenden Krieg für sie führen zu lassen. Mit katastrophalen Folgen. Mit der zunehmenden militärischen Unterstützung der USA wurden auch die Luftangriffe verstärkt, um das Eindringen nordvietnamesischer Truppen entlang des Ho-Chi-Minh-Pfads zu verhindern und die Nordvietnamesen an den Verhandlungstisch zu zwingen. Dabei wurde ein großer Teil Kambodschas in ein Ödland verwandelt, und die kambodschanische kommunistische Partei, die von in Paris geschulten Maoisten aus der Oberschicht geführt wurde und bis dahin keine Basis in der Bevölkerung hatte, gewann allmählich an Popularität. Und die Versuche, Sihanouk zu ermorden, nahmen kein Ende.

An Tag 3 erwähnte ich Walter Mackem als einen der ersten CIA-Beamten, die in die Drogenbekämpfung des Bundes eingeschleust wurden. Im Juli 1971 war „Major Mackem vom Mekong", wie ihn seine Kollegen nannten, einer von drei CIA-Beamten, die dem Office of Strategic Intelligence innerhalb der Nachfolgeorganisation des FBN, dem Bureau of Narcotics and Dangerous Drugs, zugeteilt wurden. Einige Tage später beauftragte das Weiße Haus Lou Conein,

Mackem in der Abteilung Fernostasien des BNDD zu unterstützen. Conein hatte zunächst mit dem OSS, dann mit Lansdale Mitte der 1950er Jahre und erneut in den 1960er Jahren in Vietnam gedient. Conein war der Verbindungsmann der CIA zu den südvietnamesischen Generälen, die Diem und Nhu ermordet hatten. 1974 leitete Conein die Special Operations Group der DEA, und Mackem wurde gefeuert, weil er geheime Informationen aus Coneins Büro an das „Schmutzige Dutzend" im Unterschlupf von John Muldoon weitergegeben hatte.

Ich befragte Mackem zu seiner Arbeit als paramilitärischer CIA-Beamter in der Deltaregion an der Grenze zu Kambodscha von 1964 bis 1966. Nach seinen eigenen Angaben stellte Mackem die ersten CIA-Teams zur Terrorismusbekämpfung und für politische Aktionen in den südvietnamesischen Delta-Provinzen zusammen. Er erstattete dem CIA-Hauptquartier direkt Bericht über die politischen Aktivitäten der verschiedenen Sekten und ethnischen Minderheiten in seinem Zuständigkeitsbereich, zu denen vor allem die religiöse Sekte der Hoa Hao und die Kampuchea Khmer Krom (KKK) in Südvietnam zählten. Wie der Großteil Südostasiens praktizierten die Hoa Hao und die Khmer den Theravada-Buddhismus, während der Großteil Vietnams aufgrund des chinesischen Einflusses den Mahayana-Buddhismus praktizierte. (Ich kenne den Unterschied zwischen den beiden nicht, weiß nur, dass Hinduismus und Buddhismus, wie alle anderen Religionen auch, für die verschiedenen Praktizierenden unterschiedliche Bedeutungen haben).

Mackem rekrutierte Söldner von der Special Operations Group (SOG) des US Military Assistance Command. Vernehmungsbeamte, die im ehemaligen französischen Gefängnis in Can Tho arbeiteten, das Shirley renovieren ließ und das 2.000 Gefangene aufnehmen konnte, lieferten ebenfalls Söldnerrekruten, ebenso wie das Überläuferprogramm der CIA. Fünfundzwanzig Prozent aller Rekruten waren Doppelagenten der Nationalen Befreiungsfront oder der NVA.

Die Zusammensetzung von Mackems Teams unterschied sich von Provinz zu Provinz, je nachdem, so sagte er, „welche Form die Opposition gegen die südvietnamesische Regierung annahm und ob der Provinzchef die Programme aufgeräumt haben wollte oder nicht". Den größten Beitrag leistete die KKK, die „mit den Vietnamesen nicht zurechtkam", während die politischen Aktionsteams als „Hoa-Hao-Job-Korps" dienten. Die CIA-Strategie bestand darin, zu teilen und zu herrschen, so wie es auch die Politik der hohen Kabale in den USA ist.

Um Informationen über feindliche Kader in den von der Regierung kontrollierten Dörfern zu erhalten, stützten sich Mackems Anti-Terror-Teams auf CIA-Berater der Polizei-Sonderabteilung. Undercover-Agenten, die für CIA-Beamte für verdeckte Operationen arbeiteten, lieferten Informationen über feindliche Kader in feindlichen Dörfern und umstrittenen Dörfern. Aufgrund ihrer Verwundbarkeit hatten die CIA-Agenten in umkämpften Dörfern „eine wohlwollendere Einstellung gegenüber feindlichen Kadern als die Polizei", sagte Mackem.

Mackems Teams wurden im Lager Ho Ngoc Tau außerhalb von Saigon ausgebildet, wo die CIA ihr Programm für Operationen in Kambodscha aufbaute. Die CIA stellte Ausrüstung, Material und Ausbildung zur Verfügung. Mackem kleidete sich in schwarze Schlafanzüge und begleitete seine Teams in das feindliche Gebiet, um aufständische Kader zu schnappen und zu beseitigen. „Ich habe es selbst getan", prahlte er. „Damals waren wir frei. Es war eine Kombination aus *The Man Who Would Be King* und *Apocalypse Now*.".

Der ehemalige Hauptmann der US Army Special Forces Dan Marvin behauptet in seinem Buch Expendable Elite (2006), Mackem habe ihn 1966 gebeten, Sihanouk zu töten.[1] Mitglieder von Marvins Team haben diese Behauptung bestritten, aber ich vermute, dass sie aufgrund von Mackems Prahlerei über *Apocalypse Now* wahr ist. Auf jeden Fall war Sihanouk 1966 dem Untergang

---

[1] Daniel Marvin, The Expendable Elite, Vorwort von Douglas Valentine (2005).

212

geweiht, als die von den USA unterstützten Konservativen 75 Prozent der Sitze in der kambodschanischen Nationalversammlung gewannen. Die Konservativen wählten Lon Nol zum Premierminister und den ultrakonservativen Prinzen Sirik Matak (einen von Sihanouks Rivalen) zu seinem Stellvertreter.

Zusammen mit den massiven US-Bombenangriffen war Lon Nols Unterdrückung eine Initialzündung für die kommunistischen Aufständischen. Lon Nols großer Fehler war es, Soldaten zu schicken, um die Bauern daran zu hindern, Reis an die Kommunisten zu verkaufen. In der Provinz Battambang, wo Großgrundbesitzer herrschten, kam es 1967 zu einem Gewaltausbruch, als wütende Dorfbewohner eine von Lon Nols Brigaden angriffen. Lon Nol verhängte das Kriegsrecht, und in dem darauffolgenden Blutbad starben Hunderte von Menschen, Dörfer wurden zerstört und die Rebellion breitete sich landesweit aus. Sihanouk versuchte, die Krise zu beenden, indem er Lon Nol zum Rücktritt zwang und linke Kräfte in die Regierung berief. Doch es war zu spät.

Zu diesem Zeitpunkt hatten sich bereits Tausende von Bauern der Kommunistischen Partei Kambodschas angeschlossen, die Sihanouk abschätzig die Roten Khmer nannte. Als die US-Planungen für eine Invasion in Kambodscha 1968 voranschritten, rekrutierte die SOG auch Minderheiten für Operationen in Kambodscha und bildete sie aus. Das Militärische Unterstützungskommando Vietnam (MACV) bildete mehrere einseitige Einheiten (Südvietnamesen waren nicht zugelassen), die Khmer Serai und KKK-Milizen für Operationen in Kambodscha einsetzten. Den Südvietnamesen wurde nicht mehr getraut, und die CIA ließ routinemäßig jeden hinrichten, den sie für einen Doppelagenten hielt. Das bringt uns zu Robert Rheault, dem der SOG zugewiesenen Oberst der Special Forces, der als Vorbild für Oberst Kurtz in *Apocalypse Now* diente, bevor er „flussaufwärts" ging und sich in Poshepny verwandelte.

Rheaults unilaterale Einheit, Abteilung B-57, führte grenzüberschreitende Spionageabwehroperationen durch, um herauszufinden, wer innerhalb der kambodschanischen Regierung den nordvietnamesischen Kräften und den Kräften der Befreiungsarmee dabei half, US-Grenzlager, Aufklärungseinheiten und Agentennetze zu infiltrieren und anzugreifen. B-57 beschäftigte fünf Khmer Serai- und KKK-Offiziere, um ein Dutzend Agentennetze zu überwachen. B-57 gaben sich als Apotheker aus, die von einer „fiktiven" Einheit für zivile Angelegenheiten aus Medikamente in feindliche Verstecke schmuggelten, und koordinierte sich mit der CIA und der SOG. Wie Phoenix verfügte sie über ein „Bei-Sichtung-töten"-Kopfgeldprogramm.

Im Juni 1969 genehmigte Rheault die Ermordung des mutmaßlichen Doppelagenten Thai Khac Chuyen. Die Green Beanies unter seinem Kommando schossen Chuyen in den Kopf, wickelten seine Leiche in Ketten und versenkten sie im Südchinesischen Meer. Doch zur Überraschung aller fragte Chuyens Frau William Colby, wo ihr Mann sei, und die US-Armee leitete eine strafrechtliche Untersuchung ein. Die Armee war froh, die wilden Beanie-Schmuggler und -Mörder endlich festnageln zu können, und brachte den Fall vor Gericht – das ist der Moment, in dem Colonel Kurtz in *Apocalypse Now* desertiert und mit seinen verehrten Stammesangehörigen „flussaufwärts" flieht.

In Anspielung auf die Intellektuellen, die die Tragödien des Kolonialismus und des Krieges in Südostasien mitverursacht haben, lässt Regisseur Coppola Kurtz T. S. Eliots „The Hollow Men" zitieren und in seinem Exemplar von Sir James Frazers Klassiker „The Golden Bough" blättern. Das im Jahr 1900 veröffentlichte Werk war eine Zusammenstellung anthropologischer Forschungen, die „wilde" Kulturen auf der ganzen Welt untersuchten. Es erklärte die Ursprünge der Magie und des „Opferkönigs", einschließlich des christusähnlichen Oberst Kurtz, dessen Zeit gekommen war. „The Golden Bough" diente Carl Jung als Grundlage für seine Konzepte des kollektiven Unbewussten und der Archetypen und inspirierte Generationen von Dichtern, darunter Robert Graves.[2]

Die Warlords Poshepny, Shirley und Young waren keineswegs Intellektuelle. Und in Wirklichkeit hatte Rheaults Anwalt geheime Dokumente erhalten, aus denen hervorging, dass die CIA-SOG mehr als 600 mutmaßliche Doppelagenten ermordet hatte. Durch das Phoenix-Programm kamen noch Tausende hinzu. Die Anklage wurde fallen gelassen, als Rheaults Anwälte seinen CIA-Sachbearbeiter zur Aussage aufforderten, was die CIA ablehnte.

Zu diesem Zeitpunkt war der Staatsstreich in Kambodscha bereits in vollem Gange. Im Februar 1969 genehmigten Präsident Richard Nixon und sein Nationaler Sicherheitsberater Henry Kissinger die Bombardierung von Zufluchtsorten der Befreiungsarmee und der NVA in Kambodscha durch B-52-Flugzeuge, die auf Guam und in Thailand stationiert waren. In einem letzten Versuch, eine umfassende US-Invasion zu verhindern, ermächtigte Sihanouk seine Agenten, den USA Informationen über die Standorte der Roten Khmer in dicht besiedelten Gebieten zu liefern. Ab diesem Zeitpunkt wurden die Roten Khmer und ihr berühmtester Anführer, Pol Pot, zur Lieblingspartei der kambodschanischen Bauernschaft.

Die US-Botschaft wurde im Juni 1969 wiedereröffnet, mit dem Versprechen, die Souveränität Kambodschas zu respektieren. Hinter den Kulissen erstellten Lon Nols Truppen, die von US-Militärattachés bewaffnet und beraten wurden (und häufig laotische Komplizen im Pfannenstiel besuchten, die mit Drogen handelten), Abschusslisten von Vietnamesen in Kambodscha, während die CIA dafür sorgte, dass Son Ngoc Thanh mehrere Khmer-Serai-Bataillone aus Thailand und KKK-Kommandos aus Südvietnam entsandte. Unterstützende Kräfte unter Sirik Matak standen im Süden von Laos bereit. Im September 1969 zog sich Lon Nol vorgeblich in ein amerikanisches Krankenhaus außerhalb von Paris zurück, um sich einer kleinen Operation zu unterziehen, in Wirklichkeit aber, um sich mit seinem CIA-Beauftragten Paul Hodges zu beraten. Gemeinsam arbeiteten Hodges und Lon Nol an der Feinabstimmung der US-Invasion in Kambodscha und der Gründung der Khmer-Republik.

Das Geld floss in Strömen. Lon Nols Bruder Lon Non leitete zusammen mit seinem CIA-Beauftragten in Phnom Penh eine spezielle Polizeieinheit, die den Rauschgiftfluss von General Boun Oum auf dem CIA-Stützpunkt Seno außerhalb von Savannahket sicherstellen sollte. Nol und Nons Partner in der südvietnamesischen Marine sorgten für Schutz und Transport auf dem Mekong. CIA-Beamte arbeiteten auch mit dem muslimischen General Les Kosem, dem Chef der Campa Liberation Front, zusammen, der Unterlagen über den Transport sowjetischer Waffen von Sihanoukville zu den Truppen der NVA und der Befreiungsarmee in Kambodscha lieferte.

Anfang 1970 bildeten fast eine Million kambodschanische Flüchtlinge die Bevölkerungsmehrheit in mehreren thailändischen Provinzen, die an den Norden und Westen Kambodschas angrenzen. Die CIA versorgte thailändische Grenzschutzpolizeieinheiten mit Khmer-Serai-Guerillas, die gegen die Stellungen der Roten Khmer eingesetzt werden sollten, während Lon Nol mit Hilfe von Deserteuren aus Sihanouks Palastwache, die von KKK-Kräften aus Südvietnam unterstützt wurden, Phnom Penh einnahm. Der CIA-Offizier Tony Poshepny verwaltete das thailändische Programm vor Ort mit paramilitärischen CIA-Beamten aus Laos. Andere CIA-Beamte in Laos stellten laotische Kräfte unter Boun Oum in Seno, Savannahket und Pakse auf.

Der Staatsstreich begann damit, dass Sirik Mataks Schergen Sihanouks Top-Polizisten verhafteten, während CIA-Stationen in Laos, Thailand und Südvietnam den Äther mit schwarzer Propaganda

---

[2] „Den mystischen Königen des Feuers und des Wassers in Kambodscha ist es nicht erlaubt, eines natürlichen Todes zu sterben. Wenn also einer von ihnen schwer krank ist und die Ältesten glauben, dass er sich nicht mehr erholen kann, erstechen sie ihn." Frazer, The Golden Bough.

überschwemmten, in der Personen, die Sihanouk ähnlich klangen, unerhörte Behauptungen aufstellten. Von der CIA organisierte und bezahlte antivietnamesische Studenten in Phnom Penh protestierten, während die von der CIA beratene Polizei Gegendemonstranten verprügelte und festnahm.

Am 12. März 1970, als sich Sihanouk im Ausland aufhielt, befahl Lon Nol allen Nordvietnamesen, Kambodscha innerhalb von 72 Stunden zu verlassen. Noch am selben Tag übernahmen seine Truppen die Kontrolle über die Regierung und gingen gegen die Roten Khmer und alle, die Sihanouk unterstützten, vor.[3]

Wie Stanley Karnow feststellte: „Ende März 1970 herrschte in Kambodscha Anarchie. Rivalisierende kambodschanische Banden hackten sich gegenseitig in Stücke und feierten in einigen Fällen ihr Können, indem sie die Herzen und Lebern ihrer Opfer aßen. Von der Polizei und anderen Beamten organisierte kambodschanische Bürgerwehren ermordeten einheimische Vietnamesen, darunter auch Frauen und Kleinkinder."[4]

Vom Stützpunkt Aranyaprathet in Thailand aus überwachten CIA-Beamte (vielleicht Jack Shirley) den Funkverkehr in Kambodscha und hörten zu, wie Lon Nols Truppen Tausende von vietnamesischen Männern, ihre kambodschanischen Frauen und Kinder ermordeten und ihre Leichen anschließend in den Mekong warfen.

Am 30. April kündigte Nixon die gemeinsame Invasion der USA und Südvietnams in Kambodscha an. An diesem Tag nahm die 3rd Mobile Strike Force Sihanoukville ein, während KKK-Einheiten von Bien Hoa nach Phnom Penh geflogen wurden. Als die geheimen Bombenangriffe und die Invasion bekannt wurden, kam es weltweit zu Demonstrationen. Am 4. Mai wurden vier Demonstranten an der Kent State University von US-Nationalgardisten an Ort und Stelle getötet. Bis heute kennt niemand die Namen ihrer Mörder.

Bis Mitte 1970 wurden schätzungsweise 600.000 Kambodschaner getötet. Eine weitere Million wurde obdachlos und floh nach Phnom Penh oder schloss sich, von Hass auf die Amerikaner erfüllt, den Roten Khmer an. Anfänglich von den Nordvietnamesen und Sihanouk bekämpft, waren die Roten Khmer bis zum Einmarsch der Amerikaner untätig geblieben und wurden dann von den Nordvietnamesen unterstützt. Es war Sihanouks schlimmster Albtraum, aber die Mitglieder der hohen Kabale in Washington klopften sich auf die Schulter und machten weiter.

Die meisten Khmer konsultieren Seher, bevor sie eine Reise antreten oder heiraten, und astrologische Kenntnisse sind für jeden Khmer-Beamten obligatorisch. Lon Nol, ein wahrer Gläubiger, engagierte einen Mystiker, der seine Soldaten lehrte, wie sie sich mit Zaubersprüchen vor feindlichen Kugeln schützen können. Wie amerikanische Jungs, die Kruzifixe und Rosenkränze umklammerten, nahmen die Khmer-Soldaten ein Buddha-Bildnis zwischen die Zähne und trugen Amulettketten, die in ein magisches, von einem buddhistischen Mönch gesegnetes Tuch eingewickelt waren. Getrocknete Talismane, die aus abgetriebenen Föten hergestellt wurden, sorgten für erhöhte Potenz und Schutz. Fliegende Pferde und Kühe sowie weiße Krokodile waren besonders gute Omen.[5]

Lon Nol gab schätzungsweise 20.000 Dollar an CIA-Geldern pro Monat für astrologische Beratungen aus, um den Sieg zu sichern. Doch im September hatte er den Nordosten Kambodschas, wo Pol Pot stationiert war, den materialistischen Roten Khmer und den Nordvietnamesen überlassen. Die CIA entsandte zwei Bataillone aus Thailand nach Laos und

---

3 Gene Kramer, „Prince Blames U.S. for Cambodian Tragedies, Reminisces", *AP News*, 31. März 1987.

4 Stanley Karnow, Vietnam: A History (1982), S. 606.

5 „Cambodia's Soldiers Get Training in Magic", *The New York Times*, 13. August 1972.

verteilte thailändische und kambodschanische Söldner entlang des Ho-Chi-Minh-Pfads, während die USA und Südvietnam im Februar und März 1971 entlang der Route 9 in Südlaos die Lam Song-Invasion starteten. Leider hatten die Streitkräfte der Freien Welt ihre Entschlossenheit verloren und wurden schnell zurückgeschlagen. Glorreiche Offensivvorstöße verwandelten sich in verzweifelte Halteaktionen, und als die NVA-Kräfte 1972 nach Vietnam vordrangen, begann die CIA, sich auf Generäle wie Nguyen Van Toan zu verlassen, von dem bekannt war, dass er eine Vorliebe für vorpubertäre Mädchen hatte, der aber standhaft blieb und kämpfte.[6]

Ende 1971 hatte sich die Lage in Kambodscha so zugespitzt, dass Air America-Hubschrauber schwarz gekleidete Khmer Serai-Kommandos in den Preah Vihear-Tempel an der thailändischen Grenze einschleusten. Mit Unterstützung südvietnamesischer Geheimdienstler verjagten die Khmer-Kommandos der CIA die dort ansässigen buddhistischen Mönche und verteilten Landminen um ihre neue Festung auf den Klippen. Preah Vihear wurde im frühen 9. Jahrhundert erbaut und war dem Hindu-Gott Shiva geweiht. Im Dezember 1998 ergaben sich die letzten Guerillakräfte der Roten Khmer in diesem heiligen Tempel der Regierung in Phnom Penh.

Während die Roten Khmer an Unterstützung und Territorium gewannen, wuchs Chinas Einfluss in der gesamten Region stetig, was im November 1971 zu einem Staatsstreich in Thailand und dem Aufstieg des faschistischen Drogenhändlers Kittikachorn führte. Exil-Kambodschaner begannen, sich in Aranyaprathet zu sammeln, wo die CIA sie in der Khmer Serai Liberation Front unter dem faschistischen General Chamnian Pongpyrot organisierte, einem ehemaligen und langjährigen Unterstützer von Phoumi Nosavan in Laos.

Nachdem Lon Non versucht hatte, Son Ngoc Thanh zu töten, und die Roten Khmer 1972 Angkor Wat eingenommen hatten, entwickelte die CIA eine neue Strategie, bei der Francis Kinloch Bull eine Operation im Stil von Phoenix von Festungsenklaven aus leiten sollte. Bull, eine große, hagere Gestalt, die von Nelson Brickham als „seltsam, verschlagen und durchtrieben" beschrieben wurde, war einer der wenigen ausländischen Geheimdienstler, die in Südvietnam als verantwortlicher CIA-Beamter tätig waren. Als eingefleischter Junggeselle gab er sich als Direktor eines katholischen Internats in Can Tho aus, wo er „wie ein Rektor am Kopfende des Tisches saß".[7]

Bull, groß, schlank und anspruchsvoll, war ein Gourmetkoch und Schützling von Colby. Er war auch ein Intellektueller, der einem Kollegen anvertraute, dass es sein Ehrgeiz sei, an der Südspitze der Ca-Mau-Halbinsel an einer Schreibmaschine zu sitzen und wie Faulkner Südstaaten-Gothic-Romane über Horror und Entfremdung zu schreiben. Bull hatte das Zeug dazu. Zu seinen Vorfahren gehörten William Bull Sr., der erste britische Gouverneur von South Carolina und ein begeisterter Indianertöter, und William I. Bull, Besitzer riesiger Sklavenplantagen in Mississippi und der Ashley Hall Plantation bei Charlestown, South Carolina.

Nachdem die CIA das Schießduell verloren hatte, konzentrierte sie sich nun mehr auf nachrichtendienstliche als auf paramilitärische Operationen. Doch wie ein geistesgestörter Plantagenbesitzer der Konföderation, der einen Sklavenaufstand abwehrte, bombardierten die USA weiterhin alles auf dem Lande und verschonten nur die französischen Kautschukplantagen. Die USA warfen mehr Bomben auf Kambodscha ab, als sie im Zweiten Weltkrieg auf Japan abwarfen. Die CIA wusste, dass die durch die schrecklichen B-52-Schläge verursachten Schäden die Menschen in die Arme der Roten Khmer trieben, aber die Alternative war die Kapitulation vor den Wilden und Sklaven; außerdem kontrollierten die USA die Presse der freien Welt, so dass

---

[6] Thomas Ahern, *The CIA and the Generals: Covert Support to Military Government in South Vietnam*, S. 113.

[7] Interview mit John Wilbur.

216

niemand das brutalste Kriegsverbrechen der Nachkriegszeit jemals verfolgen würde. Kissinger, der Haupttäter, wurde gar mit dem Friedensnobelpreis ausgezeichnet.

Der Bombenteppich brachte noch einen weiteren Silberstreif am Horizont: Dreißig Jahre später diente er dem US-Justizministerium als juristischer Präzedenzfall für den Einsatz von Drohnen zur Ermordung mutmaßlicher muslimischer Terroristen, ihrer Familien und Freunde.

Als die Roten Khmer 1973 in Kambodscha wüteten, sorgte Colby, inzwischen CIA-Direktor, für die Überführung von Lon Nol nach Maryland, wo der verlassene Mystiker stundenlang Münzen in Wahrsageautomaten in Penny Arcades einwarf. Colby schickte Lair und Shackley, um herauszufinden, ob die thailändische Söldnereinheit PARU die Lage retten könnte, aber zwei Millionen Menschen waren bereits vor den US-Bomben nach Phnom Penh geflohen. Die Roten Khmer hatten die vollständige Kontrolle über das Land übernommen.

Am 12. April 1975 ordnete Henry Kissinger die Evakuierung von Phnom Penh an. Fünf Tage, nachdem sich die amerikanischen Besatzer mit Hubschraubern in Sicherheit gebracht hatten, marschierten die Roten Khmer in die Stadt ein. Verhaftungen und Hinrichtungen von Kollaborateuren begannen, während sechs NVA-Regimenter nördlich von Can Tho im Delta in Stellung gebracht wurden und zahlreiche weitere auf Saigon zustürmten.

Was Nixon und Kissinger begannen, vollendeten Pol Pot und seine Clique. Ausgebildet von Maoisten und inspiriert von den wirtschaftlichen und sozialen Programmen der VR China während des „Großen Sprungs nach vorn", befürworteten sie die Bildung von Kommunen zur Steigerung der landwirtschaftlichen Produktion. Die Roten Khmer ließen sich auch von Maos Roten Garden inspirieren – der aufgeklärten Jugend, die Mao 1966 dazu aufrief, eine „Vorhut"-Rolle bei der Beseitigung schlechter Einflussnehmer in Bildung, Politik und Kunst zu übernehmen. Die große Idee in Kambodscha war, wie in China, die Beseitigung des feudalen Aberglaubens, der Gewohnheiten, der Kultur und die Errichtung einer neuen proletarischen Gesellschaft.

Wie ein Mob, der der Wahlen überdrüssig wird, die nicht nach seinem Geschmack verlaufen, und der das US-Kapitol plündert, zerstörten die Roten Garden die alten Dharmapāla-Statuen, die buddhistische und hinduistische Tempel schützten, und griffen dann die stinkende alte Garde an – Chinas „tiefe Staats"-Elite –, die verweichlichten Intellektuellen, die auf der Skala der Bedauernswerten knapp über den Bettlern rangierten. Gymnasiasten verprügelten ihre Lehrer und brachen in die Häuser der Reichen ein und zerstörten Gemälde, Bücher und Möbel. Schließlich setzte Mao die Rote Armee ein, um den Rotgardisten Einhalt zu gebieten, aber das US-Offizierskorps steht fest hinter den bewaffneten und wütenden rechtsgerichteten Paramilitärs in Amerika und unternahm keine Anstrengungen, den Versuch vom 6. Januar zu verhindern, die Präsidentschaftswahlen zu kippen und die verfassungsmäßige Ordnung zu beseitigen.

Die Rote Garde teilte sich in rivalisierende Fraktionen und löste sich 1975 auf, gerade als die Roten Khmer in Kambodscha an die Macht kamen und versuchten, das Gleiche zu tun – die alte Gesellschaft zu zerstören und dann Arbeiter und Bauern zu mobilisieren und Kommunen und eine egalitäre Gesellschaft zu schaffen.

Die Roten Khmer teilten das Land in Zonen unter Kriegsherren auf und begannen mit der Zwangsumsiedlung von Millionen von Menschen aus den Städten (wohin sie vor den US-Bomben geflohen waren) in Landkommunen mit der Absicht, ein klassenloses kommunistisches Utopia zu schaffen und die Nahrungsmittelversorgung wiederherzustellen.

Die ganze kambodschanische Tragödie, die selbst das logische Ergebnis von Sklavenhalter-Sadismus, antikommunistischer Paranoia, der dem Psychokrieg zugrundeliegenden Demenz und des Schuldbewusstseins für all das oben Genannte ist, verrottet unter einem dekadenten Justizsystem, das Kriegsverbrechern Straffreiheit garantiert.

Fünfundsiebzig Prozent der Boat People, die aus Vietnam flohen, waren Christen.

Tag 26: Beefeater Twist
Mittwoch, 13. März 1991

„Transit-Mond in Wassermann gegenüber Geburts-Pluto in Löwe.

Transit-Mars in Zwillinge gegenüber Geburts-Sonne in Schütze.

Die Interaktion mit einer Frau könnte dich dazu bringen, mehr

über Dinge, die besser unbekannt bleiben sollten, zu erkennen, als du willst.“

Ich bin mehr als auf halbem Weg nach Hause. Bin im Morgengrauen in Heathrow gelandet, habe ein Taxi zu meiner Wohnung am Radipole genommen und meine Winterkleidung angezogen. Ich rief Munro an, der mich zum Abendessen einlud. Ich war müde und hatte keine guten Nachrichten für ihn, aber es würde schön sein, ein freundliches Gesicht zu sehen.

Der Nieselregen fror mir in den Knochen, als ich zum Mittagessen in einen nahegelegenen Pub ging, aber es war herzerwärmend, Narzissen und blühende Kirschbäume zu sehen. Gestern habe ich im verschwitzten Bangkok scharfe Shrimps zu mir genommen; heute ein Pint William Younger-Lagerbier und ein getoastetes Cotswold-Käsesandwich in einem vollbesetzten Pub mit loderndem Feuer und Hintergrund-Gesprächsfetzen, die ich größtenteils verstehen konnte.

Ich nahm die U-Bahn in die Innenstadt und kaufte vor dem Tower eine Tüte gerösteter Kastanien. Die Reisegruppe war höflich, wenn auch nicht ehrfürchtig. Ein Führer in einem Tudor-Outfit mit Pluderhose und einem lustigen Hut führte uns durch die Enthauptung von James Scott, dem unehelichen protestantischen Sohn des katholischen Charles II. Die Ausstellung zeigte eine Radierung des Scharfrichters Jack Ketch mit seiner Axt auf der Schulter und dem Grinsen eines Arbeiters im Gesicht. Eine Axt wie die von Jack war zusammen mit anderen Folterwerkzeugen ausgestellt, mit dem Hinweis, dass es sich bei diesen Gegenständen um Nachbildungen handelt. Wir passierten das Tor der Verräter, durch das die Verurteilten gingen.

Wir besuchten ein Gewölbe, in dem die Kronjuwelen und eine Reihe von Schätzen ausgestellt waren, die aus Kolonien in aller Welt geraubt worden waren, darunter schillernde Staatsschwerter mit Diamanten, Rubinen, Perlen und Saphiren. Auf purpurfarbenem Samt ruhte ein Streitkolben mit dem Wappen von Charles II. Wir sahen den Smaragdklee-Orden des heiligen Patrick, die Halskette des Distelordens, die Sporen des heiligen Georg, einen goldenen Kelch aus dem Jahr 1661 und den Stab der Königingemahlin für Gerechtigkeit und Barmherzigkeit mit einer Taube, die das göttliche Recht der degenerierten Könige über die englische Rasse bekräftigt. Die gestohlenen Elgin Marbles befanden sich im Britischen Museum in der Nähe der St. Pauls-Kathedrale, wohin es mich als Nächstes zog.

Die Vorbereitung auf den Krieg ist das Organisationsprinzip jeder Gesellschaft, und die verdammten Briten schwelgen in ihrer blutigen Geschichte. Verglichen mit den farbenfrohen, sonnenüberfluteten Tempeln Thailands war St. Paul's mit seinen hölzernen Stufen, schwarzen Wänden und eisenbeschlagenen Fenstern eher trist. Ich nahm den winzigen Korridor, der spiralförmig zur eisenbeschlagenen Stone Gallery führte, und erblickte eine trostlose Londoner Stadt. Traurige Heilige umkreisten die Kuppel auf der Innenseite. Wenn man auf den prächtigen Pavillon hinunterschaute, konnte man den Altar sehen. Nachdem wir weitere Treppen hinaufgestiegen waren, hielten wir an, um durch ein Loch an der Spitze der Kuppel zu spähen. Die Wände entlang des Weges waren mit jahrhundertealten Graffiti bespritzt. Es war schwindelerregend, und ich konnte es kaum erwarten, hinunterzusteigen.

Trotz meiner Abneigung gegen die Royals gibt es wunderbare Dinge in England, und auf dem Weg zur Radipole-Wohnung traf ich eine wunderschöne Frau, die aus der anderen Richtung kam. Sie hatte rote Haare und blaue Augen und sah genauso aus wie Helen Poole. Wir blieben stehen. Ihre Schultern entspannten sich, als ob sie mich erkannt hätte. Sie trug das alterslose Gesicht eines Mädchens aus einer Illustration von Arthur Rackham. Der Anflug eines Lächelns bildete sich auf ihren Lippen.

Englisch-irisch, ost-westlich, männlich-weiblich – wir alle teilen dasselbe göttliche Selbst; aber wir sind auch bestialisch, doppelzüngig, theatralisch: tätowiert und auf einem Pferd reitend, dunkel und mörderisch; angezogen und abgestoßen, klug und dumm; gleichermaßen unsicher, was der morgige Tag bringen wird.

Helen betonte, dass Astrologen keine Ereignisse vorhersagen können. Sie sehen Muster und Möglichkeiten. Der transitierende Mond verbringt etwa zweieinhalb Tage in einem Geburtshaus, so dass die Auswirkungen innerhalb von Stunden oder Minuten eintreten und häufig eher wie Impulse als wie Entscheidungen wirken. Der Mond im Transit gegenüber dem Geburts-Pluto erzeugt die tiefgreifendsten Emotionen und Erfahrungen mit Fremden, sagte sie.

„Der Mond ist eine Frau und Pluto ist der Tod. Interaktionen können dazu führen, dass eine normale Person mehr erkennt, als sie wollte. Die Emotionen werden beängstigend intensiv. Von allen Aspekten ist der Mond gegenüber Pluto der manischste. Aber habe keine Angst und schäme dich nicht, wenn eine hypersexuelle Frau auftaucht und dich verführt. Widerstand wird nur in Reue enden. Mache von deinem Außenseiterstatus Gebrauch."

Wusste sie, dass sie von sich selbst sprach?

* * *

Später am Abend servierte Munro köstliche gegrillte Lammkoteletts und Salzkartoffeln, beschwerte sich aber über den Nieselregen. Ich sagte, es fühle sich wie zu Hause an. Er war verärgert, dass Lay Hing für Geld Übersetzungen anfertigte. Oder vielleicht machte ihm der Stress, verklagt zu werden, zu schaffen. Nach dem Abendessen rauchten wir Silk Cuts und Radipole Ragweed und sprachen über endlose Kriege der Nächstenliebe. Was ist humanitär daran, Menschen hungern zu lassen und ihnen Medikamente vorzuenthalten, um sie zum Sturz ihrer Regierungen zu bewegen?

Munro sah sich die Namen an, die ich in der Venus-Spionagefalle aufgeschrieben hatte, und spottete. Sie waren für ihn in seinem Verleumdungsfall nutzlos. In *Cambodia – The Betrayal* (Oktober 1990) erzählten er und Pilger, wie der britische SAS die kambodschanischen Guerillas, darunter auch die Roten Khmer, heimlich ausgebildet hatte. Im Juli 1991 wurden sie wegen Verleumdung von zwei SAS-Soldaten angeklagt, die behaupteten, nicht beteiligt gewesen zu sein. Unter Berufung auf den Official Secrets Act ließ die Regierung keine Zeugen der Verteidigung zu. Munro und

Pilger stimmten einer außergerichtlichen Einigung zu und gaben eine öffentliche Entschuldigung ab.[1]

Gegen elf Uhr legte Munro eine Kassette mit *Year Zero* in seinen Fernseher ein. Sie können sich den Film online auf Pilgers Website ansehen. Als er eine Stunde später zu Ende war, war ich sprachlos, von demselben Schrecken überwältigt, den ich empfand, als ich den Zapruder-Film und den Mord an Oswald durch Ruby live gesehen hatte. Munros obskurer Film, der in Schwarz-Weiß und unter Verwendung von Originalaufnahmen gedreht wurde, steht in krassem Gegensatz zu dem in Farbe gedrehten und mit dem Oscar ausgezeichneten britischen Drama *The Killing Fields* (1984). Es ist der Unterschied zwischen spektakulärer Propaganda und Realismus, zwischen Dith Prans hohlem „Nichts zu verzeihen, Sydney" und der Macht des Imperiums, das durch jahrzehntelange Fernsehwerbung und Militärpropaganda weich und gefügig gewordene Gemüter programmiert.

Die herrschenden Klassen des Westens hassten Pilger und Munro, weil sie in *The Betrayal* dokumentierten, wie Nixons und Kissingers geheime Bombenangriffe auf Kambodscha es den Roten Khmer ermöglichten, Kambodscha zu übernehmen, Hunderttausende von Menschen (vielleicht mehr als eine Million) zu ermorden und Millionen in Armut und Verzweiflung zu stürzen. Sie verärgerten ihre mächtigen Feinde, indem sie dem Westen vorwarfen, ein Embargo gegen das verarmte Kambodscha zu verhängen, nachdem die Vietnamesen die Roten Khmer besiegt hatten. Margaret Thatcher stoppte sogar die Lieferung von Kindermilch an die Überlebenden der kambodschanischen „Killing Fields".

Ivor David Munro starb 1999 an einem Hirntumor, und seither habe ich bedauert, dass ich ihm nicht helfen konnte. Besonders jetzt, da ich weiß, dass alles, was er sagte, wahr ist. Die USA und Großbritannien haben Kambodscha in das am meisten geplagte Land der Welt verwandelt. Hier ist die kurze Geschichte.

Die in Frankreich ausgebildeten Radikalen, die die Roten Khmer anführten, riefen am 17. April 1975 das Jahr Null aus. Sie übernahmen den Begriff von den französischen Revolutionären, die 1792 einen neuen Kalender einführten und damit begannen, die Köpfe der Aristokraten abzuschlagen, um die egalitäre Zukunft von der feudalen Vergangenheit zu trennen. Dies erwies sich sowohl für die Franzosen als auch für die Roten Khmer als unmöglich, und könnte sich auch für Trumps reaktionäre MAGA-Legionen in Amerika als unmöglich erweisen.

Wie im vorigen Kapitel erwähnt, siedelten die Roten Khmer Millionen von Flüchtlingen, von denen die meisten vor den US-Bombenangriffen in die Städte geflohen waren, zwangsweise in strategische Wehrdörfer-Kommunen auf dem Lande um. Angesichts der erdrückenden Wirtschaftssanktionen waren sie gezwungen, die moderne Medizin zugunsten traditioneller Heilmittel aufzugeben – mit vorhersehbaren Ergebnissen.

Während Pol Pots „Bauern"-Fraktion mit Unterstützung der VR China die Kontrolle über die Roten Khmer festigte, setzten die CIA und die Thailänder eine Rumpfregierung aus Exilanten ein und begannen, unter den Desperados in den Flüchtlingslagern entlang der Grenze eine Guerilla-Armee zusammenzustellen. Um zu verhindern, dass mit den Vietnamesen verbündete Kambodschaner die Kontrolle über das Land übernahmen, schlossen die Thais und die Amerikaner eine verdeckte Allianz mit den Roten Khmer, deren Ausmaß bis heute unbekannt ist. In der Zwischenzeit begann Pol Pots Fraktion, jeden zu verhaften und zu töten, der im Verdacht stand, ein Sympathisant der Vietnamesen zu sein, selbst Parteimitglieder. Und sie taten dies ungestraft.

---

[1] Dale Campbell-Savors, „Orders of the Day — Cambodia, Part of the debate in the House of Commons", 22. Juli 1991.

Der wachsende Einfluss der VR China in Kambodscha führte im Oktober 1976 zu einem harten Vorgehen des thailändischen Militärs gegen linke thailändische Studenten. Ein Militärputsch folgte im Januar 1977, als die Roten Khmer in thailändisches Gebiet eindrangen. Zu diesem Zeitpunkt wurde Oberst Chavalit Yongchaiyud nach Aranyaprathet geschickt, um eine gemeinsame amerikanisch-thailändische Task Force zu bilden, die Guerillas auf Sabotage- und Geheimdienstmissionen innerhalb Kambodschas schickte, während die thailändische Regierung versuchte, die Spannungen mit China abzubauen.

Als die erste interne Säuberung Mitte 1977 beendet war, begannen die Roten Khmer, vietnamesische Grenzstädte zu beschießen und zu überfallen. Die Volksrepublik China und Nordkorea (wohin Prinz Sihanouk geflohen war) unterstützten diese aggressiven, antivietnamesischen Aktionen, was 1978 zu einer neuen Säuberungsaktion führte, in deren Verlauf Zehntausende von Menschen hingerichtet wurden, viele von Bauernmobs, die nach einem Jahrzehnt der Bombardierung und Misshandlung durch die USA und ihre Kollaborateure durchgedreht waren.

Ermutigt durch die stillschweigende Unterstützung der USA massakrierten die Roten Khmer Ende 1978 über 3.000 vietnamesische Zivilisten in der Grenzstadt Ba Chúc. Daraufhin marschierten die Vietnamesen in Kambodscha ein, vertrieben die Roten Khmer, gründeten die Volksrepublik Kambodscha und begannen eine elfjährige Besatzung mit einem Überläufer der Roten Khmer als ihrem gewählten Führer. Mit Hilfe von Munro und Pilger machte Vietnam dann die Todeslager der Roten Khmer und die Rolle des Westens und der VR China bei der Unterstützung der Roten Khmer publik. Als Reaktion darauf startete die VR China Anfang 1979 einen Strafeinmarsch in Vietnam.

Die VR China trainierte und beriet die Roten Khmer bis 1990. Die USA verhängten ihrerseits weitere Sanktionen gegen Vietnam und blockierten Kredite des Internationalen Währungsfonds. Ab 1980 bezahlten die USA Thailand dafür, dass es die Roten Khmer als Teil einer Exilregierung mit Stützpunkten, Waffen und einem endlosen Vorrat an Landminen versorgte, um den Druck auf die vietnamesischen Besatzungstruppen aufrechtzuerhalten. Die Wohltäter von Tom Dooley, World Medical Relief, versorgten die Grenzlager, aus denen die Roten Khmer beliefert wurden. Obwohl die USA die Roten Khmer öffentlich verurteilten, verhinderten sie die Anerkennung der mit Vietnam verbündeten Regierung durch die Vereinten Nationen und stimmten für die von den Roten Khmer beeinflusste Koalitionsregierung des Demokratischen Kampuchea (CGDK), um Kambodschas UN-Sitz zu behalten.

Wie der Autor Kenneth Conboy in seinem Buch *The Cambodian Wars* berichtet, nahm der CIA-Beamte Larry Waters 1979 offiziell Kontakt zu den Flüchtlingen auf.[2] Waters arbeitete zunächst von demselben Büro im Königspalast in Bangkok aus, das 35 Jahre zuvor der OSS-Offizier Jim Thompson innehatte; 1981 zog die CIA jedoch nach Aranyaprathet um, wo sie einen großzügigen Stützpunkt mit Swimmingpool und Volleyballplatz errichtete. Zu diesem Zeitpunkt hatte Sihanouk seine Anhänger in die glückliche CGDK-Koalition aufgenommen, und Chavalit, inzwischen General, koordinierte die Logistik mit dem ethnischen Cham-General, der früher zu Lon Nols Stab gehörte, Les Kasem, in Lagern in Singapur, wo, wie Munro gesagt hatte, die SAS die Guerillas darin ausbildete, wie man Funkgeräte bedient und Flugblätter an Bäume heftet. Die CIA richtete ihr militärisches Hauptquartier in dem Dorf Nong Chan ein und errichtete in der Nähe das riesige Ausbildungslager Ampil. Zunächst kaufte die CIA im Zuge der Eskalation ihrer Operation Waffen

---

[2] Conboy, *The Cambodian Wars: Clashing Armies and CIA Covert Operations* (2013), S. 159. Conboys Buch ist meine Hauptquelle in diesem Kapitel über die CIA-Operationen in Aranyaprathet.

aus kommunistischen Blockstaaten, dann wandte sie sich, wie Munro behauptete, an Chartered Industries in Singapur.

Das erklärte Ziel bestand darin, Guerillas nach Kambodscha zu schmuggeln, um die vietnamesischen Besatzungstruppen auszuspionieren, zu unterwandern und zu sabotieren. Die profitablen Nebengeschäfte waren die Abschöpfung der US-Hilfe und der Schmuggel von Artefakten, Gold und Edelsteinen. Das Lager der Roten Khmer in Pailin, zweieinhalb Autostunden südlich von Aranyaprathet in der Nähe des Golfs von Siam, war einer der wichtigsten Transitpunkte.

Die Vietnamesen hatten die Koalition natürlich infiltriert und die CIA immer wieder dazu gebracht, Teams in Todesfallen zu schicken. Die Reagan-Regierung reagierte mit mehr Geld und Raketen, und als die Guerillaangriffe an Umfang und Häufigkeit zunahmen, reagierten die Vietnamesen mit der Zerstörung der CIA-Stützpunkte in Nong Chan und Ang Sila, einem lukrativen Laterit-Steinbruch, und zwangen die CIA-Truppen zum Rückzug.[3]

1983 beauftragte das CIA-Hauptquartier den blaublütigen Francis „Skiddy“ Sherry III (Harvard) mit der Leitung der Operationen.[4] Sherry, ein erfahrener Beamter und die Verkörperung der östlichen Eliteclique in der CIA, hatte im Schmugglerparadies Hongkong und anschließend in Südvietnam als Berater von Ngo Dinh Nhus drogengetränktem Geheimdienst gedient. Mitte der 1960er Jahre hatte Sherry in Phnom Penh gearbeitet und in den 1970er Jahren die Kambodscha-Abteilung der CIA geleitet. Er kannte Sihanouk persönlich, was ihnen zum gegenseitigen Vorteil gereichte. Unter Sherry patrouillierten CIA-Beamte die Grenze vom Golf von Siam nach Norden und dann nach Osten bis nach Laos. Doch die Vietnamesen kannten alle Schritte der Koalition und zerstörten Ende 1984 ihre Streitkräfte im Dreiländereck bei Laos und in den Sümpfen westlich des Tonle Sap.[5] Daraufhin entsandte Thatcher ein dem MI6 unterstelltes SAS-Regiment zur Ausbildung von Guerillas nach Pitt's Camp.

Sherry richtete in Aranyaprathet auch eine Datenbank zur Überwachung des Schmuggels ein. Aber er war nicht mit dem Herzen bei der Sache. Wie so viele CIA-Beamte vor ihm trennte er sich von seiner alternden amerikanischen Frau und heiratete ein hübsches thailändisches Trophäenmädchen. Am Ende seiner Tournee ging Sherry in den Ruhestand und wurde zertifizierter Gemmologe in Bangkok, wo er eine weltberühmte Sammlung asiatischer Kunst und Antiquitäten anlegte.[6] Ironischerweise ging auch Pol Pot zu dieser Zeit in den Ruhestand und zog mit seiner Vorzeigefrau in eine Villa, welche von der thailändischen Armee in der Nähe von Trat im unteren Südosten Thailands an der Grenze zu Kambodscha für ihn gebaut worden war. Thailand war für die besten und klügsten Köpfe der CIA nicht attraktiv, und ein Beamter, der von 1985 bis 1987 in Aranyapathet stationiert war, Harold J. Nicholson, ließ sich mit seiner hübschen 20-jährigen thailändischen Sekretärin ein und erlangte Mitte der 1990er Jahre Berühmtheit, weil er die Namen von 300 jüngeren CIA-Beamten für 300.000 Dollar an die Russen verkaufte.[7]

Um die sinkende Moral zu stärken, besuchte CIA-Direktor William Casey im Mai 1985 Aranyaprathet. Über seinen Besuch wurde viel berichtet, und ab 1986 stöberte ein ständiger Strom westlicher Journalisten in den Grenzlagern herum und warf der Roten-Khmer-freundlichen Koalition der CIA ihre zügellose Korruption vor. Zu diesem Zeitpunkt war bereits bekannt, dass die Briten und die Malaysier in Thailand Khmer-Guerillas ausbildeten und dass eine thailändische Sondereinheit mit den Roten Khmer in der Grenzstadt Pailin konspirierte, einem

---

[3] Conboy.

[4] Ebd.

[5] Anthony Davis, „Vietnamese Attack Major Camp“, *The Washington Post*, 8. Januar 1985.

[6] „Francis Skiddy Sherry Dies on March 31“, *27 East, Southampton Press*, 14. April 2014.

[7] *History of Spies*, Harold Nicholson, https://historyofspies.com/harold-nicholson/.

Edelsteinzentrum, das für seine makellosen Rubine und Saphire weltberühmt war. In Zusammenarbeit mit birmanischen Shan-Einwanderern, die seit Generationen in den Minen schufteten, hatten Schmuggler seit Mitte der 1960er Jahre Rubine und Saphire aus Pailin auf dem Schwarzmarkt verkauft. Als Vietnam sie 1985 von der Macht verdrängte, zogen sich die Roten Khmer nach Pailin zurück.

Der Schmuggel erreichte 1986 seinen Höhepunkt, als der neue Leiter der Station, Harry Slifer, in Bangkok eintraf und den Auftrag erhielt, die Arbeit der CIA zu verbessern. Slifer war in den späten 1950er Jahren Stationschef in Phnom Penh gewesen und war 1970-1971 nach Kambodscha zurückgekehrt. Er war Stationschef in Indonesien gewesen und kannte sich mit den wichtigsten Akteuren in Südostasien bestens aus. Sein Stellvertreter, Tom Fosmire, hatte Mitte der 1950er Jahre bei der thailändischen PARU, bei Poshepny in Indonesien und Tibet sowie in Laos und Südvietnam gedient. Nachdem er im Zuge des Halloween-Massakers von 1979 von der CIA entlassen worden war, wurde Fosmire Vertragsbeamter in El Salvador und Honduras und bildete die Contras aus. In Slifers Auftrag durchstreifte Fosmire die poröse thailändisch-kambodschanische Grenze und katalogisierte die riesigen Mengen an Ausrüstung, die auf dem Schwarzmarkt verkauft wurden, die Abschöpfung und den Schmuggel durch thailändische Offiziere sowie den Einsatz von Kindersoldaten.[8]

Slifer ließ seine Erkenntnisse 1987 durchsickern und löste damit einen riesigen Skandal in Thailand aus.[9] Ein Sündenbock musste her, und so wählte der Palast Chavalit aus, einen entbehrlichen CIA-Agenten, dessen paramilitärische Schlägertrupps in den 1980er Jahren von Chiang Mai aus Drogenrazzien in Birma durchgeführt hatten. Dann wurde Bill Lair wieder aus dem Ruhestand geholt, um die Beziehungen zu den sensiblen Thais zu verbessern. Sein Vorschlag, die BPP solle die thailändische Task Force ablösen, scheiterte jedoch, und stattdessen überschwemmte die CIA Kambodscha mit bewaffneten Propagandateams. Wie mir Frank Scotton (der seinerzeit beim Aufbau des Special Operations Command in Fort Bragg half) damals erzählte, hatte er seinen Sohn mit einem solchen Team auf Patrouille nach Kambodscha mitgenommen.

Margaret Thatcher besuchte ein Flüchtlingslager und traf den einst verachteten Sihanouk 1988 in London. Der Wind der Veränderung wehte, und auf einer weiteren Pariser Friedenskonferenz im Juli 1989 versprach Vietnam, sich innerhalb eines Jahres zurückzuziehen. Die Kämpfe dauerten bis zum Waffenstillstand im April 1991 (zwei Monate nach meiner Abreise) an, und bis dahin waren 15.000 Vietnamesen in Kambodscha gestorben.

Der Slifer-Skandal hatte auch Premierminister Chatichai Choonhavan geschadet, dessen neoliberale Politik und Verhandlungen mit China das militärische Establishment verärgerten. Wie ich bereits erwähnt habe, stürzte das Militär Chatichai im Februar 1991, kaperte einen Monat lang die Fernseh- und Radiosendungen des Landes und überwachte alle potenziellen Spione wie mich genau. Der Premierminister war auf dem Weg nach Chiang Mai, als er am Flughafen von 20 Kommandomitgliedern aufgegriffen wurde. Der Vorwand war eine interne Untersuchung über die Ermordung eines von Chatichais Feinden im Jahr 1982. Er war in meinem Hotel, als ich in Thailand ankam, und er ging mit demselben Flugzeug, in dem ich saß, ins Exil. Wie bizarr.

Die CIA eröffnete 1992 eine neue Station in Phnom Penh. Dreißig Jahre später leben immer noch viele ehemalige Anführer und Soldaten der Roten Khmer in Pailin. Nach der Kapitulation der letzten Fraktion der Roten Khmer wurde die Provinz Pailin aus der Provinz Battambang

---

[8] Conboy, S. 229-232.

[9] "Go to Hell" The RTAF Responds to Allegations of Corruption, Brief an Peter Martin vom Institute of Current World Affairs, November 1988, http://www.icwa.org/wp-content/uploads/2015/09/ERG-19.pdf

herausgelöst und zu einer eigenen Verwaltungseinheit gemacht, um die Roten Khmer unterzubringen.

Der Überläufer der Roten Khmer, Hun Sen, der 1985 von den Vietnamesen zum Premierminister ernannt wurde, ist immer noch im Amt, während ich diese Zeilen schreibe, und sein Sohn Hun Manet, ein Absolvent der West Point University, ist sein Thronfolger.

* * *

Kambodscha war kein Opiumproduzent, aber es besaß Edelsteine und Tausende von unbezahlbaren Tempeln, die westliche Schmuggler um 1965 (als sich alles änderte) unter dem Deckmantel der unerbittlichen US-Bombardierung und des Bürgerkriegs sowie der Sanktionen, der Isolation und der Gesetzlosigkeit, die nach April 1975 folgten, zu plündern begannen.

Wie ihre Partner im Agentengeschäft fälschen auch die Schmuggler „dunkler Kunst" Rechnungen und Frachtpapiere und gründen Briefkastenfirmen und Offshore-Konten, um ihre obszön reichen öffentlichen und privaten Gönner zu bedienen, die sie im Gegenzug für die esoterischen, oft erotischen Artefakte, mit denen sie ihre Penthäuser ausstatten und ihre schicken Freunde beeindrucken, mit Ehrbarkeit überschütten. Um die Beteiligung der Milliardärin und Mäzenin Sloan Lindemann Barnett zu vertuschen, blendete *Architectural Digest* in seinem Artikel über ihren „Palast" in San Francisco vom Januar 2021 geplünderte kambodschanische Artefakte aus.[10]

Sloan Lindemann Barnett ist Ko-Vorsitzende des Verwaltungsrats des California Pacific Medical Center und Mitglied des Führungsrats der Harvard School of Public Health. Als Anwältin sitzt sie im Vorstand der NYU Law. Sie ist auch Autorin und Prominente. Der Patriarch der Familie Lindemann, George, war Chef des fossilen Brennstoffunternehmens Southern Union und Eigentümer von 19 spanischsprachigen Radiosendern. Seine Witwe Frayda ist Präsidentin und CEO der New Yorker Metropolitan Opera.

Zu der gestohlenen Beute der Lindemanns gehören heilige Artefakte, von denen die Kambodschaner glauben, dass sie die Seelen ihrer Vorfahren enthalten, darunter eine Statue, die aus dem königlichen Grab eines Königs gestohlen wurde, der vor mehr als tausend Jahren über ein Reich herrschte, das das heutige Kambodscha und Laos umfasste. Die Lindemanns sagen, es sei nur ihr gutes „Karma" und sie hätten nicht die Absicht, etwas davon zurückzugeben. Die Antiquitätenabteilung des US-Ministeriums für Heimatschutz will eine so einflussreiche Familie nicht verärgern, indem sie die Frage stellt.[11]

Wie andere dunkle Kunstkäufer kaufte Lindemann ihre gestohlenen kambodschanischen Artefakte über Douglas Latchford, einen in Thailand ansässigen Geschäftemacher, der in Indien als Sohn englischer Eltern geboren wurde. Latchford, der im Jahr 2020 verstarb und somit dem nicht allzu langen Arm des Gesetzes entkommen ist, hatte eine Vorliebe für asiatische Mädchen und Bodybuilder und machte ein Vermögen mit Drogenfirmen und Immobilien in ganz Südostasien. Die *New York Times*, die nie einen New Yorker Kunstmäzen oder westlichen Kriegsprofiteur traf, den sie nicht liebte, lobte ihn als „Gelehrten" und „herausragenden Sammler".[12]

Teile von Latchfords Beute landeten bei Sotheby's, im Smithsonian und in Museen in den USA und auf der ganzen Welt. Die Köpfe waren die wertvollsten Körperteile, und trotz der

---

[10] Dark art: Tracing Cambodia's 'looted' Treasures, How homes of US billionaire family pictured in Architectural Digest magazine are focus of efforts to repatriate sacred artefacts", Finance Uncovered.

[11] Ebd.

[12] Tom Mashberg, „Douglas A.J. Latchford, Khmer Antiquities Expert, Dies at 88", *The New York Times*, 27. August 2020.

überwältigenden Beweise, dass sie von Tempeln gesprengt worden waren, bestand Latchford darauf, dass seine Beute von Bauern auf Feldern ausgegraben worden war. In einem Fall stellte das Metropolitan Museum of Art 30 Jahre lang die Khmer-Sandsteinskulpturen aus dem 10. Jahrhundert, die „Knienden Diener", aus, die es von Latchford über ein Londoner Auktionshaus erworben hatte. Das Met musste die Stücke wieder zusammensetzen, und 20 Jahre lang bettelte die kambodschanische Regierung darum, sie zurückzubekommen, aber die Verwalter des Met verlangten einen archäologischen Beweis, dass die Statuen gesprengt und geplündert worden waren, bevor sie sie zurückgeben würden.[13]

Als alles andere versagte, behauptete Latchford, in einem früheren Leben Khmer gewesen zu sein, und daher „gehörte das, was ich sammle, einst mir".[14] Das war gut genug für die Reichen und Berühmten und ihre Beschützer in der Bundespolizei.

Unzählige Artikel wurden seit 2011 über Latchford geschrieben, als Bundesermittler Sotheby's daran hinderten, eine aus dem 10. Jahrhundert stammende kambodschanische Sandsteinskulptur zu verkaufen, die aus dem Prasat-Chen-Tempelkomplex in Koh Ker, der alten Khmer-Hauptstadt 80 Meilen nördlich von Siem Reap, stammte. Latchford, der 1965 mit dem Schmuggel von Artefakten begann, hatte die Skulptur 1972 gekauft, sie an ein ehrwürdiges Londoner Auktionshaus geliefert und sich dann mit einem Vertreter des Auktionshauses verschworen, um „auf betrügerische Weise Exportlizenzen zu erhalten".[15] Seine rechtlichen Probleme begannen jedoch erst, als er eine auf einem Thron sitzende Buddha-Statue für rund eine halbe Million Dollar an Nancy Weiner, eine berühmte Galeristin aus New York City, verkaufte.[16] Der Naga-Buddha, der Latchfords Offshore-Geldwäschekonten, dem Skanda Trust, überschrieben worden war, wurde in seinem teuren Bildband *Khmer Bronzes* abgebildet. Die Veröffentlichung ihrer geplünderten Schätze in Hochglanzmagazinen ist eine gängige Praxis, die es den Verkäufern im Reich der dunklen Kunst ermöglicht, sich als seriös zu präsentieren und gleichzeitig die Herkunft der Antiquitäten zu verfälschen.

Nach 55 Jahren im Plünderungsgeschäft wurde Latchford, der zu diesem Zeitpunkt bereits dabei war, seine sterbliche Hülle zu verlassen, 2019 in New York City des Diebstahls der heiligen Khmer-Statue „Skanda auf einem Pfau" angeklagt. Die unbezahlbare Statue, die zum Prasat-Krachap-Tempel in Koh Ker gehört und von unschätzbarem kulturellem Wert ist, ging auf ihrem Weg zu einem privaten Sammler durch Latchfords heiße Hände.

Zwei Jahre später wurde das ganze Ausmaß seiner kriminellen Machenschaften in den Pandora-Papieren aufgedeckt.[17] Auch die unaussprechlichen Offshore-Konten des ukrainischen Präsidenten Volodymyr Zelensky, die möglicherweise kriminellen Ursprungs sind, wurden in den Pandora-Papieren aufgedeckt.[18]

Der eigentliche Skandal besteht natürlich darin, dass das mit der CIA verbundene Imperium dunkler Kunst nie versucht hat, herauszufinden, wie Latchford an seine Beute gekommen ist. Sie alle hörten die leicht zu ignorierenden Gerüchte, die von asiatischen Reportern ausgingen, die behaupteten, Latchford arbeite mit dem mit der CIA verbündeten CGDK und dem thailändischen

---

[13] „Douglas Latchford's Footprints: Suspect Khmer Antiquities At the Denver Art Museum", *Chasing Aphrodite*, online unter: The Hunt for Looted Antiquities in the World's Museums, 19. Dezember 2021.

[14] Ebd.

[15] „Latchford's Footprints in Berlin: A Khmer Ganesh and other loans to the Asian Art Museum", *Chasing Aphrodite: The Hunt for Looted Antiquities in the World's Museums*, 10. April 2013.

[16] David Conn und Malia Politzer, „Offshore loot: how notorious dealer used trusts to hoard Khmer treasures", *The Guardian*, 5. Oktober 2021.

[17] Sara Cascone, „The Pandora Papers Leak Reveals How the Late Dealer Douglas Latchford Used Offshore Accounts to Sell Looted Cambodian Antiquities", *Artnet News*, 5. Oktober 2021.

[18] „Pandora Papers: Ukraine leader seeks to justify offshore accounts", Al Jazeera, Oktober 2021.

Militär zusammen, um Artefakte aus Angkor Wat zu schmuggeln. Es gab sogar Behauptungen, Latchford habe mit dem Stabschef der Roten Khmer, Tak Mok, zusammengearbeitet, der die Plünderung von Koh Ker überwachte.[19] Tak Moks CIA-Komplizen bleiben ungenannt, dank westlicher Zeitungen, die sich wie ein Laser auf die Führer der Roten Khmer konzentrieren. Doch während andere Funktionäre der Roten Khmer begnadigt wurden oder bis ins 21. Jahrhundert hinein in Regierungsämtern blieben, wurde Tak Mok inhaftiert. Nachdem er auf den Opferaltar gelegt worden war, bestätigte er durch Mittelsmänner alles, was Munro behauptet hatte: dass die USA und Großbritannien den Roten Khmer halfen, dass der SAS in Thailand nahe der kambodschanischen Grenze und in Singapur Ausbildungslager für Verbündete der Roten Khmer unterhielt und dass die Roten Khmer für die Koalition der CIA das Sagen hatte.[20]

Man könnte annehmen, dass die Führer der Roten Khmer im Gegenzug dafür, dass sie ihre westlichen Sponsoren nicht verrieten, gut dastanden. Das ist nicht anders als bei Museen und privaten Sammlern, die die Diebe schützen, die sie füttern, so wie sie Michael Steinhardt geschützt haben, den angeklagten Sexualstraftäter, der gezwungen wurde, gestohlene Antiquitäten im Wert von 70 Millionen Dollar abzugeben und einem lebenslanges Verbot des Sammelns von Antiquitäten im Jahr 2021 zu gehorchen. Steinhardt musste sich von 180 gestohlenen Antiquitäten trennen, die „geplündert und illegal aus 11 Ländern geschmuggelt, von 12 kriminellen Schmugglernetzwerken gehandelt wurden und für die es keine nachprüfbare Herkunft gab, bevor sie auf dem internationalen Kunstmarkt auftauchten".[21]

So geht es zu im Imperium dunkler Kunst. Der blutigen Geschichte der kolonialen Eroberung und der amerikanischen Sklaverei droht schlimmstenfalls eine kritische Analyse – abgesehen von Florida und Texas, wo der Sklavenhandel, durch den Afrikaner in die USA exportiert wurden, heute als ihre „unfreiwillige Umsiedlung" bezeichnet wird. Sogar das Smithsonian Institute „könnte" zehn Kunstwerke zurückgeben müssen, die von Kolonialmächten aus dem Königreich Benin im heutigen Südwesten Nigerias gestohlen wurden, wo britische Soldaten 1897 während einer „Strafexpedition" Städte niederbrannten und plünderten und wie wütende Mobs der Roten Khmer Tausende von Menschen massakrierten. Afrika ist der am stärksten ausgeplünderte Ort auf dem Planeten Erde. Abgesehen von den Mineralien, die von den Konzernen gestohlen wurden, befinden sich die geschnitzten Elefantenstoßzähne, Keramiken, Statuen, Porträts von Königen und kunstvolle Tafeln, die die westlichen Mächte gestohlen haben, in Hunderten von Museen weltweit.[22]

Ich weiß nicht, ob Ihnen das schon klar ist, aber das ist der Grund, warum die CIA und ihre reichen individuellen und unternehmerischen Versicherer Kriege auf der ganzen Welt anzetteln – um alles von Wert zu stehlen, was alle anderen haben, einschließlich der Plünderung kultureller Artefakte zur privaten Befriedigung der Reichen oder um sie in Museen unterzubringen und von der Öffentlichkeit Eintritt zu verlangen, nur um sie zu sehen. Im Jahr 2014 „erwarb" das Bastelladen-Unternehmen Hobby Lobby eine 3.600 Jahre alte Gilgamesch-Tafel. Die 2003 von einem amerikanischen Händler aus dem Irak geschmuggelte Tafel gelangte über ein Familienmitglied eines Londoner Münzhändlers zum evangelikalen Christen Steve Green, dem milliardenschweren Präsidenten von Hobby Lobby, und landete in seinem Bibelmuseum. Amen und Halleluja!

Die meisten privaten Kunstsammler haben keine Konsequenzen zu befürchten, wenn sie geplünderte Artefakte verkaufen. Wie die Sprösslinge der Verlagswelt sind sie zu sehr damit

---

19 „The Seated Buddha Goes Home", *Chasing Aphrodite*, 2. März 2015.
20 „Butcher of Cambodia Set to Expose Thatcher's Role", *The Guardian*, 8. Januar 2000.
21 „Brooklyn Billionaire, Buyer of Looted Antiques Worth Millions, Walks Free in Gov't Deal", *Amsterdam News*, 23. Dezember 2021.
22 Afrika hingegen ist nach wie vor weitgehend unterentwickelt. Die Hälfte der über eine Milliarde Menschen auf dem Kontinent hat keinen Zugang zu Elektrizität. Auf der anderen Seite sind die Afrikaner für weniger als drei Prozent der globalen Kohlenstoffemissionen verantwortlich.

beschäftigt, zu bestimmen, was Sie sehen, glauben und wertschätzen.[23] Ein Beispiel: Als Mitglied der Authors Guild werde ich regelmäßig gebeten, Petitionen zu unterzeichnen, in denen unsere nationalen Führer aufgefordert werden, China für sein gegen die Meinungsfreiheit gerichtetes Verhalten zu verurteilen. Die Petitionen fragwürdiger Herkunft werden von den American Booksellers for Free Expression, der Association of American Publishers, dem Office for Intellectual Freedom der American Library Association und einem Dutzend die Meinungsfreiheit liebender Verlage wie Pan Macmillan South Africa mitunterzeichnet. Werfen Sie einen Blick auf die Leute, die diese Gruppen leiten, um einen Eindruck davon zu bekommen, wer entscheidet, was in Amerika veröffentlicht wird, und wer Stiftungsgelder und prestigeträchtige Auszeichnungen erhält.

Mitunterzeichnerin einer dieser Petitionen war Suzanne Nossel (Harvard) als CEO von PEN America. Nossel, die im wohlhabenden Scarsdale, New York, geboren wurde, war 2006 Stellvertreterin des UN-Botschafters Richard Holbrooke, der zufälligerweise ebenfalls in Scarsdale geboren wurde. Holbrooke war auch einer der Architekten der amerikanischen Befriedungspolitik in Südvietnam. In den blutgetränkten Fußstapfen ihres Mentors prägte Nossel den Psywar-Begriff „Smart Power" und ist eine überzeugte Verfechterin der „Responsibility to Protect", eines weiteren Psywar-Begriffs, der die militärische Intervention der USA oder die Subversion durch die CIA an jedem Ort der Welt bedeutet, an dem Menschen – mit Ausnahme der Palästinenser – unter Ungerechtigkeit leiden.

Nossels Großeltern, die China und Russland scharf kritisieren, flohen vor antijüdischen Pogromen in Litauen und fanden Zuflucht im Südafrika der Apartheid, wo ihr Vater geboren wurde. Andere Verwandte ließen sich im Israel der Apartheid nieder, wo sie sich „sehr wohl und zu Hause" fühlt. Als Chefin des PEN nahm sie eine Ladung Benjamins aus Israel entgegen und lobte es auf einem „World Voices"-Festival als „Champion" der freien Meinungsäußerung. Nossel weigerte sich jedoch, das Geld zurückzugeben, selbst nachdem 12.500 Menschen den PEN aufforderten, die israelische Unterstützung für die Veranstaltung abzulehnen.[24]

Ich verstehe Nossels Abgehobenheit und Selbsttäuschung und warum die Maskerade als Menschenrechtsverteidigerin ihr hilft, ihre Ziele zu erreichen. Aber Nossel ist eine dunkle Künstlerin, geschickt in der Täuschung, und die mit dem Nobelpreis ausgezeichnete Autorin Toni Morrison war eine wahre Verfechterin der Menschenrechte, als sie Israel einer „langfristigen militärischen, wirtschaftlichen und geografischen Praxis" beschuldigte, „deren politisches Ziel nichts Geringeres ist als die Liquidierung der palästinensischen Nation". Der Wahrheitsgehalt von Morrisons Aussage wird täglich durch Fakten bewiesen, die in keinem der TV-Nachrichtensender zu sehen sind, die bekanntlich Tochtergesellschaften der Rüstungsindustrie sind – der hohen Kabale. Und das ist der Grund, warum nur Nossels Meinung zählt und die Palästinenser weiterhin das Schicksal aller Elenden der Erde erleiden.[25]

Nossel ist die Verkörperung des modernen Apparatschiks der amerikanischen herrschenden Klasse – jener Sorte, die sich mit den Führungskräften der *New York Times* auf Soireen mischt, die von den Lindemanns in plüschigen Penthäusern veranstaltet werden, die mit geplünderten erotischen Artefakten ausgestattet sind, wo Treuhänder des Met-Museums und ehemalige CIA-Beamte mit gleichem Status und Stammbaum – wie Zup James und Skiddy Sherry – bestimmen, welche Bücher

---

23 Brian Merchant, „The CIA Helped Buildthe Content Farm That Churns Out American Literature", Vice, 11. Februar 2014.
24 „PEN director acknowledges 'legitimate concerns' about Israel sponsorship but won't give back the money", *Mondoweiss Editors*, 20. April 2016.
25 Helen Johnson, The (im)proper meshing of the corporate media and the military-industrial complex, *Miscellany News*, 13. Mai 2021.

auf die Bestsellerliste kommen und welche Schriftsteller Stiftungszuschüsse erhalten. Dieselben „Dark Arts"-Experten entscheiden, welche Filme eine Finanzierung bekommen und welche Militär- und CIA-Berater sie beraten werden.

Sie sind ach so berechenbar, auch ohne Astrologen. Für diese Gatekeeper hört die Vielfalt an der Schwelle zum Sozialismus auf oder an allem anderen, was den Machterhalt der hohen Kabale bedroht. So infiltrierte die CIA beispielsweise das Russia (später Harriman) Institute an der Columbia University, als es um 1950 gegründet wurde. Das PEN-Vorstandsmitglied Jeri Laber war damals dort. Es ist kein Zufall, dass das International Freedom to Publish Committee jährlich einen Jeri-Laber-Preis vergibt. Laber war auch eine der Gründerinnen von Helsinki Watch, aus dem sich Human Rights Watch entwickelte. Es ist kein Zufall, dass Suzanne Nossel auch Chief Operating Officer von Human Rights Watch war.

Um die Propagandapumpe anzukurbeln, gründet und betreibt die CIA auch eigene Verlagsfirmen, in denen Bücher auf zum Schmuggel gemachten Papier erhältlich sind. In einem Fall wurde der ukrainische Kriegsverbrecher Mykola Lebed, der von der Gestapo ausgebildet worden war, in die USA gebracht, wo er unter dem Deckmantel einer CIA-eigenen Firma das Unternehmen Prolog Research and Publishing betrieb, das antisowjetische Propaganda in Form von Gedichten, technischen Handbüchern und Finanzberatung produzierte. Prolog wurde 1952 im Rahmen des von der CIA gegründeten Ukraine Supreme Liberation Council gegründet und arbeitete illegal in den USA mit Hilfe von Harvard, ukrainischen Kirchen und anderen willigen US-Abonnenten. Wie Radio Free Europe richtete es seine Botschaften an die Jugend und versprach modisches Schuhwerk.

Hier und jetzt ist es genau dasselbe. Es ist die unvermeidliche Gegenreaktion und das schlechte Karma des Imperiums.

Tag 27: Kahle Bäume, graues Licht
Donnerstag, 14. März 1991

„Der Mond tritt in die Fische ein und wird in zwei Tagen mit

der Sonne in den Fischen zusammenfallen.

Jupiter gegenüber Saturn."

Alice hatte einen Joint bereit, als ich in Logan ankam. Es war ein grauer Tag und ich begann mich auf der Fahrt nach Easthampton zu entspannen. Es begann zu schneien, als wir in die Einfahrt fuhren. Der Mondzyklus würde bald mit dem Fische-Neumond enden. Vollmond ist Opposition, Spannung, Unabhängigkeit; Neumond ist Konjunktion, die Hieros Gamos, die Heimkehr. Besser als eine Thai-Massage.

Die gelben Bänder waren noch immer um alles gewickelt. Operation Desert Storm hatte den Nahen Osten dem Untergang geweiht, aber eine Verbesserung der Beziehungen zu Vietnam zeichnete sich ab. Im Juli 1991 leitete Senator John Kerry eine offizielle Untersuchung zu Kriegsvermissten und -gefangenen ein, die sich auf CIA-Beweise für ein Lager in Laos stützte. Von den 103 „lebenden Sichtungen" stellte sich heraus, dass es sich bei der Hälfte um Amerikaner handelte, die dort frei lebten, verheiratet waren und arbeiteten, genau wie Vinhs Mutter gesagt hatte. Tony Poshepny hatte die Zahl der Amerikaner in Laos auf 55 geschätzt.

Zusammen mit dem 1989 gegründeten US-Vietnam-Handelsrat trug das Ende des Kriegsvermissten und -gefangenen-Mythos dazu bei, das Embargo zu beenden und die Beziehungen zu normalisieren. Riesige Unternehmen wie Nike und McDonalds stürzten sich auf den Markt und freuten sich über die Aussicht, den Arbeitern sechs Cent pro Stunde zu zahlen. Thailändische Fabrikarbeiter verdienen ein mickriges Pfund pro Stunde für die Herstellung von Englands WM-Trikots für Katar 2022, die für 115 Pfund pro Stück verkauft werden.

Im August 1991 wurde mit dem Pariser Friedensabkommen eine neue Regierung im traumatisierten Kambodscha eingesetzt, wo zehn Prozent der Bevölkerung durch US-Bomben, Säuberungen der Roten Khmer, Armut und Krankheiten ums Leben gekommen waren. 1996 erhielten die führenden Köpfe der Roten Khmer im Gegenzug dafür, dass ihre Guerillas die Waffen niederlegten, Amnestie. Sie bekamen Land zum Regieren, und viele von ihnen sind nach wie vor stolz darauf, diejenigen getötet zu haben, die sie unterdrückt hatten. Die kambodschanische Volkspartei hat das Land fest im Griff. Siem Reap wurde vom *Time*-Magazin in die Liste der großartigsten Orte der Welt 2021 aufgenommen.

Ebenfalls im August 1991 wurde in Laos eine Verfassung verabschiedet. Ethnische Lao-Lum hatten 1975 die Führung der Laotischen Revolutionären Volkspartei übernommen, wobei Vietnam und die Sowjetunion eine große Rolle bei der Regelung der Angelegenheiten des Landes spielten. Die Beziehungen zu China wurden erst nach und nach aufgebaut, aber 1979 hatte die Führung China kopiert und die Märkte und Banken wiederhergestellt. Die Menschen konnten sich frei bewegen und die Kulturpolitik wurde gelockert. Einige Adelige kehrten zurück.

Wie in Vietnam hatte der Kriegsgefangenen und -vermissten-Mythos die Beziehungen zwischen Laos und den USA beeinträchtigt. Mit dem Zusammenbruch der Sowjetunion 1991 und dem Ende der Militärdiktatur in Thailand 1992 verbesserten sich die Beziehungen. Die Spannungen nahmen schnell ab, und 1994 wurde Laos durch die Freiheitsbrücke bei Nong Khoi an die boomende thailändische Wirtschaft angebunden. Ein Großteil des Privatsektors wird heute von thailändischen und chinesischen Unternehmen kontrolliert, und vor kurzem hat Laos seine Handelsbeziehungen zu den USA normalisiert. Aber das Land kämpft immer noch mit Armut und Analphabetismus.

Der Kriegsgefangenen und -vermissten-Mythos hat nicht nur die Aufnahme diplomatischer Beziehungen in Südostasien hinausgezögert, sondern auch die Ausbreitung rechter Milizen gefördert, die sich für Waffenrechte einsetzen, weil sie befürchten, dass eine große Regierung (sogar eine Eine-Welt-Regierung) den Wohlstand von den Weißen auf Einwanderer und Minderheiten verlagert. Bill Clintons Verbot von Angriffswaffen im Jahr 1994 führte zu einem Rückgang der Massenerschießungen um fast die Hälfte. Aber die Milizbewegung brodelte, und die unbeabsichtigte Tötung der Branch Davidians in Waco, Texas, durch die Clinton-Regierung im Jahr 1993 veranlasste den Armee-Veteranen Timothy McVeigh, 1995 ein Bundesgebäude in der Innenstadt von Oklahoma City in die Luft zu sprengen und 168 Menschen zu töten. Mit dem 11. September änderte sich alles für immer; George W. Bush und die GOP begannen den ewigen Krieg gegen den islamischen Terror und ließen 2004 das Verbot von Angriffswaffen auslaufen. Seitdem haben die Massenerschießungen um 245 % zugenommen.

Angeregt durch den neuen Heiligen Kreuzzug trägt die boomende evangelikale Medienindustrie zu dem Gemetzel bei, indem sie die wilde Männlichkeit zur Verteidigung der vermeintlich schwindenden Freiheiten, die weiße Christen ertragen müssen, heiligt. Das Grauen begann, als die Bürgerrechtsgesetze der 1960er Jahre ihr gottgegebenes Recht, persönliche Vorurteile zu äußern, einschränkten, und gipfelt, welch ein Graus, in der „Wokeness" der kritischen Rassentheorie, die weiße Christen ständig und schmerzhaft daran erinnert, dass ihre Vorurteile schon immer wild und eigennützig waren.

Während ich diese Zeilen im Jahr 2023 schreibe, wird die wiederauflebende John Birch Society oft als die ideologische Jauchegrube zitiert, die die rechten Verschwörungen hervorgebracht hat, die Trumps Vorstellungen von weißer Vorherrschaft zugrunde liegen.[1] Die 1958 von dem Geschäftsmann Robert Welch gegründete Birch Society war für ihren Widerstand gegen die Bürgerrechte und ihre wilden Verschwörungstheorien bekannt; beispielsweise, dass Dwight Eisenhower ein „engagierter, bewusster Agent" der Sowjetunion war. Die Organisation wurde passenderweise nach dem missbräuchlichen Antikommunisten John Birch benannt. Birch wurde in einer baptistischen Missionarsfamilie in Indien geboren und kam 1939 im Alter von 21 Jahren nach China, um heidnische Seelen zu bekehren. Unter dem Kommando von General Chennault half er bei der Rettung abgestürzter amerikanischer Piloten, und 1945 schloss er sich dem OSS in Hsian an, wo er in der gefährlichen Anhui-Gegend arbeitete, in der sich Bischof Megan herumtrieb.

Im August, als er ein Team aus Amerikanern, KMT-Chinesen und Koreanern auf einer Mission in einer Küstenprovinz leitete, die in Richtung Korea ragt, wurden Birch und ein KMT-Mitglied von der Gruppe getrennt und von kommunistischen Guerillas aufgehalten und entwaffnet. Die

---

[1] Kathryn Joyce, „Before Trump, Alex Jones and QAnon: How Robert Welch created the paranoid far right", *Salon*, 9. Februar 2020.

Spannungen waren groß, und Birch bezeichnete seine Fragesteller in gewohnter Manier als „Banditen" und schlug einem ins Gesicht. Birch, der angeblich unter „Kampfmüdigkeit" litt, forderte sie auf, ihn zu töten, und drohte ihnen mit nuklearer Vernichtung, falls sie es täten. Die Guerillas erschossen ihn entweder oder rammten ihm ein Bajonett in den Bauch und schnitten ihm dann die Gesichtszüge ab. Die Berichte unterscheiden sich.

In seinem Buch *A Secret War: Americans in China 1944-45* berichtet Oliver Caldwell von einem jungen Leutnant, der Birch als „einen Sadisten" verunglimpfte, „der es liebte, Schmerzen zuzufügen und die Chinesen zu schlagen. Wenn Birch von den Kommunisten erschossen worden war, so meinte der Leutnant, hatte er es wahrscheinlich verdient."[2]

Das ist typisch. Konservative Basisorganisationen wie QAnon setzen auf Hass und Angst, während die Bildungselite auf komplexe Systeme und ausgeklügelte Kampagnen zur psychologischen Kriegsführung setzt, um soziale und politische Bewegungen zu beeinflussen. Ein Beispiel dafür ist die Infiltration des Offizierskorps durch die CIA, die 1967 mit der unfreiwilligen Zuweisung von Militärangehörigen zum Phoenix-Programm begann, wo sie in unkonventioneller Kriegsführung gegen südvietnamesische Zivilisten ausgebildet wurden.

2023 sind modernisierte Operationen im Stil des Phoenix-Programms zur Grundlage der US-Kriegsführung geworden und verschaffen der hohen US-Kabale in Zusammenarbeit mit Frontorganisationen wie National Endowment for Democracy die verdeckte politische Kontrolle über die Zivilbevölkerung weltweit. Die CIA-Infiltration und -Steuerung von Strafverfolgungsbehörden auf Bundes-, Landes- und Kommunalebene sichert der hohen Kabale auch die politische Kontrolle über die zur Ware gewordene US-Zivilbevölkerung.

An der Wurzel dieser faschistischen Bewegung standen CIA- und Militärbeamte, die aus Wut über ihre demütigende Niederlage in Vietnam 1975 die Association of Former Intelligence Officers (AFIO) gründeten, um zivile Institutionen zu infiltrieren und zu politisieren. Die AFIO wurde übrigens von David Whipple (Dartmouth) gegründet, einem CIA-Beamten mit langjährigen Einsätzen im Fernen Osten, darunter in Vietnam (1951-52) und Kambodscha (1975).

Der Prozess beschleunigte sich im Herbst 1979, als Präsident Carters CIA-Direktor Stansfield Turner Hunderte von paramilitärischen CIA-Beamten, die meisten aus der Fernostabteilung, entließ. Reagans CIA-Direktor William Casey recycelte diese verbitterten, brutalen Ausgemusterten und stellte sie als Kader in einer Privatarmee ein, mit der er verdeckte Operationen auf die altmodische Art durchführte – inoffiziell. Reagan startete auch ein massives, fortlaufendes Desinformationsprogramm, das Office of Public Diplomacy, welches sich gegen US-Bürger richtete. Während dieser Zeit erlebten die Milizbewegung und das militaristische evangelikale Medienimperium einen Aufschwung, ebenso wie die Hollywood-Franchise des Pentagons. Der bereits erwähnte Film *Missing In Action* mit Chuck Norris in der Hauptrolle machte sich die Ressentiments der durchschnittlichen Vietnam-Veteranen gegen die Liberalen und ihre „große Regierung", die Amerika verraten hatte, zunutze.

Das Abdriften nach rechts in Politik, Kunst und Religion gewann mit der Auflösung der Sowjetunion im August 1991 und dem Aufstieg des Neoliberalismus an Dynamik. Die Sowjets waren begierig darauf, sich dem Informationszeitalter anzuschließen und ihre Finanzen zu modernisieren, aber die neuen unabhängigen Nationen wussten nicht, wie sie zusammenarbeiten sollten, und schon bald brach unter der Illusion der Demokratisierung überall ein Verdrängungswettbewerb aus, der von US-Abenteurern angeheizt wurde. Menschen mit einer gemeinsamen kulturellen Vergangenheit und familiären Bindungen (wie jetzt zwischen der Ukraine

---

[2] Caldwell, S. 184.

und Russland) zerstörten sich gegenseitig, während die aufstrebenden mafiösen Oligarchen ihre Kadaver ausschlachteten.

Dasselbe geschah in den USA dank Bill Clinton, der von rechten Christen leicht als Symbol des degenerierten Liberalismus hingestellt wurde. Evangelikale wie Jerry Falwell und Phyllis Schlafly taten sich zusammen, um ein neues Christentum zu predigen, das auf der Verherrlichung von Reichtum, missbräuchlicher Männlichkeit und sexy Ehefrauen basierte und sich gegen die Gleichberechtigung und die Abtreibung wandte – und zwar nicht aus moralischen Gründen, sondern um die Verdienstmöglichkeiten und die Vorherrschaft weißer Männer zu erhalten. Zehn Jahre später, nach dem 11. September, nahm die amerikanische Rechte die Islamophobie in ihr Dogma auf. Der Schrecken des Angriffs muslimischer Selbstmordattentäter auf die Zwillingstürme bestärkte die christlichen Nationalisten in ihrer Überzeugung, dass es keine passive Verteidigung gegen „den Anderen" gibt und dass ihre einzige Hoffnung eine autoritäre Theokratie ist, die auf der pauschalen Unterstützung rassistischer Strafverfolgung und militärischer Aggression mit vollem Spektrum beruht. Sie festigte auch ihre Bindung an Israel.

Überall tauchten wieder Fahnen auf. „Warum hassen sie uns?" war der Refrain. Der Blick nach innen war verboten, also war die Antwort ganz einfach: „Sie hassen unsere Freiheit."

„I been terrorized all my life", sang der Blues-Gitarrist Willie King in *„Terrorized"*, einem Lied, dass er als Reaktion auf 9/11 komponierte.

"Somebody Blew Up America", betitelte Amiri Baraka sein episches Gedicht:

They say its some terrorist,

some barbaric

A Rab,

in Afghanistan

It wasn't our American terrorists

It wasn't the Klan or the Skin heads

Or the them that blows up nigger

Churches, or reincarnates us on Death Row

It wasn't Trent Lott

Or David Duke or Giuliani

Or Schundler, Helms retiring

Mit überwältigender Unterstützung der Bevölkerung marschierte der wiedergeborene Christ George W. Bush in Afghanistan statt in Saudi-Arabien ein, wo nach offizieller Darstellung die meisten der 9/11-Attentäter herkamen. Mit dem darauffolgenden „globalen Krieg gegen den Terror" kam der langsame Tod des ordentlichen Verfahrens und die Geburt des Ministeriums für Heimatschutz – des Militärs inländische Version des Phoenix-Programms mit rechten Milizen als verdeckte Vollstrecker. Gelegenheiten gab es zuhauf, und 2003 verbreiteten Militärpropagandisten als Vorwand für den Einmarsch in den ölreichen Irak im Stil von Tom Dooley die Falschmeldung, Saddam Hussein plane, Massenvernichtungswaffen gegen Amerika einzusetzen. Ein Jahrzehnt später, nach monatelangen Bombardierungen Libyens durch die „zivilisierte Welt", strahlten die großen Fernsehsender ein Video aus, auf dem ein Mann zu sehen war, der Moammar Gaddafi ein langes Messer in den Hintern schob. Außenministerin Hillary Clinton beteiligte sich an der freudigen Bestialität und kicherte in einem Fernsehinterview: „Wir kamen. Wir sahen. Er starb.“

Während ich dies schreibe, hat Amerika das, was zum Zeitpunkt seines ersten Einsatzes ein sozialistisches Afghanistan war, in Schande verlassen – genau wie es das sozialistische Vietnam, Kambodscha und Laos verlassen hat. Aber das Imperium rollt weiter und hat nun einen Bruderkrieg zwischen Russland und der Ukraine provoziert. Dieser spaltende Angriff auf die Durchschnittsmenschen findet auch hier statt, da unsere religiösen, militärischen und industriellen Könige bestimmende Gefühle und Gedanken in unsere offenen Herzen und schwachen Hirne pflanzen. Sie besetzen und entmenschlichen uns. Sie lehren uns, wen wir fürchten, hassen und verletzen sollen. Sie lehren uns, uns auf den B-52-Bomber und den CIA-Folterer zu beziehen, nicht auf den Bombardierten oder den Gefolterten oder den Flüchtling. Sie lehren uns, dass alle Veteranen Helden sind, auch wenn sie wie Jack Madden in den Krieg zogen, um die Erwartungen ihres Vaters an das Mannsein zu erfüllen. Es ist viel einfacher, edle Absichten zu unterstellen.

Dank der Militarisierung und Entmenschlichung unserer Gesellschaft sind Massenerschießungen heute ebenso an der Tagesordnung wie bis an die Zähne bewaffnete rechte Milizen in voller Kampfmontur, die Parlamentsgebäude besetzen und jeden terrorisieren, den Donald Trump als „schlecht und böse“ bezeichnet. „Erst schießen und dann Fragen stellen“ ist die logische Folge einer sexistischen, rassistischen und militarisierten Kultur. Der Selbstjustiz-Killer Kyle Rittenhouse ist der neue John Wayne, mit seinem eigenen Team von Marketingleuten und GOP-Sponsoren im US-Kongress.

Die USA missachten jede internationale humanitäre Norm. Wie ermüdend, aber es lohnt sich zu wiederholen: Die USA haben die größte Gefängnispopulation der Welt und geben mehr Steuergelder für ihr Militär aus als die nächsten sieben Länder zusammen. Sie haben über 800 Militäreinrichtungen auf der ganzen Welt. Sogar unsere neuen liberalen Lieblinge im Kongress stimmen für jedes Billionen-Dollar-Militärausgabengesetz, das ihnen vorgelegt wird.

Was wird aus sauberer Luft und sauberem Wasser? Das US-Militär ist der größte Umweltverschmutzer der Welt und verherrlicht sich selbst bei jeder öffentlichen Veranstaltung. Unsere Beschützer haben die Football-Felder der Nation in eine Reihe von Nürnberger Kunstrasenplätzen verwandelt, die von Flaggen, Gewehren und Tarnanzügen umgeben sind. Wer den Militarismus hasst, hasst auch die Vereinigten Staaten von Amerika.

Und welches Schicksal droht den Frauen, nachdem der fundamentalistische Oberste Gerichtshof das Urteil Roe v. Wade gekippt hat? In den roten Staaten sind Frauen, die abtreiben wollen, weniger geschützt als ihre Vergewaltiger. In Texas wurde eine Frau verhaftet und wegen Mordes angeklagt, weil sie eine „illegale Abtreibung“ selbst vorgenommen hatte.[3] Wie Natasha Leonard sagte, „hat die faschistische Rechte das Ziel, alle wichtigen Orte der Abtreibungssolidarität und -hilfe, für deren Aufbau Netzwerke für reproduktive Rechte kämpfen, zu schließen und zu kriminalisieren“.[4]

Es stehen in der Tat düstere Tage bevor, da die roten Staaten reaktionäre Gesetze auf breiter Front einführen. Tennessee will Schulbezirke mit Geldstrafen belegen, wenn ein Lehrer im Unterricht über Rassismus, weiße Privilegien oder Sexismus spricht. Sie wollen Lehrer bestrafen, die weißen Kindern „Schuldgefühle oder Ängste“ wegen der Geschichte der USA mit Völkermord, Sklaverei und Unterdrückung von Frauen vermitteln.

---

[3] Francisco E. Jimenez, „Woman arrested in Starr County on murder charge for ‚illegal abortion‘“, *The Monitor*, 8. April 2022.

[4] Natasha Leonard, „With the Corpse of Roe Still Warm, Far Right Plots Fascistic Anti-Abortion Enforcement“, *The Intercept*, 24. Juni 2022.

Andere sind damit beschäftigt, das Wahlrecht einzuschränken und Gesetze zu verabschieden, die es den Gesetzgebern der roten Bundesstaaten erlauben, zu bestimmen, wessen Stimmen gezählt werden. Wie die zutiefst ungerechte Suzanne Nossel, die ihren immensen Einfluss nutzt, um China und Russland zu dämonisieren und gleichzeitig Israel zu fördern, fühlen sie sich berechtigt, anderen im Namen der Freiheit ihre Überzeugungen aufzuzwingen.

Trump, der Herr der alternativen Fakten, der von Dutzenden von Frauen der sexuellen Nötigung beschuldigt wurde, verkörpert den missbräuchlichen Hengst, der seine Opfer verhöhnt. Im Wahlkampf sagte er, dass es „eine Form der Bestrafung" für Frauen geben müsse, die abtreiben. Antifeministische Fanatiker betrachten Abtreibung als Mord; und da es keine Verjährungsfrist für Mord gibt, sind die Aussichten für Frauen, die abgetrieben haben, wie beabsichtigt, erschreckend.

Wie konnte das geschehen?

Der patriarchalische abrahamitische Gott ist ein Chauvinist. Das hilft seinen ausschließlich männlichen Klerikern, die Kontrolle zu behalten, bringt aber die Frauen in eine doppelte Zwickmühle. „Ja, sie missbrauchen mich und kontrollieren meinen Körper und mein Verhalten, aber ich liebe meinen Vater und meinen Mann, weil sie gute Versorger und Krieger sind." Mütter kleiden ihre Söhne in Tarnanzüge, geben ihnen Waffen in die Hand und trainieren sie im Töten. Ein Hollywood-Filmstar hat die Kaution von Rittenhouse in Höhe von einer Million Dollar hinterlegt, und die Proud Boys haben ihm zu Ehren eine Feier veranstaltet, nur weil er Menschen ermordet hat, die Trump als „schlecht und böse" bezeichnete.

Man kann den Mini-Aufstand vom 6. Januar 2021 jedoch nicht allein auf den Plan von Trump und seiner inneren Clique schieben, 1) alternative Fakten zu verwenden, um die Wahl als gestohlen darzustellen, noch bevor sie stattgefunden hat, und 2) genügend rechte Gesetzgeber davon zu überzeugen, Bidens Wahl nicht zu bestätigen, während ein Mob von Waffennarren und religiösen Fanatikern, die Schaum vor dem Mund haben und mit AR-15-Flaggen geschmückte Konföderiertenfahnen schwenken, Vizepräsident Mike Pence daran hindert, seine gesetzliche Pflicht zu erfüllen.

Nein. Der Versuch, die Präsidentschaftswahlen zu stürzen und die verfassungsmäßige Ordnung zu untergraben, war das Ergebnis jahrhundertelanger rassistischer Siedlermythen und antifeministischer Propaganda, die das Militär und in den letzten Jahrzehnten auch die ihm zur Seite stehenden Experten für politische Kriegsführung bei *FOX News* den Gläubigen vermittelt haben. Der „Stop the Steal"-Aufstand war Reality-TV in seiner spektakulärsten Form: Anti-Intellektuelle im Stil der Roten Garde plünderten das Symbol der amerikanischen Demokratie im Namen der Freiheit. Sie waren eine freudsche Geißel der Natur, taub und stumm, und taten das, was diejenigen wollten, die sie in der Dunkelheit hielten. Viele von ihnen waren Veteranen und Polizisten. Sie wurden weder festgenommen noch verhaftet, sondern harrten aus, bis Trump sie segnete und ihnen sagte, sie sollten nach Hause gehen, aber weiter gegen den „schlechten und bösen" Feind im Inneren kämpfen.

Der Aufstand im Kapitol war mehr als nur der Triumph der dunklen Künste des Imperiums, des BS und der Angeberei. Es war der Beginn des Jahres Null, der Auslöschung der Geschichte und der Wiedererschaffung einer mystischen USA, die nur für wahre Gläubige zugänglich ist, in der christliche Jungs mit überlegener Feuerkraft und Know-how nicht wirklich einen Kontinent gestohlen, Afrikaner versklavt oder Kriege gegen Kommunisten, Buddhisten und Taliban verloren haben. Wie die Deutschen nach dem Ersten Weltkrieg glauben sie, dass sie von den liberalen Politikern, Frauenhelden, Einwanderern und Minderheiten, die sie hassen, verraten wurden. In der Zwischenzeit fand das FBI bei seiner Durchsuchung von Mar-a-Lago im August 2022 ein

Dokument, das die nuklearen Fähigkeiten einer ausländischen Regierung beschreibt.[5] Trump bestand automatisch darauf, dass es vom tiefen Staat platziert wurde.

In der Tat ist die Selbsttäuschung, die sich als Glaube ausgibt, der American Way, so wie die Täuschung die moderne Art ist, einen dunklen Krieg zu führen. Als die Amerikaner nach 1991 nach Kambodscha zurückkehrten, fanden sie ein gelobtes Land vor, in dem die Einwohner verarmt waren und in dem es leichten Sex mit Jugendlichen, Drogen, Kasinos und Artefakte gab, die darauf warteten, geplündert zu werden. Robert Bingham schrieb darüber in *Lightning on the Sun* (2001). Matt Dillon drehte 2002 einen großartigen Film darüber, *City of Ghosts*. Beide Geschichten erzählen davon, wie Betrüger in einem gesetzlosen Land gedeihen, in dem Gewalt die heroische Art ist, Probleme zu lösen.

Es ist geistig überwältigend, ständig in der Gegenwart von Männern zu sein, die so viele Menschen ermordet haben und deren Ermöglicher ihre Profanität in Reichtum und Macht verwandelt haben. Vor nicht allzu langer Zeit fragte ein entrüsteter Marinesoldat (gibt es noch andere?) Trumps ehemaligen nationalen Sicherheitsberater, General Michael Flynn, warum Amerika nicht einen Militärputsch wie in Myanmar durchführen könne. Flynn antwortete rechtschaffen: „Das sollten wir.“

Wo passt jemand wie ich in ein solches Land?

Helen Poole sagt, dass das Sprechen über Autonomie die Schlüsselbotschaft in meinem astrologischen Horoskop ist. Sie steht in Verbindung mit meinem Karma – das sich als mein Kampf gegen die CIA und den Militarismus manifestiert – und meinem Dharma, das sich in meiner Arbeit auf der Erde manifestiert, um die Menschen um mich herum zu verändern, ohne mich selbst zu verändern. „Dein Erfolg hängt davon ab, ob du die richtige Wahl zwischen absichtlichem und zufälligem Mystizismus triffst. Das ist der Punkt, an dem du die funktionale Spannung zwischen dem Selbst und dem öffentlichen Bild auflösen wirst.“

Aber ich frage mich. Als Schriftsteller weiß ich, dass Worte der Schlüssel sind, um Menschen zu bilden und zu inspirieren, aber auch um sie zu täuschen. Worte erheben die Soldaten der Konföderation über die Politik der Sklaverei; in ihrer überarbeiteten Ausgabe für die roten Staaten hatten die Rebellen nicht gekämpft, um jemanden zu versklaven, sondern nur, um ihre Ehre zu verteidigen. Für viele ist dieser Mythos Realität.

Auch Worte werden oft missverstanden. Für den Erzähler in James Dickey's Gedicht „The Firebombing“ von 1964 war der Abwurf von Napalm und Phosphor auf japanische Städte ein perverses Vergnügen:

> *„One is cool and enthralled in the cockpit,*
>
> *Turned blue by the power of beauty…“*

Dickeys Gedicht wurde weithin missverstanden, und Jahre später musste er erklären, dass es zeigen sollte, wie leicht ein Soldat die schrecklichsten Verbrechen begehen und unbeeindruckt davonkommen kann. In einem Interview von 1990 erklärte er: „Die Distanz, die man spürt, wenn man die Bomben abwirft, ist das schlimmste Übel von allen – und doch scheint es in dem Moment nicht so zu sein.“[6]

Diese Realitätsferne ist der Preis für die Aufnahme in Amerikas Kult des Kriegshelden – deshalb lassen die US-Bosse zu, dass die schmutzigsten Taten der CIA unausgesprochen bleiben. Deshalb

---

[5] Dani Anguiano, „FBI found document on foreign nuclear defenses at Mar-a-Lago – report“, The Guardian, 6. September 2022.
[6] Henry Hart, *James Dickey: The World as a Lie*, St. Martin's Press, 2000, S. 109.

haben diese reaktionären Kräfte alles in ihrer Macht Stehende getan, um die Öffentlichkeit zu desensibilisieren und von der Realität abzulenken, bis hin zum Verbot einer kritischen Analyse von Militarismus, Sexismus, Rassismus und Klimawandel, während sie eine Große Lüge über eine gestohlene Wahl in einen Glaubensartikel verwandelten.

Realitätsferne ist der Schlüssel zum Glauben an jede Große Lüge. Der Senator von South Carolina, Lindsey Graham, sagte, Donald Trump habe wirklich „geglaubt", die Wahl sei ihm gestohlen worden, und deshalb seien seine Handlungen zu rechtfertigen. Ebenso sagte Alex Jones, er glaube, dass die Eltern und ihre ermordeten Kinder in Sandy Hook Krisendarsteller waren, die an einer Verschwörung der linken Regierung beteiligt waren, um patriotischen Bürgern die Waffen wegzunehmen. Einige von Jones' Gläubigen waren von dieser Großen Lüge so überzeugt, dass sie den trauernden Eltern Todesdrohungen aussprachen.

„Sie glauben, dass alles, was Sie sagen, wahr ist, aber Ihre Überzeugungen machen etwas nicht wahr", sagte Richter Gamble zu Jones während seines Verleumdungsprozesses. „Nur weil Sie behaupten, etwas für wahr zu halten, ist es noch lange nicht wahr. Das schützt Sie nicht. Es ist nicht erlaubt. Sie stehen unter Eid. Das bedeutet, dass die Dinge tatsächlich wahr sein müssen, wenn Sie sie sagen."[7]

Ich stimme Richter Gamble zu: Was Sie glauben, hat nichts mit der Wahrheit zu tun, es sei denn, es ist Zufall. Ich weiß auch, dass meine Worte niemanden beeinflussen werden, der Alex Jones oder Donald Trump folgt. Sie werden das amerikanische Imperium und seine Mythologie nicht ein Jota verändern.

Aber die Reise, die Recherchen und das Schreiben darüber haben mir geholfen, mich selbst und die Welt besser zu verstehen. Und das ist das Beste, was man sich erhoffen kann.

---

[7] Oliver Darcy, „Sandy Hook parents testify about the ‚hell' Alex Jones inflicted on them through lies about the shooting", *CNN Business*, 3. August 2022.

Epilog

„Und du, mein Vater, dort auf der traurigen Höhe,

Verfluche, segne mich nun mit deinen heftigen Tränen, ich bitte dich. "

Dylan Thomas

Ich habe in den letzten 40 Jahren viele merkwürdige Spionagegeschichten gehört, aber die einzige, die es wert ist, erzählt zu werden, beginnt mit der Ankunft der ersten afrikanischen Sklaven in Virginia im Jahr 1619, gefolgt von dem Massaker an einem Dorf indigener Pequots (und den ersten Hexenprozessen) in Connecticut im Jahr 1637. Die Geschichte führt dann durch den Siebenjährigen Krieg, nach dem die vier großen Kolonialmächte den nordamerikanischen Kontinent unter sich aufteilten, und endet im August 1945, als die USA eine Atombombe auf Nagasaki abwarfen.

Die Geschichte wurde mir von Nicolas Jones erzählt, einem großen, dunklen Mann, dessen Vater ein Kiowa war, der vor und während des Zweiten Weltkriegs in Fort Sill in Oklahoma lebte. Nach Nicks Erzählung freundete sich sein Vater mit einem Japaner an, der mit Doshin So verwandt war, und beide Männer wurden vom OSS rekrutiert und auf eine „Einweg"-Spionagemission nach Nagasaki geschickt.

In dem Versuch, Nicks Geschichte zu bestätigen, schrieb ich an Towana Spivey vom Fort Sill Museum. Im August 1985 erhielt ich eine Antwort von W. H. Jones, der 1942 in Fort Sill lebte und wohnte. In seinem Brief an mich sagte W. H. Jones, dass die Japaner, die im April in Fort Sill interniert wurden, ältere und mittelalte Männer waren und dass einige von ihnen eine Drogenabhängigkeit hatten. Einer der Internierten beging Selbstmord und einer wurde bei dem Versuch, den Zaun zu überwinden, getötet. Das Internierungslager innerhalb des Forts bestand aus einstöckigen Gebäuden, die von Stacheldraht umgeben waren. An jeder der vier Ecken befand sich ein Wachturm mit einem Maschinengewehr. Die Gefangenen waren nur kurz dort und wurden dann nach Nevada geschickt. Das Lager wurde dann für die Gefangenen der Garnison genutzt.[1]

Zu diesem Zeitpunkt hatte ich keine weiteren Informationsquellen, und so legte ich die Geschichte bis 2021 zurück, als ich bei Densho, einer Online-Organisation, die sich der Bewahrung der Zeugnisse von japanischen Amerikanern widmet, die während des Zweiten Weltkriegs zu Unrecht inhaftiert waren, eine Fülle von Informationen über japanische Internierungslager entdeckte.

---

[1] Brief von W. H. Jones.

Außerdem begann ich, über die Kiowas in Fort Sill zu recherchieren, womit ich nun beginnen werde.

In aller Kürze: Der Glaube der Kiowas beruht auf der Vorstellung von „Daudau", einer Kraft, die das Universum durchdringt und durch Visionssuche zugänglich ist. Es wird angenommen, dass die Kiowas aus dem Nordwesten Montanas in die Black Hills eingewandert sind, wo sie das Reiten und die Büffeljagd erlernten. Wie viele Stämme in Kanada und den Great Plains praktizierten die Kiowa die Religion des Sonnentanzes, bei dem sie sich im Hochsommer mit anderen Stämmen versammelten, um zu singen, zu tanzen und um Heilung zu beten. Einige Gläubige banden sich, wie Christus am Kreuz, an einen Pfahl, um das Wohlergehen der Gemeinschaft zu gewährleisten.[2]

Die Kiowa hatten mehrere Soldatensekten, darunter die Kontalyuior oder die „Black Boys", die ihre Abstammung auf den im Ausland geborenen, mythischen Helden Sindi zurückführten. Die Kiowas sind in der Regel dunkel und kräftig gebaut, aber die Kontalyuior hatten eine dunklere Haut und verfolgten einen dunkleren Weg als der Rest des Stammes.

Irgendwann im frühen 19. Jahrhundert trieb eine Allianz mit anderen Stämmen die Kiowa nach Süden in die heute als Texas und Oklahoma bekannte trostlose Region. Die Kiowas verbündeten sich mit den Comanchen und später mit den Apachen und unternahmen Raubzüge über den Rio Grande nach Mexiko, wo sie Peyote kennenlernten und die psychedelische Droge in ihre visionären religiösen Zeremonien integrierten.

Um diese Zeit herum besiegten die Angloamerikaner die Spanisch-Mexikaner und gründeten die Republik Texas, in der der Besitz, die Misshandlung, die Vergewaltigung und der Verkauf afrikanischer Sklaven völlig legal waren. Auch der christliche Gott war nicht auf der Seite der amerikanischen Ureinwohner, und in der Unabhängigkeitserklärung forderten die Gründerväter ausdrücklich die Vernichtung der „gnadenlosen indianischen Wilden". Zu diesem Zweck erzwang der Sklavenhalter und Präsident Andrew Jackson in den 1830er Jahren die Umsiedlung von rund 100.000 Ureinwohnern in das Indianerterritorium, das heute als Oklahoma bekannt ist. Ein Viertel der Cherokee-Bevölkerung starb auf diesem Todesmarsch im Stil von Bataan. Diese brutale Wahrheit über die Sklaverei und den systemischen Rassismus in Amerika wird in den öffentlichen Schulen von Tulsa nicht gelehrt, um die zarten Gefühle angehender weißer Rassisten zu schonen. In Tulsa, das in der Nähe des Endpunkts des „Trail of Tears" liegt, ermordete 1921 ein Mob von Weißen, von denen viele von der Stadtverwaltung deputiert und mit Waffen ausgestattet worden waren, etwa 300 schwarze Einwohner, verscharrte sie in einem Massengrab und zerstörte ihre Häuser und Geschäfte.

Die Lage der Kiowa verschlechterte sich nach dem Bürgerkrieg weiter, als die US-Regierung ihre ganze Aufmerksamkeit darauf richtete, den Westen für weiße Siedler sicher zu machen. Die US-Armee zwang die Häuptlinge der Comanchen, Kiowa-Apachen, Kiowa, Cheyenne und Arapaho 1867, den Vertrag von Medicine Lodge zu unterzeichnen, und begann, die Stämme in ein Reservat in der Nähe von Anadarko, Oklahoma, umzusiedeln. Viele Kiowas fanden sich im nahe gelegenen Fort Sill wieder, einem Konzentrationslager für widerspenstige amerikanische Ureinwohner, die sich der christlichen Invasion ihres Landes widersetzten. Ironischerweise wurde Fort Sill von einer der ursprünglichen Buffalo Soldier-Einheiten aus befreiten schwarzen Sklaven errichtet, die nach dem Bürgerkrieg zum Kampf gegen die amerikanischen Ureinwohner geschickt wurden. Einige heirateten untereinander, darunter auch die Vorfahren von Nick Jones. Der Apachenhäuptling Geronimo war in Fort Sill inhaftiert, durfte es aber verlassen, um in der Wild West Show von Buffalo Bill Cody aufzutreten. Geronimo wurde auf dem Kriegsgefangenenfriedhof der Apachen

---

² Kiowa – Early History and the First Divide, Kansas Historical Society, September 2015; https://www.kshs.org/kansapedia/kiowa-early-history-and-the-first-divide/19281

in Fort Sill begraben, und sein Leichnam blieb dort unversehrt, bis Prescott Bush seine Knochen ausgrub und seinen Schädel in die Skull and Bones Society der Yale University brachte, wo er stolz ausgestellt wurde.[3]

Einige amerikanische Ureinwohner im Reservat Fort Sill schlugen zurück, griffen Siedlungen und Wagenkolonnen an, verstümmelten oftmals die Verwundeten und nahmen Gefangene. Im Mai 1871 verhafteten Truppen der US-Armee die Kiowa-Häuptlinge Satank, Satanta und Big Tree. Satank nagte sich die Handgelenke bis auf die Knochen ab, um seinen Ketten zu entkommen. Er kämpfte bis zum Tod, und sein Leichnam wurde unbeerdigt auf der Straße zurückgelassen. Big Tree und Satanta wurden im Staatsgefängnis in Huntsville, Texas, inhaftiert. Eine Gruppe von Quäkern überzeugte den Gouverneur, ihre Todesurteile in lebenslange Haft umzuwandeln, doch nach ihrer Entlassung im Oktober 1873 kehrten die widerspenstigen Häuptlinge zu Überfällen auf Wagenkolonnen und Angriffen auf Büffeljäger zurück. Ihre Rebellion gipfelte im Red-River-Krieg von 1874-75, in dem die Plains-Indianer ein für alle Mal besiegt wurden. Ihre Häuptlinge kapitulierten in Fort Sill.

Satanta wurde nach Huntsville zurückgeschickt, wo er für eine Kettenbande der Eisenbahn arbeiten musste und 1878 ermordet wurde. Er wurde auf dem Gefängnisfriedhof begraben, wo seine Gebeine blieben, bis sein Enkel, der Künstler James Auchiah, die Erlaubnis erhielt, sie zusammen mit seinem Schild, seinem Bogen, seinem Bogenetui, seinen Pfeilen und seinem Köcher nach Fort Sill zu überführen, wo sie mit einer Zeremonie geehrt wurden, an der der Lagerkommandant und Veteranen der Kiowa-Armee teilnahmen, darunter „Code Talker" aus dem Ersten und Zweiten Weltkrieg. Die Figur des Blue Duck in Larry McMurtrys Roman *Lonesome Dove* und der nachfolgenden Fernsehserie basiert teilweise auf Satanta.

Nach dem Red-River-Krieg wurden die Kiowa in Pferdeställe getrieben, wo die Soldaten sie mit Fleisch fütterten, das sie über den Zaun warfen. Viele Stammesangehörige wurden zu Alkoholikern, während andere begannen, den Geistertanz zu praktizieren, in dem Glauben, dass die Götter die Welt neu erschaffen würden, wenn sie nur lange genug tanzten und die Wege des weißen Mannes ablehnten. Im September 1890 versammelten sich etwa 3.000 Menschen am South Canadian River und tanzten zwei Wochen lang jede Nacht. Zwei Monate später ermordete die Reservatspolizei aus Sorge vor dem radikalisierenden Einfluss der spirituellen Bewegung des Geistertanzes den berühmten Sioux-Anführer Sitting Bull. Zwei Wochen später umzingelten Soldaten der 7. Kavallerie, die noch immer wütend über George Custers schmachvolle Niederlage am Little Bighorn im Jahr 1876 waren, eine Gruppe von Geistertänzern am Wounded Knee im Pine Ridge Reservat in South Dakota. Die gnadenlosen christlichen Soldaten richteten ein grausames Massaker an schätzungsweise 300 amerikanischen Ureinwohnern an, von denen die Hälfte Frauen und Kinder waren.[4]

Der 1891 verbotene Geistertanz wurde im Untergrund bis ins 20. Jahrhundert fortgesetzt, obwohl sich viele Kiowa der Peyote-Religion mit ihren gemeinschaftlichen Visionen und geheimen Zeremonien zuwandten. Andere Kiowa-Männer, die ihren Status als Krieger behalten wollten, schlossen sich der US-Armee an. Die Söhne von Satanta sollen sich der 7. Kavallerie angeschlossen haben.

Der letzte Sonnentanz fand 1887 am Washita River etwa 20 Meilen nordwestlich von Fort Sill statt. Sechs Jahre später, als Big Tree sich angeblich bekehrte, errichteten baptistische Missionare an der

---

[3] MACV-Befehlshaber (1964-1968) General William Westmoreland war 1936 als junger Offizier in Fort Sill.

[4] Die Cheyenne behaupten, dass Custer sein Haar abgeschnitten hatte und eine Uniform trug, um von seinen Männern nicht unterschieden werden zu können, und dass Buffalo Calf Woman ihn vom Pferd gestoßen und mit einer Keule zu Tode geprügelt hatte, lange bevor er den Hügel erreichte.

heiligen Stätte ein Umerziehungszentrum. In der Absicht, „den Indianer zu töten und den Menschen zu retten“, trennten die Baptisten die Kinder von ihren Familien und schickten sie auf Schulen im Osten der USA. Die Großen Weißen Väter rotteten viele Stämme aus und löschten bei anderen deren Sprache und kulturelles Wissen aus. Diejenigen, die überlebten, wurden 1924 zu US-Bürgern erklärt, und zehn Jahre später erhielten sie das Recht auf Selbstverwaltung. Doch die USA sind nicht freundlich zu den Ureinwohnern, deren Bildnisse zur Dekoration von Tabakläden oder als Maskottchen für Sportmannschaften verwendet wurden und deren Arbeitsmarkt sich über Generationen hinweg auf den Verkauf von Türkisperlen an Touristen am Straßenrand beschränkte.

Die amerikanische Geschichte wurde von den Großen Weißen Vätern geschrieben, und so soll der Zweite Weltkrieg mit dem deutschen Überfall auf Polen im September 1939 begonnen haben, obwohl Japan zwei Jahre zuvor in China einmarschiert war. Auf jeden Fall schmiedete das FBI bereits am 6. Dezember 1939 Pläne für die Inhaftierung gefährlicher Ausländer und US-Bürger.[5] In Zusammenarbeit mit Offizieren der Armee und der Marine sowie der einzigartigen Special Defense Unit, die sich aus Beamten des Justizministeriums und des Immigration and Naturalization Service (INS) zusammensetzte, erstellte das FBI schon bald eine Rangliste der Personen auf der Grundlage einer Bedrohungsanalyse und plante, wo sie inhaftiert werden sollten.[6]

In einem Memorandum vom 15. November 1940 gaben FBI-Beamte an, dass sie sich auf Japaner in Hawaii konzentrierten. Besonderes Augenmerk galt Männern mit Wehrdienstverweigerung und Familien in Japan, einer kleinen „esoterischen Gemeinschaft“ von 400 Geschäftsleuten und Personen, die im Konsulat tätig waren, 150 buddhistischen und schintoistischen Priestern, die für die „Mutterkirche“ in Tokio arbeiteten, 730 Englischlehrern und mutmaßlichen Drogenabhängigen/Schmugglern. Auch Jugendorganisationen wurden ins Visier genommen.[7]

Der Leiter des Bureau of Narcotics, Harry Anslinger, war involviert, da er Drogenschmuggler als Agenten in China und Japan eingesetzt hatte. Anslinger hatte Japan in den 1920er Jahren besucht und 1932 Agenten in und um die Heroinfabriken in Mandschukuo, dem Marionettenstaat, den Japan im Nordosten Chinas gegründet hatte. Die FBN-Agenten richteten ihr besonderes Augenmerk auf die Mitglieder der Black Dragon Society, die im Zentrum des Drogengeschäfts in Mandschukuo stand. Der 1901 gegründete Geheimbund infiltrierte, bewaffnete und finanzierte chinesische Kriegsherren und Geheimgesellschaften und baute ein Netz von Bordellen in ganz China und Südostasien auf, die als Treffpunkte für seine Spione dienten, um Heroin und Opium zu verteilen und feindliche Beamte zu erpressen.

In Zusammenarbeit mit dem Chef der Grünen Bande, Du Yuehsheng, und dem Geheimdienstchef der KMT, Tai Li, stellten die Japaner in Schanghai tonnenweise Morphium und Heroin her und transportierten es per Zug und Lkw in die besetzten Gebiete, um die Bevölkerung zu befrieden und ihre Marionettenherrscher zu kontrollieren. Die Japaner bezahlten die chinesische Oberschicht der Großgrundbesitzer für die Opiumproduktion, während Chiang Kai-sheks Bankiers auf ihren Anteil an den Opiumeinnahmen angewiesen waren, um sein faschistisches Regime zu finanzieren. Als China nicht mehr genug Opium produzieren konnte, um die Fabriken zu versorgen, importierten die Japaner und die KMT es aus dem Iran. Ein Teil wurde mit Gewinn in den Vereinigten Staaten verkauft.

Anslingers Freund und Kollege William Donovan, damals Leiter des Office of the Coordinator of Information, hatte ein anhaltendes Interesse an der Anwerbung von Japanern. In einem

---

[5] Siehe Persönliche Dokumente: 6. Dezember 1939, an die SACs von Hoover. Vom Autor 1986 eingereichte FOIA-Anfrage 265.678 beim Justizministerium, bestehend aus 127 Seiten an FBI-Dokumenten über die Inhaftierung der Japaner.

[6] Memorandum vom 18. November 1940.

[7] 15. November 1940, von Hoover an Adolf A. Berle, Jr., et al.

Memorandum vom 7. Dezember 1941 vermerkte FBI-Direktor Hoover, dass Donovan ihn an jenem Morgen angerufen hatte, um ihn daran zu erinnern, dass er allein entscheide, welche Informationen über japanische Internierte an Rundfunkanstalten weitergegeben würden.[8] Donovan, hochrangige Beamte des Finanzministeriums und Anslinger wussten, welche einzelnen Japaner interniert wurden, und sie unterdrückten Informationen über sie, um aktuelle und potenzielle Agenten zu schützen. Donovan trug die Gesamtverantwortung für die Rekrutierung von Agenten für Spionage, Sabotage und Subversion und hatte die einzigartige Macht, Agenten vom Militär und vom FBI abzuziehen, das zwei Jahrzehnte lang Agenten in der japanischen kommunistischen Partei platziert hatte und die Verbindungen der Black Dragons zu schwarzen Nationalisten in Amerika untersuchte. Aber Anslinger war Donovans Ansprechpartner.

Ich vermag nicht zu beweisen, dass Nick Jones' Vater in Camp Sill eine Beziehung zu jemandem aufgebaut hat, der mit Doshin So, mit bürgerlichem Namen Michiomi Nakano, verwandt war. Zugegeben, die Wahrscheinlichkeit war gering, da die Internierten nur von April bis Juni 1942 dort waren und dann auf andere Lager verteilt wurden. Aber Bindungen fürs Leben werden in flüchtigen, stressigen Situationen geschlossen. Zweckbindungen, wie arrangierte Ehen, auch. Und es macht Sinn, dass Anslinger und Donovan einen US-treuen Kiowa als Partner für einen japanischen Gefangenen auswählten, der einen wichtigen Verwandten in China hatte.[9]

Duval A. Edwards erinnert in *Spy Catchers of the U.S. Army In the War with Japan* (1994) daran, dass das OSS ein Programm zur Rekrutierung von Nisei für den Dienst in Japan hatte. „1943 wurde ein OSS-Spezialist mit der Aufgabe betraut, 14 Kandidaten japanischer Abstammung zu finden, die fließend Englisch und Japanisch sprachen. Er fand sie im 442. Infanterieregiment, einer japanisch-amerikanischen Kampfeinheit, die zu dieser Zeit in Camp Shelby, Mississippi, stationiert war. Alle 14 meldeten sich freiwillig, und alle waren Nisei, d. h. Amerikaner der ersten Generation, die als Nachkommen japanischer Einwanderer in den Vereinigten Staaten geboren wurden. Bevor sich die Männer freiwillig meldeten, wurde ihnen mitgeteilt, dass die ausgewählten Männer für einen äußerst harten und gefährlichen Dienst bestimmt waren. Mehr als 100 meldeten sich freiwillig. Zum Zeitpunkt der Auswahl war es die Absicht des OSS, einige von ihnen in Japan einzusetzen."[10]

Es gab ein weiteres geheimes Programm zur Rekrutierung von Issei – Japanern, die in Japan geboren wurden und daher weniger wahrscheinlich entdeckt werden würden, wenn man sie nach Japan zurückgeschickte –, insbesondere von Issei-Drogenschmugglern mit Verbindungen zur Grünen Bande und den Black Dragons sowie katholische Konvertiten in Japan und den besetzten Gebieten, von denen jeder jahrelang US-Agent gewesen sein könnte. Donovan war so erpicht darauf, Issei zu rekrutieren, dass er das Justizministerium das Camp Sill verwalten ließ, in dem ausschließlich Issei untergebracht waren.

Der Prozess hatte am 11. Dezember 1941 begonnen, als FBI-Agenten 342 Personen von der Liste der „Gefährlichsten" verhafteten.[11] Bei den Verhafteten wurde das Vermögen eingefroren und sie wurden von ihren Familien getrennt, um sie zwangsweise zu rekrutieren. Viele von ihnen waren buddhistische und schintoistische Priester. Wo sie zunächst festgehalten wurden, ist nicht bekannt, aber im April 1942 trafen über 300 Japaner in Fort Sill ein.[12]

---

[8] Memorandum vom 7. Dezember 1941, Hoover an Tolson, Tamm und Ladd.

[9] In den Tagen nach Pearl Harbor erstellten das US-Außenministerium und das japanische Außenministerium Listen mit hochrangigen Diplomaten, Journalisten und Wirtschaftsführern, die in neutralen Häfen ausgetauscht werden sollten. Auch Doppelagenten waren darunter.

[10] Larry Holzwarth, „10 Operations of the Office of Strategic Services during WW2", 28. Mai 2018, https://historycollection.com/10-operations-of-the-office-of-strategic-services-during-world-war-two/10/.

[11] Bzgl. der 342 Personen siehe FBI-Memorandum vom 11. Dezember 1941.

[12] Densho-Enzyklopädie-Artikel über Fort Sill online unter: https://encyclopedia.densho.org/Fort_Sill_(detention_facility)/

Die Black Dragons waren bereits 1942 in den USA berühmt. In jenem Jahr spielte Bela Lugosi die Hauptrolle in dem Film *The Black Dragons*, in dem es um den Detektiv Dick Martin (basierend auf Anslingers Star-Agenten im Fernen Osten, Ralph Oyler) geht, der den Mord an einer Gruppe amerikanischer Industrieller aufklärt, allesamt Fünfte-Kolonnen-Agenten, die die Kriegsanstrengungen sabotieren wollten.[13]

Als Mitglied der Black Dragon Society war Michiomi (später Doshin So) wahrscheinlich den Spionagemeistern Anslinger und Donovan bekannt. Im Alter von acht Jahren wurde er 1919 in die japanisch besetzte Mandschurei geschickt, die zwischen Korea und Russland im Nordosten Chinas liegt, um bei seinem Großvater väterlicherseits zu leben, der Angestellter einer japanischen Eisenbahngesellschaft, ein Schwarzer Drache und ein Kampfsportexperte war. Michiomi kehrte 1926 nach Japan zurück und wurde von dem Freund seines Großvaters, Mitsuru Tōyama, dem Gründer der Black Ocean Society, dem Vorläufer der Black Dragons, unter seine Obhut genommen.

Nachdem er 1928 in die Armee eingetreten war und sich den Black Dragons angeschlossen hatte, kehrte Michiomi in die Mandschurei zurück. Um seine verdeckten Aufklärungsaktivitäten zu erleichtern, wurde er in einer taoistischen Schule untergebracht, die von einem Kampfsportexperten geleitet wurde. Während er verdeckt als Kartograph arbeitete und für die Black Dragons geografische Erkundungen in ganz China durchführte, besuchte er das Bordellnetz der Gesellschaft und war in das Drogengeschäft verwickelt, wodurch er Zugang zu chinesischen und japanischen Geheimgesellschaften erhielt.

In den 1930er Jahren wurde Michiomi in die am Gelben Fluss gelegene Stadt Dengfeng in der Provinz Henan versetzt, wo er Kung Fu bei einem Shaolin-Mönch namens Wen Tai lernte. Dort heiratete er auch. In der Provinz Henan hatte Bischof Thomas Megan ein Netz von katholischen Missionen und Jugend-Katechistengruppen aufgebaut, die er in den Dienst des KMT-Geheimdienstchefs Tai Li stellte. Als japanische Truppen 1937 in Henan einmarschierten – während Michiomi dort war –, verhandelte Megan mit General Kenji Doihara, einem hochrangigen Schwarzen Drachen, der Spione in Chiang Kai-sheks inneren Kreis eingeschleust hatte, über die Kapitulation der Stadt Xinxiang.[14]

Michiomi und Doihara stammten aus derselben Präfektur in Japan und hatten denselben Gönner, Mitsuru Tōyama, den Gründer der Black Ocean Society, die den Black Dragons vorausging und ihnen den Weg ebnete. Es ist schwer vorstellbar, dass Megan, die 1940 für Tai Li gearbeitet hatte und im April 1944 von der OSS angeworben wurde, Michiomi nicht kannte oder bei seiner Rekrutierung nicht behilflich war. Mehr noch, Megans Berichte erreichten zweifellos Bill Donovan und Harry Anslinger.

Wie dieses Buch zeigt, stützen sich die Geheimdienste auf Geheimgesellschaften, religiöse Sekten und Drogenschmuggler, um Agenten zu bewegen und Informationen in besetzten Gebieten zu sammeln. Schauen Sie sich das berühmte GBT-Netzwerk von Laurence Laing Gordon an, einem Briten aus Kanada, der für eine texanische Ölgesellschaft in Haiphong arbeitete und Ho Chi Minhs Agenten in Südchina benutzte, um von 1942 bis 1944 in Vietnam Informationen zu sammeln.[15]

---

13 *To The Ends of the Earth* (1942) mit Dick Powell in der Hauptrolle basiert ebenfalls auf Oylers Heldentaten. Oyler war ein persönlicher Freund von General Douglas MacArthur.

14 Bzgl. Megans Verhandlungen siehe Edward J. Wojniak, SVD, *Atomic Apostle* (Divine Word Publications, Techny, IL), S. 106. Bzgl. Doihara siehe Richard B. Spence, „The Rise and Spread of Japan's Black Dragon Secret Society", online unter: https://www.thegreatcoursesdaily.com/the-rise-and-spread-of-japans-black-dragon-secret-society/.

15 Bob Bergin, „Three Amateur Spies and the Intelligence Organization They Created in Occupied WWII Indochina", Studies in Intelligence Vol. 63, No. 1 (Auszüge, März 2019), online unter: https://www.cia.gov/static/02b192e72175d841531d99807994a4e1/Three-Amateur-Spies.pdf

Wie in der Einleitung erwähnt, wurde John Caldwell vom Office of War Information zur christlichen Mission seines Vaters nördlich von Hongkong geschickt, um mit Hilfe von Schmugglern die japanischen Besatzungstruppen und die Bedingungen auf Formosa auszuspionieren.

Die CIA setzte diese Praxis fort und nutzte die chinesischen „schwarzen" Banden, die während des Vietnamkriegs von Macao aus in Saigon operierten. Die CIA stützte sich auf die animistischen Nung, eine ethnische Tai-Gruppe, die in Südchina, Laos und Nordvietnam lebte. Ein Nung-Clan von Gangstern und Rebellen floh 1954 in den Süden und heuerte als persönliche Leibwächter für CIA-Beamte und oft als deren Verbindungsmänner zur Unterwelt an.

Wie immer gibt es auch den mystischen X-Faktor in dieser Gleichung. Der japanische Geheimdienst hielt spirituelles Training für notwendig, um seine Beamte gegen Feinde zu stärken, die die dunklen Künste als Waffe einsetzten. Japanische Spezialeinheiten operierten mit „schwarzen Banden" in jeder größeren Stadt von der Mandschurei bis Malaya und Indien. Die CIA und General MacArthurs Geheimdienststab setzten sie nach dem Krieg eifrig ein, darunter auch in Vietnam.

Den verlockendsten Hinweis erhielt ich im Mai 2021, als ich erfuhr, dass Duncan Ryuken Williams, ein buddhistischer Priester und College-Professor, eine Liste der in Camp Sill internierten Japaner zusammengestellt hatte.[16] Und als ich die von Williams übermittelte Liste prüfte, sah ich den Namen Kiyoshi Nakana. Ich weiß nicht, ob Nakana und Nakano derselbe Name sind, der in der Übersetzung anders geschrieben wird, oder ob Kiyoshi mit Michiomi verwandt war, oder ob Michiomi Verwandte auf Hawaii hatte. Ich weiß, dass die Internierten nach ihrer Verlegung aus Camp Sill angehört wurden, um ihren künftigen Status zu bestimmen. Die meisten wurden in andere Lager des Justizministeriums verlegt, in denen mit Ausnahme von drei Fällen nur Männer untergebracht waren, die von ihren Familien getrennt worden waren. Wie viele Japaner sie rekrutierten, ist unbekannt; die offiziellen Aufzeichnungen der US-Regierung wurden gelöscht.

Nach Angaben von Nick Jones wurden sein Vater und ein Verwandter von Doshin So vom OSS rekrutiert und zum Aufbau eines Untergrundnetzes in Nagasaki geschickt, wo sie am 9. August 1945 zusammen mit den 400 alliierten Kriegsgefangenen, die sie überwachten, ums Leben kamen. Eine Gruppe von Katholiken, die an diesem Morgen in der Urakami-Kathedrale, 500 Meter vom Epizentrum der Explosion entfernt, Gottesdienst feierten, wurde ebenfalls ausgelöscht.

Was für eine Art zu sterben. Man kann sicher sein, dass die USA den Europäern so etwas nicht angetan hätten. Als er im November 1945 Hiroshima überflog, schrieb der FBN-Agent Ralph Oyler an Anslinger: „Mein Gott – ich kann es nicht glauben – keine Trümmer – kein Müll – nichts – nur Meile um Meile eine verbrannte Zementstraße…"[17]

Ist es schwer zu glauben, dass Nicks Vater und Doshin Sos Verwandter sich freiwillig für ein Selbstmordkommando melden und auf eine solche Mission geschickt werden würde? Nachdem die Abteilung 101 im Juli 1945 aufgelöst worden war, fuhren drei Nisei, darunter Junichi Buto, die Burma Road nach Kunming, wo das OSS Nisei ausbildete, die mit dem Fallschirm für Guerillaoperationen nach Japan abspringen sollten. Die Nisei sagten, es handelte sich um Einweg-Missionen.

Ist es schwer zu glauben, dass US-Bürger Verbindungen zu den Black Dragons haben könnten? Bedenken Sie, dass eine kleine Gruppe pro-imperialer Japaner im Internierungslager Manzanar, wo 100.000 japanisch-amerikanische Bürger interniert waren – und wohin Menschen aus Camp Sill verlegt wurden –, Flaggen der Black Dragons wehten.

---

[16] Geschütztes Excel-Arbeitsblatt.
[17] Siehe „Highlights and Skylights".

Bedenken Sie auch dies. Am 27. März 1942 verhafteten FBI-Agenten Mitglieder der Black Dragon Society im San Joaquin Valley, Kalifornien. Die Dragons standen in Kontakt mit dem Peace Movement of Ethiopia (PME), einer 300.000 Mitglieder zählenden schwarzen nationalistischen Organisation, deren Anführerin, Maude Lena Gordon, im Oktober 1942 vom FBI wegen „Verschwörung mit den Japanern" verhaftet wurde.[18] Gordon verbrachte die meiste Zeit des Krieges im Gefängnis.

Wie Ho Chi Minh ließ sich Gordon von Marcus Garvey inspirieren.[19] Als überzeugte schwarze Nationalistin schickte sie Ende der 1930er Jahre Anwerber der PME nach Mississippi und in andere Teile des Jim-Crow-Südens, um schwarze Amerikaner davon zu überzeugen, das Leben in den USA zugunsten eines besseren Lebens in Liberia aufzugeben. Kann man es ihr verübeln? Zwischen 1889 und 1945 wurden allein in Mississippi 467 Lynchmorde an Schwarzen registriert. Zwischen 1880 und 1930 wurden in den Südstaaten mindestens 130 schwarze Frauen gelyncht. Im April 1937 fesselte ein Mob weißer Männer Roosevelt Townes und Robert McDaniels an einen Baum und verbrannte die Männer vor den Augen Hunderter Weißer bei lebendigem Leib mit Benzinbrennern.

Niemand wurde jemals für einen dieser Morde verhaftet.

Außerdem gab und gibt es zuweilen eine verwandtschaftliche Verbindung zwischen nicht-weißen Amerikanern und den Japanern, was die Vermutung erhärtet, dass die Geheimdienste einen Kiowa benutzen würden, um eine Verbindung zu einem Issei-Mitglied der Black Dragon Society herzustellen. Beide Gruppen waren nicht nur Außenseiter in den USA, sondern einige von ihnen fühlten vielleicht eine mystische Verbindung.

Die Kontalyuior-Krieger führten ihre Sekte auf einen mythischen Helden zurück, der aus Nordostasien stammte. Und während des Sonnentanzes ist der Eingang des heiligen Kiowa-Tipis nach Osten zum Land der aufgehenden Sonne gerichtet. Geheimdienste haben schon immer versucht, den Verstand zu verstehen und dieses Wissen zu nutzen, um Menschen zu manipulieren. Warum nicht auch in diesem Fall.

Auf jeden Fall löste General MacArthur die Black Dragons 1946 auf (in dem Jahr, in dem das OSS Tai Li ermordete), während Michiomi mit Hilfe von Freunden aus dem US-Geheimdienst nach Japan floh. Er änderte seinen Namen in Doshin So und ließ sich auf der Insel Shikoku nieder, wo er 1947 das Shorinji Kempo Dojo in der Stadt Tadotsu gründete. Doihara wurde 1948 wegen Kriegsverbrechen gehängt, im selben Jahr, in dem die KMT versuchte, Bischof Megan zu ermorden. Im Gegensatz zu Harold Young, der wegen seines blutrünstigen Marodierens in Birma entlassen wurde, wurde Megan lediglich degradiert und 1949, bei schlechter Gesundheit, als Seelsorger in eine verarmte schwarze Gemeinde in Hattiesburg, Mississippi, geschickt, wo er 1951 starb (im selben Jahr starb Du Yuehsheng in Hongkong).

So sehr ich Spione verabscheue, so sehr bewundere ich Megans Gerissenheit und Mut. Der „kämpfende Bischof" arbeitete für den OSS und die KMT in einer Region, die seit dem Boxeraufstand (1899-1901) unter deutschem Einfluss stand. „Boxer" ist ein westlicher Slang für die Gesellschaft der Gerechten Faust, die den Aufstand nach der Ermordung zweier deutscher Missionare der Gesellschaft des Göttlichen Wortes in der Provinz Shandong im Jahr 1897 durch Mitglieder der Gesellschaft der Großen Schwerter ausgelöst hatte. Die „Großen Schwerter" glaubten, dass die Priester die Waisenhäuser mit gestohlenen chinesischen Babys vollstopfen würden.

---

[18] Siehe Wikipedia-Eintrag zu Mitte Maude Lena Gordon sowie Verweise auf Bücher und Artikel über sie und Japans Beziehung zu schwarzen Amerikanern. Primärquellen sind jedoch wissenschaftlich, teuer und schwer zugänglich.
[19] Ho Chi Minhs älterer Bruder war Geomant, und wie ich hatte Ho bösartige Sterne in seinem Horoskop, die ihn zu einem Leben im gesellschaftlichen Umbruch abseits eines geregelten Familienlebens verurteilten. Huy, S.335.

Die Gesellschaft des Göttlichen Wortes war von einem deutschen Exilpriester in den Niederlanden gegründet worden, und als Entschädigung für die Ermordung ihrer Priester zwang Deutschland die Qing-Dynastie, ihr die Kontrolle über die Provinz Shandong und ihre Häfen zu übertragen. Nach dem gescheiterten Boxeraufstand war die Qing-Kaiserin gezwungen, acht westlichen Nationen Zugeständnisse in ganz China zu machen, die sich an der Verzweiflung Chinas ergötzten, woraus die antiimperialistische und sehr populäre Kommunistische Partei hervorging. Die Entscheidung für den Kommunismus war eine weise Entscheidung, auch wenn die US-Regierung, die Medien und die Verlagsindustrie das Gegenteil behaupten. Seit 1949 hat sich die Lebenserwartung in China mehr als verdoppelt, von 35 auf 76 Jahre.

Megan agierte in einer Zeit, in der plündernde Kriegsherren und esoterische Gesellschaften voller Kung-Fu-Mörder ihr Unwesen trieben, in der Deutschland und Italien mit Japan verbündet waren und der apostolische Nuntius in China den Vatikan dazu drängte, die kollaborierende Regierung in Nanjing zu unterstützen. Inmitten dieses mörderischen Chaos spielte Tommy Megan aus der Provinz ein gefährliches Dreifachspiel, das den größten Spionen der Welt würdig war.

Nach dem Krieg unterdrückte der Vorsitzende Mao die Kriegsherren, die Geheimgesellschaften und die Grüne Bande, die nach Hongkong und dann nach Taiwan umzog, wo sie mit anderen chinesischen kriminellen Sekten zusammenarbeitete, die in den illegalen Drogenhandel verwickelt waren. Nick Jones zufolge stellte die CIA über Hayami „Jackie" Sato eine Verbindung zwischen den japanischen Triaden-Banden und den chinesischen Banden her, und zwar speziell zum Schutz von Golden Triangle Industries. Verifizieren kann ich das nicht.

Nach dem Zweiten Weltkrieg wurde es für Schwarze und Ureinwohner Amerikas etwas besser. In den Streitkräften und im Profisport wurde die Rassentrennung schrittweise aufgehoben, und der US-Kongress verabschiedete 1978 den American Indian Religious Freedom Act, um die traditionellen religiösen und kulturellen Praktiken der amerikanischen Ureinwohner und der Hawaiianer zu schützen und zu erhalten.

Doch in den USA, wie in ganz Nord- und Südamerika, wimmelt es von hungrigen Geistern, die für die militanten christlichen Nationalisten unsichtbar sind. Ich nenne das die Schande Amerikas. Neunzig Prozent der indigenen Bevölkerung wurden in den ersten 100 Jahren der westlichen Kolonialisierung getötet. Zwölf Millionen Afrikaner wurden versklavt. Bis 1700 machten die amerikanischen Ureinwohner die Mehrheit der Sklaven aus. Die Puritaner verbrannten auch Hexen.

Die Jim-Crow-Gesetze bestehen fort und zeigen sich heute in den vom Obersten Gerichtshof genehmigten Gesetzen zur Unterdrückung von Wählern. Und während „aufgeweckte" Menschen versuchen, die Schrecken von Kolonialismus, Militarismus und Rassismus öffentlich zu machen, wenden sich Amerikas Vorherrschafts-Institutionen der Legalisierung des Faschismus zu, indem sie Gerichte mit religiösen Fundamentalisten besetzen.

Heute leben etwa 9.000 Kiowa in Amerika.

Am 20. Juli 2019 kehrten fünfundzwanzig buddhistische Priester zurück, um eine Gedenkzeremonie in Fort Sill abzuhalten, wo die Border Patrol mehr als 1.000 Einwandererkinder aus Mittelamerika, Flüchtlinge vor dem Klimawandel und rassistischen, antikommunistischen Kriegen, internieren wollte. Der Posten wurde zuletzt 2014 für die Unterbringung von Migrantenkindern genutzt, als die INS 2.000 Kinder in Zelten unterbrachte, ohne dass sie einen Rechtsbeistand erhielten.

Die katholische Kirche kämpft derweil mit einer weltweiten Epidemie von Pädophilie unter ihren Priestern. Vielleicht waren die Gerüchte über Kinderdiebstahl in China wahr? Tausende Fälle von sexuellem Kindesmissbrauch wurden dokumentiert und Tausende weitere vom Vatikan vergraben, so wie die Schwestern von Saint Joseph of Saint-Hyacinthe Kinder der First Nation in 750 nicht gekennzeichneten Gräbern auf dem Gelände der Marieval Residential School in Saskatchewan vergraben haben.[20] Wie viele Gräber müssen noch gefunden werden?

Während ich dies schreibe, hat Papst Franziskus im Laufe seines Aufenthalts in Kanada „um Vergebung für die Rolle der katholischen Kirche beim Verschwinden von 10.000 indigenen Kindern gebeten“. Aber als Mitglieder der indigenen Gemeinschaften Kanadas den Papst baten, „einige der Zehntausende von Objekten der Ureinwohner in den Vatikanischen Museen“ zurückzugeben, weigerte sich der Vatikan mit der Begründung, es handle sich um „Geschenke“.[21]

Und so geht es weiter. Die Reichen und Mächtigen stehlen alles, von Kontinenten bis hin zu menschlichen Seelen. Warum sollten Suzanne Nossel oder die englischen Royals oder die Lindemanns etwas zurückgeben? Wer wird sie dazu zwingen? In den USA helfen ihnen das Militär und die CIA, und das Ministerium für Heimatschutz schützt sie. Inzwischen hat Alvin Kennard in Alabama 36 Jahre im Gefängnis verbracht, weil er 50 Dollar aus einer Bäckerei gestohlen hat. Er wurde im Alter von 22 Jahren inhaftiert und gerade im Alter von 58 Jahren entlassen.[22]

They say that patriotism is the last refuge

To which a scoundrel clings.

Steal a little and they throw you in jail,

Steal a lot and they make you king.[23]

Was gibt es da noch zu sagen?

---

[20] Marieval Indian Residential School, https://en.wikipedia.org/wiki/Marieval_Indian_Residential_School.

[21] Dorian Batycka, „As Pope Francis Makes a Formal Apology to Indigenous Canadians, Demands Mount fort he Return of Objects in the Vatican Museum“, *ArtNet*, 26. Juli 2022, https://news.artnet.com/art-world/pope-francis-canada-2151805/amp-page.

[22] Meghan Keneally, „Man who spent 36 years in prison for stealing $50 from a bakery is now set to be freed. Alvin Kennard was 22 when he was sentenced to life without parole", ABC News, 29. August 2019.

[23] „Sweetheart Like You“, 1983, von Bob Dylan.

Astrologischer Geburts-Chart des Autors.